Norman Hampson · Vor dem Terror

Norman Hampson

VOR DEM TERROR

Das revolutionäre Frankreich 1789–1791

Aus dem Englischen von
Michael Strand

BÖHLAU VERLAG WIEN · KÖLN

Titel der Originalausgabe: Prelude to Terror
The Constituent Assembly and the Failure
of Consensus 1789–1791
Basil Blackwell, Oxford 1988

CIP-Titelaufnahme der Deutschen Bibliothek

Hampson, Norman:
Vor dem Terror: das revolutionäre Frankreich 1789 – 1791 /
Norman Hampson. – Wien ; Köln : Böhlau, 1989
Einheitssacht.: Prelude to terror <dt.>
ISBN 3-205-05205-6

ISBN 3-205-05205-6

Satz: SRZ, Korneuburg
Druck: Wiener Verlag, Himberg

Für meinen Bruder

Ich hasse diese absoluten Systeme, die alle Ereignisse in der Geschichte durch eine schicksalhafte Verkettung von großen Ersten Ursachen abhängen lassen und die sozusagen den Menschen aus der Menschheitsgeschichte ausschließen ... Ich glaube ... daß viele bedeutsame geschichtliche Tatsachen sich nur durch zufällige Umstände erklären lassen und daß andere unerklärlich bleiben.

Alexis de Tocqueville

INHALT

EINLEITUNG – EIN VERSUCH, DIE FRANZÖSISCHE REVOLUTION ZU VERSTEHEN

Thema dieses Buches ist eine der großen Tragödien der Neuzeit. Im Frühjahr 1789 war eine große Zahl von Franzosen, wenn nicht die Mehrheit der Bevölkerung, überzeugt davon, am Beginn eines neuen und besseren Zeitalters zu stehen. Selbst diejenigen, die von den Privilegien, Mißverhältnissen und Ungleichheiten der alten Ordnung profitiert hatten, schienen bereit, darauf zu verzichten für den Aufbau einer schönen neuen Welt. Vom zynisch verdüsterten Standpunkt unserer Zeit aus mag es schwerfallen, derlei Beteuerungen beim Wort zu nehmen, aber wer sie als nicht ernstgemeint beiseite schiebt, wird nie anfangen, die Französische Revolution zu verstehen. Worum es ging, war mehr als nur eine Frage von Politik: Es schloß die Überzeugung mit ein, daß eine ganze Gesellschaft in Erneuerung begriffen und das Goldene Zeitalter bereits angebrochen war. Ein Aristokrat in mittleren Jahren, der Marquis de Ferrières, durchaus ein Vernunftmensch, schrieb nach seiner Wahl in die Generalstände an seine Frau über die religiöse Zeremonie zur Eröffnung der Sitzungsperiode:

> Ich hatte nie begriffen, wie stark das einigende Band ist, das uns an die Heimaterde bindet, an Menschen, die unsere Brüder sind; in diesem Augenblick erfuhr ich es. Ich schwöre: Geliebtes Frankreich, wo ich geboren wurde, wo ich die glücklichen Tage meiner Jugend verlebte, wo mein Dasein sittliche Gestalt gewann, beständiger Quell von allem, was je in meinem Leben ich empfand, nie will das ehrende Vertrauen derer ich verraten, die Deine Geschicke in meine Hände legten; nie soll mein Urteil noch mein Wille von anderem sich leiten lassen als dem Gemeinwohl.[1]

Selbst der blutrünstige Wüterich Marat ließ sich, im einzigen optimistischen Pamphlet, das er je schrieb, von der allgemeinen Stimmung von Eintracht und Optimismus mitreißen: „Gesegnet sei der beste der Könige. In unseren Herzen keimt wieder Hoffnung . . . Laßt Priester und Adelige auch künftig der Zeichen ihrer Würde sich erfreuen, doch sollen alle Stände in dem Staate sich zusammenfinden."[2] Der Journalist Brissot, erst kurz wieder aus den Vereinigten Staaten zurück, war von der allgemeinen Harmonie nicht so überzeugt, doch gleichermaßen optimistisch:

> Kaum zehn Monate war ich fort, den Atlantik zu überqueren, und du bist nicht wiederzuerkennen. Über eine gewaltige Kluft hast du gesetzt. Du schmachtetest in Sklaverei und bist jetzt frei . . . Entwürdigung und Unwissenheit des Volkes sind nur das Beiwerk schlechter Regentschaft, das nach und nach verschwindet unter einem freien Regime. Daraus folgt, daß die Vorstellung unrichtig ist, ein Volk könne nicht erneuert werden.[3]

Die Frage war nicht allein, was die Menschen empfanden, sondern was sie tun wollten. Hätte man im Jahre 1788 die Protagonisten, die einander schon bald so unerbittlich bekämpfen sollten, über ihre Hoffnungen für die Zukunft befragt, die Antworten wären auffallend ähnlich ausgefallen. Beinahe alle waren der Ansicht, daß die Gewalt im Staate irgendwie vom Volk als Ganzem ausgehen solle. Sie wollten das nominell absolutistische Regime durch eine konstitutionelle Monarchie ersetzen und hielten es für ein großes Glück, den „besten der Könige" auf dem Thron zu haben. Die große Mehrzahl derer, die Steuerprivilegien genossen, hatte sich damit abgefunden, sie aufgeben zu müssen, wenn auch nicht alle darin übereinstimmten, wie weit die soziale Gleichheit gehen sollte. Alle, die in den kommenden Jahren in irgendeiner Form politische Macht ausüben sollten, hielten das Eigentum für unverletzlich, wenn sie auch nicht einer Meinung darüber waren, inwieweit Rechte und Privilegien als Besitz gelten sollten. Über die Bürgerrechte waren sich jedoch alle einig: Rede- und Pressefreiheit sowie Schutz der persönlichen Freiheit; lediglich im Hinblick auf die Freiheit der Religion hatten Teile des Klerus noch Vorbehalte. Jedermann nahm als gegeben an, daß eine reformierte römisch-katholische Kirche auch künftig über das geistliche Wohlergehen der Nation wachen werde. Mit anderen Worten: es herrschte größeres Einverständnis darüber, was zu geschehen hatte, als in den Flügelkämpfen der meisten politischen Parteien heutzutage.

Überall in der westlichen Welt sah man das, was in Frankreich in jenem wundersamen Sommer von 1789 vor sich ging, als einen Triumph für die ganze Menschheit an. Der britische Gesandte in Paris berichtete an seine Regierung: „Die größte Revolution, von der wir wissen, wurde mit einem, wenn man die Bedeutung des Ereignisses bedenkt, vergleichsweise sehr geringen Verlust an Menschenleben ins Werk gesetzt: von diesem Moment an dürfen wir Frankreich als ein freies Land betrachten."[4] Das House of Commons schlug den Lords die Einführung eines „Feiertages zum *dankbaren* Gedenken an die Französische Revolution"[5] vor. Im fernen Königsberg brach der Philosoph Kant mit einer lebenslangen Gewohnheit und verzichtete auf seinen Nachmittagsspaziergang, um über die Erstürmung der Bastille zu lesen.

Zwei Jahre später fuhren dieselben Franzosen einander an die Hälse, und das Land trieb einem Bürgerkrieg und dem Terror zu. Edmund Burke rief zum Kreuzzug auf gegen das, was er als eine Bedrohung der Zivilisation ansah, und Europa hatte die ersten Schritte in Richtung auf einen Krieg getan, der zwanzig Jahre dauern und Verheerung mit sich bringen sollte von Portugal bis Moskau.

Ich möchte gerne wissen, wie es dazu kam. Dieses Buch enthält die Suche nach einer Antwort. Wenn es mir gelänge, eine Erklärung zu finden, könnte uns das am Ende über mehr Aufschluß geben als nur über die Französische Revolution.

Der erste Schritt in jeder derartigen Untersuchung besteht darin, die Annahmen, von denen man bisher ausgegangen ist, zu überprüfen. Dabei wird sofort klar, daß mein Bild von der allgemeinen Euphorie allzusehr vereinfacht ist. Von der zweiten Jahreshälfte 1788 an erhob sich ein schriller Schrei der Empörung gegen die „privilegierten Stände", wie die Leute sie zu nennen begannen, mit anderen Worten: gegen Adel und Klerus. In der wohl berühmtesten damals veröffentlichten Streitschrift, *Was ist der Dritte Stand?*, schrieb der Abbé Sieyès: „Man muß also die privilegierte Klasse in einer Nation als eine schreckliche Krankheit behandeln, die den Körper eines Kranken bei lebendigem Leibe verzehrt."[6] Das ist himmelweit entfernt von Marats Aufruf zur nationalen Einigkeit, und es sieht so aus, als sei ich in den grundlegenden Fehler verfallen, meine Theorie vom allgemeinen Konsens ausschließlich auf Belege zu stützen, die dazu angetan waren, meine eigene vorgefaßte Meinung zu bestätigen. Das mag zwar stimmen, aber ganz so einfach liegen die Dinge nicht.

Einige Monate, bevor er *Was ist der Dritte Stand?* schrieb, im Spätsommer 1788, hatte Sieyès ein anderes Pamphlet herausgegeben, *Ansichten über die den Repräsentanten Frankreichs im Jahre 1789 zu Gebote stehenden Mittel.* Es enthält einiges an politischer Theorie sowie eine skizzenhafte Anleitung zur Gebarung der Generalstände – jedoch kein Wort der Kritik an Adel und Klerus. Als er die Schrift neu herausgab, brachte die völlige Weglassung dessen, was er später zu seinem zentralen Thema machte, Sieyès einigermaßen in Verlegenheit. Listig bemerkte er, daß die ursprüngliche Fassung „nichts über die unseligen Auseinandersetzungen (sic!) enthält, die *seitdem* [meine Hervorhebung] unter den Ständen ausgebrochen sind."[7] Zwischen den beiden Pamphleten verfaßte er einen *Essay über die Privilegien,* der eine relativ maßvolle Kritik an Adel und Klerus enthielt. Als er auch diesen neu herausgab, verschärfte er die Attacke um ein beträchtliches. Mit anderen Worten, Burke könnte recht gehabt haben, als er in seinen *Überlegungen zur Revolution in Frankreich* meinte, die Angriffe gegen den Adel seien eine abgekartete Sache im Dienste der politischen Taktik. Den anfänglichen Konsens habe es zwar gegeben, doch sei er durchbrochen worden von Leuten, die aus der Zwietracht politisches Kapital zu schlagen hofften.

Versucht man nun, diese neue Hypothese zu überprüfen, so finden sich vor dem Spätsommer 1788 nur wenige Anhaltspunkte für eine generelle Feindseligkeit gegenüber den „privilegierten Ständen". Danach gibt es eine ganze Menge. Das läßt sich auf zweierlei Art erklären: Entweder der Mangel an Beweismaterial deutet darauf hin, daß es kaum Animositäten gab, oder aber die Heftigkeit des Ausbruchs von 1789 ließ Gefühle zutage treten, die bis dahin hatten unterdrückt werden müssen. Jedes der beiden Argumente erscheint mir gleich plausibel – und gleich unmöglich zu beweisen oder zu widerlegen. Welchem man letztendlich zuneigt, hängt von Gründen ab, die nur wenig mit der Französischen Revolution zu tun haben. Das führt uns auch nicht weiter.

Damit stoßen wir auf das Grunddilemma aller historischen Erklärungsversuche. Man kann es nicht dem Quellenmaterial überlassen, uns auf eine bestimmte Sichtweise festzulegen, indem es sich etwa selbst erklärt. Vieles wurde nie aufgezeichnet oder ist verlorengegangen, und auch die Menge, die erhalten ist und möglicherweise relevant, ist viel zu groß, als daß ein einzelner sie verarbeiten könnte. Auch der Computer bietet keinen Ausweg aus dieser Schwierigkeit, da man ihn mit Mutmaßungen und Interpretationen füttern müßte und er, auf trügerisch objektive Weise, doch nur die subjektiven Lektionen wiederkäuen könnte, die man ihm beigebracht hat. Was nun den Leser, mehr noch als den Historiker selbst, anlangt, so ist die Sache noch unbefriedigender, weil er oder sie ja nie wissen kann, was der Autor als wenig aufschlußreich oder irrelevant weggelassen hat.

Wer also die Scylla des Empirismus zu umschiffen trachtet, gelangt zu einer womöglich noch gefährlicheren Charybdis. Wenn sich von einer gesicherten Kenntnis der Gesetze, die historische Prozesse steuern, ausgehen ließe, dann könnte man hoffen, unter die Oberfläche der Geschehenswirren vorzudringen und die tieferliegenden Kräfte sichtbar zu machen, die die Dinge so geschehen ließen, wie sie geschahen; man könnte sozusagen ein Röntgenbild der Französischen Revolution anfertigen und eine innere Struktur ans Licht bringen, die denen, die daran teilhatten, selbst unbewußt blieb. Darin birgt sich ein noch größeres Risiko für den Navigator als bei der Scylla. Denn jede Geschichtsphilosophie muß sich von irgendwo herleiten, und wenn sie nicht vom Quellenmaterial ausgeht, fußt sie vermutlich auf irgendeiner Art von Glaubensbekenntnis. Das kann ja auch ganz großartig sein, ist aber immer nur *eine* Möglichkeit, die Dinge zu sehen, und die Vergangenheit ist derart übersät mit den Trümmern verworfener Theorien, daß wenig Anlaß für den Glauben besteht, eine neue könnte es viel weiter bringen. Nebenbei gesagt haben die, die Geschichte machen, einen erheblichen Vorteil vor denen, die sie beschreiben: Als jene sich anders besannen, nahmen die Dinge einen anderen Verlauf. Wenn es der Historiker tut, tun sie es nicht. Ein Autor, der an seiner Theorie klebt, kann seinen Charakteren keine Gelegenheit geben, ihm ins Handwerk zu pfuschen. Soll eine Theorie schlüssig sein, darf sie dem „Zufall, Königen und verzweifelten Männern“ nicht allzuviel Raum geben; das Ende muß im Anfang schon angelegt sein. Es ist, in gewissem Sinne, natürlich offensichtlich, wie eins zum anderen führte, aber anzunehmen, es hätte überhaupt nicht anders kommen können, hieße für die Vergangenheit einen Grad von Determiniertheit anzunehmen, den wir für unser eigenes Leben nie und nimmer würden gelten lassen.

Als Alfred Cobban seine *Sozialgeschichte der Französischen Revolution* schrieb, amüsierte er sich ein paar brillante Anfangskapitel lang damit, die Absurdität sowohl des empirischen als auch des soziologischen Zugangs zur Geschichte, wie er ihn sah, zu demonstrieren. Dadurch blieb ihm kein drittes Bein, auf dem er hätte stehen können, es sei denn, man wollte für Macbeths Geschichtstheorie eintreten: „. . . ein Märchen ist's, erzählt/Von einem Dummkopf, voller Klang und Wut/ Das nichts bedeutet“. Damit mag es zwar schon seine Richtigkeit haben, aber entmutigend ist es doch.

Was also ist zu tun, und welche Art Beglaubigung kann ich meinen Lesern vorlegen? Sie wenigstens haben ein Recht zu erfahren, auf welchen Prinzipien dieses Buch aufbaut. Mir scheint, daß öffentliche Angelegenheiten üblicherweise vom Spiel dreier Kräfte bestimmt werden: der Betreibung materieller, eigennütziger Interessen durch einzelne oder Gruppen; der Verwirklichung von Glaubenssystemen, die religiöser Natur sein können, aber nicht müssen; der Suche nach Lösungen für politische Probleme, verbunden mit dem Streben nach Macht. Diese Faktoren sind im Normalfall in jeder historischen Situation anzutreffen, obwohl zu einem gegebenen Zeitpunkt jeweils einer davon vorherrschend sein kann. Sie stehen miteinander in ständiger Wechselwirkung, und ich sehe keinen Grund zur Annahme, daß einer davon den beiden anderen zugrunde liegt, etwa in dem Sinne, daß er deren Wirkweise beeinflussen würde.

Was ich daher getan habe, war, die augenscheinlich wichtigsten Quellen zu sichten und zu versuchen, sie im Hinblick auf diese drei Kräfte zu interpretieren. Das klingt, ob richtig oder falsch, jedenfalls erfreulich unkompliziert. In Wahrheit freilich ergeben sich dabei erhebliche technische Probleme. Meine Methode setzt nämlich voraus, daß das Hauptgewicht auf die bewußte menschliche Motivation zu legen ist, und das wiederum setzt voraus, daß wir in der Lage sind, diese zu erkennen; was schwieriger ist, als man annehmen möchte.

Liest man etwa Mirabeaus Reden (die, was die Sache zusätzlich kompliziert, zumeist von anderen für ihn geschrieben wurden), so hat man den Eindruck, daß er die Französische Revolution im wesentlichen als verfassungsrechtliches Problem ansah und vor allem bestrebt war, Ausgewogenheit in den Machtverhältnissen zwischen dem König und der Volksvertretung herzustellen. Wendet man sich hingegen seiner Privatkorrespondenz zu, dann sieht es so aus, als sei es ihm in Wahrheit darum gegangen, schlauer zu sein als seine Rivalen, und dem König wie der Königin die Überzeugung zu geben, daß er die ansehnliche Belohnung, die sie ihm in Aussicht gestellt hatten, auch tatsächlich verdiente. Seine Zeitgenossen, die wohlvertraut waren mit den für die Öffentlichkeit bestimmten Schriften und über die privaten mancherlei argwöhnten, wußten nie so recht, wo er nun eigentlich stand. Und der Historiker, dem immerhin mehr Quellen offenstehen, ist versucht, sich zu fragen, ob Mirabeau selbst das so genau wußte. Im Verwirrspiel von Intrigen und Doppelzüngigkeiten, in dem er jedem das sagte, von dem er wollte, daß jener denke, daß er es dachte, bei dem er jeden im Spiel und sich selbst alle Möglichkeiten offenhielt, könnte es am Ende darauf hinausgelaufen sein, daß er selbst nicht mehr zwischen Täuschung und wahrer Absicht zu unterscheiden vermochte. Zugegeben, Mirabeau ist ein Extremfall, aber auch anderen, die Reden hielten oder Flugschriften verfaßten, ging es mehr darum, zu überzeugen und Anhänger zu gewinnen, als sich in treuherzigen politischen Bekenntnissen zu ergehen.

Ein zweites Problem ist eher allgemeiner Art. Bei der Lektüre der Sitzungsprotokolle der Nationalversammlung wurde mir klar, daß man sie, um sie richtig zu verstehen, tageweise verfolgen mußte. Denn es konnte vorkommen, daß die Deputierten ein Thema wieder aufgriffen, das sie schon Tage oder Wochen vorher einmal erörtert hatten, und daß die neue Debatte somit in gewissem Sinne nur die Fortsetzung einer früheren war. Deren Ergebnis freilich konnte stark davon beeinflußt sein, was in der Zwischenzeit vorgefallen war, von einem heftigen Disput über ein ganz anderes Thema etwa oder neuen Meldungen, die aus Paris oder den Provinzen eingegangen waren. Der nach Synthese dürstende Historiker, der alles und jedes in Themenbereiche zergliedert, läuft Gefahr, nie ans Ziel seiner Wünsche zu gelangen. Bringt er andererseits die Ausdauer und die Befähigung auf, das ganze Bild originalgetreu nachzuzeichnen, dann kann er von niemandem erwarten, ihm von einem Band zum nächsten und zum übernächsten zu folgen. Hätte ich alles Material verarbeitet, der Leser hätte allen Grund gehabt, sich zu beschweren, daß ich ihn oder sie meine Arbeit tun lasse.

Der Aufbau des Buches erklärt sich aus meinem Bemühen, einen Ausweg aus diesem speziellen Dilemma zu finden. Am Anfang wie am Ende der Epoche kommt dem Ablauf der Ereignisse große Bedeutung zu. Wer sich nicht daran hält, wird, was sich abspielte, kaum verstehen können. Die entsprechenden Kapitel sind daher chronologisch geordnet. Im Herbst 1789 war der Weg frei für die Nationalversammlung, sich an den Neuaufbau der meisten Institutionen Frankreichs zu machen. Hier schien mir eine Pause notwendig, um einen Überblick geben zu können über die Klassenkonflikte, die Ideologie und die Politik sowie all ihre Folgewirkungen während der gesamten Epoche. Um deren praktische Auswirkungen zu veranschaulichen, habe ich zwei Bereiche für eine eingehendere Behandlung vorgesehen: Außenpolitik und Religion. Man hätte auch verschiedene andere auswählen können, die Lokalverwaltung etwa, das Rechtssystem oder die Finanzverwaltung, aber da mein Ziel war, eine Erklärung für den Zusammenbruch des nationalen Konsenses zu finden, und nicht, eine Geschichte der Nationalversammlung zu schreiben, schienen diese beiden mir ausreichend für meine Zwecke.

Im Zentrum meiner Betrachtungen steht die Verfassunggebende Nationalversammlung, die (ursprünglich als die Generalstände) von Mai 1789 bis September 1791 tagte. Sie war das Gremium, das die Entscheidungen traf, die Frankreich von Grund auf veränderten. Es gab natürlich auch eine Welt außerhalb der Nationalversammlung, die – gelegentlich sehr bewußt – versuchte, Einfluß zu nehmen auf das, was drinnen geschah; das meiste jedoch, was draußen vorfiel, geschah entweder als Reaktion auf das Vorgehen der Nationalversammlung oder stellte einen Versuch dar, sie durch Überredung oder Einschüchterung zu beeinflussen. Wenn es überhaupt eine Antwort auf die Frage gibt, warum Frankreich sich derart selbst zerfleischte, so ist sie hier zu suchen. Aus der Beschränkung auf den Sitzungszeitraum der Verfassunggebenden Nationalversammlung ergibt sich als logischer Endpunkt der Herbst 1791, als Krieg und Terror bereits vorhersehbar, wenn auch nicht unabwendbar waren. Zu diesem Zeitpunkt freilich war, was die Revolution an konstruktiver Arbeit leistete, größtenteils schon getan und der Versuch gescheitert, auf den Wegen von Kompromiß und Konsens dahin zu gelangen.

Da ich hoffe, daß das, was ich zu sagen habe, auch für Leute mit geringen oder gar keinen Vorkenntnissen über die Französische Revolution von Interesse sein wird, habe ich versucht, so wenig wie möglich vorauszusetzen. Das macht es, vor allem in den Anfangskapiteln, notwendig, Dinge zu erklären, die manchen Lesern schon geläufig sein werden. Ich kann nur hoffen, sie werden sich in Geduld fassen und vielleicht trotzdem auf genügend Neues oder Unerwartetes stoßen, um ihr Interesse wachzuhalten. Meine größte Sorge war, die anderen nicht unnötig zu verwirren, indem ich es unterlasse, ihnen das mitzugeben, was man an Vorwissen von ihnen nicht verlangen kann. Die Dinge sind auch so schon schwierig genug.

Das Buch umfaßt die Hauptthesen einer Vorlesungsreihe zum Gedenken an Sir D. Owen Evans, gehalten am University College of Wales in Aberystwyth im Studienjahr 1986/87.

1 ZUR LAGE DER NATION

Ideologie

Das Bild, das sich die meisten gebildeten Franzosen im späten achtzehnten Jahrhundert von den Beziehungen zwischen Mensch, Natur und Gesellschaft machten, war weitgehend geprägt von jener geistigen Strömung, die als die Aufklärung bekannt ist. Ihr lagen zwei Hauptannahmen zugrunde: daß alle Ideen das Ergebnis der Verarbeitung von Sinneswahrnehmungen durch den Verstand seien und daß die Methoden der empirischen Wissenschaft es den Menschen ermöglichten, die Gesetze zu verstehen, die die gesamte Erscheinungswelt regulierten, von den Umlaufbahnen der Planeten bis hin zur Funktionsweise menschlicher Gesellschaften. Beide Vorstellungen waren, als sie sich im späten siebzehnten und frühen achtzehnten Jahrhundert durchzusetzen begannen, verblüffende Neuheiten. Die erste davon räumte, zumindest implizit, mit der Erbsünde ebenso auf wie mit dem Glauben, daß die Ideen eingeboren seien und sich bis zu einem gewissen Grad göttlicher Inspiration verdankten.

Wenn alle Ideen, einschließlich moralischer Prinzipien, rationale Folgerungen waren, die sich aus ähnlich gearteten Erfahrungswerten herleiten ließen, dann mußte daraus folgen, daß, wie Lord Chesterfield es formulierte, „ein und dieselbe Sache auch allen vernünftig Denkenden als dieselbe erscheint". Was von diesem allgemeinen Konsens abwich, wurde als Resultat voreiliger Schlußfolgerungen erklärt, oder aber als Absonderlichkeit individueller Erfahrungsweisen, die Menschen zu zwar rationalen, jedoch irrigen Folgerungen ohne ausreichendes Anschauungsmaterial verleiteten. Originalität und Enthusiasmus waren gleichermaßen suspekt. Unter vernunftbegabten Menschen konnte es keine unterschiedlichen Anschauungen geben. Von dieser Warte aus ließ sich das Böse als das Ergebnis falscher Sinnesempfindungen oder, anders gesagt, eines defekten Milieus erklären. In einer wohlgeordneten Gesellschaft würde schon die Wertschätzung, die sozial nützlichem Verhalten zuteil würde, alle vernünftigen Menschen veranlassen, ihre persönliche Erfüllung in der Verfolgung des Gemeinwohls zu suchen. Wenigstens bis zur Mitte des achtzehnten Jahrhunderts hatten die Wissenschaftler ihre größten Triumphe in der Physik gefeiert. Vermutlich deswegen wurden die Leute in der Annahme bestärkt, daß naturwissenschaftliche Gesetze sich auf statische Situationen bezogen; daß sie Erklärungen dafür waren, wie die Dinge funktionierten, und nicht, wie sie sich veränderten.

Eine mehr ins Allgemeine gehende Folgerung aus dem naturwissenschaftlichen Denkmodell bestand in dem Glauben, daß alle Probleme lösbar seien, wenigstens in der Theorie, und daß, wenn eine Lösung richtig war, alle anderen falsch sein mußten.

Das soll natürlich nicht heißen, daß alle gebildeten Franzosen so dachten. Helvétius, der nicht viel hielt von „vernünftigen Leuten, diesen Abgöttern der Mittelmäßigen", bereitete den Weg für die Idee vom unerkannten Genie, wie sie hernach in der Romantik aufkam. Diderot mit seinem rastlos forschenden Verstand reagierte auf die Erkenntnisse und Spekulationen der Biologen, die bereits in Richtung Evolutionslehre gingen. Rousseau verwarf die Grundlagen des aufgeklärten Rationalismus insgesamt zugunsten von Intuition und dem Vertrauen auf das eigene Gewissen als einem verläßlicheren Führer, als es die Vernunft war. Sie alle aber wurden, ob bewußt oder nicht, von der herrschenden Lehre beeinflußt und übernahmen einige ihrer Anschauungen in ihre eigenen Systeme. Ihre Arbeiten formten das Denken der meisten der künftigen Revolutionäre. Andere hielten immer noch an älteren Ideen fest und fuhren fort, die Welt so zu betrachten, wie es den Vorstellungen der Kirche entsprach. Als Historiker sollte man sich vor der Tendenz in acht nehmen, allzu große Bedeutung denjenigen geistigen Elementen einer Epoche beizumessen, die typisch für die nächstfolgende wurden. Trotzdem: Die Leute, die während der Französischen Revolution über Politik sprachen oder schrieben, teilten gewisse weitverbreitete Auffassungen, die von der Aufklärung herrührten.

Im Rückblick fällt einem natürlich die Erkenntnis leicht, daß viele der neuen Lehren die Grundfesten der offiziellen Ordnung untergruben. Sie ließen keinen Raum für den Glauben, wonach alle Autorität gottgegeben sei. Es gab nur wenige Atheisten, aber die Mehrzahl der Gebildeten, ob sie nun nominell Christen waren oder nicht, dachte sich Gott in immer abstrakteren Begriffen als eine Erste Ursache, die zwar das Universum erschaffen, es dann aber sich selbst überlassen hatte. Ähnlich in Verruf geraten war auch die Vorstellung, daß Autorität aus Tradition erwachse und daß alles so weitergehen solle wie bisher. Den kritischen Geistern fiel es nicht allzu schwer, Beispiele zu finden für überholte „wissenschaftliche" Lehren oder abergläubische Praktiken wie die Hexenverbrennungen. Tatsächlich neigten die mit dem Status quo Unzufriedenen generell der Auffassung zu, daß im Jahrhundert der Aufklärung alles Überkommene auch überholt sein müsse. Wenn also politische Autorität weder durch Gottes Willen noch aus der Tradition heraus zu rechtfertigen war, blieb als einzige Möglichkeit die Nützlichkeit. Ihre Legitimität hing demnach ganz davon ab, ob sie in der Lage war, die Menschen zufriedenzustellen. Durch das Aufkommen von Sozialwissenschaften wie Ökonomie und Soziologie, hoffte man Wege finden zu können, um aus jeder beliebigen Situation das Bestmögliche herauszuholen. Ineffizienz, Korruption, Wirtschaftskrisen und das Überhandnehmen der Kriminalität galten demnach als sicherer Beweis dafür, daß die Regierung ihre Arbeit nicht ordentlich tat. Das war starker Tobak, und das Fehlen einer freien Presse oder irgendeiner Art von Volksvertretung führte dazu, daß derlei Dinge nur mehr oder minder heimlich und in einem politischen Vakuum erörtert werden konnten. Keiner der

Autoren wollte riskieren, seine Ideen praktisch auf die Probe stellen zu lassen, und den Franzosen fehlte – anders als ihren Rivalen jenseits des Kanals – die ernüchternde Erfahrung des Parlamentarismus, mit dem man auch nur vom Regen in die Traufe gekommen war. All das war dem optimistischen Theoretisieren durchaus förderlich, und der Glaube, daß alles, oder beinahe alles, sich verbessern ließe, nährte den Unmut über alles, was noch nicht verbessert worden war.

Wenn es um die Frage ging, wie Staaten regiert werden sollten, hielt sich praktisch die ganze revolutionäre Generation an Montesquieu und an Rousseau.[8] Was uns hier interessiert, ist nicht so sehr, was diese Autoren bewirken wollten – das ist, speziell im Fall von Rousseau, immer noch heftig umstritten –, sondern vielmehr, wie die Menschen des Jahres 1789 sie verstanden. Montesquieus Hauptwerk, *Vom Geist der Gesetze*, erschien 1748. Es begann als vergleichende Abhandlung über die verschiedenen Regierungsformen, in denen die staatlichen Einrichtungen von Republik, Monarchie und Despotie einander gegenübergestellt wurden. Was die erstere anlangte, so griff Montesquieu auf die griechische und römische Antike zurück und beschrieb die klassische Polis als beseelt von der *vertu* (Tugend) ihrer Bürger, worunter er die Bereitschaft verstand, Selbstverwirklichung in der totalen Hingabe an das Wohl der Gemeinschaft zu suchen. Damit wollte Montesquieu sagen, daß ein solches Verhalten moralisch richtig sei und die Republik somit auf einem moralischen Fundament ruhe, das sie jeder anderen Staatsform überlegen mache. Ungeachtet der Institutionen, mit deren Hilfe die Idee vom Dienst an der Gemeinschaft befördert werden sollte, setzte die Übung in der *vertu* doch die beständige Unterordnung der Neigung unter die Pflicht voraus, und die Republik beruhte mithin auf dem fortgesetzten Triumph des Willens und der Prinzipientreue über die Bequemlichkeit. Mit anderen Worten, es war, wenn nicht überhaupt zu schön, um wahr zu sein, jedenfalls viel zu hoch gegriffen, als daß es im Europa seiner Zeit hätte Bedeutung erlangen können. Man hat den Eindruck, daß Montesquieu seine Idee von der Republik nur ungern aufgab, und sein idealisiertes Bild von Athen, Sparta und dem frühen Rom gab dem Kult, der mit den republikanischen Tugenden getrieben wurde, einigen Auftrieb, wenn es ihn nicht überhaupt erst auslöste. Die Despotie lehnte er von vornherein als das Gegenteil von zivilisierter Staatsführung ab. Blieb nur die Monarchie als eine immerhin praktikable, wenn auch nicht exemplarische Form der Regentschaft. Ihre größte Schwäche lag im Hang von Königen zum Despotismus. Was dem entgegenstand, war nicht etwa ein moralisches Prinzip, sondern allein das Ehrgefühl des Adels. Montesquieu beharrte darauf, daß dieses sich auf keinerlei Moral gründete, sondern nur auf eine bizarre Ansammlung von Vorurteilen hinauslief, am Leben erhalten durch eine aristokratische Erziehung, von der es hieß, sie ließe einen Edelmann den Tod der Unehre *vorziehen*. Da Ehre, jedenfalls in einer ihrer Bedeutungen, vom König übertragen wurde, hatte er die Möglichkeit, sich Dienste billig zu erkaufen, im Tausch für Orden, Auszeichnungen und Ehrentitel – doch war dies eine Dienstbarkeit zu den Bedingungen des Adels und nicht zu seinen eigenen. Dessen Ergebenheit beruhte darauf, daß der

König die Grenzen, die seiner Autorität gesetzt waren, geziemend zur Kenntnis nahm. Am wirkungsvollsten ließ sich diese Beschränkung durch den Adel über mächtige Körperschaften ausüben, wie etwa die Provinzstände oder unabhängige Berufungsgerichte, *Parlements* genannt, deren Richter sich in ihre Ämter eingekauft hatten und deshalb nicht vom König abgesetzt werden konnten. Das war natürlich genau das, was die *Parlements* und die wenigen Provinzstände, die sich in Frankreich erhalten hatten, hören wollten, da es ihren Widerstand gegen den König, der sonst wohl als der nackte Eigennutz dagestanden wäre, ins Ehrenkleid eines Verfassungsprinzips hüllte. Bis zur Einberufung der Generalstände 1789 bildeten diese Körperschaften, neben der Generalversammlung des Klerus, die einzige Plattform für eine verfassungsmäßige Opposition. Die Flugschriften, mit denen ihre Mitglieder einander während der politischen Krise von 1788 zu vermehrtem Eifer anspornten, hallten dementsprechend wider von Anrufungen des *Geistes der Gesetze.* 1789 wurde diese aristokratische Offensive durch einen ganz anderen Konflikt abgelöst, und der ganze Streit wurde gegenstandslos.

Das änderte freilich nichts am Einfluß Montesquieus, der, nachdem er zunächst dem Adel für dessen Zwecke gedient hatte, nun zum Heros radikaler Revolutionäre wie Brissot und Marat wurde. Im elften Buch von *Vom Geist der Gesetze,* in dem er auf die Frage der Freiheit zu sprechen kam, gab Montesquieu schließlich den Versuch auf, neutral zu bleiben, und trug eine völlig neue Theorie der Staatsführung vor, von der er irrtümlicherweise annahm, sie sei in England exemplarisch verwirklicht. Als er sie im Rest seines Werkes weiterentwickelte, legte er ihr die Anschauung zugrunde, daß Lebenseinstellungen und -grundsätze weitgehend das Ergebnis milieubedingter Prägung durch soziale, religiöse, wirtschaftliche und geographische Faktoren seien. Diese mannigfaltigen und miteinander in Wechselwirkung stehenden Kräfte seien zum einen außergesellschaftlicher Art; zum anderen entsprängen sie früheren gesellschaftlichen Entscheidungen. Die Menschen unterschieden sich demnach nicht nur durch ihre materiellen Interessen voneinander, sondern auch durch ihre Überzeugungen. Der „herrschende Geist" einer Gesellschaft ergab sich seiner Ansicht nach aus der Summe dieser Divergenzen. Aufgabe einer Regierung sei es nun, diese getreulich widerzuspiegeln und im Gleichgewicht zu halten. Um das zu erreichen, sollte jedermann eine politische Vertretung erhalten, im Rahmen einer Verfassung, deren grundlegende Teile einander die Waage hielten. Er stellte sich vor, das wäre in England der Fall, indem die *Commons* die Masse des Volkes repräsentierten und die *Lords* die Rechte von Geburt und Besitz verteidigten. Jedes der beiden Häuser erlegte dem anderen Beschränkungen auf, und beide schlossen sich zusammen, wenn es darum ging, irgendwelche despotischen Anwandlungen von seiten des Königs im Keim zu ersticken. Das Recht von jedermann auf ein Verfahren vor einem unabhängigen Gericht schützte den einzelnen vor jeder unheiligen Allianz von Exekutive und Legislative. Ob zu Recht oder Unrecht, man glaubte, Montesquieu vertrete die Ansicht, daß die einzelnen Gewalten innerhalb der Verfassung streng voneinander geschieden werden müßten.

Er war derart fasziniert von der Komplexität der Dinge, daß es ihm schwerfiel, die Einsicht der Schlüssigkeit zu opfern, und er wurde sich nie so recht darüber klar, ob sich Regierungen nun dem anpassen sollten, was sie als den herrschenden Geist ihrer Völker erkannten, oder ob sie versuchen sollten, einem ungünstigen Milieu durch Einrichtungen entgegenzuwirken, die die Menschen in die richtige Richtung lenkten. Sein genereller Hang zum Relativismus nahm sich ein wenig seltsam aus neben der vorbehaltlosen Hingabe an gewisse absolute Werte: Freiheit, Gerechtigkeit und ein auskömmliches Dasein für alle. Auch wenn manches unklar und widersprüchlich blieb: Als die Franzosen 1789 über Möglichkeiten einer Verfassung nachdachten, taten sie es in den Begriffen, die er sie gelehrt hatte. Und was immer ihnen die Umstände an anderen Lösungen aufzwangen, die Revolutionäre glaubten fest an das Prinzip der Gewaltenteilung. Wenn sie sich auf das Beispiel Englands beriefen – wie es die Gemäßigteren unter ihnen oft genug taten, als Warnung vor dem Extremismus der Theoretiker – dann war es das England Montesquieus, an das sie dabei dachten. Erst auf dem Gipfel des Terrors, 1794, wagte Robespierre, offen Kritik an ihm zu üben, und selbst dann nur in einer Art und Weise, die erkennen ließ, daß ihm nicht wohl dabei war. Saint-Just, ein anderer Radikaler, schrieb, er könne für sich endlos neue Gründe finden, ihm zu „gehorchen". Brissot wollte ihm ein Denkmal setzen lassen, und Marat, der 1785 eine Lobschrift auf ihn verfaßt hatte, meinte sechs Jahre später, es sei schade, daß Montesquieu nicht mehr am Leben sei, um den Dauphin zu unterrichten. Für beinahe alle war er der Mann, der ihnen erklären konnte, wie Verfassungen funktionierten. Und einige hatten auch seine Warnung vor dem verstanden, was kommen würde, wenn sie nicht funktionierten.

Wenn Montesquieu die Menschen überzeugte, dann war Rousseau es, der sie bekehrte. Beide sahen in der Freiheit das Ziel aller Politik, doch wo Montesquieu dem Geist nach weltlich blieb, war Rousseau religiös. Für ihn hatte der Mensch einst in einem glückhaften Urzustand gelebt. Sein Fall war die Folge des Strebens nicht nach Erkenntnis, sondern nach materiellem Fortschritt. Das hatte zur bürgerlichen Gesellschaft geführt, zur Ungleichheit und dazu, daß das natürlich Gute im Menschen verkommen war durch tückische soziale Zwänge, die ihn seiner wahren Natur entfremdeten. Das war zugleich ein Rückgriff auf die aufklärerische Überzeugung, alle Werte seien durch soziale Prägung entstanden, und ein Vorgriff auf Marx' Vision einer idealen Gesellschaft. Was durch die falschen gesellschaftlichen Werte zerstört worden war, konnte durch die wahren wieder aufgebaut werden, obwohl Rousseau selbst die Aussichten, daß verderbte Menschen sich bereitfinden würden, an die Erneuerung ihrer selbst zu gehen, sehr pessimistisch beurteilte. Die Erlösung konnte nur von der Gesellschaft ausgehen, ihr Ziel aber und zugleich die Gewähr, daß sie überhaupt vonstatten ging, war die innere Wandlung jedes einzelnen. Rousseaus Vorstellung von Freiheit war eine säkularisierte Version der christlichen Glaubenslehre: Sie bestand in der willigen Selbstunterwerfung des Menschen unter eine höhere Macht, in deren Dienst der einzelne seine menschlichen Möglichkeiten ausschöpfen konnte.

Wenn sich, mit anderen Worten, die Menschen überzeugen ließen, ihre Erfüllung in der völligen Hingabe an das Wohl der Gemeinschaft zu suchen, brauchten sie nur, was an ihrem gegenwärtigen Leben Selbstsucht und Hohlheit war (die Welt, das Fleisch und der Teufel), hinter sich zu lassen und wären alsbald wieder imstande, im Einklang mit ihrer wahren Natur zu leben. Das Problem war natürlich: Wie verderbte Menschen dazu bringen, daß sie in ihre eigene Erlösung einwilligten? Das machte das Eingreifen einer Art Übermensch erforderlich, des Gesetzgebers, der erkennen würde, was geboten war, und die moralische Autorität besäße, die anderen zur Gefügigkeit zu bewegen gegenüber den Einrichtungen, die ihre Schritte in Bahnen lenken sollten, die aus eigenem Entschluß zu beschreiten sie außerstande waren. Als Beispiele für die Art Männer, an die er dabei dachte, nannte er Moses, Mohammed und Calvin.

Die meisten seiner Leser waren sich all der Implikationen dieser säkularisierten Religion möglicherweise nicht bewußt; ein Gutteil ist es ja bis heute nicht. Sie folgten Rousseau wie einem Verkündiger. Seine hypnotische Prosa hatte nichts gemein mit der klaren Rationalität Montesquieus. Auch wer seine politischen Werke nicht kannte, konnte seine Botschaft aus seinen anderen Schriften herauslesen. Innerhalb von knapp zwei Jahren, 1761 bis 1762, veröffentlichte er einen Romanbestseller, *Die neue Héloise,* ein klassisches Erziehungswerk, *Émile,* sowie eine grundlegende Arbeit zur politischen Theorie, den *Gesellschaftsvertrag.* Dadurch veränderte er die Lebenssicht einer ganzen Generation, und es ist wohl kaum eine Übertreibung, wenn man die meisten der Revolutionsführer als „wiedergeborene Rousseauisten“ beschreibt. Was zählte, war die Gesamtwirkung seiner Schriften. Brissot wurde durch *Émile* zum Deismus bekehrt. Seine künftige politische Verbündete, Madame Roland, fand in der *Neuen Héloise* eine Ausflucht vor der Sterilität der Aufklärung, wie sie sich ihr in ihrer frühreifen Jugend dargestellt hatte. Robespierre, obzwar er einige Werke Rousseaus schon kannte, scheint von der Veröffentlichung der *Bekenntnisse* kurz vor Beginn der Revolution förmlich überwältigt gewesen zu sein. Während Montesquieu den Menschen neue Ideen über die Führung des Staates eingab, ließ Rousseau sie sich selbst und die Gesellschaft neu betrachten. Gut möglich, daß sie dabei seine politische Botschaft falsch verstanden. In mancher Hinsicht, vielleicht im wesentlichen, war er konservativ und ein Traditionalist. Sein Roman ließ erkennen, daß er an einer paternalistischen und pastoralen Gesellschaft durchaus Gefallen finden konnte. Er war, insbesondere was Frankreich betraf, gewiß kein Revolutionär, und sein *Gesellschaftsvertrag* entstand mit dem Bild seines heimatlichen Stadtstaates Genf vor Augen. Das repräsentative Regierungsmodell, das in England praktiziert wurde, verurteilte er als eine Art von Wahldiktatur, und beinahe ebenso kritisch stand er auch dem Athener Modell einer direkten Demokratie gegenüber. Seine Präferenzen gingen eher in Richtung auf eine Art Wahlaristokratie. Oberflächlich betrachtet sah das zwar beinahe so aus wie das britische Parlament, der entscheidende Unterschied lag für Rousseau aber in der Zuweisung der Souveränität, die allein im Gemeinwillen der Nation als ganzer lag und nicht bei einer ihrer Institutionen. In der Theorie war das alles ja auch gut und schön. Als sich freilich politische Praktiker anschickten, Rousseau zu folgen, mußten sie diesem Gemeinwillen einen klarer umrissenen Standort zuweisen. Die Radikaleren argumentierten mit Hilfe seiner Theorien, daß die Volkssouveränität unveräußerlich sei und ein Volk, das sich schlecht regiert fühlte, jederzeit ein Recht auf Revolte habe. Das war natürlich mehr nach dem Geschmack derer, die in Opposition, als derer, die in Amt und Würden waren. Die Gemäßigteren und die Befürworter eines Verwaltungsstaates hielten daran fest, daß die Masse der Bevölkerung es durch Wahlen bestimmten Vertretern übertragen solle, ihre souveränen Rechte für sie wahrzunehmen – das genau hatte Rousseau am Beispiel Englands abgelehnt.

Die erste Lektion, die Rousseaus Jünger von ihm lernten, war, die Gesellschaft, in der sie lebten, als falsch, ungerecht und moralisch verkommen zu verachten. Daraus erwuchs den Unzufriedenen stärkerer Trost als aus der aufgeklärten Meinung, das achtzehnte Jahrhundert habe doch schon ein gutes Stück des Weges aus der Finsternis des Mittelalters in eine strahlend helle Zukunft zurückgelegt. Die Politik hatte sich daher vor allem um „Erneuerung" zu bemühen, den wohl inflationärsten Begriff des Jahres 1789. Wie andere Prediger beharrte auch Rousseau darauf, daß, was zählte, allein der Wille zur Veränderung sei: „In Dingen der Moral sind die Grenzen des Möglichen weit weniger eng als wir glauben; was uns gefangenhält, sind unsere eigenen Schwächen, Laster und Vorurteile." Das wurde 1789 um so eher glaubhaft, als die alte Ordnung sichtlich am Zusammenbrechen und das Unvorstellbare tatsächlich passiert war. Erneuerung verlangte radikalen Wandel, getragen von einer abstrakten Zukunftsvision, und nicht die vorsichtige Anpassung von Institutionen an Umstände, wie sie eher Leuten von der Wesensart Montesquieus entsprach.

Da vom Standpunkt Rousseaus aus – in einem Land, das wie eine Art Aktiengesellschaft eingerichtet war, geführt von den Aktionären für die Aktionäre – die moralischen Qualitäten der Menschen wichtiger waren als die Höhe ihrer Kapitaleinlage, sollten alle erwachsenen Männer (Rousseau war, wie die anderen künftigen Revolutionäre, ein wütender Antifeminist) gleichen Anteil an der Entscheidungsfindung haben. Einer der Grundpfeiler der Freiheit war für ihn die Unabhängigkeit von anderen, was ihn in seinen heftigeren Momenten für eine idyllisch-agrarische Subsistenzwirtschaft eintreten ließ. So weit gingen seine Gefolgsleute nur selten, sie teilten aber seine idealisierte Sicht bodenständig bäuerlicher Werte und seine seltsame Auffassung, daß der Reichtum der einen die Armut der anderen nach sich ziehe. Er selbst, wie auch sie, waren sich nicht ganz schlüssig, was die Stellung des Privateigentums betraf, neigten aber dazu, als sicher anzunehmen, daß die Reichen zumindest suspekt, wenn nicht notwendigerweise verderbt waren. Hinsichtlich der ganz Armen, die durch den Verlust ihrer Unabhängigkeit korrumpiert waren, hatten sie ebenfalls ihre Zweifel und setzten das meiste Vertrauen auf den kleinen, unabhängigen Erzeuger, der weder seine Arbeitskraft verkaufte noch für die anderer bezahlte.

Rousseaus beharrliche Feststellung, die Souveränität müsse sich auf den Gemeinwillen gründen, bedeutete weit mehr, als daß die Regierung sich vor der öffentlichen Meinung zu verantworten hatte. Der Gemeinwille war nicht, was eine Mehrheit glaubte, haben zu wollen, sondern was tatsächlich gut war für die Gesellschaft als Ganzes. Wir brauchen uns hier zum Glück nicht weiter in die Frage zu verstricken, inwieweit eine solche Vorstellung sinnvoll ist oder wie der Gemeinwille wohl am ehesten auszumachen wäre: Für die Menschen von 1789 bedeutete es zuallererst, daß Frankreich fortan als ein organisches Ganzes zu sehen war und nicht wie bisher als eine Ansammlung von halbautonomen Provinzen oder einander fernstehenden gesellschaftlichen Klassen. Es bestand, mit anderen Worten, ein nationales Interesse, das moralisch wie auch gesetzlich für jedermann verbindlich war. Es war souverän in dem Sinne, daß es Vorrang hatte vor Verfassungsregeln, internationalen Abkommen oder bisherigen Gepflogenheiten. Oder, wie Sieyès es in *Was ist der Dritte Stand?* formulierte: „Eine Nation ist von jeder Form unabhängig, und auf welche Weise sie auch will, die bloße Äußerung ihres Willens genügt, um . . . alles positive Recht außer Kraft zu setzen."[9] Damit der Gemeinwille ungehindert zutage treten konnte, durften keinerlei Sammelpunkte lokaler politischer Loyalitäten – Provinzen, Synoden des Klerus oder politische Parteien – geduldet werden, weil sie sich sonst zu Zentren von Sonderinteressen entwickeln würden. Hatte sich in irgendeiner Frage der Gemeinwille einmal offenbart, dann waren diejenigen, die ursprünglich für andere Vorgangsweisen plädiert hatten, verpflichtet, ihren Fehler einzubekennen und sich nicht bloß der Rechtskraft des Urteils zu fügen, sondern es zu ihrem eigenen zu machen. Diskussion war zulässig, sogar notwendig, damit der souveräne Wille sich zu erkennen geben konnte; Opposition hingegen, wenn er es einmal getan hatte, nicht. Der Gemeinwille, hatte Rousseau einmal gesagt, „ist durch die bloße Tatsache seiner Existenz immer schon, was er sein soll". Dieser würde sich, so hatte er vermutlich gedacht, in Form von einigen Grundsatzentscheidungen, die Organisation der Gesellschaft betreffend, manifestieren. Seine Jünger freilich neigten dazu, seinen Wirkungsbereich auf alle Entschließungen der nationalen gesetzgebenden Versammlung auszudehnen. Wer sich ihm hartnäckig widersetzte, mußte, wie Rousseau erläutert hatte, „gezwungen werden, frei zu sein", zu seinem eigenen Besten. Da der Gemeinwille dem entsprach, was für die Gemeinschaft tatsächlich das Beste war, ob das ihren Mitgliedern nun gefiel oder nicht, war er notwendigerweise nicht dasselbe wie eine Mehrheitsentscheidung. In der Praxis lief das in aller Regel darauf hinaus, daß Politiker der Opposition die Regierung als unrechtmäßig anprangerten, weil sie nicht die öffentliche Meinung widerspiegle; einmal selbst zu Amt und Würden gelangt, begannen sie deutlich mehr Einsicht zu zeigen für die Notwendigkeit, die Öffentlichkeit darüber zu belehren, wo ihre wahren Interessen lagen.

Man könnte nun sagen, daß manche britische Politiker, die Rousseau nie gelesen haben, bekanntermaßen ganz ähnlich dachten und denken, aber auf die große Mehrzahl von ihnen würde das nicht wirklich zutreffen. Ihre Majestät bezahlt auch den Chef ihrer Opposition, und kein Premier erwartet von den anderen Parteien, daß sie sich nach verlorener Wahl auflösen. Auch wenn manche so tun, als wäre es nicht so, klar ist, daß die Politik in England die Öffentlichkeit vor die Wahl zwischen wirklichen Alternativen stellt. Und sosehr sich Regierungen auch den Anschein zu geben suchen, sie hätten das Monopol auf Tugend und Weisheit, die Wähler versuchen in aller Nüchternheit herauszufinden, welche von den Gruppen, die sich um ihre Gunst bewerben, sich als die am wenigsten unfähige erweisen könnte. An der Oberfläche sah die Konstituierende Nationalversammlung dem britischen Unterhaus ähnlicher als alles, was es sonst im damaligen Europa gab, aber die Unterschiede in den Einstellungen hinter den Ähnlichkeiten in den Verfahren waren tiefgehend und von entscheidender Bedeutung, und ein Gutteil davon stammte von Rousseau.

Die Gesellschaft

Frankreich ist ein viel größeres Land als das Vereinigte Königreich, und im achtzehnten Jahrhundert, zu einer Zeit, als der billige Massentransport von Gütern nur auf dem Seeweg möglich war, taten schlechte Verbindungen noch ein übriges zu den geographischen Gegebenheiten. Auch gibt es in Frankreich größere klimatische Unterschiede, was eine stärkere Vielfalt in der Landwirtschaft hervorbrachte. Es wurde viel Wein angebaut, und der Süden war Teil eines mediterranen Wirtschaftsraumes, der nur wenig gemein hatte mit dem Nordosten, wo Getreideanbau überwog. Die Geschichte hatte die Geographie noch bestätigt, in dem Sinne, daß die von den französischen Königen regierten Gebiete weniger geeint waren als das England des Jahres 1789. Mirabeau und Robespierre sprachen in ihren Wahlbroschüren von der Provence und dem Artois als ihrem „Vaterland“, und die französischen Provinzen waren in jeder Hinsicht derart verschieden, daß Verallgemeinerungen über das Land als Ganzes beinahe zwangsläufig in die Irre führen müssen.

Wie auch das übrige Europa war Frankreich ein überwiegend agrarisches Land, in dem etwa fünfundachtzig Prozent der Bevölkerung Dörfer und verstreute Weiler bewohnten und vom Ertrag des Bodens lebten.[10] Die gesamte Wirtschaft hing von der Ernte ab: Mißernten bedeuteten Arbeitsmangel für die Tagelöhner, und wenn die Bauern weniger Geld für Kleider ausgeben konnten, kam es zu einem Einbruch in der Textilindustrie. Das führte zu immer mehr Landstreicherei, Unruhen wegen der schlechten Versorgungslage und Banditentum. Große Hungersnöte gehörten der Vergangenheit an, was im achtzehnten Jahrhundert zu einem stetigen Bevölkerungszuwachs bis auf sechsundzwanzig Millionen Menschen geführt hatte. Das Land platzte daher förmlich aus allen Nähten. Da es zu keiner entsprechenden Produktivitätszunahme in der Landwirtschaft gekommen war und praktisch alles Nutzland auch tatsächlich genutzt wurde, wurde das Leben für die Armen zusehends schwierig. Ein zeitgenössischer britischer Beobachter, Arthur Young, fand, daß Frankreich in vielem Irland ähnelte.

Selbst in guten Jahren waren Millionen auf Mildtätigkeit angewiesen, um zu überleben. So etwas wie das britische Armengesetz gab es nicht, und was das Überleben ausmachte, war ein fragwürdiger Sieg von Entbehrung, harter Arbeit, verzweifelter Findigkeit, Glück und, falls notwendig, gelegentlichem Verbrechen.

In einer solchen Gesellschaft entsprach Reichtum gemeinhin dem Besitz an Land. Die Bedingungen waren derart unterschiedlich, daß landesweite Zahlen nur wenig über die jeweiligen lokalen Verhältnisse aussagen, aber im großen und ganzen kann man annehmen, daß der Adel und die städtische Mittelklasse etwa dreißig Prozent des Landes, der Klerus ungefähr halb so viel, besaßen. Frankreich hatte eine ungewöhnliche, wenn nicht einzigartige Stellung in Europa dadurch, daß die Bauern etwa ein Viertel des Bodens besaßen. Der Begriff sagt hier natürlich nicht viel aus, da er alles vom Zins- bis hin zum Freibauern in sich schließt, aber die weitverbreitete Aufteilung des Bodens auf kleine Parzellen reichte aus, um die Verbesserungen in der Bewirtschaftung zu verhindern, die, basierend auf Einfriedungen, die englische Landwirtschaft allmählich veränderten. Viel vom besten Ackerland war offenes Feld, in dem verstreut liegende Streifen sich auf die einzelnen Besitzer aufteilten. Größere Gutsbesitzer konnten, ehe sie ihren Besitz nicht arrondiert hatten, ihr Land nicht einfrieden, auch nicht im Einvernehmen mit den anderen, und es gab in Frankreich auch keine Entsprechung zu den englischen Einfriedungsgesetzen – vielleicht, weil es in Frankreich kein Parlament gab, das von Landbesitzern kontrolliert wurde. Die Kleinbauern konnten ihr Land behalten, die Produktivität in der Landwirtschaft entsprach jedoch vermutlich nicht viel mehr als der Hälfte der englischen.

Was es an Industrie gab, war zumeist auf dem Land angesiedelt, üblicherweise im kleinen Rahmen und technisch rückständig. Zwar begann man, britische Textilmaschinen zu importieren, jedoch nicht in nennenswertem Umfang, und Eisen wurde immer noch durch Braunkohlen- anstelle von Koksschmelze erzeugt. Die Schwerindustrie – Bergbau, Steinbrüche und Eisenhütten – war eher ein Teil der Güterverwaltung als ein eigenständiger Wirtschaftszweig und wurde zumeist vom Adel betrieben, dem viele der Wälder und Erzlagerstätten gehörten.[11] Von einigen lokalen Ausnahmen abgesehen, war die französische Industrie zum Großteil zersplittert, auf den Inlandsmarkt beschränkt und von Bedeutung lediglich als Ergänzung zur Landwirtschaft.

Die Städte waren meist Zentren von Kirche oder Verwaltung, deren Wohlstand von einer Kathedrale oder einem wichtigen Gerichtshof abhing, was ihnen die wohlhabendsten Bürger und die wichtigsten Arbeitsquellen bescherte. Freilich fehlte es ihnen an Dynamik: 1783 berichtete ein königlicher Beamter in Angers, daß „die heutige Generation ebenso dahinvegetiert, wie es die vorige getan hat und die nächste tun wird“. Es gab nur eine auffallende Ausnahme: die Häfen, speziell die an der Atlantikküste. Insbesondere Bordeaux hatte sich im achtzehnten Jahrhundert spektakulär entwickelt. Seine Handelsfürsten bauten sich Paläste von einer Pracht, mit der wenige Adelshäuser mithalten konnten. Es gab eine eigene Oper, und Arthur Young sah sich zu dem Ausruf veranlaßt, Liverpool sei nichts im Vergleich dazu. Dieser Reichtum verdankte sich vor allem Sklaventransporten nach den französischen Kolonien in Westindien, die jedoch allmählich zum Problem wurden. Einige Autoren der Aufklärung, die in anderen Bereichen viel zu bieten hatten, was Unternehmer und freisinnige Handelsleute anzog, hatten den Sklavenhandel als inhuman verdammt. Das galt im besonderen für den lokalen Helden Montesquieu. Kurz vor Ausbruch der Revolution wurde in Paris eine Gesellschaft der *Amis des Noirs* gegründet, um gegen Sklaverei und Sklavenhandel zu Felde zu ziehen.

Frankreich besaß, wie alle Länder, eine Wirtschaftsstruktur, bei der einige Leute die Produktionsmittel – Land, Schiffe, Maschinen usw. – in der Hand hatten und andere zumindest einen Teil ihrer Zeit mit Lohnarbeit zubrachten. Das trieb spezifische Einstellungen, Gruppeninteressen und Spannungen hervor. Als Folge des Bevölkerungszuwachses waren die Löhne weniger stark gestiegen als die Preise, und die Preise weniger stark als die Pachtzinsen. Das führte zu verstärktem Druck auf die weniger Begüterten, vermutlich auch zu Konzentrationstendenzen beim Landbesitz und zu wachsenden Spannungen überall. Etwa zur Zeit der Thronbesteigung Ludwigs XVI., 1774, wurde die relative Prosperität, die seit Mitte des Jahrhunderts geherrscht hatte, unterbrochen durch schlechtere Ernten, Viehseuchen und eine Überproduktion von Wein. Der schleppende Gang der Wirtschaft könnte noch zusätzlich dadurch gehemmt worden sein, daß die massive Schuldenaufnahme durch die Regierung die Zinsen hoch hielt, aber bei der geringen Menge an Anlagekapital und wenig Investitionsanreizen muß das nicht unbedingt ins Gewicht gefallen sein.

Das war die ökonomische Grundlage, auf der eine Gesellschaft stand, die in der Theorie, und zum Teil auch in Wirklichkeit, eigentlich auf ganz anderen, älteren Anschauungen aufgebaut war. Traditionell stellte man sich die Gesellschaft in drei Stände aufgeteilt vor: Klerus, Adel und Bürgerliche, voneinander geschieden durch Geburt oder, im Falle des Klerus, Berufung. Mit anderen Worten: Die Menschen waren *un*gleich erschaffen. Die Adeligen ordneten, wie Montesquieu im ersten Teil von *Vom Geist der Gesetze* erklärt hatte, ihr Leben in Übereinstimmung mit den ihnen eigentümlichen Ehrbegriffen. In einer solchen Gesellschaft war jemandes Status mehr durch das Alter seiner Abstammung und die Nähe seiner Verwandtschaft zum König bestimmt als durch Reichtum und Besitz. Die Ehre verlangte nach einer Hierarchie, und ganz oben auf der sozialen Leiter stand der Hofadel, der sich theoretisch auf die beschränkte, deren Ahnenreihe bis vor das Jahr 1400 zurückreichte, und praktisch auf diejenigen alten Familien, die sich das kostspielige Leben in Versailles leisten konnten. In der zweiten Reihe, zumindest der politischen Wichtigkeit und ihrer eigenen Einschätzung nach, standen die Adeligen aus Rechtsprechung und Verwaltung, insbesondere die Richter in den *Parlements.* Manche von ihnen konnten sich einer Herkunft rühmen, die so alt war wie die des Hofadels, ihr Einfluß aber lag nicht so sehr in ihrer Person begründet, sondern war Ausdruck der korporativen Stärke der Institutionen, denen sie angehörten. Die Mehrzahl der Edelleute freilich hatte Versailles nie gesehen, außer vielleicht als Besucher, und gehörten keiner mächtigen Körperschaft an. Sie lebten auf dem Land oder in Provinzstädten, hatten unbedeutende Ämter oder niedere Ränge in der Armee inne, oder sie kümmerten sich um ihre Besitzungen.[12]

In ferner Vergangenheit hatte der Adel einen erheblichen Teil der hoheitlichen Gewalt ausgeübt, wofür er gewisse halböffentliche Rechte erhalten oder sie sich auch genommen hatte. Bis ins achtzehnte Jahrhundert freilich hatten die französischen Könige ihm seine Machtbefugnisse entzogen, seine Privilegien jedoch nicht angetastet. Diese waren von vielerlei Art. Sie konnten „nützlich" sein, wie etwa die Befreiung von manchen Steuern, oder bloß ehrenvoll, wie etwa das Recht von Herzoginnen, in Gegenwart des Königs zu sitzen, oder ein Fürstenstuhl in einer Landkirche. Die letzteren wurden, auch wenn sie keinen finanziellen Vorteil erbrachten, um nichts weniger zäh verteidigt: Auch heute würden viele den Ritterschlag einer Ehrenpension vorziehen. Das De-facto-Monopol auf Offiziersstellen in der Armee fällt dabei fast in die Kategorie der bloßen Ehrenzeichen, da eine militärische Karriere keinen großen Anlagewert hatte, außer bei Leuten vom Hofadel, die schneller befördert wurden. Die Feudalgerichtsbarkeit brachte oft mehr Schwierigkeiten als Vorteile, zumindest in Verbrechensfällen. Es gab noch herrschaftliche Rechte ganz anderer Art, die oft mit Landbesitz zusammenhingen, manchmal aber auf einer Art lokaler Vorherrschaft beruhten. Dazu konnten die Monopole darauf gehören, Getreide zu mahlen, Brot zu bakken und Trauben zu pressen, von denen jedes sich für recht stattliche Summen weiterverleihen ließ. Zeitgenossen bezeichneten diese Sammlung von Rechten und Privilegien oft als „feudal". Das ist zwar nicht ganz korrekt, aber was ihnen recht war, soll uns billig sein.

Obschon der Theorie nach getrennt, bestanden das ökonomische und das „feudale" Milieu doch nebeneinander, überschnitten sich, verbanden sich und gerieten manchmal in Konflikt miteinander, und so entstand eine Gesellschaft, die im Europa des achtzehnten Jahrhunderts nicht ihresgleichen hatte. Reichtum, wenn er nur groß genug war, hatte seit jeher die „feudalen" Regeln zu beugen vermocht. Die Spitzen der Gesellschaft brauchten ihn für ihren Lebensunterhalt bei Hofe oder den Kauf eines wichtigen Amtes (für alle Ämter und Offiziersstellen mußte man bezahlen), und die ihn hatten, fanden ohne Schwierigkeiten vornehme Ehemänner für ihre mit großzügigen Mitgiften ausgestatteten Töchter. Bei Söhnen lag die Sache anders, denn Adel vererbte sich in männlicher Linie weiter. Grundherrliche Rechte konnten sowohl ein Mittel sein, sich Reichtum zu erwerben, als auch die Basis für den Rang in der Gesellschaft. Wie sonst auch, reichten hier die Verhältnisse von einem Extrem bis zum anderen: Manche Adelige bezogen ihr Einkommen größtenteils aus grundherrlichen Rechten, andere kaum. Für manche von denen, die gelegentlich immer noch als „Vasallen" bezeichnet wurden, bedeuteten die Abgaben an den Grundherrn eine schwere Last; bei anderen fielen sie kaum ins Gewicht. Umgekehrt konnte Reichtum auch ein Mittel sein, sich herrschaftliche Rechte zu erwerben, denn diese galten als eine

Art von Besitz und konnten von jedermann gekauft werden, der die Mittel dazu hatte. Es war unüblich, aber keineswegs selten, daß der Grundherr ein Bürgerlicher war. Lokale Studien zeigen, daß ein Anteil von etwa fünfzehn Prozent nichtadeliger Grundherren durchaus nicht ungewöhnlich war. In einem Dorf mit einem Bürgerlichen als einem der Gutsherren, der von einem Adeligen Land zur Pacht erhielt und es an einen anderen weiterverpachtete, während er selbst Vasall eines Dritten war, konnten die Beziehungen zwischen dem Ökonomischen und dem Sozialen einigermaßen verwirrend werden.

Die sozialen Wertmaßstäbe der „feudalistischen" Gesellschaft wurden in der Regel von denen akzeptiert, deren tagtägliche Beschäftigung vorwiegend ökonomischer Art war. Die am höchsten geachteten Formen des Reichtums waren jene, die der amerikanische Historiker G. V. Taylor als „besitzgebunden" bezeichnet: Land, ein Amt oder jährliche Zinseinkünfte.[13] Akademische Berufe genossen mehr Ansehen als der Handel, auch wenn dieser mehr Geld einbrachte: In der Akademie von Bordeaux war kein einziger Kaufmann vertreten. Das höchste Ziel für die meisten erfolgreichen Bürgerlichen war daher, in den Adelsstand aufzusteigen. Dahin konnte man auf verschiedenen Wegen gelangen: Wer genug Geld hatte, konnte sich einen vererbbaren Adelstitel ohne weiteres kaufen. Daneben gab es auch nobilitierende Ämter, durch die einem der vielbegehrte Rang zuteil werden konnte, sofern eine Familie ein und dasselbe Amt über drei Generationen innegehabt hatte. Es gab daher in Frankreich viele Familien, die dabei waren, die soziale Leiter in Richtung Erbadel hinaufzusteigen. Der Anspruch der Aristokratie auf Unterscheidung durch die Geburt war mithin ein Mythos. Hätte sie nicht neue Mitglieder zugelassen, sie wäre ausgestorben. Die meisten wußten auch noch, seit wann ihre eigenen Familien nicht mehr bürgerlich waren. Der König hatte immer schon Leute für besondere Verdienste in den Adel erhoben, aber im achtzehnten Jahrhundert mußte, wer hinauf wollte, für den Aufstieg bezahlen.

Vergleicht man die französische Gesellschaft mit der britischen, so handelte es sich bei den Unterschieden oft mehr um Definitions- als um Wesensfragen. In Frankreich tendierte alles dazu, schärfer hervorzutreten, und tut es immer noch, aber auch die Briten wußten sehr genau zu unterscheiden, wer ein Gentleman war und wer nicht, und man ging mit der Oberschicht völlig anders um als mit dem gemeinen Volk. In beiden Ländern verdankte sich gesellschaftliches Fortkommen mehr dem Einfluß als dem Verdienst, und in allen rechtlichen oder sozialen Beziehungen wurden Standesunterschiede als selbstverständlich angenommen. Man wird vielleicht nie mehr erfahren, ob Frankreich dabei war, sich in die britische Richtung zu entwickeln, hin zu größerer Durchlässigkeit und der schrittweisen Ersetzung von gesellschaftlichen Standesbegriffen durch ökonomische, oder ob – in einem rigideren und stärker legalistischen System – unter dem wachsenden wirtschaftlichen Druck die Standesbarrieren höher und die Durchgangswege enger wurden. Ein Jahrhundert des inneren Friedens und das Anschwellen des königlichen Verwaltungsapparats hatten dazu geführt, daß die französischen Edelleute sich mehr als Intellektuelle denn als Kriegsherren fühlten. In Pariser Salons, Provinzakademien und Kulturvereinen begannen sich Adel und Bürgertum immer mehr untereinander zu mischen. Sie fühlten sich oft in gleicher Weise zu den neuen Werten der Aufklärung hingezogen, und man konnte sie immer schwerer auseinanderhalten: Ehe er sich entschloß, mit der Gesellschaft und ihren Konventionen zu brechen, trug Rousseau einen Degen. Man hat andererseits damit argumentiert, daß der Adel die Wege zum sozialen Aufstieg zu blockieren begann und daß, weil die Nachfrage nach Adelstiteln anstieg und das Angebot an Ämtern, die dazu befähigten, es nicht tat, ja vielleicht sogar zurückging, die solcherart Enttäuschten zunehmend dazu neigten, das in Frage zu stellen, was zu erlangen sie sich realistischerweise nicht mehr erhoffen konnten. Im großen und ganzen scheint das nicht sehr wahrscheinlich. Wenn man sich einige von den radikalsten der zukünftigen Revolutionäre ansieht, so stellt sich heraus, daß Marat tatsächlich von sich behauptete, von adeliger Herkunft zu sein, und daß Brissot, Danton, Robespierre und Saint-Just allesamt an ihren Namen herumbesserten, um ihnen mehr aristokratischen Klang zu verleihen. Wer Erfolg hatte, war oft nur dadurch vorwärtsgekommen, daß er sich die zahllosen Privilegien und die Ungleichheiten des *Ancien Régime* zunutze gemacht hatte. Die daran Kritik übten, waren in der Regel enttäuschte Literaten und Gelehrte, aristokratische Außenseiter oder Männer wie Marat, die glaubten, inferiore Neider hätten Schuld daran, daß ihrem Talent nie die gebührende Anerkennung zuteil geworden war. Von dieser Sorte Männer gab es auch in England viele. Einige davon hätten wohl gerne eine Revolution gehabt, aber sie bekamen keine.

Das soll natürlich nicht heißen, daß es innerhalb der französischen Gesellschaft keine Spannungen gab. Damit wäre sie wirklich einzigartig dagestanden. Die Gesellschaft bei Hofe war berühmt-berüchtigt für ihr nichtendenwollendes Intrigenspiel. Es kam oft zu Streitigkeiten zwischen Grundeigentümern und Pächtern über die Pacht, zwischen Feudalherren und ihren „Vasallen“ über Abgaben, zwischen Unternehmern und ihren Arbeitern über die Löhne. Manche der Spannungen entstanden aus den ökonomischen Verhältnissen, andere ergaben sich aus dem Wesen der „feudalen“ Gesellschaft. Oft waren die beiden auch nicht zu unterscheiden, beispielsweise wenn die Bewohner eines Dorfes sich gegen einen Landjunker stellten, der zugleich Feudalherr und Pachtgeber war. Möglich, daß die Lehnsherren auch dazu tendierten, ihre Rechte in mehr geschäftsmäßiger Weise wahrzunehmen, obwohl das vermutlich eher auf die zutraf, die sich erst vor kurzem Güter angeschafft hatten, als auf jene, die sich in ihrem junkerlichen Erbrecht sonnten. Gelegentlichen Widerstand gegen allzu auspresserische Gutsherren stellte das soziale System nicht in Frage: Erst 1789 gingen aufständische Bauern daran, Lehnsurkunden zu verbrennen. Der Zorn der Bauern konnte sich in jedem Fall ebensogut gegen den Müller oder den Verwalter richten wie gegen den Magnaten. Wenn man weiß, wie schwierig es war, gesellschaftlichen Protest publik zu machen, dann mag es wohl sein, daß die erhaltenen Schriftquellen die allgemeine Feindseligkeit gegen den „Feudalismus“, wie sie 1789 hervorbrechen sollte, lediglich verschleiern, aber man kann nicht einfach annehmen, daß dies der Fall war. Es gibt, besonders was die Mittelklasse und die Städte anbetraf, keinen ernsthaften Grund zur Annahme, es hätten schwere und sich verschärfende Spannungen bestanden, die zu einer Krise eskalierten. Die Sozialrevolten, zu denen es kam, erscheinen mehr als eine Folge denn als Ursache der Revolution.

Ziemlich klar ist, daß dem „feudalen" Adel mit seinem Landbesitz nicht ein klassenbewußtes Bürgertum von Industriellen und Kaufleuten gegenüberstand, die aristokratische Werte geringschätzten und dabei waren, ihre wirtschaftliche Vormachtstellung auch in eine politische umzumünzen. An einem solchen Bild würde so gut wie nichts stimmen. Abscheu vor der Künstlichkeit der feinen Gesellschaft, angefacht noch durch die neue Leidenschaft für die Empfindsamkeit, konnte in Sozialkritik umschlagen: Madame Roland, die künftige Revolutionärin, behauptet, sie habe, als man sie als Heranwachsende nach Versailles brachte, Trost allein im Gedanken an die klassischen Republiken gefunden. Marat prangerte die Gesellschaftsordnung im ganzen an, aber das war, bevor er zum Hausarzt für die Dienerschaft des Bruders des Königs ernannt wurde und sich adeliger Vorfahren rühmte. Es ließen sich reichlich Beweise dafür zusammentragen, daß Halbwüchsige altklug behaupteten, Journalisten wetterten und die zu kurz Gekommenen dachten, an allem sei nur die Gesellschaft schuld. Mag sein, daß ihre Proteste in den achtziger Jahren des Jahrhunderts schriller und zahlreicher wurden, aber an alledem war nichts, was einen britischen Beamten um seinen Schlaf gebracht hätte, und es gab keine Anzeichen dafür, daß Frankreich auf eine Umwälzung größeren Ausmaßes zusteuerte.

Was die Kirche betraf, lagen die Dinge etwas anders. Zusätzlich zu Pachtzinsen und Lehnszöllen hob sie auf die meisten landwirtschaftlichen Erzeugnisse den Zehnten ein. Da damit oft weit entfernte Abteien unterstützt wurden und die örtliche Bevölkerung keinerlei Nutzen davon hatte, gab dies häufig Anlaß zu erbittertem Groll. Was die gebildeten Städter anlangte, so ließ die Aufklärung viel von dem, wofür die Kirche stand, fragwürdig erscheinen und ermutigte dazu, sarkastische Vergleiche zu ziehen zwischen dem Reichtum und der Weltlichkeit des Klerus und der Botschaft des Evangeliums. Das Zölibat war ein Greuel für Leute, die von der Idee einer natürlichen Lebensweise besessen waren und sich – wenn auch zu Unrecht – über einen Rückgang der Bevölkerung sorgten. Utilitaristen sahen durch das Mönchstum, zumindest im Fall der kontemplativen Orden, dem Müßiggang Vorschub geleistet und die Moral gefährdet. Einiges an Kritik kam auch aus der Kirche selbst, entweder von einfachen Pfarrern, die zunehmend erbost waren über die Zurücksetzung durch den höheren Klerus, oder von Jansenisten, Puritanern, die die Kirche für verderbt hielten durch ausschweifenden Lebenswandel und Laxheit in der Lehre.

Der französische Klerus, der erste Stand im Staate, bildete eine eigenständige Körperschaft. Finanziell unabhängig und von allen Steuern befreit, machte die Geistlichkeit regelmäßig Geldgeschenke an die Staatskasse, was ihr zu einigem Einfluß auf die Regierung verhalf. Nicht nur, daß sie ein religiöses Monopol hatte – erst 1787 wurden die Protestanten offiziell toleriert – die Kirche kontrollierte auch das Erziehungs-, Gesundheits- und Fürsorgewesen und fungierte darüber hinaus noch als eine Art Informationsministerium, da die einzige Möglichkeit für die Regierung, ihre jeweiligen Maßnahmen publik zu machen, darin bestand, sie in den Kirchen der einzelnen Pfarreien verkünden zu lassen. Die Generalversammlung des Klerus, die alle ihn betreffenden Angelegenheiten ordnete, wurde von den Bischöfen beherrscht, die allesamt Adelige waren. Die weltliche und die geistliche Hierarchie überschnitten sich daher in beträchtlichem Maße, und es wird manchmal behauptet, es habe in Wahrheit nur zwei Stände gegeben, den Adel und die Bürgerlichen. Das wurde später auch zum Thema für die Verfasser revolutionärer Flugschriften, es handelt sich dabei jedoch bestenfalls um eine grobe Vereinfachung. Wie die Ereignisse zeigen sollten, fühlten sich die Bischöfe letztendlich nur an das Kirchenrecht gebunden, und man mußte auch kein Adeliger sein, um von den Privilegien der Geistlichkeit zu profitieren. Eine anonyme Lebensbeschreibung des Abbé Sieyès, dieses Feindes der „privilegierten Stände", behauptet, er habe „nie Predigten gehalten noch je die Beichte gehört". Er wurde auch als ein Mann beschrieben, der frei war von „abergläubischen Ideen oder Gefühlen jeglicher Art", was auch immer dadurch angedeutet werden sollte.[14]

Wie alle anderen Institutionen des *Ancien Régime* war auch die Kirche Teil eines komplexen Systems von politischen Wechselbeziehungen. Ihre Bischöfe waren alle vom König ernannt worden, was sie freilich nicht davon abhielt, gegen die königliche Politik zu opponieren, wann immer ihnen danach war. Nichtsdestoweniger waren sie von der weltlichen Gewalt abhängig, um ihren Entscheidungen zur Durchsetzung zu verhelfen oder um blasphemische oder antiklerikale Schriften zu unterdrücken. Obwohl die Kirche sich aus Angehörigen des Adels zusammensetzte, lag die Generalversammlung des Klerus – wiederum eine Körperschaft mit einem Übermaß an jenem Korpsgeist, der das Grundübel des *Ancien Régime* war – dennoch häufig im Hader mit den *Parlements* oder den Provinzständen. Wahlweise tat sie sich auch mit ihnen zusammen, um die königliche Regierung herauszufordern. Der höhere Klerus betrachtete sich selbst – und wurde auch von anderen so betrachtet – als deutlich vom weltlichen Adel unterschieden, von dessen Angehörigen viele weitaus schärfer antiklerikal eingestellt waren als die große Mehrheit der Bürgerlichen.

Was damals noch nicht so offenkundig war, war die gefährliche Kluft, die sich zwischen der Kirche als Institution und der öffentlichen Meinung aufgetan hatte, vor allem in den Städten, aber auch zum Teil auf dem Land, wo religiöse Gleichgültigkeit, wenn nicht schlechtweg Unglaube, weitverbreitet waren. Anderswo, besonders im Westen Frankreichs, hatte die Religion Vorrang vor beinahe allem anderen, manchmal sehr zur Verlegenheit der örtlichen Pfarrer, die in den Ritualen, Wallfahrten und heiligen Stätten allerlei Abergläubisches witterten. Die Gebildeten waren sich einig hinsichtlich der Notwendigkeit religiöser Unterweisung, sei es, um die Menschen an ihre moralischen Pflichten zu erinnern, oder um jene zur Ordnung zu bringen, die zu unwissend waren, ihr Leben nach den

Prinzipien der Vernunft einzurichten. Sie hatten, wenn auch auf ihre Art, durchaus Sympathien für die Pfarrgeistlichkeit. Was ihnen vorschwebte, beschrieben sie später im Verlauf der Revolution als „Moralbeamte". Inwieweit diese Vorstellung von der Rolle der Pfarrer mit deren eigener in Einklang zu bringen war, sollte die Zeit erweisen.

Die Kirche befand sich daher also in einer äußerst verwundbaren Lage, da sie an den Benefizien festhielt – und auch noch damit prunkte –, die sie in einem säkular gestimmten Zeitalter, das viele ihrer Anschauungen verwarf, noch aus althergebrachter Frömmigkeit bezog. Selbst diejenigen, die ihre Dogmen akzeptierten, waren zunehmend erbost darüber, was mit dem Zehnten geschah, den sie entrichteten. Das war um so besorgniserregender, als die Kirche die einzige wahrhaft nationale Institution war. In allen weltlichen Angelegenheiten gehörten die Franzosen Provinzen, Städten und Körperschaften an, von denen jede ihre eigene Identität und ihre besonderen Interessen hatte. Vom Standpunkt der Regierung aus waren alle Untertanen des Königs, aber sie kamen nie zusammen, um Fragen von öffentlichem Interesse zu verhandeln, es sei denn unter dem Druck königlicher Beamter. Wie immer gab es auch hier manchmal Ausnahmen: In der bretonischen Ständeversammlung übten Adel und Klerus zum Teil faktische Regierungsgewalt aus, doch obwohl sie für die ganze Provinz sprachen, repräsentierten sie in Wahrheit doch nur sich selbst. In der Ständeversammlung des Artois wurden die Vertreter der Bürgerlichen von den anderen beiden Ständen bestimmt. Wenn die Kirche ihre moralische Autorität verlor, war das einzige, was das Land noch zusammenhielt, die königliche Verwaltung. In dieser bedrohlichen Lage lag alle Verantwortung bei der Monarchie.

Die Politik

In der Politik überlagerten, wie auch in der Gesellschaft, neue Denk- und Handlungsweisen die Gepflogenheiten, die sich von einer älteren Ordnung noch erhalten hatten. Traditionellerweise hatten die Fürsten den König als ihr Oberhaupt angesehen, in gewissem Sinne als den von Gott erwählten Regenten, dem sie Treue schuldeten und dem ihren Rat anzubieten sie gleichermaßen verpflichtet wie berechtigt waren. Er herrschte über Besitzungen, erworben durch Erbschaft, Heirat oder Eroberung, die geeint waren nur durch ihre gemeinsame Ergebenheit ihm gegenüber, die ihm manchmal nur unter gewissen, schriftlich festgehaltenen Bedingungen zugesichert war. Noch 1788 vertrat das Gericht von Rennes die Ansicht, selbst ein von den Generalständen verabschiedetes Gesetz könne nur dann für die Bretagne Gültigkeit erlangen, wenn es von der örtlichen Ständeversammlung ratifiziert würde.[15] Dasselbe Argument wurde auch in der Normandie vorgebracht, die schon Jahrhunderte vor der Revolution ihre Autonomie verloren hatte. Normannische Anwälte verlangten, der Vertrag der Provinz über den förmlichen Anschluß an Frankreich müsse „in allen wesentlichen Punkten mit dem Gesellschaftsvertrag der Normannen übereinstimmen".[16] Vom Standpunkt der Traditionalisten aus war der Wille des Königs zwar Gesetz, doch war er verpflichtet, sich an das Gewohnheitsrecht zu halten, und von jedem Gesetz mußte eine Eintragung bei den *Parlements* gemacht werden, die das Recht hatten, Einspruch dagegen einzulegen.

Bis zum siebzehnten Jahrhundert waren derlei Ideen durch die Entwicklung einer neuen Art von bürokratischem Absolutismus überholt worden. Der König wählte sich seine Berater nach eigenem Gutdünken aus. Die meisten Provinzstände verschwanden; die *Parlements* wurden angewiesen, erst die Gesetzeseintragungen vorzunehmen und allenfalls dann Einspruch zu erheben. Ludwig XIV. behauptete seine Macht über die Kirche, indem er den Einfluß des Papstes auf Fragen der Glaubenslehre beschränkte. Das Regieren wurde zum Geschäft: Der König bestimmte mit Hilfe selbstgewählter Minister die Politik und verhalf ihr zur Durchsetzung durch seine Beauftragten in den Provinzen (die Intendanten), die sich Lohn und Beförderung allein von der Zentralregierung in Versailles erwarten konnten. Die Institutionen der alten Ordnung büßten viel von ihrer Bedeutung ein, doch ließ man sie überleben. Verdiente Mitglieder des Hofadels dienten als Provinzgouverneure. Die Ständeversammlungen des Languedoc und der Bretagne blieben immerhin so mächtig, daß Takt im Umgang mit ihnen geboten war. Alte Einstellungen überlebten ebenso wie alte Institutionen. Der König sah nicht wirklich alle Franzosen als einander gleichgestellte Untertanen an. Als er die Magnaten ihrer Macht und ihrer Ämter entkleidete, zeigte er gleichwohl Respekt vor ihrem gesellschaftlichen Anspruch. Versailles beherbergte ebenso einen Hof wie einen Verwaltungsapparat, und das Selbstverständnis des Königs als erster Edelmann seines Landes setzte seiner Rolle als oberster Beamter psychologische Grenzen.

Eine der Folgen daraus war ein nichtendenwollender Grabenkrieg zwischen den alten und neuen Institutionen. Die *Parlements*, die Provinzstände und die Generalversammlung des Klerus spielten endlos Präzedenzfälle gegeneinander und gegen die königliche Regierung aus. Minister waren häufig Rivalen, wenn nicht Feinde, und Machtgrüppchen am Hof balgten sich, um die Interessen gegnerischer Klüngel voranzutreiben. Wo der König es nicht vermochte, seinen einheitstiftenden Willen durchzusetzen, war die Regierung unfähig, über längere Zeit eine entschlossene und zusammenhängende Politik zu betreiben. Nach dem Tode Ludwigs XIV. 1714 erwies sich keiner seiner Nachfolger als willens oder fähig, die Rolle auszufüllen, die er der Monarchie zugedacht hatte. Gleichzeitig schwächte der Widerstand gegen die königliche Autorität sich selbst durch widersprüchliche Forderungen und die übertriebene Eigenliebe der verschiedenen Körperschaften, und die königliche Bürokratie konnte ihre Macht beständig ausbauen. Im Laufe des achtzehnten Jahrhunderts suchten beide Seiten ihr Heil in immer verstiegeneren Schwülstigkeiten zur Rechtfertigung ihrer Ansprüche, aber was sie in Wahrheit taten, war, die Grenze bei jeder Gelegenheit ein Stückchen weiter hinauszuschieben. Die wiederkehrenden Proteste der *Parlements*, ihre Auswanderung in irgendeinen ungemütlichen Marktflecken und der endliche Kompromiß, durch den die Wiederaufnahme ihrer richterlichen Tätigkeit gewährleistet wurde, hatte etwas von einer ritualisierten Schrittfolge an sich. Wie bei Streiks heutzutage mußte es letztendlich zu einer Beilegung kommen, und niemand rechnete ernsthaft damit, daß die Dinge außer Kontrolle geraten könnten. Öffentlich vorgetragene Ansichten entsprachen nicht immer ganz den privaten Vorgangsweisen. Wenn man dem Intendanten der Bretagne, Bertrand de Moleville, und dem Herausgeber seiner Memoiren glauben darf, so fiel Sieyès bei der Lokalversammlung in Orléans allen derart auf die Nerven, daß der Finanzminister Brienne sich überreden ließ, ihm als Bestechung eine Abtei anzutragen, die zwölftausend Livres im Jahr einbrachte. Die Prämie wurde nie ausbezahlt, entweder durch ein Mißverständnis, oder weil Sieyès nicht in der Lage war, das vereinbarte Votum abzugeben. Wenige Monate später gab er die erste seiner Broschüren heraus, die unter anderem eine gehässige Attacke gegen Brienne enthielt, „den Wesir von Frankreich“. Bald danach erfuhr Sieyès, daß er aufgrund seiner niederen Geburt einen angestrebten Posten nicht erhalten würde. Darauf folgte *Was ist der Dritte Stand?*, worin er gegen die Privilegien wetterte.[17]

Im Verlauf der zweiten Hälfte des achtzehnten Jahrhunderts nahmen diese stilisierten Schaugefechte einen neuen Tonfall an. Die *Parlements* griffen die Botschaft des *Geistes der Gesetze* auf und erklärten sich zu jener kontrollierenden Kraft, die die Monarchie davor zurückhielt, in Despotismus auszuarten. Sie zeigten sich „republikanischen“ Redeweisen wachsend zugetan und sprachen von der Nation anstatt dem Königreich und von Bürgern anstatt Untertanen. Beide Seiten neigten mehr und mehr dazu, sich der öffentlichen Meinung anzubiedern. Wo es an einer freien Presse und repräsentativen Institutionen fehlte, blieb nur sehr wenig Raum für die Information der Öffentlichkeit, aber Minister ebenso wie ihre Gegner spielten für die Galerie, so etwa, wenn ein *Parlement* sich entrüstete über „die Äxte der Soldateska, die sich gegen den Tempel der Gesetze erheben“. Der Pariser *Parlementaire* d'Eprémesnil rief, als er für kurze Zeit ins Exil in eine bei Touristen heute sehr beliebte Mittelmeergegend verfrachtet werden sollte, den Soldaten, die ihn festnahmen, entgegen: „Laßt sie nur kommen und diesen Tempel mit Blut besudeln; sollen sie doch die Diener und ruhmreichen Märtyrer der Gerechtigkeit hinschlachten, in ihrem Antlitz und auf ihren Altären.“[18] Zugegeben, das war 1788, als die Leute schon ziemlich in Aufregung waren. Viele der bevorzugten Klischees revolutionärer Rhetorik waren abgestanden, noch ehe die Revolution begann. Schon vor 1789 wurden die „Handlanger des Despotismus“, die „den Tyrannen Weihrauch streuen“ und die „Kinder des Vaterlandes“ in Unterdrückung hielten, als „Niederträchtige und Verräter am Vaterland“ geschmäht. Unklar blieb, inwieweit sich in diesem opernhaften Spektakel schon die politische Krise ankündigte, die 1788 ausbrach. Wenn man gewisse Publizisten liest, so erhält man von den achtziger Jahren des Jahrhunderts den Eindruck einer wachsenden Unrast, eines Verlangens nach Veränderung und einer Tendenz, mit radikalen oder chiliastischen Ideen zu liebäugeln; aber wie viele Leute lasen sie überhaupt? Beim heutigen Stand der Erkenntnis ist es unmöglich zu entscheiden, ob man es hier mit einem Anstieg der Unzufriedenheit zu tun hat, der früher oder später in jedem Fall zu irgendeiner Art von Veränderung geführt hätte, oder mit dem Geknurr und Gebell irgendwelcher Hintertreppenliteraten, wie man es auch in England gut genug kannte, wo sich daraus freilich keinerlei bedeutsame politische Weiterungen ergaben. Klar scheint nur, daß die Verfasser radikaler Flugschriften aus eigener Anstrengung allein nichts vermocht hätten, wären ihnen nicht die unbesonnene Sprache und die überhasteten Taktiken von Männern zu Hilfe gekommen, die einen ganz anderen Kampf fochten, um frühere Macht und Ansehen wiederzugewinnen. Einer der Gründe für den Erfolg der Französischen Revolution war die Tatsache, daß niemand sie für möglich hielt.

Das ganze achtzehnte Jahrhundert hindurch waren die Finanzen die Achillesferse der Monarchie. Man hat nie wirklich zufriedenstellend klären können, warum die französischen Regierungen nie ein ausgeglichenes Budget zustandebrachten. Zum Teil hat das damit zu tun, daß es keines gab. Ein veraltetes System der Steuereintreibung durch private Unternehmer, die Verpachtung von indirekten Steuern, Zahlungsrückstände und Steuervorauszahlungen machten es dem verantwortlichen Minister unmöglich, den Überblick über die tatsächliche Finanzlage zu wahren. Häufige Kriege, die eine gewaltige Aufrüstung zu Lande und zur See erforderten, hatten zu einer hohen Staatsverschuldung geführt – doch war sie 1789 keineswegs höher als die britische, und das in einem Land mit einer dreimal so großen Bevölkerung. Die Besteuerung in Frankreich war hoch, wenn auch wenig wirksam, und die Erleichterungen für den Adel waren durchaus nicht so umfassend wie allgemein angenommen. Einer der Hauptgründe für die fiskalischen Probleme Frankreichs lag wohl in der Art, wie seine Finanzverwaltung arbeitete. In einem Land, in dem der Wille des Königs theoretisch absolut war (und somit seine Gewohnheit, persönliche Protegés aus öffentlichen Geldern zu entlohnen, praktisch nicht zu beheben) und in dem die bedeutendsten Edelleute beinahe über dem Gesetz standen, war es unmöglich, allgemeingültige Regeln durchzusetzen, wie sie für die Arbeit einer Nationalbank nötig gewesen wären. Kredite waren in Frankreich, grob geschätzt, doppelt so teuer wie in England. Nachdem die Regierung erst viel teures Geld aufgenommen hatte, mußte sie sich daher später noch mehr borgen, um die Zinsen für bestehende Darlehen bezahlen zu können. Auf *Parlements* konnte man Druck ausüben, damit sie Gesetzeseintragungen vornahmen, Investoren aber waren freie Geschäftsleute, die man mit hohen Zinsen ködern mußte. Ein Gutteil der Staatsschuld bestand gegenüber dem Ausland, was bedeutete, daß die Vorgänger der „Gnome von Zürich" in der Lage waren, in Frankreich eine Finanzkrise herbeizuführen, wenn sie zur Ansicht gelangten, daß weitere Investitionen zu riskant wären. In der Zwischenzeit tappte die Regierung von einer Notlösung zur nächsten, genötigt zu verhandeln, wo ihr zum Diktat die Macht fehlte, und unfähig, langfristige Reformen in Angriff zu nehmen, die sofort zu einem Rückgang der Staatseinkünfte geführt hätten. Der bürokratische Absolutismus hatte dem Staat ungleich mehr neue Ausgabemöglichkeiten gewiesen als Einnahmsquellen erschlossen. Mit den Jahren nahmen die Reformen, die notwendig gewesen wären, um die Monarchie wieder auf eine stabile finanzielle Basis zu stellen, einen Umfang an, wie ihn die Minister nicht einmal mehr in Erwägung ziehen mochten. Ob sie überhaupt durchzuführen waren, ohne dadurch derart drastische Veränderungen in Gang zu bringen, daß sie die französische Gesellschaft von Grund auf umgestalten und Unruhe sowie massiven Widerstand hervorrufen würden – das war eine von den Fragen, die Politiker sich lieber nicht stellten. Nachdem der Finanzminister Calonne ein halbes Dutzend Jahre lang verschwenderische Ausgaben gemacht hatte, vielleicht in der Hoffnung, Vertrauen zu schaffen, ging ihm Ende 1786 das Geld aus, und der Tag der Abrechnung war gekommen.

In jeder absoluten Monarchie ist der Charakter des Königs ein politischer Faktor ersten Ranges, besonders wenn die Zeiten schwierig werden. Ludwig XVI., der 1774 den Thron bestieg, war gesegnet mit einer wunderlichen Ansammlung von Tugenden und Fehlern, die sicherstellte, daß er das Schlechteste aus jeder möglichen Welt machen würde. Er war ein gewissenhafter Mann, der seine gottgegebene Verpflichtung, zum Wohle seiner Untertanen zu regieren, überaus ernstnahm. Das machte ihn dem Gedanken abgeneigt, seine Macht einem Kanzler abzutreten, der vielleicht wirkungsvolleren Gebrauch davon gemacht hätte. Zwar fehlte es ihm nicht an Wissen und Verstand, doch war er völlig ohne Selbstvertrauen und Entschlußkraft. Er gab sich kläglich Mühe, das Rechte zu tun, und war sich doch nie sicher, was denn nun das Rechte wäre. Da er nicht denselben gesellschaftlichen Schliff wie seine Vorgänger hatte, war es ihm unmöglich, sich an die Spitze einer höfischen Gesellschaft zu stellen, in der, wie man etwas sagte oder tat, genauso wichtig sein konnte wie die Sache selber. Er war erst zwanzig, als er auf den Thron kam, und hatte außer guten Absichten wenig, worauf er sich hätte stützen können. Er suchte Rat und Hilfe bei Maurepas, ein durchaus fähiger Minister zu seiner Zeit, jedoch ein Mann, der seit dreißig Jahren nicht mehr im Amt war und mit seinen dreiundsiebzig Jahren vor allem nach einem ruhigen Leben trachtete. Maurepas hielt Ludwig dazu an, jeden Minister zu entlassen, der Streit und Uneinigkeit provozierte. Nach Maurepas' Tod 1781 war der König auf sich allein gestellt, zu wohlwollend, um keine Skrupel, und zu unentschlossen, um Erfolg zu haben. In Versailles rief er weder Anerkennung noch Furcht hervor, und wenn sein Interesse an Reformen lästig zu werden begann, war es ein leichtes, ihn wieder davon abzubringen, indem man die, die sie betrieben, in Mißkredit brachte. Er war sich seiner Verpflichtung vor Gott, ein gerechter Herrscher zu sein, bis ins Innerste bewußt, doch hatte seine konventionelle Erziehung ihn zu einem Feind der Aufklärung gemacht und obendrein unfähig, sich vorzustellen, daß seine Untertanen politische Rechte für sich in Anspruch nehmen könnten, die ganz unabhängig waren von denen, die ihnen zu geben er sich entschloß. Es war seine Aufgabe zu regieren, und das würde er nach bestem Wissen und Gewissen tun, auch wenn er nicht viel Freude daran hatte und es auch gar nicht sehr gut konnte.

Von der Königin von Frankreich, die seit jeher eine ausländische Prinzessin gewesen war, wurde erwartet, daß sie eine angemessene Anzahl von männlichen Erben zur Welt brachte und sich ansonsten unauffällig verhielt. Wenn Bedarf an einer betörenden weiblichen Erscheinung bei Hofe bestand, dann in der Person der königlichen Mätresse. Nun hatte Ludwig XVI. keine Mätressen, und Marie Antoinette war in keiner ihrer beiden Rollen sehr überzeugend. In den ersten acht Jahren ihrer Ehe blieb sie kinderlos und gebar Frankreich erst 1781 einen Dauphin. Und sie war zeitlebens nicht unauffällig. Wie ihr Gemahl hatte auch sie die falsche Kombination von Vorzügen und Fehlern. Als Österreicherin war sie das lebendige Symbol einer ungeliebten Allianz, die zu einer Neuausrichtung der französischen Außenpolitik geführt hatte, mit unheilvollen Auswirkungen im Siebenjährigen Krieg, 1756 bis 1763. Als gehorsame Tochter ihrer Mutter Maria Theresia versuchte sie, Österreichs Interessen in Versailles zu vertreten, was ihr im französischen Außenministerium wenige Freunde machte. Da Ludwig gesellschaftlich kaum eigene Ambitionen hatte, lag es an ihr, das Leben bei Hofe in Gang zu halten. Zu launenhaft, sich der entmenschlichenden Etikette zu unterwerfen, die ihre Stellung ihr gebot, war sie nicht intelligent genug, die Folgen abzusehen, die es haben mußte, wenn sie sich darüber hinwegsetzte. Ihre Verschwendungssucht, über die man in weniger schwierigen Zeiten wohl hinweggesehen hätte, stand in scharfem Gegensatz zu Ludwigs fruchtlosen Bemühungen um Sparsamkeit. Um dem erstickenden Zeremoniell in Versailles zu entkommen, zog sie sich mit einer Handvoll freigebig entlohnter Günstlinge ins Trianon zurück. Was dort vor sich ging, war vermutlich nichts Verwerflicheres als ein wenig Laientheater und indiskreter Klatsch, aber die Fürsten, die von dem entrückten Zirkel ausgeschlossen blieben, revanchierten sich, indem sie bei Soldschreibern Pamphlete in Auftrag gaben, in denen die Königin als ein Monster an Lasterhaftigkeit verleumdet wurde. Während der Revolution nahm ihre Rache dann politische Formen an. Bis 1789 war Ludwig bei der großen Mehrheit der Bevölkerung immer noch beliebt, wenn auch nicht sehr angesehen bei denen, die mit ihm zu tun hatten. Seine Frau dagegen war bereits das Ziel allgemeinen Hasses. Sie brachte die Entschlußkraft mit, an der es Ludwig fehlte; sie hatte die persönliche Autorität, an der es ihm mangelte; durch ihren Mangel an Urteilsfähigkeit jedoch und ihre beharrliche Mißdeutung der politischen Situation schadete sie ihm mehr als sie ihm nützte.

Es gab also wenig Anhaltspunkte dafür, daß die soziale Krise in Frankreich sich Mitte der achtziger Jahre des Jahrhunderts verschärfte, obwohl vielleicht ein kritischerer Geist in der Luft lag. Die Aufklärung hatte die traditionellen Bastionen der Autorität im Staate unterhöhlt und den Eindruck entstehen lassen, mit der richtigen Politik ließe sich alles erneuern. Wo es keine ernüchternden parteipolitischen Realitäten gab, erschienen wirklichkeitsfremde Spekulationen mitunter durchaus einleuchtend. Alte Widersacher des Absolutismus führten ihre traditionellen Kampagnen mit neuen Theorien fort und zeigten sich noch radikaleren Auslegungen zugänglich, als sie die Theorieverkünder je gewollt hatten. Eine wachsende Bevölkerung, abhängig von einer keineswegs leistungsfähigen Landwirtschaft, wurde von Mißernten überaus hart getroffen, und die Ernte von 1788 sollte in der Tat sehr schlecht ausfallen. Falls es zu einer Krise kommen sollte, würde – nachdem man den lokalen Herren ihre öffentlichen Aufgaben genommen hatte – alles vom Geschick und von der Stärke der Regierung abhängen. Aus nichts von alledem geht hervor, daß eine Revolution unabwendbar war, schon gar nicht eine Revolution von der Art, wie sie sich tatsächlich zutrug, doch trieben wachsende Defizite Frankreich vor eine Küste, von der der Wind aufs offene Meer hinaus blies, das Schiff war nicht sehr seetüchtig, der Mann am Ruder verwirrt und unentschlossen, und der Wind wurde stärker.

2 DIE POLITISCHE KRISE 1787–1788

Vom Standpunkt der Gegenwart aus ist es so gut wie unmöglich, auf die Jahre unmittelbar vor 1789 zurückzuschauen, ohne dabei den gewaltigen Mahlstrom vor Augen zu haben, in den die französische Gesellschaft schon bald darauf geraten sollte. Für die Zeitgenossen freilich war der Blickwinkel ein anderer. Allmählich nur wurden sie gewahr, daß sie sich auf einen wirklichen Wendepunkt zubewegten, ganz anders als in den politischen Krisen der Vergangenheit, die große Worte, aber wenig Veränderungen gebracht hatten – außer vielleicht für die, die mit ihnen aufgestiegen oder gefallen waren. Niemand wußte, was als nächstes kommen würde, und der Historiker darf sich nicht verleiten lassen anzunehmen, es hätte anders gar nicht kommen können. Zeitweise sah es so aus, als wäre das Wahrscheinlichste eine Untermauerung des königlichen Absolutismus, und das Wort „Revolution" wurde fürs erste auf den königlichen Staatsstreich vom 8. Mai 1788 angewandt, der der politischen Rolle der *Parlements* praktisch ein Ende setzte. Will man verstehen, welche Vorstellung die Männer von 1789 sich von ihrer Revolution machten, muß man sich also erst vergegenwärtigen, wie sie sich erst nach und nach des Ausmaßes der Krise und der Möglichkeiten, die sich ihnen dadurch boten, bewußt wurden. Manche beteiligten sich, auf nationaler Ebene, schon 1787; andere wurden durch die lokale Politik erst später hineingezogen. Sie alle wurden durch die Erfahrung dieser Rüstjahre geprägt, allerdings je nach Landesteil und sozialer Schicht in ganz unterschiedlicher Weise. Der Marquis de Lafayette, ein Hofedelmann, hatte bereits einen Sitz in einer quasipolitischen nationalen Versammlung inne, als unbekannte Provinzanwälte wie Robespierre in Arras und Le Chapelier in Rennes noch in untergeordneter Rolle ihre lokalen *Parlements* unterstützten und der Abbé Sieyès noch nach höheren geistlichen Ämtern trachtete. Will man verstehen, warum die Leute 1789 das taten, was sie taten, muß man um einiges früher ansetzen.

Im August 1786 teilte der Finanzminister Calonne dem König mit, daß die Monarchie auf einen Staatsbankrott zuginge. Die Sondersteuern, die während der französischen Intervention zur Unterstützung der Kolonisten im amerikanischen Unabhängigkeitskrieg erlassen worden waren, liefen zum Jahresende aus; in der Folge würde die Lage sich rapid verschlechtern. Calonne war der Meinung, das Problem sei zu ernst, um es nach alter Übung mit beschönigenden Maßnahmen abzutun, und schlug ein ehrgeiziges Programm vor, durch das die königlichen Finanzen auf eine stabile Grundlage gestellt und die öffentliche Meinung für eine derart reformierte Steuerpolitik gewonnen werden sollte. Die Inlandszölle sollten endlich abgeschafft, einige Ländereien der Krone veräußert und die Verpflichtung zur Straßeninstandhaltung durch Ausgleichszahlungen ersetzt werden. Die Steuer auf Salz sollte herabgesetzt und gleichmäßiger auf die einzelnen Provinzen aufgeteilt werden. Dem Klerus sollte nahegelegt werden, seine Schuldenlast durch Veräußerung seiner Feudalrechte abzutragen. Der Hauptpunkt in Calonnes Maßnahmenkatalog war eine neue Landsteuer, die unbefristet und auf alles Land erhoben werden sollte, gleichgültig ob es der Kirche, dem Adel oder Bürgerlichen gehörte. Die Unterstützung der öffentlichen Meinung sollte durch die Schaffung neuer Provinzversammlungen in den Gebieten erreicht werden, in denen es die alten lokalen Ständevertretungen nicht mehr gab.

Das war kein revolutionäres Programm in dem Sinne, daß es an der bestehenden Verteilung des Reichtums radikal etwas geändert hätte, aber es brachte doch Neuerungen und rüttelte an manchen alten Anschauungen in einem Land, wo derlei Dinge schon deswegen mit Mißtrauen betrachtet wurden, weil sie angetan schienen, das Gleichgewicht zwischen den rivalisierenden Körperschaften – *Parlements,* Provinzstände und Klerus – zu stören, und nur nach langem und erbittertem Geschacher zu einer Lösung kamen. Besonders von den *Parlements* war zu erwarten, daß sie sich einer Politik widersetzen würden, die darauf abzielte, die Krone weniger abhängig von ihrer Bereitschaft zu machen, vom Staat aufgenommene Darlehen zu registrieren. Die neuzugründenden Provinzversammlungen würden einen neuen Sammelpunkt des öffentlichen Interesses entstehen lassen und den *Parlements* ihre Stellung als Fürsprecher der Steuerzahler streitig machen. Calonne entschloß sich daher, eine Zusammenkunft von einigen der wichtigsten Leute im Lande einzuberufen, in der Hoffnung, für seine Vorschläge ihre Unterstützung zu gewinnen. Solch eine Notabelnversammlung hatte seit 1626 nicht mehr getagt, was den außerordentlichen Ernst der Lage hervorhob und auch als Hinweis darauf genommen werden konnte, daß die Regierung sich nach eineinhalb Jahrhunderten vom bürokratischen Zentralismus abzuwenden begann und wieder zu dem zurückkehrte, was einige Konservative als die traditionelle französische Verfassung ansahen.

Es sieht so aus, als habe Ludwig XVI., dem es nicht an gesundem Menschenverstand fehlte, schon Schwierigkeiten gewittert, denn er fand sich erst Ende des Jahres bereit, Calonnes Plan seine Zustimmung zu geben. Als im Frühjahr 1787 die Notabeln zusammenkamen, wurden seine Vorahnungen bestätigt. Die Zeiten hatten sich seit 1626 geändert. Selbst Dillon, der gebieterische Erzbischof von Narbonne, sprach mehr von der „Nation" als vom Königreich, und Brienne, der politisch ehrgeizige Erzbischof von Toulouse, meinte, auch Kleriker seien vor allem Bürger. Von Calonnes Standpunkt aus war es Aufgabe der Notabeln, ihn darin zu beraten, wie man die vom König autorisierte Politik am ehesten in die Tat umsetzen könnte. Die Notabeln hingegen, die sich als Sprecher der Nation fühlten, beharrten darauf, die Politik als solche zur Diskussion zu stellen. Auch als der König dies untersagte, tolerierte es einer seiner Brüder, der Comte de la Provence, weiterhin in dem von ihm geleiteten Ausschuß, während der andere, der Comte d'Artois, keinerlei Anstalten machte, Kritik an Calonne zu unterbinden. Von Anfang an waren die Notabeln geneigt, für sich eine ähnliche Rolle zu beanspruchen wie die des britischen Parlaments, und der König konnte sich nicht einmal auf seine Brüder verlassen, wenn es darum ging, die Autorität der Krone zu verteidigen.

Die Notabeln billigten zunächst den Grundsatz, daß alle Schichten der Bevölkerung den neuen Steuern gleichermaßen unterworfen sein sollten. Hingegen bestritten sie, daß diese überhaupt notwendig seien. Angesichts der bisherigen, verschwenderischen Ausgabenpolitik Calonnes gaben sie zu verstehen, daß die Steuerkrise von seiner Mißwirtschaft herrühre und sie durchaus nicht geneigt seien, ihn noch mehr Geld verschleudern zu lassen. Um sich selber zu entlasten, sah Calonne sich gezwungen, die Schuld am Defizit seinem Vorgänger Necker anzulasten. Er sagte, 1774, zu Beginn der Regierungszeit des Königs, habe die Staatsschuld nicht mehr als siebenunddreißig Millionen Livres betragen. Necker habe sie, indem er den Krieg in Amerika über Kredite zu finanzieren versuchte, bis auf achtzig Millionen ansteigen lassen. Wenn er sich selbst von jeder Verantwortung freimachen wollte, blieb Calonne nichts anderes übrig, als Necker die Schuld zu geben, doch tat er sich damit nichts Gutes, denn der Schweizer Bankier war kein Mann, der sich ungestraft herausfordern ließ.

Necker war 1781 zurückgetreten, nachdem ihm als Protestanten ein Sitz im Kronrat verweigert worden war. Das an sich war schon eine „republikanische“ Tat, denn von königlichen Ministern wurde erwartet, daß sie so lange im Amt blieben, wie es dem König gefiel. Wurden sie entlassen, fielen sie offiziell in „Ungnade“ und hatten sich oft in ein vorübergehendes Exil auf ihren Gütern zu verfügen. Necker jedoch hatte sich seinen Rücktritt erzwungen und sich sogleich als inoffizieller Führer der Opposition etabliert. Ob aus Stolz oder politischem Ehrgeiz, jedenfalls verstieß er beharrlich gegen allgemein anerkannte Geheimhaltungsgrundsätze, indem er Berichte zur Lage der Staatsfinanzen veröffentlichte, die belegen sollten, daß er einen Budgetüberschuß von zehn Millionen Livres hinterlassen hatte. Über den Salon seiner Frau baute er eine Interessengemeinschaft einflußreicher Freunde und Verbündeter auf, unter ihnen de Cicé, der Erzbischof von Bordeaux. Im fernen Arras hieß es damals von einem sehr unbedeutenden Anwalt, der sich zu dieser Zeit noch de Robespierre nannte, er würde überall einen Brief von Madame Necker herumzeigen, um bei seinen Freunden Eindruck zu machen.

Wie vorherzusehen war, griffen Necker und seine Parteigänger unter den Notabeln Calonne als den Mann an, der für das Defizit die Verantwortung trug. Es war damals unmöglich und ist es immer noch, mit Gewißheit festzustellen, welche Seite der Wahrheit näher kam. Das tut aber schon deshalb nichts zur Sache, weil die Beweislage ohnehin so unübersichtlich war, daß jeder sich von dem überzeugen lassen konnte, was er gerne glauben wollte. Der König kannte Necker und verbot ihm, irgend etwas in Druck zu geben. Als dieser sich widersetzte, wurde er aus Paris verbannt. Es war vielleicht bezeichnend für die damaligen Zeiten, daß er sich nicht in der Bastille wiederfand.

Außer mit den Neckerianern bekam Calonne es auch mit Brienne zu tun, der ihm nach dem Amt trachtete. Derlei Ambitionen ergaben den Stoff, aus dem die Politik bei Hofe war. Brienne hatte einigen Rückhalt beim Klerus und konnte zudem auf die Unterstützung Marie Antoinettes rechnen, nicht jedoch auf die Ludwigs, der ihn als Atheisten verdächtigte und ihm schon den Weg auf den Bischofsstuhl von Paris verlegt hatte. Angesichts der Opposition durch Brienne und die Neckerianer entglitt Calonne die Kontrolle über die Notabeln. Er richtete einen verzweifelten Appell an die Öffentlichkeit in Form eines *avertissement* (Warnschreiben), das in den Kirchen von der Kanzel verlesen wurde. Es informierte die Öffentlichkeit erstmals über Calonnes Programm und gab die Schuld am Widerstand dagegen allein den Reichen und Privilegierten, die beschuldigt wurden, sie würden versuchen, um den ihnen zukommenden Steuerbeitrag herumzukommen. Frankreich machte entschieden Fortschritte in englischer Politik. Es war freilich symptomatisch für die Unsicherheit von Leuten, die sich auf unbekanntes Gebiet vorwagten, daß Calonne – nachdem er erst gehofft hatte, die Notabeln würden ihm gute Dienste dabei leisten können, die *Parlements* in die Zange zu nehmen – sich nun plötzlich alle Mühe gab, sie in Mißkredit zu bringen. Sein Appell an die öffentliche Meinung scheint jedoch praktisch keinen Widerhall gefunden zu haben. Es leuchtete eher ein – und war bequemer –, in den Notabeln die Schutzherren der Steuerzahler zu sehen. Außerdem war ein auffälliges Merkmal der vorrevolutionären Krise, daß mit Ausnahme der Juristenkreise, in deren Zentrum die *Parlements* lagen, die gebildeten Franzosen erst im Herbst 1788 politisch aktiv wurden, als die Wahlen zu den Generalständen bevorstanden. Damit verstärkt sich der Eindruck, daß es keine „Mittelschicht aus Industrie und Handel“ gab, in der es schon die längste Zeit gärte.

Wer auf das *avertissement* reagierte, waren die Notabeln, die über Calonnes Schmähungen verständlicherweise in Rage gerieten. Wie im *Ancien Régime* üblich, waren unter seinen Feinden auch einige seiner Ministerkollegen. Der König stimmte der Entlassung eines von ihnen zu, doch als Calonne die Opferung eines zweiten verlangte, noch dazu eines Schützlings der Königin, war es der Finanzminister, der gehen mußte. Ludwig war vermutlich zu dem Schluß gekommen, daß die einzige Möglichkeit, Calonnes Programm zu retten, die war, es seinem für Mißgeschicke so anfälligen Schöpfer aus den Händen zu nehmen. Brienne bombardierte daraufhin den König mit hilfreichen Memoranden darüber, wie durch gefälligere Methoden Calonnes Ziele doch noch zu erreichen wären, und es gelang ihm binnen kurzem, seine Ernennung anstelle von Calonne zu erwirken. Er erbat sich Necker als Beistand, aber das war mehr, als Ludwig hinnehmen mochte. Einer zumindest glaubte, nun sei der Wendepunkt erreicht: Necker behauptete 1797, daß, wäre er 1787 ins Amt gelangt, „nichts von alledem, was wir seither gesehen haben, passiert wäre“.[19] Es ist dies freilich kein Gesichtspunkt, der bei Historikern seitdem viel Anklang gefunden hat.

Brienne versuchte in der Folge, von dem Reformprogramm zu retten, was zu retten war, verwässerte es jedoch in einigen wichtigen Punkten, besonders indem er sich bereitfand, die Landsteuer zeitlich zu beschränken und für ihren Ertrag eine Obergrenze festzusetzen. Die Neckerianer sahen keinen Anlaß zum Streit mit ihm, und auch die Kleriker zögerten, gegen einen der Ihren zu opponieren, doch entstanden neue Herde von Opposition unter den Notabeln, die anfingen, radikalere Ideen zu hegen. Einer ihrer prominentesten Wortführer war der Marquis de Lafayette.

Lafayette hatte, obwohl er erst dreißig war, bereits eine bemerkenswerte Karriere hinter sich. Zehn Jahre zuvor hatte er auf eigene Kosten ein Schiff mit Kriegsgerät beladen lassen und Frankreich insgeheim verlassen, um für die amerikanischen Kolonisten zu kämpfen. Er brachte es schließlich bis zum General in der amerikanischen Armee, wo er eine wichtige Rolle in der Entscheidungsschlacht bei Yorktown spielte. Die Erlebnisse in Amerika waren der Wendepunkt in Lafayettes Leben. Er verehrte seinen Oberbefehlshaber als einen Helden und taufte sogar eines seiner Kinder „George Washington". Nach seiner Rückkehr nach Frankreich blieb er im Herzen irgendwo Amerikaner; er hing dem republikanischen Traum nach und hoffte gleichzeitig, er werde dem König, mit dem er auf gutem Fuße stand, auch weiterhin ein treuer Diener sein können. Einen Mann mit seiner Vergangenheit erfüllte die höfische Gesellschaft verständlicherweise mit Unmut, und er nahm eifrig an allem Anteil, was danach aussah, als könnte es die Lage im Lande verbessern. Er reiste nach Nîmes zu einem Treffen mit dem protestantischen Pastor Rabaut Saint-Etienne und nutzte seinen Einfluß zugunsten der Kampagne, durch die 1787 eingeschränkte Toleranz für die Protestanten erreicht wurde. Er war Gründungsmitglied der Französisch-Amerikanischen Gesellschaft und der Gesellschaft zur Bekämpfung der Sklaverei, der *Amis des Noirs*. Unser zynisches Zeitalter, das sich kurioserweise für radikale Deklamationen empfänglicher zeigt als für angewandte Menschenliebe, ist geneigt, die Lafayettes dieser Welt als Weltverbesserer zu belächeln. Der Marquis mag naiv gewesen sein, aber er stand mit seinem Geld für seine Überzeugungen ein: Er steckte hundertfünfundzwanzigtausend Livres in ein Gut in Guayana, weil er damit zu beweisen hoffte, daß die Sklavenbevölkerung, wenn man sie nur menschlich behandelte, sich von selbst erneuern und den Sklavenhandel somit überflüssig machen würde. In der Notabelnversammlung war es Lafayette, der den Standpunkt vertrat, jede neue Steuer könne nur von einer gewählten Versammlung wie etwa den alten Generalständen bestätigt werden. *No taxation without representation* war es von jenseits des Atlantiks herübergeschallt, und folgerichtig nahm die politische Debatte in Frankreich zusehends die Form eines Verfassungsstreits an.

Brienne, der sich als einen königlichen Minister des eher traditionellen Typs sah, war der Ansicht, daß die Notabeln ihm nicht die moralische Bestätigung geben würden, die er brauchte, und brachte die Sitzung zu einem Ende. Von seiner Warte aus hatte sie ihren Zweck schon erfüllt, indem sie ihm auf Calonnes Platz verholfen hatte. Außerdem hatte sie den Autoritätsmangel der Regierung offenbar gemacht. Monate waren vergangen, im Hinblick auf das Defizit war nichts geschehen, der Öffentlichkeit war das Schauspiel einer Versammlung geboten worden, die sich über die Finanzen zerstritt und allgemeine Verfassungsfragen aufwarf – und Brienne sah sich immer noch den *Parlements* gegenüber. Der vielleicht wichtigste Faktor in den politischen Einstellungen war, zumindest was den Adel betraf, das Alter. Überall versuchten alte Kämpen, die sich noch gut an die Lanzenstechen der Vergangenheit erinnerten, die Dinge nicht außer Kontrolle geraten zu lassen. Und überall wurden sie herausgefordert von den *têtes sulphureuses* (Hitzköpfen), wie ein Kommentator in Arras sie beschrieb, Männern, die ihren Rousseau ebensogut gelesen hatten wie ihren Montesquieu und weniger Hemmung zeigten, die Dinge ins Extrem zu treiben. Posen und großen Worten allzeit zugetan, sollten manche der aristokratischen Sache stur die Treue halten, wie sich 1789 zeigte. Andere wurden gleichermaßen überzeugte Revolutionäre. 1787 vereinten sie sich im Widerstand gegen die königliche Regierung, die als „Ministerialdespotie“ angeprangert wurde. Es ging um den Anspruch auf politische Vertretung und die Verteidigung des eigenen Status, mehr als des Besitzes. Der Klerus akzeptierte die Steuergleichheit, wollte sich sein Recht, selbst Steuern einzuheben, jedoch keinesfalls nehmen lassen; der Adel machte keinen Wirbel darum, daß in den neuen Provinzversammlungen die Hälfte der Sitze auf Bürgerliche entfallen sollte, beharrte jedoch darauf, der Vorsitzende müsse ein Adeliger oder Kleriker sein. Mit den Worten Roederers, eines der zukünftigen Mitglieder der Konstituierenden Nationalversammlung: „Es war der Aufruhr der Ideen, der die Revolution der Leiden auslöste, und es war das Leiden an Eigenliebe, das die Revolution der materiellen Interessen auslöste.“[20]

Als Brienne seine Pläne dem *Parlement* von Paris vorlegte, waren es junge Anwälte, angeführt von Duport, einem Aristokraten von achtundzwanzig Jahren, die das Gericht dazu brachten, zu verkünden, jede neue Steuer bedürfe der Billigung durch die Generalstände, die seit 1614 nicht mehr zusammengetreten waren. Das *Parlement* ging noch erheblich weiter als die Notabeln: Es entschied, daß Calonne der Prozeß gemacht werden sollte – dieser floh daraufhin nach England –, es verurteilte die „Ministerialdespotie“ und forderte Pressefreiheit sowie die Abschaffung jener *lettres de cachet* (Haftverfügungen), mit denen es Ministern möglich war, ihre Gegner ohne Gerichtsverhandlung ins Gefängnis zu bringen. Dadurch entstand ein langwieriger Stellungskrieg zwischen Brienne und den *Parlements.* Im großen und ganzen waren sie es, die ihn gewannen. Brienne mußte die Landsteuer aufgeben, im Tausch gegen ein weiteres Darlehen an die Krone sowie eine Verlängerung der bestehenden Steuervorschriften. Er versprach auch, die Generalstände einzuberufen, jedoch nicht vor 1791; bis dahin, so hoffte er, würde er wieder für stabile Finanzen gesorgt haben und aus einer Position der Stärke heraus in die Verhandlungen gehen können. Vom Herbst 1787 bis in das darauffolgende Frühjahr stritten Regierung und *Parlements* miteinander herum.[21] Es war ein Kampf zwischen der Krone und den Gerichtshöfen. Diese konnten auf die Unterstützung der Anwälte und anderer Rechtsvertreter zählen, sowie auf das gesamte juristische Umfeld von Schreibern und kleinen Beamten, die allenfalls für einen Aufruhr, nicht aber für eine Revolution gut waren.

Die *Parlements* konnten Brienne nicht zu Fall bringen. Ihr Widerstand aber konnte die Regierung ein Gutteil ihrer Handlungsfähigkeit kosten. Im August 1787 mußte Brienne, wollte er nicht einen Krieg mit England und Preußen riskieren, die Revolutionäre im Stich lassen, die in den Niederlanden die Macht ergriffen hatten. Wie der britische Gesandte in Paris seine Regierung im April 1788 mit einiger Überheblichkeit informierte, „wird dieses Land entweder in Kürze in einem Zustand der fürchterlichsten Anarchie versinken, oder es muß allen Forderungen nach einer Verfassung ein Ende gemacht werden".

Brienne scheint zu demselben Schluß gekommen zu sein, und er hatte genug. Am 8. Mai 1788 wurde allen *Parlements* gleichzeitig eine Serie königlicher Edikte präsentiert, die darauf abzielten, sie per Gesetz um ihre politische Existenz zu bringen. Die meisten ihrer richterlichen Aufgaben wurden auf neue Gerichte übertragen; das gerichtliche Verfahren wurde reformiert, namentlich durch Abschaffung der Folter für Untersuchungshäftlinge. Den *Parlements* wurde das Recht auf Registrierung königlicher Erlässe – und damit die Möglichkeit des Protestes – entzogen. Dieses wurde einem neugeschaffenen Kammergericht übertragen, dessen Mitglieder zu bestellen dem König vorbehalten war. Es begann danach auszusehen, als wäre die „Ministerialdespotie" doch mehr als nur eine Erfindung polemischer Rechtsanwälte. Das vorhersehbare Ergebnis war die heftigste Gegenwehr, die der Regierung bis dahin je begegnet war. Unter Historikern besteht gegenwärtig eine Tendenz, hervorzuheben, daß diese sozial wie geographisch beschränkt geblieben sei, und die Vermutung zu äußern, daß Brienne sie wohl hätte überstehen können, wenn er nicht aus anderen Gründen zu Fall gekommen wäre. Die Frage läßt keine endgültige Antwort zu, aber es gibt viel, was für eine solche Auffassung spricht. Die neuen Gerichtshöfe boten ehrgeizigen Anwälten die Aussicht auf attraktive Stellungen, die ihnen schließlich zum Aufstieg in den Adelsstand verhelfen konnten – sofern sie sich nicht von den Drohungen der *Parlements* abschrecken ließen, diese würden sich an den, wie man sie nannte, „Niederträchtigen und Verrätern am Vaterland" zu rächen wissen. Einige Gerichte ließen sich die Erhebung zu *grand bailliages* (Landvogteien) nur zu gern gefallen, andere wiederum verweigerten jede Zusammenarbeit. Ernsthafte Unruhen blieben auf wenige Gebiete beschränkt, vor allem die Bretagne, die Dauphiné und den Béarn, alle weit weg von Paris und voneinander. Nur die „Hitzköpfe" unter den *Parlementaires* widersetzten sich dem königlichen Auflösungsbefehl. Alle *Parlements* gingen ins Exil, und mit der Zeit hätten die neuen Gerichtshöfe zweifellos ihre Arbeit aufgenommen.

Das alles ist fraglos richtig, reicht aber nicht aus, die Frage erschöpfend zu beantworten. Die Edikte vom 8. Mai lösten eine schwere Krise aus, die zum einen die fehlende Durchsetzungsfähigkeit der Regierung offenbar machte und zum anderen den Machtverfall noch beschleunigte. In der Bretagne, wo die Provinzstände immer noch mächtig waren, unterstützten sie das *Parlement* von Rennes. Sie und die nationale Klerikerversammlung griffen die Forderung auf, umgehend die Generalstände einzuberufen. Es gab, mit anderen Worten, Anzeichen dafür, daß Adel und Klerus – die einzigen, die in irgendeiner Form institutionellen Protest erheben konnten – gemeinsame Sache mit den *Parlements* machten, nicht um einen neuen Handel mit der Regierung des Königs, sondern um einen neuen Anfang zu machen. Größere Bedeutung noch im Hinblick auf das, was folgte, hatten die Eröffnung einer landesweit geführten Debatte über die Grundsätze der Monarchie, die Auswirkungen dieses schrillen Vorgeplänkels der Französischen Revolution auf die Meinung der Gebildeten, die Entstehung eines Nachrichten- und Propagandanetzes, das noch sehr wichtig für die Revolution werden sollte, und schließlich die Anhäufung von Präzedenzfällen, auf die man sich 1789 dann berufen konnte.

Bezeichnend für Briennes Schwierigkeiten war, daß die Nachricht von dem bevorstehenden Staatsstreich in Paris durchsickerte. D'Eprémesnil – mit seinen zweiundvierzig Jahren ein nicht mehr ganz junger „Hitzkopf" – überredete die Mitglieder des *Parlements,* dem Schlag mit einer Erklärung zuvorzukommen, derzufolge die Minister dabei seien, die gesetzliche Grundlage der Monarchie zu zerstören. „Frankreich ist eine Monarchie, die vom König in Übereinstimmung mit den Gesetzen regiert wird." Dazu gehörten „das Recht des Volkes, der Krone nach freiem Ermessen Steuergelder auf dem Weg über die Generalstände zuzuwenden", die traditionellen Gewohnheitsrechte und Privilegien der Provinzen sowie das Recht der *Parlements,* nur solche königlichen Erlässe zu registrieren, die im Einklang mit den Gesetzen standen. Die Richter fügten auch einen Passus zum Schutz der persönlichen Freiheit an, um sich vor willkürlicher Verhaftung zu schützen, und schworen, sie würden sich niemals zur Mitwirkung an einem anderen Gerichtssystem bereitfinden. Als am darauffolgenden Tag Soldaten in das Gebäude eindrangen und verlangten, d'Eprémesnil und ein zweiter Rädelsführer mögen sich zu erkennen geben, antworteten ihnen die Richter: „Wir alle heißen d'Eprémesnil und Montsabert!" Das war schweres Geschütz, wenn es auch die Festnahme der beiden und die Auflösung des Gerichts nicht verhindern konnte.

In der Kleinstadt Pau hatten die Ereignisse mehr folkloristischen Charakter. Als der Vertreter des Königs die Auflösung des *Parlement* von Navarra verfügte, zwangen ihn einige tausend Edelleute zur Rücknahme des Befehls, und das Gericht amtierte noch einige Zeit weiter. Die Adeligen gaben eine Proklamation in Druck, die die kühne Feststellung enthielt, daß „Völker schon bestanden, noch ehe sie Könige hatten". Eine begeisterte Menge zog mit der Wiege Heinrichs IV., des Lokalhelden und nach verbreiteter Anschauung letzten konstitutionellen Monarchen Frankreichs, durch die Straßen. Unwahrscheinlich, daß derlei Brienne um den Schlaf brachte.

Erheblich mehr Anlaß zur Sorge gab die Lage in Rennes, wo das *Parlement* wie auch die bretonischen Stände bekannt für ihre Widersetzlichkeit der königlichen Regierung gegenüber waren. Als der Intendant, Bertrand de Moleville, entdeckte, was die versiegelten Anweisungen zur Durchsetzung der Edikte und zur Auflösung der *Parlements* beinhalteten, versicherte er den *Parlementaires,* er bleibe den Grundsätzen der Richterschaft treu ergeben. Für das, was folgte, machte er in der Hauptsache den Militärkommandanten, den Comte de Thiard, verantwortlich, der zögerte, seine Truppen zur Aufrechterhaltung der Ordnung einzusetzen. Thiards Zurückhaltung war nur verständlich, denn allein in einem Regiment nahmen zweiundzwanzig Offiziere aus Protest gegen die Rolle, die man ihnen zumutete, ihren Abschied. Von Beginn an engagierte sich der bretonische Adel für das *Parlement.* Am 26. Mai unterschrieben dreihundertzwanzig Adelige eine Protestnote gegen die Ministerialdespotie und erklärten: „Das Kammergericht wird nicht zusammentreten." Drei Wochen später war die Zahl der Protestierer auf zweitausendfünfhundert angestiegen. Das *Parlement* selbst wäre wahrscheinlich lieber ohne diese übereifrigen Unterstützer ausgekommen, schließlich aber schlossen die älteren Richter sich den jüngeren und radikaleren an. Der Historiker Cochin, der die These vertrat, die Revolution sei das Werk einer Minderheit gewesen, getragen von *sociétés de pensée*, Meinungszirkeln oder politischen Klubs, die einer passiven Mehrheit durch Manipulation und Einschüchterung ihren Willen aufzwängen, beharrte auf der Feststellung, daß die bretonische Revolte nicht das Gesamtbild der öffentlichen Meinung widerspiegele.[22] Das scheint auch durch den Umstand bestätigt, daß die bretonischen Adeligen, als sie, einer in der Dauphiné erstmals erprobten Strategie folgend, eine ungesetzliche Versammlung der drei Stände einberiefen, nur wenig Unterstützung durch den Klerus und den Dritten Stand erhielten. Nicht mehr als achtzig Leute erschienen in Rennes, und nur neun von den zweiundvierzig Städten der Provinz gaben Antwort. Das freilich hielt die Adeligen und die Menge, die sie auf die Beine brachten, nicht davon ab, die Straßen von Rennes zu beherrschen. Am 9. Juli machte Moleville, der einen Angriff auf seine Residenz befürchtete und sich um keinen Preis auf den Schutz Thiards verlassen mochte, sich über die Mauer seines Gartens davon und hörte erst auf zu laufen, als er in Versailles war.

Die Ersetzung Thiards durch den entschlossenen Stainville ermöglichte es, die Ordnung ohne Blutvergießen wiederherzustellen, doch trug der Anblick eines seiner Intendanten in heilloser Flucht nicht gerade zur Stärkung von Briennes Autorität bei. Die bretonische Revolte war mit Entschiedenheit rückwärts gerichtet; ihr einziges Anliegen waren die traditionellen Rechte der Provinz. Die örtlichen Anwälte machten dies am neunten August mit allem Nachdruck kund: „Auch die Generalstände haben keinerlei Machtbefugnis über die Verwaltung der Bretagne, weil die Bretonen als Volk ihre eigene Versammlung haben ... denn dort und nirgendwo sonst, in dieser Versammlung und in diesem *Parlement* wird die Provinz vertreten und verteidigt." Zwei der Unterzeichner dieses Dokuments des Archaismus waren Le Chapelier und Lanjuinais, die freilich einen ganz anderen Ton anschlagen sollten, als sie selber in jene Generalstände gewählt wurden, deren Machtbefugnisse über die Bretagne sie so eifrig bestritten hatten; aber von denen, die sich 1787 bis 1789 politisch hervortaten, konnten nicht viele sich konsequenter Handlungsweisen rühmen. Der Protest in Rennes war ungestüm und dramatisch; soweit er sich jedoch auf die Forderung nach lokaler Autonomie beschränkte, ließ er sich auch immer durch lokale Konzessionen besänftigen.

Am anderen Ende des Landes, in der Dauphiné, begannen die Dinge ähnlich, nahmen dann aber einen ganz anderen Verlauf. Das *Parlement* von Grenoble begrüßte die Maiedikte mit der Erklärung, daß „die Rechte von Untertanen um nichts weniger geheiligt sind als die des Souveräns" und bezichtigte alle, die Stellen an den neuen Gerichten annahmen, pflichtgemäß als „Vaterlandsverräter". Als das *Parlement* aufgelöst werden sollte, entstand Aufruhr. Von den beiden Regimentern, die entsandt wurden, ihn niederzuschlagen, schoß eines in die Menge, der kommandierende Offizier des anderen jedoch weigerte sich, Schießbefehl zu geben. Nachdem das *Parlement* sich hatte ins Exil schicken lassen, entstand eine Bewegung, um die lokalen Stände wieder zusammenzubringen, die seit dem siebzehnten Jahrhundert nicht mehr getagt hatten. Vertreter der drei Stände in Grenoble luden die anderen Städte der Provinz zu einer Zusammenkunft in Vizille ein. Als die Regierung das zu unterbinden versuchte, blieb der örtliche Militärkommandant untätig, sogar als die Aufständischen in einer Proklamation verkündeten, daß „selbstverwaltete Städte älteren Ursprungs sind als die Monarchie". Die Reaktionen auf den Aufruf aus Grenoble waren unterschiedlich. Etwa die Hälfte der Städte und fünfzehn Prozent der Dorfgemeinden sagten ihre Teilnahme zu. Viele der Unterstützer waren Analphabeten, was entweder bedeuten könnte, daß die Bewegung eine breite öffentliche Basis hatte, oder daß sie auf Anweisung ihrer lokalen Honoratioren handelten. Es kam kein einziger Bischof, und bei einigen Städten trug der Neid auf Grenoble den Sieg über die Vaterlandsliebe davon. Trotzdem fand die Zusammenkunft statt und verabschiedete eine „Rousseauistische" Deklaration des Inhalts, daß „das Gesetz Ausdruck des Gemeinwillens sein muß . . . wenn das Volk es verabscheut, ist es nicht Gesetz . . . Das Kammergericht wird nicht geschaffen werden". Das ging über die Berufung auf lokale Rechte hinaus.

Die Revolte in der Dauphiné war in verschiedener Hinsicht einzigartig. Anders als die Bretonen konnten die Leute dort sich nicht als Traditionalisten geben, und sie waren nicht vorbelastet durch eine schon bestehende Ständeversammlung und Streitigkeiten über die Vorherrschaft des Adels darin. Trotzdem traten, als die Deputierten der Versammlung in Vizilles zunächst nach Ständen getrennt tagten, rasch innere Spaltungen zutage. Darauf wurde mit der radikalen Entscheidung reagiert, gemeinsam zu tagen und abzustimmen. Das trug beträchtlich dazu bei, internes Hickhack zu vermindern, und es machte sie gefeit gegen überlebten Partikularismus; ein örtlicher Pamphleteschreiber hatte im Ernst erklärt, die Rechte der Leute in der Dauphiné leiteten sich von den Allobrugern her! Als der Béarn in einem Schreiben die in Grenoble vorherrschende Meinung darüber in Erfahrung bringen wollte, welche Bedeutung der Erhaltung lokaler Privilegien zukomme, erhielt er eine Lektion in politischer Theorie und die Auskunft, lokale Freiheiten hätten in denen der Nation aufzugehen. „Denken wir nicht daran, was wir waren, sondern daran, was wir sein wollen: freie Franzosen unter einem König."

Dieser Weitblick war größtenteils das Verdienst von Mounier, einem Anwalt von dreißig Jahren aus Grenoble, dem Sohn eines Kaufmanns, der sich bereits persönlichen Adel erworben hatte. Wenn es zulässig ist, von Mouniers Verhalten ein Jahr später sowie dem, was er bald danach schrieb, auf seine damalige Einstellung zu schließen, dann war er ein ausgesprochen maßvoller Mann, ein Gegner gewaltsamer Veränderungen und Anhänger des „unsterblichen Montesquieu", dessen *Vom Geist der Gesetze* er für „eines der herrlichsten Werke, die je dem menschlichen Verstand zur Ehre gereichten", hielt. Er verstand Rousseau als einen Moralisten – „Lies *Émile* und, ungeachtet der Irrtümer in diesem Buch, wehe dir, wenn du nicht daraufhin den Wunsch in dir verspürst, ein besserer Mensch zu werden" – jedoch hatte er hinsichtlich des *Gesellschaftsvertrages* seine Zweifel, obwohl er anerkannte, daß es „von allen politischen Abhandlungen die am häufigsten und mit der meisten Zustimmung zitierte" war. Mounier hielt es für „das schlechteste Buch über Staatsführung, das je geschrieben wurde". „Rousseau irrte sich, als er dafür eintrat, daß die gesetzgebende Gewalt allein beim Volke liegen soll; das würde eine despotische oder absolute Demokratie hervorbringen." Andererseits war es nicht Rousseaus Schuld, wenn die Leute auf Frankreich Argumente anwendeten, die nur auf eine ganz kleine Republik gemünzt waren, und wenn sie seine Suche nach „schimärischer Vollkommenheit" als Abhandlung zur praktischen Politik mißverstanden.[23] Wie maßvoll Mounier war, trat erst 1789 vollends zutage. Als der führende Kopf der Revolte in der Dauphiné 1788 erwarb er sich im ganzen Land den Ruf eines kühnen Radikalen, der die Regierung nicht nur bekämpft, sondern bezwungen hatte.

Als sich die Versammlung in Vizille vertagte, vereinbarte man eine neuerliche Zusammenkunft bald danach in Romans. Dieses Mal machte Brienne aus der Not eine Tugend und genehmigte, was er ohnedies nicht verhindern konnte. Daß die Regierung dem Treffen in Romans ihren Segen gab, bedeutete eine Umkehr im jahrhundertealten Prozeß der bürokratischen Zentralisierung. Überall in Frankreich wurde die Sache mit bewundernder Aufmerksamkeit verfolgt. Daß sie anderswo Nachahmer finden würde, war unausbleiblich, und die Leute aus der Dauphiné, die sich im klaren darüber waren, daß ihre eigene Sicherheit davon abhängen konnte, inwieweit sie allgemeine Unterstützung fanden, missionierten eifrig. Wie schon erwähnt, rieten sie dem Béarn, zuerst an das Land als Ganzes zu denken. In einem gedruckten Brief von „einem Edelmann aus der Dauphiné an einen Bürger in Toulouse" wurde dem Languedoc dringend geraten, sich der Dauphiné anzuschließen, unter Hinweis darauf, daß die Bretonen, „mit denen wir verbündet sind und jeden unserer Schritte abstimmen", dies bereits getan hätten. In Montélimar stellte eine Stadtversammlung, die entgegen dem Verbot der lokalen Behörden stattfand, in Antwortschreiben auf Briefe aus Grenoble und Romans die Behauptung auf, die französischen Städte seien im Begriff, die Stellung eines Gegengewichts zur königlichen Macht einzunehmen, die vordem die *Parlements* innegehabt hatten. Die Adeligen in Franche-Comté verlangten die Wiederherstellung ihrer alten Ständevertretung, und als Brienne ihnen ein Treffen verbot, setzten sie sich gegen den Versuch des örtlichen Kommandeurs, sie aufzuhalten, durch.

Diese lokalen Bewegungen hielten sich oft eher an die Vorgangsweise in der Bretagne als an die in der Dauphiné, indem sie die Wiederherstellung bloß lokaler Privilegien forderten. Damit konnte man mit einiger Wahrscheinlichkeit Anklang beim Adel finden, und eine Revolte unter Führung von Adeligen warf stets die unangenehme Frage nach der Verläßlichkeit der Offiziere in der Armee auf, die oft mit dem Standpunkt derer sympathisierten, die sie im Grunde hätten disziplinieren sollen. Ein Schweizer Regiment in Dijon sträubte sich dagegen, einen Aufruhr niederzuschlagen. Ein Militär in der Dauphiné ließ, vorausgesetzt, es handelte sich nicht um die Erfindung eines Pamphletisten – eine Schrift drucken, in der es hieß: „Wir sind nicht gemeine Werkzeuge des despotischen Willens der Handlanger der Tyrannei ... Wir haben sehr wohl über absurde Verfügungen nachgedacht, die unser moralisches Empfinden beleidigten." Ein Baron de P., der von sich behauptete, ein Offizier in der französischen Garde zu sein, einem Regiment, dem zusammen mit anderen die Aufrechterhaltung der Ordnung in Paris oblag, ging noch ein gutes Stück weiter: „*Wir werden alle als Bürger geboren;* wir alle sind zuerst Kinder des Vaterlandes und dann erst königliche Untertanen." „Jedes einzelne seiner Kinder wird von diesem moralischen Wesen gelenkt, dem Vaterland, dem zu dienen der König nicht weniger verpflichtet ist als der geringste seiner Untertanen ... Der König ist nur der erste Untertan in seinem Reiche."

Aufrührerische Reden dieser Art, in denen sich entweder die alten Anschauungen der Fronde aus dem siebzehnten Jahrhundert oder ein neuer politischer Ansatz widerspiegelten, oder eine explosive Mischung von beidem, waren überall zu hören. Monate vor dem Inkrafttreten der Maiedikte hatten die Richter am *Parlement* von Nancy verkündet: „Freiheit und Besitz sind wesentliche und ureigentliche Rechte von Bürgern. Sie zu bewahren ist Ziel und Aufgabe der Gesellschaft." Ihre Kollegen in Rouen erklärten die Minister zu Verrätern und weigerten sich, überhaupt noch mit ihnen in Verbindung zu treten. Als Adelige aus der Guyenne, der Gascogne und aus Périgord die Freilassung einiger Bretonen forderten, die in Haft genommen worden waren, erklärten sie: „Das Recht der Völker auf Freiheit ist ein Naturrecht. Ihre Rechte sind unveräußerlich." Das ganze achtzehnte Jahrhundert hindurch hatten die *Parlements* dazu geneigt, mäßige Hoffnungen mit klangvollen Worten aufzuputzen; 1788 jedoch ließ man den Worten Taten folgen. Manches ließ auf merkwürdige Weise erahnen, was im nächsten Jahr passieren sollte. *Parlements,* die man aus ihren Tagungsräumen ausgesperrt hatte, erklärten wie das von Dijon, sie würden wieder zusammentreten, wo auch immer es sein möge. Als die Regierung schließlich kapitulierte und die Maiedikte widerrief, gab die Rückkehr der triumphierenden *Parlementaires* nach Grenoble und Dijon Anlaß zu öffentlichen Festlichkeiten, die jene von 1793 bis 1794 vorwegnahmen, mit *jeunes divinités* (jungen Gottheiten), die Lorbeerkränze verteilten, denn „Tugend soll von der Hand der Jugend gekrönt werden", mit Obelisken und Triumphbögen. In Grenoble sorgten die beiden dort stationierten Regimenter für die Musik beim Festumzug, und sämtliche Offiziere machten den siegreichen Anwälten ihre Aufwartung.

Mitten in der um sich greifenden Unruhe kam es zur Entscheidung, 1789 die Generalstände einzuberufen, und zum Sturz von Brienne. Wie es sich bis 1792 noch öfter wiederholen sollte, blieb eine entscheidende Konfrontation aus. Das macht den Einwand möglich, die Regierung hätte Vorkehrungen treffen können, jedoch verlor Brienne die ganze Zeit hindurch an Boden. Selbst der Klerus wandte sich gegen ihn, vielleicht weil man Anstoß daran nahm, daß er, ganz im Stil des achtzehnten Jahrhunderts, sein Amt dazu benutzt hatte, Toulouse gegen den lukrativeren Bischofssitz von Sens einzutauschen. Eine außerordentliche Versammlung des Klerus, die von der Regierung um eine Zuwendung von acht Millionen Livres an die Staatskasse ersucht worden war, ließ es bei 1,8 Millionen bewenden und beschloß überdies eine Verurteilung der Maiedikte sowie die Forderung nach Bestätigung der Sonderrechte des Klerus und einer Zusammenkunft der Generalstände. Brienne soll dem Generalbevollmächtigten des Klerus geantwortet haben: „Da Adelige und Klerus ihren natürlichen Beschützer, den König, im Stiche lassen, wird er sich den Bürgerlichen in die Arme werfen müssen und sie beide zermalmen.“ Am 5. Juli lud er Vertreter der Öffentlichkeit ein, ihn in der Frage zu beraten, wie man die Generalstände, deren Zusammentreten bevorstand, zu einer wirklichen Nationalversammlung machen könnte. Das wurde allgemein als Hinweis darauf genommen, daß die Zensur aufgehoben war. Die Unterstützer der *Parlements* hatten nicht erst auf Briennes Erlaubnis gewartet, um ihre Flugschriften unter die Leute zu bringen, aber er hatte sich wohl gedacht, eine ausgedehnte Diskussion über die Zusammensetzung der Generalstände würde die Opposition spalten. Falls er damit die populistische Politik von Calonnes *avertissement* aufs neue beleben wollte, sollte ihm mehr Erfolg beschieden sein, als er sich wohl erwartet hatte, doch brauchte es Monate, bis die Pressekampagne in Schwung kam, und sie kam zu spät, als daß sie ihm noch hätte nützen können. Am 8. August sagte er zu, die Einsetzung der Kammergerichte aufzuschieben und die Zusammenkunft der Generalstände von 1791 auf 1789 vorzuverlegen. Das war die entscheidende Wendung und Beweis dafür, daß die Regierung auf dem Rückzug war. Die Generalstände würden auf eine Regierung treffen, die immer noch bankrott und ihnen daher mehr oder weniger ausgeliefert war. Die Unruhe des Sommers 1788 würde direkt in den Wahlkampf münden und so eine unausgesetzte politische Krisenstimmung aufrechterhalten, vor der die Regierung praktisch ohnmächtig war. Eine Woche nach dieser Kapitulation ging das Bargeld aus. Das war weniger ein Zeichen allgemeiner Zahlungsunfähigkeit als vielmehr eine kurzfristige Krise, die dadurch entstanden war, daß es die Bankiers, absichtlich oder zufällig, verabsäumt hatten, Brienne mit dem Geld zu versorgen, das er für seine tagtäglichen Finanzgeschäfte benötigte. Er war gezwungen, Gläubiger in Papiergeld auszuzahlen, was als Bankrotterklärung aufgefaßt wurde. Noch einmal wandte Brienne sich an Necker, diesmal mit Billigung des Königs, doch der Schweizer Bankier gab ihm, durchaus einleuchtend, zur Antwort, das Vertrauen der Öffentlichkeit sei nur durch einen Rücktritt des Finanzministers wiederherzustellen, und Brienne mußte gehen.

Zum zweitenmal innerhalb von wenig mehr als einem Jahr hatte die Opposition den Sturz des wichtigsten Ministers des Königs herbeigeführt. Die Monarchie hatte immer noch einigen Spielraum, doch zusehends weniger Kontrolle über den Gang der Ereignisse. Necker war der Ansicht, jeder Versuch, die Zusammenkunft der Generalstände irgendwie abzuwickeln, würde mehr Schaden als Nutzen bringen. Sein Kollege Malesherbes war anderer Meinung und riet dem König, eine liberale Verfassung aufzusetzen und sie kraft seiner eigenen Autorität zu proklamieren, doch Ludwig war dafür nicht der richtige Mann, und Malesherbes trat zurück. Die Ablösung Briennes durch Necker brachte eine wichtige Veränderung. Der Bischof war ein Politiker des *Ancien Régime*, der seine eigene Karriere zu fördern trachtete, indem er die Macht seines Herrn verteidigte. Necker, ein Außenseiter, diente der alten Ordnung nicht mit gleicher Hingabe. Er war dem König gegenüber loyal, jedoch auf seine Art. Auch genoß er seine Popularität über alles und ließ sich gerne einreden, daß er der Mann sei, Frankreich in eine neue Richtung zu führen. Daher ging er von Briennes Rückzugstaktik ab, hob die Maiedikte auf und rief die *Parlements* aus dem Exil zurück. Das *Parlement* von Paris bestätigte mit dem allergrößten Vergnügen das königliche Edikt zur Einberufung der Generalstände im folgenden Jahr. Was ein Zeitgenosse als „Revolution in Frankreich" beschrieben hatte, war fehlgeschlagen. Die „Ministerialdespotie" war ausgetrieben worden, und der Weg war frei für die Erstellung einer neuen Verfassung durch den König und sein Volk.

Genau an diesem Punkt begann die politische Krise in eine neue und gänzlich unerwartete Richtung zu gehen. Die Forderung nach Einberufung der Generalstände hatte den Wünschen aller entsprochen, die in Opposition zur Regierung standen. Für die Mitglieder der *Parlements* bedeutete es die Rückkehr zu den alten Usancen der Monarchie, während die mit mehr Weitblick darin den Beginn eines konstitutionellen Regimes sahen. Die Wirklichkeit brachte für alle eine Überraschung. Noch ehe die Stände zusammentraten, war klar geworden, daß sie den politischen Ansprüchen der *Parlements* ein Ende machen würden, worauf diese bald schon ihre Hoffnungen auf eine Auflösung der Versammlung setzten. Um die einzelnen Sitze herrschte ein erbitterter Wettstreit: Das frische amerikanische Beispiel vor Augen, strebte eine ganze Generation von hoffnungsvollen Jünglingen danach, zu den Gründervätern des neuen Frankreich zu gehören. Für etliche von ihnen erhob sich damit zugleich die Frage, ob sie dem Adel oder dem Dritten Stand zuzurechnen waren. Die Zugehörigkeit zum Adel, die sich, außer in eher rückständigen Landesteilen wie der Bretagne, schrittweise auf jene nur mehr eingeschränkte soziale Bedeutung hin entwickelt hatte, die ihr in England zukam, wurde urplötzlich zu einer vordringlichen und politisch folgenschweren Frage, besonders für jene, die durch Ehrgeiz und Erfolg ins Niemandsland des persönlichen Adels aufgestiegen waren. Wie schon Mounier in der Dauphiné festgestellt hatte, bestärkte die Trennung der drei Stände sie überdies, sich auf ihre jeweilige Gruppenidentität zu konzentrieren, sowie auf die Themen, die zwischen ihnen strittig waren. Als es Zeit wurde, *cahiers* (Hefte) mit Beschwerdegründen zusammenzustellen und Deputierte zu wählen, war die Stimmung im ganzen Land politisiert und die Erwartung geweckt, daß alle Übel schon bald beseitigt sein würden. Viele Regimes später sollten die Franzosen sagen: *Que la république était belle sous l'Empire!* (Wie schön war doch die Republik unter dem Kaiser!) Das traf in noch höherem Maße auch auf die Generalstände zu.

Der Dritte Stand oder, mit einem realistischeren Ausdruck, die gebildete Mittelklasse, die den ganzen Sommer hindurch mit den *Parlements* in ihrem Kampf gegen Brienne sympathisiert hatte, begann zu argwöhnen, die „Aristokraten" könnten auf politische Veränderungen aus sein, die den Absolutismus nur zu ihrem eigenen Vorteil beseitigen würden. Als das Pariser *Parlement* die Einberufung der Generalstände billigte, fügte es hinzu: „in Übereinstimmung mit den Vorgehensweisen des Jahres 1614". Dabei war ihm vermutlich nicht klar, was das bedeutete: Mit Sicherheit wollte man die *Parlementaires* nicht auf eine Stufe mit dem Dritten Stand gestellt sehen, wie es 1614 der Fall gewesen war. Vielleicht wollte man auch nur sicherstellen, daß die Ständevertreter gewählt und nicht nur berufen wurden, wie es bei den Provinzversammlungen geschehen war. Aufgefaßt jedenfalls wurde es so, daß die Generalstände aus drei getrennten Ständen – Klerus, Adel und Bürgerliche – sich zusammensetzen sollten, wobei jedem ein Vetorecht gegen die Beschlüsse der anderen beiden zukam. Soweit es Verfassungsfragen betraf, hätte man davon nicht allzuviel Aufhebens zu machen brauchen, da es ja der Adel gewesen war, der den Kampf gegen den Absolutismus angeführt hatte. Wenn die „Vorgehensweisen des Jahres 1614" zu einem derartigen Aufschrei von seiten des Dritten Standes führten, dann höchstens deshalb, weil seine Mitglieder zunehmend den Verdacht hatten, die sozial über ihnen Stehenden könnten die politische Macht für sich allein beanspruchen, ohne ihren vormaligen Verbündeten soziale Zugeständnisse zu machen.

In erstaunlich kurzer Zeit brach die vereinte Front auseinander. Vielleicht hatte nun, da Necker im Amt war, die Ministerialdespotie ihren Schrecken verloren. Vertreter des Dritten Standes begannen die Ansicht zu äußern, die „privilegierten Stände" hätten nur deshalb Front gegen die Regierung gemacht, weil sie fürchteten, man würde sie sonst zwingen, einen angemessenen Steuerbeitrag zu leisten. Das entsprach natürlich genau dem, was auch Calonne und Brienne gesagt hatten, und man hatte den Erzbischof in Verdacht, er habe einige der Pamphlete gegen seinen alten Widersacher mitfinanziert. In einer Gesellschaft, die Pressefreiheit oder politische Debatten nie gekannt hatte, hatte die Politik notwendigerweise die Form persönlicher Intrigen am Hof angenommen, und der gewohnheitsmäßige Argwohn, der dadurch entstanden war, sollte nun die Revolutionäre plagen. Im „Brief eines Bürgers" vom 8. Dezember wurde darüber Klage geführt, daß „die Bürger den Krieg nicht mehr der Willkürherrschaft von Ministern erklären, sondern einander. In seinem Wahn vermag keiner mehr seine Brüder zu erkennen, deren Ziele die seinen sind, und es fehlt nicht viel, und er wird gegen ihre Forderungen zu eben jener willkürlichen Gewalt greifen, die zu scheuen er Grund genug hätte, die er jedoch nicht länger fürchtet."

Als Necker die Notabeln neuerlich zusammenrief, um ihren Rat darüber einzuholen, wie die Tagung der Generalstände zu organisieren wäre, sahen sich diese erlauchten Herren, die noch 1787 als Verfechter der Freiheit gefeiert worden waren, nun als kampfbereite Verteidiger von Privilegien hingestellt. Die unmittelbare Streitfrage war, ob der Dritte Stand, der ja die große Mehrheit der Bevölkerung und ein Gutteil vom Reichtum der Nation repräsentierte, die gleiche Anzahl von Vertretern haben sollte wie die beiden anderen Stände zusammen. Da das ja ohne Bedeutung gewesen wäre, wenn die Stände getrennt abstimmten, ließen die Befürworter einer Verdoppelung der Anzahl von Repräsentanten des Dritten Standes damit durchblicken, daß sie auf Einzelabstimmungen in einer gemeinsamen Sitzung der drei Stände abzielten. Dagegen setzten die Notabeln sich heftig zur Wehr. Die meisten der Fürsten von Geblüt beteiligten sich an der Herausgabe eines Memorandums, in dem die Ansprüche des Dritten Standes wütend zurückgewiesen, der König an all das Blut, das seine ihm treu ergebenen Adeligen für ihn vergossen hatten, erinnert und mit einem Boykott der Generalstände gedroht wurde, wenn man ihnen nicht ihren Willen ließe. Für jene – und dazu gehörte mit Sicherheit auch die Königin –, die die Ereignisse des vorangegangenen Sommers noch im Gedächtnis hatten, sah es so aus, als hätten die Adeligen ebensoviel Nervenstärke wie Mut.

Mag sein, daß die politischen Fronten anders verliefen, aber die politischen Temperamente waren dieselben geblieben. Mounier hielt die Dauphiné auf einem gemäßigten Kurs. Die Bretonen neigten wie schon bisher zur Gewalt. Sieyès, der sich schon gegen Brienne in Haßausbrüche hineingesteigert hatte, wurde nun womöglich noch ausfallender gegen die „privilegierten Stände". D'Eprémesnil, der melodramatische Held im Widerstandskampf des Pariser *Parlements* gegen die Maiedikte, blies sich nun als Widersacher des Dritten Standes genauso auf. Große Töne lagen in der Luft, und es war für jedermann schwer, kühlen Kopf zu behalten. Rabaut Saint-Etienne war einer von vielen, die über die Einzigartigkeit der Lage in helle Aufregung gerieten. „Wenn man in den Annalen aller Völker aus alter und neuer Zeit nachschlägt, wird man keine Epoche finden, die so erhaben und bemerkenswert ist wie die, in der wir heute uns befinden." Zum Glück war Necker auch der tugendhafteste und aufgeklärteste Franzose (sic!), der je gelebt hatte. Wo die Einsätze so hoch waren, mußte selbst die Verteidigung der Mäßigung gewalttätig im Ausdruck sein, und demgemäß beschwor Rabaut „ewigen Haß auf jene, welche die Stände zu spalten versuchen" herab.[24]

Einer von den letztgenannten war Pétion, ein Anwalt aus Chartres, der in der Verfassunggebenden Versammlung zur extremen Linken gehören sollte. Pétion hatte sich bereits durch extremen Antiklerikalismus hervorgetan; für ihn waren Mönche „fromme Müßiggänger", die er, einigermaßen unlogisch, aus ihrer „Sklaverei" befreien wollte. Er war auch für ein Verbot des Zehnten eingetreten, für den Verkauf des Kirchenbesitzes, für Gehaltszahlungen an Kleriker und für die Ehescheidung. In einem Folgeaufsatz wiederholte er vieles davon und gab sich einen rousseauartigen Anstrich, obwohl Jean-Jaques die scharfen Worte Pétions gegen den übermäßigen Weinanbau wohl kaum hätte billigen können. Gesetzliche Erbfolge zu gleichen Teilen, das Verbot der Prostitution, der Aufruf zu öffentlichen Feierlichkeiten einschließlich der Krönung tugendhafter Maiden lagen schon mehr auf Rousseaus Linie.[25] Pétions *Avis aux Français* (Nachricht an die Franzosen) stellte ihn in der beginnenden ideologischen Debatte geradewegs auf die Seite der Jünger Rousseaus. Montesquieu war ein „grandioser Autor", doch hatten sein Rang und seine Stellung sowie die Rücksichtnahme auf bestehende Umstände ihn blind gemacht. „Warum müssen wir untersuchen, was geschehen ist und was getan wurde, um herauszufinden, was wir tun sollen? Die Kunst der Verwaltung . . . ist jedem einfachen Mann, der klar denken kann, begreiflich." Die Natur habe alle Menschen gleich und frei gemacht und: „Wie soll ein freier Mensch böse sein?" Alle Untugenden wären aus der Unterdrückung entstanden. In der Folge legte er ein Programm für die Generalstände dar, das dem, was dann tatsächlich passierte, erstaunlich nahe kam. Das Volk – Quell der Macht des Königs – sollte über die Grenzen seiner Autorität befinden. Pétion gab einer unikameralen Versammlung den Vorzug, da das Vorhandensein zweier Häuser für den Niedergang der politischen Freiheit in England gesorgt habe. Diese Versammlung, die sich nicht aus Delegierten zusammensetzen sollte, sondern aus Mandataren, sollte über Krieg und Frieden entscheiden und internationale Abkommen aushandeln. „Die Generalstände haben die alleinige Macht . . . solange sie versammelt sind, hat der König keinerlei Autorität." Es war typisch für die Zeit, daß Pétion sich über den Mangel an Widerhall beklagte, den sein Aufruf zur „vollkommenen Einheit" bei denen fand, die er verketzerte. Die extremeren unter den Revolutionären stellten sich den Weg zur Einheit durchwegs mit den Schuldbekenntnissen und Sühneversprechen ihrer Widersacher gepflastert vor.

Sieyès lag auf einem ähnlichen Kurs. In seinen *Ansichten über die den Repräsentanten Frankreichs 1789 zu Gebote stehenden Mittel* meinte er, mit der Schaffung einer Verfassung verhalte es sich so wie mit dem Kauf einer Uhr, in dem Sinne, daß der Käufer sich weniger für die Geheimnisse der Uhrmacherkunst interessiere als dafür, das neueste und beste Werk zu bekommen. Er warnte seine Leser davor, Zukunftsprogramme auf Erfahrung gründen zu wollen. Der Gesetzgeber sollte von Grund auf das neu erarbeiten, was für ein Volk angemessen sei. „Nie war es notwendiger, der Vernunft freien Lauf zu lassen." Er fuhr fort mit einer Beschreibung, auf welche Weise die Generalstände an ihre Aufgaben gehen sollten. Sie sollten alle Steuergesetze annullieren, sie für die Dauer der Tagung aber noch in Geltung belassen und eine Garantieerklärung für die Staatsschulden abgeben. Sie sollten für ihre Verfahrensregeln zur Gänze selbst verantwortlich sein und ihre Mitglieder für immun gegen Strafverfolgung erklären. Die Minister sollten von den Sitzungen ausgeschlossen bleiben, um die Unabhängigkeit von der Exekutive zu sichern. Dem Vorsitzenden, der wöchentlich wechseln sollte, würden dabei rein formelle Funktionen zufallen. Die alten Provinzen müßten abgeschafft und das Land auf einer anderen Basis neu eingeteilt werden. Alles, oder beinahe alles davon führte die Verfassunggebende Versammlung aus. Sieyès verwarf die Idee eines Gleichgewichts der politischen Kräfte, da „wir einen Gemeinwillen brauchen". Diesen setze er mit der Mehrheit gleich. Selbst Sieyès fiel auf, daß es zu Peinlichkeiten führen könnte, wenn es dem Volk als Souverän in den Sinn käme, die Entscheidungen seiner Mandatare anzufechten. Da er für dieses Problem aber keine Lösung wußte, versicherte er mit einigem Unbehagen seinen Lesern, daß es dazu nicht kommen würde.

Was ist der Dritte Stand?, von Sieyès im Jänner 1789 herausgegeben, spiegelte den Stimmungsumschwung wider, indem es sich nicht gegen den Absolutismus, sondern gegen den Ersten und Zweiten Stand richtete, deren ersterem er dem Namen nach angehörte. Durch den ingeniösen Einfall, die verschiedenen Sonderrechte, die viele Bürgerliche genossen, als „bürgerliche Rechte" zu definieren, schuf er sich die Möglichkeit, Klerus und Adel als „privilegierte Stände" zu denunzieren und sie ganz und gar aus der politischen Gemeinschaft Frankreichs auszuschließen, obwohl er zumindest soviel Anstand hatte zuzugeben – oder dachte er dabei womöglich an sich selber? –, daß sie den Bürgerlichen die tatkräftigsten Verteidiger dieser Gemeinschaft gestellt hatten. Standhaft im Glauben an erste Prinzipien beharrte er darauf, Frankreich sollte „den Idealen des Schönen und des Guten" nachstreben und sich „ohne Verzug der Herausforderung gewachsen zeigen, den Völkern ein Beispiel zu geben". Dafür bedurfte es des Inkrafttretens eines einzigen souveränen Willens. „Die Nation geht allem vor. Sie ist der Quell von allem. Sie entspricht immer dem Gesetz, ja sie ist das Gesetz." Die ausführende Gewalt – mit diesem Namen sollte die Verfassunggebende Versammlung den König bezeichnen – war nur „das Ad-hoc-Produkt eines repräsentativen Willens". Eine repräsentative Körperschaft war dasselbe wie die Nation. „Es ist in einem solchen Fall nicht nötig, viele Vorkehrungen gegen den Machtmißbrauch zu treffen." Das hieß für Rousseau Partei ergreifen („Der Gemeinwille ist durch die bloße Tatsache seiner Existenz immer schon, was er sein soll.") und gegen Montesquieu („Jeder, der Macht hat, ist versucht, sie zu mißbrauchen. Es geht solange weiter, bis er an eine Grenze stößt. Wer hätte das gedacht? Selbst Tugend braucht ihre Grenzen.").

Sieyès meinte, die Generalstände, dieses Sammelbecken der Hoffnungen von jedermann sonst, würden fatale Mängel aufweisen, weil es sich dabei um eine traditionelle, in ihrer eigenen Vorgeschichte befangene Körperschaft handle. Auch Abstimmungen nach Köpfen würden da keine Abhilfe schaffen, da die Hälfte der Mitglieder den „privilegierten Ständen" angehören würden, die nicht Teil der Nation seien. Das Gebotene sei daher die Wahl einer Versammlung, die souveräne Macht hätte und durch keinerlei Präzedenzien gebunden sei. So wie er vorher behauptet hatte, es würde dem souveränen Volk nicht einfallen, die Männer, die es gewählt hatte, unter sein Diktat zu stellen, beharrte er nun darauf, daß politische Gleichheit keinerlei Gefährdung des Eigentums mit sich bringen würde, wiederum ohne recht erklären zu können, weshalb die Dinge sich auf so wohlgefällige Weise lösen sollten.

Ungeachtet seiner extremistischen Sprache und der wachsenden Tendenz, seine Opponenten mit Schmähungen zu überziehen, rufen Sieyès' beschwichtigende Versicherungen einem doch wieder in Erinnerung, daß die Leute, die einander derart verdächtigten und bezichtigten, mehr gemeinsam hatten, als sie selbst anerkennen mochten. Als Veteranen des Feldzugs gegen die Ministerialdespotie traten sie alle für eine konstitutionelle Monarchie ein, in der die ausführende Gewalt beim König liegen sollte, während die Nationalversammlung die Steuergesetzgebung überwachte. Wenn das funktionieren sollte, mußte es ein Gesetz zum Schutze der persönlichen Freiheit sowie Pressefreiheit geben. Zwar gab es Meinungsunterschiede darüber, was Eigentumsrecht begründete – die Radikalen meinten bereits, die Kleriker seien lediglich Verwalter des Kirchenbesitzes, während manche Adelige ihre materiellen wie auch ihre sozialen Privilegien als ihr Eigentum betrachteten –, jedoch nicht über die Unverletzlichkeit des Eigentums an sich.

Es handelte sich nicht darum, daß Angehörige rivalisierender Klassen um die Macht wetteiferten, da praktisch alle, die später politische Rollen von irgendwelcher Wichtigkeit spielen sollten, derselben Klasse angehörten. Bei dem Streit ging es mehr um Einstellungen als um Interessen. Es ging um die Entscheidung zwischen einer Gesellschaft, der eine Vorstellung von Hierarchie, mehr oder weniger gleichbedeutend mit Abstammung, zugrunde lag, und einer, die auf dem amerikanischen (nicht britischen) Prinzip aufbaute, daß „alle Menschen gleich erschaffen" seien. Das ließ Leute, die an und für sich übereinstimmten, in Fragen der Verfassungs- und Wirtschaftspolitik miteinander in Streit geraten. Unterschiedliche Ansichten über die Stellung der Kirche in der Gesellschaft führten zu weiteren Spaltungen. Jedermann ging davon aus, daß ihr eine solche zukommen müsse, jedoch sahen Jansenisten, Rousseauisten und Deisten ganz allgemein keinen Grund für ihren Fortbestand als begüterte, selbstverwaltete Körperschaft. Weniger augenfällig, aber gleichermaßen unselig in den Folgewirkungen war die Aufspaltung innerhalb der Bildungsschicht in die mit eher pragmatischer Ausrichtung, die meinten, Frankreich würde nicht schlecht dabei fahren, wenn es aus der Krise mit Institutionen hervorginge, die an die englischen heranreichten, und die anderen, die es auf nicht weniger anlegten als ein neues Jerusalem. Jene munitionierten sich bei Montesquieu, diese bei Rousseau. Da die Streitigkeiten eher von Einstellungsunterschieden als von materiellen Interessengegensätzen herrührten, waren die Trennungslinien auch nicht durch Reichtum oder sozialen Status vorgezeichnet: Man pflegte in gewisser Weise den Snobismus, die eigene Aufgeklärtheit zur Schau zu stellen, indem man sich über die Vorurteile seiner Stellung erhob. Zwar gab es durchaus einen Freiraum für eine politische Führung, jedoch keine Führung mit politischer Erfahrung, und es gab keinerlei Präzedenzfall. Während alle Gruppen den Ruf nach nationaler Erneuerung wiederholten – und sich dabei oft ernsthaft zu persönlichen Opfern bereit zeigten –, erkannten nur wenige, welche Gefahren es in sich barg, wenn die revolutionäre Bewegung außer jede Kontrolle geriete, und niemand vermochte die Autorität aufzubringen, die unter Umständen die streitenden Lager dazu hätte bringen können einzusehen, wieviel sie in Wirklichkeit gemeinsam – und wieviel sie zu verlieren hatten. Hätten sie erkannt, worauf sie zugingen, sie hätten sich mit Sicherheit entschlossen, woanders hinzugehen.

Necker war nicht der Mann dazu, der Situation durch eine kühne staatsmännische Tat Herr zu werden. Als seine Freunde ihn drängten, ein königliches Programm für die Generalstände zusammenzustellen und die Wahlen durchzuführen, antwortete er, daß dadurch nur Opposition hervorgerufen werden würde. Es gab einiges, das für diese Sicht der Dinge sprach, und er könnte die Hoffnung gehabt haben, die Erneuerer würden, wenn sie sich nicht gegen die Regierung zusammenschließen konnten, um so eher übereinander herfallen. Was er tat, war, den König davon zu überzeugen, daß der Dritte Stand so viele Abgeordnete stellen sollte wie die beiden anderen Stände zusammen. Er war der Ansicht, daß es für die öffentliche Meinung darunter nicht zu machen sei, überließ jedoch, typisch für ihn, die Entscheidung darüber, wie abgestimmt werden sollte, den Ständen selbst. Dadurch blieb ihm seine Popularität bis auf weiteres erhalten, da der Dritte Stand annahm, das *doublement* impliziere logischerweise die Abstimmung nach Köpfen, wobei sich Necker freilich auf nichts festgelegt hatte. Er hatte noch ein paar andere wichtige Entscheidungen zu treffen. Die Priester aus den Pfarreien erhielten je eine Stimme, während Klöster und Domkapitel auf je eine Gemeinschaftsstimme beschränkt wurden. Necker hielt vermutlich die *curés* (Pfarrer) für verläßlichere Verbündete als ihre kirchlichen Oberen, doch stellte er damit die traditionelle Vertretung des Klerus auf den Kopf. Er ordnete auch an, daß alle Wahlen in Gerichtsbezirken oder *bailliages* abzuhalten seien. Das gab der Öffentlichkeit die beruhigende Gewißheit, daß diese nicht unter der Aufsicht der königlichen Intendanten stattfinden würden, erboste jedoch die Provinzstände (in denen überwiegend Vertreter der ersten beiden Ständen saßen), weil sie damit gerechnet hatten, daß sie die Abgeordneten für die Provinz auswählen würden.

Während der ersten Monate des Jahres 1789 war das ganze Land mit den Wahlen und der Zusammenstellung von *cahiers* oder Beschwerdelisten beschäftigt. Diese entstanden auf der Ebene von Pfarreien und durchliefen zwei oder drei Stadien, ehe die lokalen *cahiers* in jener endgültigen Version aufgingen, die die Deputierten nach Versailles mitbrachten. Historiker haben immer schon dazu geneigt, den *cahiers* mehr Augenmerk zu schenken als den Wahlen, was nur verständlich ist, weil sie eine bemerkenswerte Gelegenheit zu bieten scheinen, Aufschluß über die Meinungen einer ganzen Bevölkerung zu erhalten. In der Praxis freilich liegen die Dinge nicht so einfach. *Cahiers* aus den Pfarreien verzettelten sich mitunter in lokalen Übelständen; manche waren das Werk von beinahe Analphabeten, andere hallten wider von der donnernden Kanzelrhetorik des örtlichen Priesters. Manche waren dem lokalen Grundherrn gegenüber unterwürfig, andere verspotteten ihn. Wenn die *cahiers* aus den einzelnen Dörfern zu solchen für größere Gebiete zusammengefaßt wurden, neigten die Anwälte dazu, einzuschreiten und etwa die Frage, wer für die Reparatur der örtlichen Brücke aufkommen sollte, zu streichen, um sie durch die Forderung nach einer konstitutionellen Monarchie zu ersetzen. Abgesehen von unvermeidlichen Sonderwünschen, die sich dort am stärksten zeigten, wo Klerus oder Adel sich um die Wahrung ihrer ständischen Interessen bemühten, hatten die *cahiers* der drei Stände eine ganze Menge gemeinsam. Sie stellten die Basis für eine Art von konstitutioneller Monarchie dar, die dem *Ancien Régime* sehr viel näher gekommen wäre als das, was tatsächlich daraus hervorgehen sollte.

Die Wahlen selbst spiegelten zum einen den politischen Barometerstand in den verschiedenen Landesteilen wider und waren zum anderen mitentscheidend für die Sicht der Dinge, die die Deputierten haben sollten, als sie nach Versailles kamen. In der Dauphiné wurde den wieder ins Leben gerufenen Provinzständen als besondere Vergünstigung gestattet, gemeinsame Deputierte zu ernennen. Um die Wahlmänner aus den drei Ständen beisammen zu halten, garantierten die Bürgerlichen für alle Formen des Eigentums, worunter auch einiges fiel, das viele Leute als nicht gerechtfertigte feudale Residuen ansahen. Selbst damit aber war der Klerus nicht zufriedengestellt, und eine Gruppe von Adeligen sandte eine Abordnung zu den Generalständen, um die Wahl anzufechten.

In der Bretagne führten die Wahlen zu weiterer Gewalt. Die lokalen Stände traten Ende 1788 zusammen, 951 Adelige und 54 Männer, die offiziell den Dritten Stand vertraten, obgleich auch unter ihnen Adelige waren. In Nantes, Rennes und Saint-Malo stimmten lokale Versammlungen für einen Boykott sowohl der lokalen wie auch der nationalen Stände, solange nicht *doublement,* Steuergleichheit und die Abschaffung der Maut zugesichert waren. Die bretonischen *curés* wurden von ihren Amtsbrüdern in der Dauphiné beschworen: „Laßt euch von der Autorität eurer Bischöfe nichts aufzwingen ... In zivilen Angelegenheiten sind die Bischöfe nur Bürger wie ihr auch.“ Le Chapelier und Lanjuinais, die im Sommer zuvor noch die aristokratische Offensive unterstützt hatten, zogen nun mit Eifer gegen ihre ehemaligen Verbündeten zu Felde. Als seine Forderungen zurückgewiesen wurden, zog der Dritte Stand aus der Lokalversammlung aus, während die Adelsvertreter gelobten, das zu verteidigen, was sie als die Sonderrechte der Provinz ansahen, und jede nationale Versammlung zu boykottieren, die Anstalten machte, sie daran zu hindern. Sie protestierten gegen die Verdoppelung der Abgeordnetenzahl für den Dritten Stand und lehnten selbst die Steuergleichheit ab. Mit Hilfe ihres eigenen politischen Apparates brachten sie die Armen in Rennes auf die Straße und führten Aufruhr in der Stadt herbei. Ihre Gegner baten dringend um Unterstützung, eine Versammlung in Nantes schwor: „Haß den Aristokraten“ und setzte zweihundertfünfzig Mann nach Rennes in Marsch. Aus Protest gegen die Regeln, die Necker für die Wahlen erlassen hatte, verweigerten der Adel und der höhere Klerus jede Teilnahme an den Generalständen, und die Deputierten des Dritten Standes brachen in kriegerischer Stimmung nach Versailles auf.

Eine weitere Provinz, in der das Weiterbestehen der lokalen Stände zu Animositäten führte, war der Artois.[26] Die Ständeversammlung des Artois bestand aus den üblichen drei Ständen, jedoch war ein Großteil des Adels davon ausgeschlossen und die Vertreter des Dritten Standes, von denen viele in Wahrheit adelig waren, wurden von den beiden anderen Ständen ernannt. Dieses gemütliche Arrangement scheint in leidlich freundschaftlichem Einvernehmen funktioniert zu haben, bis jene, die entschlossen waren, sich einen Sitz in den Generalständen zu verschaffen, ein neues Interesse an der Zusammensetzung der Lokalversammlung zu entwickeln begannen. Die Adelsvertreter versuchten, sich über Neckers Anordnungen hinsichtlich der Wahlen hinwegzusetzen und alle von der Wahlversammlung auszuschließen, die nicht zur Teilnahme an den Zusammenkünften der lokalen Stände berechtigt waren. Gestützt auf die Behauptung, der Artois sei „grundsätzlich verschieden und unabhängig von den Generalständen", vertraten sie die Ansicht, nur sie selbst könnten ihre eigene Verfassung ändern, und wiesen warnend darauf hin, daß die Provinz sich an die Entscheidungen von auf ungesetzliche Weise gewählten Vertretern nicht würde gebunden fühlen. Monatelang tobte die Schlacht, wobei beide Seiten auf das ausgiebigste Gebrauch von den Spalten der im Dezember vorher gegründeten Lokalzeitung machten, die so eine recht stürmische Anfangszeit hatte. Als es dann an die eigentlichen Wahlen ging, verließ jeder der drei Stände einmal unter Protest die Versammlung. Maximilien de Robespierre, dem es nur mit Mühe gelang, seine Wahl zu erreichen, war beim örtlichen Gericht als Anwalt zugelassen und gehörte der Akademie von Arras sowie der lokalen literarischen Gesellschaft an, die bis dato freilich keine führende Rolle im Leben der Stadt gespielt hatte. Er bestritt einen aggressiven Wahlkampf, in dessen Verlauf er eine Anzahl Flugschriften herausgab. *An das Volk des Artois* verband lyrische Preisungen des Königs und Neckers mit einer mehr oder weniger rituellen Schmähung der „gräßlichen Anwandlungen von Despotismus, die von Versailles ausgehen". *Die demaskierten Volksfeinde*, das im Laufe des eigentlichen Wahlverfahrens herauskam, war um einiges hysterischer. Es war die Stunde des „Kampfes der Vernunft gegen die Vorurteile, der Humanität, Ehre und Vaterlandsliebe gegen Stolz, Eitelkeit und Eigennutz. Was aber wird der Lohn dieser Schlacht sein? Die Sicherheit, der Ruhm und das Glück der jetzigen und aller künftigen Generationen oder aber ihre Erniedrigung, Versklavung und Elend auf ewig." Nachdem er verkündet hatte, das Vaterland sei in Gefahr, hob er zum Schluß zu einem wahrhaft bewegenden Klagelied über sein eigenes Märtyrerdasein an. Das scheint den Ausschlag gegeben zu haben, wenn auch nur knapp. Er wurde als fünfter von sechsen gewählt.

Wo es keine Provinzstände gab, gingen die Dinge häufig ruhiger vonstatten. In Bordeaux biederte der ehrgeizige Erzbischof de Cicé sich dem Dritten Stand mit solcher Hingabe an, daß er den örtlichen Adel gegen sich aufbrachte, aber die Stimmen der *curés* gewann, und darauf kam es an. Bei insgesamt dreihundertdrei Vertretern für den Klerus wurden alles in allem einundfünfzig Bischöfe gewählt (von denen drei nicht an der Versammlung teilnahmen). Manche Bischöfe taten sich leicht bei ihrer Wahl; andere scheiterten an den Klerikern aus den Pfarreien.

Der Erste Stand setzte sich daher aus einer Mehrheit von Pfarrern zusammen, häufig Männern, die für ihre politische Unabhängigkeit bekannt waren. Zu den Vertretern des Zweiten Standes gehörte eine überraschend große Zahl von Hofadeligen, oft erbitterte Gegner der Königin, eine angemessene Abordnung des Landadels und einige *Parlementaires.* Die *Parlements* hatten wie alle anderen auch dazu beigetragen, die Wahlen zu den Generalständen sicherzustellen, aber es war bereits klar, daß ihnen das nicht zum Vorteil gereichen würde.

Ein Aristokrat, der bemerkenswert wenig Ehrgeiz erkennen ließ, während gleichzeitig die Robespierres und Mirabeaus sich verzweifelt für ihre Wahl ins Zeug legten, war der Comte de Montlosier. Sein Hauptinteresse galt dem Ursprung erloschener Vulkane in seiner Heimat, der Auvergne, über die er im Frühjahr 1789 auch ein Buch herausbrachte. Es war keine gute Zeit für geologische Fachbücher. Als Ersatzmann gewählt, beschloß er, nach Versailles zu reisen, um der Eröffnung der Generalstände beizuwohnen, jedoch konnte er nicht umhin, auf dem Wege haltzumachen, um das Gelände bei Fontainebleau zu untersuchen, und traf zu spät ein. Als einer der Deputierten der Auvergne zurücktreten wollte, versuchte Montlosier es ihm auszureden, damit er zurück zu seinen Vulkanen konnte. Daß ihm das nicht gelang, bedeutete den Beginn einer politischen Karriere, die die kommenden vierzig Jahre andauern sollte.

Ein Edelmann, dessen Wahl viele mit hochgezogenen Augenbrauen quittierten, war der Comte de Mirabeau, der es bereits zu einer nationalen Berühmtheit gebracht hatte. Als Sohn eines streitbaren Volkswirtschaftlers und führenden Kopfes der Physiokraten, hatte Mirabeau schon einige Zeit seines Lebens auf Antrag seines Vaters im Gefängnis verbracht, was ihm eine verständliche Aversion gegen *lettres de cachet* eingeimpft hatte. Als notorischer *Roué* war er ein Mann mit wenigen Grundsätzen und vielen Schulden. Er, den die Macht anzog wie das Licht eine Motte, fand Beschäftigung als gemieteter Pamphletschreiber für Minister; da er aber ebenso träge wie intelligent war, ließ er andere die Arbeit für ihn tun. Als der Außenminister ihn nach Berlin verfrachtete, um ihn loszuwerden, kehrte er mit dem Manuskript eines skandalösen Buches über die preußische Regierung zurück, das er gegen Bezahlung den Behörden auslieferte. Ein zweites Exemplar veröffentlichte er dann. Wie viele andere auch, aber mit mehr Berechtigung als sie, sah Mirabeau in den Generalständen die Bühne, auf der er seine politischen Fähigkeiten entfalten und, in seinem speziellen Fall, seine Geldschwierigkeiten beheben konnte. Sein erster Gedanke war, sich der Regierung anzuschließen, doch der Außenminister hatte genug von ihm. Daraufhin stellte er sich den Adeligen der Provence zur Wahl, fiel jedoch durch mit der Begründung, daß er dort kein Lehen besaß. Er hatte es seinem bemerkenswerten Talent, Leute herumzukriegen, zuzuschreiben, daß es ihm gelang, sich vom Dritten Stand wählen zu lassen – auf einen Sitz der Aristokratengegner.

Ein Mann von ähnlichen Überzeugungen, aber ganz anderem Charakter, war Malouet, der in Riom für den Dritten Stand gewählt wurde. Malouet, dem die Marineverwaltung in Toulon unterstand, war wie eingemauert vor lauter Korrektheit. Als wichtiger Beamter war er es gewohnt, mit Ministern umzugehen – was es seinen Gegnern später leicht machte, ihn als deren Marionette hinzustellen. Er hatte mit den Mißständen und der Ineffizienz der Verwaltung im *Ancien Régime* persönliche Erfahrung gemacht und war begierig nach Reformen, doch hatte er den Hang des Bürokraten nach Verbesserungen von oben und zudem wenig übrig für „Rousseaus Sektenkinder", wie er sie nannte. „Ich habe mich mehr mit Fakten als mit Theorien befaßt und viel eher in der Geschichte als bei Moralisten die Richtlinien und die Philosophie gefunden, an die Regierungen sich halten müssen, um sich zu erhalten." Zwischen ihm und Sieyès lagen Welten. In seinen Memoiren gab er zu, er habe allzu schnell überall Intrigen vermutet und gezögert, sich mit möglichen Verbündeten zusammenzutun, wenn sie die Dinge nicht genauso sahen wie er. Trotz – oder vielleicht wegen – seiner langen Abwesenheit von seiner Heimatstadt war er in Riom eigentümlich populär; man wählte ihn per Akklamation und ließ ihn sein eigenes *cahier* zusammenstellen, welches eine Garantie für die „legitimen" Eigentumsrechte der ersten beiden Stände enthielt, eine hübsche Uneindeutigkeit nach Beamtenart. Zusätzlich zu den üblichen Verfassungsbestimmungen stand in Malouets *cahier* auch die Forderung nach einer Garantie für das Recht auf Arbeit und nach einer Erleichterung der Kreditbedingungen. In einer Versammlung von wirtschaftspolitisch Liberalen ragte er hervor als Befürworter staatlicher Eingriffe in die Wirtschaft im Interesse der arbeitenden Bevölkerung. Er war nahe daran, die Wahl abzulehnen, als er hörte, „wie Kleinbürger, Anwälte ohne jede Kenntnis von öffentlichen Angelegenheiten, heftig gegen Tyrannei und Mißbrauch wetterten, wie jeder seine eigene Verfassung vorschlug und dabei aus dem *Gesellschaftsvertrag* zitierte".

Diese Auswahl von Deputierten, die sich in den nächsten beiden Jahren noch einen Namen machen sollten, läßt hinlänglich erkennen, wie verschieden die Männer selbst und die Umstände bei ihrer Wahl waren. Es gab natürlich keine politischen Parteien, nicht einmal in jenem weiteren Sinn, wie man sie in England verstand. Die neuen Deputierten kannten einander, ausgenommen in Einzelfällen, nicht einmal vom Hörensagen. Manche waren Granden oder Kirchenfürsten, viele waren Pfarrer und kleine Anwälte, die niemals ins britische Unterhaus gelangt wären. Ihre Wahl war oft von einigem Geknurre und Gebelle begleitet gewesen, aber wenn man sich kein vollständig falsches Bild vom Zustand Frankreichs im Frühjahr 1789 machen will, darf man darüber nicht die ungeheure Welle von Hoffnung außer acht lassen, die über das ganze Land hereinbrach – buchstäblich über das ganze Land, da jeder Pfarrsprengel sein eigenes *cahier* erstellte und sich seine Sprecher wählte. Es *war* ein Glück, bei diesem Aufbruch dabeizusein. Bei den Wahlen war es mitunter rauh zugegangen. Besonders die Männer aus der Bretagne und dem Artois kamen voller Mißtrauen gegen ihre lokalen Eliten nach Versailles, aber auch voll Vertrauen auf den König und Nekker. Die Bereitschaft war da, einen Schlußstrich unter die Vergangenheit zu ziehen: Die bretonischen Deputierten wandten sich um Rat an Moleville, den Mann, den sie im Jahr zuvor aus Rennes hinausgejagt hatten. Für die meisten von ihnen stand fest, daß die Erneuerung Frankreichs bereits begonnen hatte; daß unter ihrer Anleitung jeder einen neuen Anfang machen könne und ihr wiedergeborenes Land zu einem Lehrbeispiel für die übrige Menschheit werden würde. Das war die Stimmung, in der sie von überallher nach Versailles zusammenkamen.

3 DAS ENDE DES ANCIEN REGIME

Als der Vorhang aufging zu jenem großen nationalen Drama, dem jedermann mit soviel Ungeduld entgegensah, kannten die Akteure ihre Rollen nicht, und es hatten keine Proben stattgefunden. Ein paar Leute hatten sich auf verschiedene Art im Land einen Namen gemacht, es gab jedoch keine anerkannten politischen Führer. Die Aristokratie spaltete sich in Hof- und Landadel auf, der Klerus in Bischöfe und Pfarrer. Der Dritte Stand war etwas homogener, doch kannten seine Vertreter einander nicht und zeigten anfangs Neigung, lokale Grüppchen zu bilden, ehe sie sich zu mehr politischen Lagern formierten. Wo man sich nach keinerlei Parteidisziplin ausrichten konnte und es keine relevanten Präzedenzfälle gab, blieb ihnen nichts, worauf sie hätten zurückgreifen können, außer Grundprinzipien. Diese leiteten sich in der großen Mehrzahl der Fälle von der Aufklärung im allgemeinen und von Rousseau im besonderen her. Der rationalistische Denkansatz der Aufklärung und die Abgeschiedenheit der Philosophen von jedem Kontakt mit Staatsgeschäften hatte abstrakte Spekulationen begünstigt, wie auch die Überzeugung, daß es logische Antworten für alle politischen Probleme gebe. Das brachte zusehends die Primadonna bei jenen zum Vorschein, die überzeugt waren, daß ihre Überlegungen sie zu den richtigen Schlüssen geführt hatten, und es schuf kein Klima für Kompromisse, besonders was die Rousseauisten betraf, die Politik mit Moral gleichsetzten, da man ja bekanntlich keinen Pakt mit dem Teufel schließen soll. Wo es keine organisierten politischen Gruppen gab, konnte es auch keine taktischen Allianzen geben.

Diese Eigentümlichkeiten traten allerdings erst zutage, als die Generalstände sich an ihre Obliegenheiten machten. Die ersten Schwierigkeiten ergaben sich schon aus dem Protokoll. Frankreich war eine hierarchische Gesellschaft, in der Fragen des Ranges, des Zeremoniells, der Kleidung und Redeweisen große Bedeutung hatten. Das traf im besonderen auf den Hof zu, galt jedoch auch für alle anderen Gesellschaftsschichten. Jene, die sich die Grundsätze der Aufklärung zu eigen gemacht hatten, waren mancherlei überdrüssig, das sie für antiquierte Nebensächlichkeiten, eines Bürgers unwürdig, hielten, was sie freilich nicht weniger empfindlich machte, wenn sie das Gefühl hatten, daß man ihrer eigenen Würde nicht den gehörigen Respekt zollte. Sie legten schnell als einen Affront aus, was oft nur Wahrung des traditionellen Dekorums war. Die Behörden ließen keinen Zweifel daran, daß jeder in einer dem Anlaß angemessenen Kleidung erscheinen solle, was bedeutete, daß Adel und Bischöfe in prächtigem Ornat glänzten, während die *curés* und der Dritte Stand Schwarz trugen. Die Bischöfe bestanden darauf – oder nahmen es vielleicht für selbstverständlich –, getrennt von den einfachen Pfarrern ihren Einzug zu halten, was augenfällig an Sieyès Behauptung gemahnte, daß letztere Teil einer „Nation“ seien, von der die „privilegierten Stände“ ausgeschlossen blieben. Zu dieser Zeit stimmten viele der *curés* mit ihm überein, obgleich manche von ihnen das später noch bereuen sollten. Unvermeidlich war, daß, wenn die Deputierten zu einer Sitzung zusammentraten, der Dritte Stand als letzter einzog. Die lange Wartezeit erregte viel Mißmut, besonders wenn es gerade regnete. Es hieß, der König zögere, den Dritten Stand offiziell zu empfangen, weil sich niemand über die Formen im klaren sei, die dabei zu gelten hätten. Der Tradition nach hätten sie in Gegenwart des Königs knien müssen. Das erwartete zwar niemand mehr, aber wo es keine Präzedenzfälle gab, war der Zeremonienmeister doch in ständiger Verlegenheit darüber, wann die Leute stehen und wann sie sitzen sollten, wann sie ihre Hüte aufbehalten könnten und wann sie sie abzunehmen hätten. Wäre Ludwig aus anderem Holz gewesen, dann hätte er seine eigene Autorität ebenso wie die Bedeutung einer derart außergewöhnlichen Situation dadurch noch hervorheben können, daß er den Ablauf nach eigenem Gutdünken bestimmte, aber seine ängstliche Sorge, das Richtige zu tun, ohne daß er je wußte, was das war, machte ihn zum Gefangenen des Protokolls.

Zu diesen seinen Problemen kam noch der Umstand hinzu, daß der König die Gewalt über seinen Hofstaat verloren hatte. Wenn man einer Zeugin bei Hofe, der Comtesse d'Adhémar, Glauben schenken kann, so neigten seine eigenen Sympathien sich dem Dritten Stand zu.[27] Sie zählte ihn zu den „Revolutionären“ und zitierte seinen Ausspruch: „Sind die Deputierten des Dritten Standes nicht auch meine Kinder, und der größte Teil meiner Familie dazu? Wäre ich nicht mehr ihr König, wenn die Adeligen ein paar von ihren Privilegien aufgeben müßten und der Klerus ein weniges von seinen Pfründen?“ „Die, die bezahlen, haben ein legitimes Recht zu erfahren, wofür, und zu bestimmen, wie sie bezahlen wollen.“ Die Königin und Ludwigs Bruder, der Comte d'Artois, gingen daran, ihn zu einer anderen Sicht zu bekehren. Die Comtesse d'Adhémar berichtet, daß Vaudreuil, ein Freund des Comte d'Artois, die anderen Höflinge bedrängte, die königliche Familie von der Außenwelt abzuschneiden: „Laßt uns sichergehen, daß nichts, was uns zuwiderläuft, je bis zu ihnen gelangt und sie dazu verleitet, sich dem Volk zuzuwenden, sei es aus Überlegung oder aus Schwäche.“ Die Damen bei Hofe nahmen sich der Deputierten an. Rückblickend meinte die Comtesse, sie seien dabei falsch vorgegangen. „Hohn und Verachtung machten uns so abweisend dem Dritten Stand gegenüber, dessen Einstellungen wir so leicht hätten ändern können . . . unser *merveilleux* (Großartigkeit) stieß sie ab und sie wurden nicht klug daraus; alles, was wir taten, war, uns über ihre lächerliche Aufmachung lustig zu machen, ihren schlechten Geschmack und Mangel an Eleganz.“

Das Hauptziel der Hofgesellschaft war, die adeligen Deputierten aus den Provinzen für sich zu erobern. Selbst Ferrières, ein Mann von klarem Verstand, war anfangs hingerissen von ihren Aufmerksamkeiten. Am 22. Mai ließ er seine Frau wissen, daß Vaudreuil sich mit ihm angefreundet und er Aufnahme in den Kreis um die Königin gefunden habe. „Hättest Du je gedacht, meine treue Freundin“, schrieb er am 5. Juni erneut, „daß Dein armseliger Gemahl sich einst auf so gutem Fuße mit den Großen wiederfinden würde?“ Eine Woche später fing er an, den Braten zu riechen. „Ich sehe mich gezwungen, weniger oft zu den Polignacs zu gehen, wegen einer Unzahl von läppischen Intrigen, in die ich nicht verwickelt werden möchte. Man sagt hier, sie und der Comte d'Artois sind es, die eine gedeihliche Arbeit der Stände verhindern.“ Die Hofgesellschaft spielte Politik auf die einzige Art, die sie kannte, schwankend zwischen der vagen Furcht vor einer Revolution und der Verachtung für die angehenden Revolutionäre. Man fand Beruhigung in dem Gedanken, daß, wenn es je zu einer Kraftprobe käme, diese absurden Bourgeois es niemals wagen würden, die Ritterschaft Frankreichs zum Kampf zu fordern. Das war eine ziemlich grobe Fehleinschätzung, wenn auch ein verständlicher Irrtum bei Leuten, die sich vom allgemeinen Leben der Nation vollständig abgekapselt hatten, zu einer Zeit, da „Bourgeois“ in einer seiner vielen Bedeutungen nichts anderes hieß als „Zivilist“. Wie Vaudreuil es formulierte: „Wir waren alle Novizen; wir hatten nie zuvor eine Revolution gesehen. Am Tag nach einer Überschwemmung ans Deichebauen zu denken, ist leicht; aber wer unternimmt schon etwas am Tag vorher?“

Die Session begann am 4. Mai mit einer Kirchprozession und einem Tedeum, bei dem der Bischof von Nancy eine zwei Stunden lange Predigt über die Bedeutung der Religion im Leben der Nation hielt, in deren Verlauf der König einnickte. Tags darauf sprachen Barentin, der Siegelbewahrer, und Necker zu den Deputierten. Beide redeten zu lange, und das meiste, was Barentin sagte, war obendrein nicht zu hören. Er erteilte den Ständen die Bewilligung, über die Freiheit der Presse und eine Reform des Rechts- und Erziehungswesens zu diskutieren, Necker jedoch gab zu verstehen, der Versammlung komme ausschließlich eine beratende Rolle zu und es bleibe dem König vorbehalten, ihre Vorschläge zu übernehmen oder zu verwerfen, ganz wie es ihm gefiele. Es sah aus, als würde alles wieder wie bei der Notabelnversammlung losgehen. Necker gab keinerlei Instruktionen hinsichtlich des Abstimmungsverfahrens; darüber zu entscheiden blieb den Deputierten selbst überlassen.

Am folgenden Tag kamen sie in drei getrennten Gruppen zusammen. Daraufhin insistierte der Dritte Stand, daß die Beglaubigungsschreiben all derer, die von sich behaupteten, gewählte Deputierte zu sein, in einer gemeinsamen Sitzung geprüft werden sollten. An sich war die Sache von minimaler Bedeutung, aber jedermann dachte, daß dabei auch eine Entscheidung darüber getroffen werden sollte, ob die Versammlung als eine Kammer tagen sollte oder als drei. Prompt überprüften die Adeligen ihre Beglaubigungen und erklärten sich mit einem Stimmenverhältnis von hundertachtundachtzig zu siebenundvierzig für konstituiert als ein separater Stand. Der Klerus, der sich tief gespalten zeigte, gelangte zu einer ähnlichen Entscheidung, wenn auch nur mit einer Mehrheit von neunzehn Stimmen. Die sechshundert Deputierten des Dritten Standes erklärten sich außerstande, überhaupt etwas in Abwesenheit der beiden anderen Stände zu unternehmen. Zwei Wochen lang geschah gar nichts, außer dem Austausch von Botschaften zwischen den einzelnen Ständen.

Diese Wochen der Lähmung hatten unselige Auswirkungen. Wie schon im Jahr zuvor in der Dauphiné ließ der bloße Umstand, daß man getrennt tagte, einen ausgeprägten Korpsgeist im Zweiten und Dritten Stand entstehen, wodurch sich die Einstellung zueinander verhärtete. Wenn der Dritte Stand jemals gemeinsame Sitzungen erreichen wollte, blieb ihm keine andere Wahl, als Obstruktion zu betreiben. Der Adel hätte, eine entsprechende Anordnung des Königs vorausgesetzt, gemeinsamen Sitzungen vermutlich zugestimmt – in vierzig Prozent der *cahiers* der Adeligen wurde eine solche Möglichkeit immerhin eingeräumt –, aber man wollte sich keinesfalls vom Dritten Stand gängeln lassen. Als die zwischen den Ständen ausgetauschten Botschaften zunehmend schärfer wurden, fanden sich die Gemäßigten hier wie dort als Gefangene der Verfechter eines harten Kurses wieder. Jene im Dritten Stand, die wie Malouet für eine Aussöhnung plädierten, standen desavouiert da, als die Adeligen darauf nicht reagierten. Obwohl die Bürgerlichen sich auf ein paar Verfahrensregeln einigten und den Astronomen Bailly zu ihrem Doyen wählten, beharrten sie doch darauf, nicht mehr zu sein als eine Ansammlung von Einzelpersonen ohne gesicherten Status, weshalb sie auch keinerlei Regeln für eine geordnete Debatte festlegen konnten und der Unsitte verfielen, tumulthafte Sitzungen abzuhalten, bei denen unpopuläre Redner niedergeschrien wurden. Die Zuschauergalerie faßte, wie es hieß, zweitausend Menschen, die sich nicht davon abhalten ließen, ihre Meinungen zu dem kundzutun, was nach offizieller Lesart nicht mehr war als öffentliche Zusammenkünfte. Als Malouet den Ausschluß dieser Zuhörerschaft forderte, widersprach ihm einer seiner Kollegen heftig: „Habt ihr vergessen, daß ihr nur ihre Vertreter, ihre Werkzeuge seid?" Ihre Anwesenheit würde die „perfiden Feiglinge beschämen, die der Umgang bei Hofe korrumpiert hat". Das war eine Art, es zu sehen. Malouet konnte schwerlich etwas dagegen sagen, zumal er sich bei einer Gelegenheit ebenfalls an die Zuschauer auf der Galerie wandte, als er fälschlicherweise annahm, sie wären auf seiner Seite.

Konferenzen der drei Stände miteinander hatten die Tendenz, alles noch schlimmer zu machen. Nach einer davon erklärte der Adel die Trennung der Stände zu einem Teil der französischen Verfassung. Bei einer weiteren berief der Dritte Stand sich auf die Rechte des Volkes, wie er es nannte, während die Adeligen sich auf die Tradition zurückzogen, die einer von ihnen bis auf die Stammesverfassungen der Germanen, wie Tacitus sie beschrieb, zurückführte! Als Unmut und Verdächtigungen immer mehr stiegen, brachten Malouets wiederholte Aufrufe zum Kompromiß ihn allenfalls um jeglichen Kredit. Am 5. Juni meinte er, die Adeligen seien zwar im Unrecht, doch solle der Dritte Stand den Aufruf des Königs zur Eintracht respektieren. Gesetze seien absolut verbindlich, wenn sie den Gemeinwillen der Nation widerspiegelten; die Befugnisse aller Deputierten würden sich von ihren Wählern herleiten, und da die *cahiers* der drei Stände praktisch dasselbe zum Inhalt hätten, würden sich Adel und Klerus, auch wenn sie getrennt berieten, letztendlich durch die öffentliche Meinung gezwungen sehen, den Willen der Nation zu akzeptieren. Wenn der Dritte Stand nicht ablasse von seinen Versuchen, sie dazu zu zwingen, würde die Sache gewaltsam ausgetragen werden müssen, was Anarchie bedeuten würde, wenn er gewann, und Despotie, wenn er verlor. Vermutlich stimmten ziemlich viele seiner Kollegen darin mit ihm überein, doch waren sie nicht gewillt, in aller Öffentlichkeit klein beizugeben.

In einer letzten Konferenzrunde schlug Necker vor, die Beglaubigungsschreiben getrennt zu überprüfen, wobei alle strittigen Fälle vor den königlichen Rat gebracht werden sollten. Es rettete den Dritten Stand fürs erste davor, die königliche Autorität in Frage stellen zu müssen, daß dieser Vorschlag von den Adeligen zurückgewiesen wurde, die nicht vergessen hatten, daß sie den Kampf gegen die „Ministerialdespotie" begonnen hatten. Sie versuchten immer noch, ihre eigene Revolution zu machen, und die Krone hatte von ihnen zumindest ebensoviel zu befürchten wie von den Bürgerlichen. Da Klerus wie Adel bis dahin bereits beschlossen hatten, ihre Steuerprivilegien aufzugeben (der Adel freilich erst, nachdem die drei Stände getrennte Verfassungsentwürfe ausgearbeitet hatten), war, was den Zweiten und Dritten Stand entzweite, nicht die Steuer- oder Verfassungspolitik, sondern der soziale Status. 1780 waren sie noch Partner gewesen, und in dem mit wachsender Erbitterung geführten Streit zwischen ihnen ging es um die Wahl zwischen einer traditionellen Gesellschaft mit einer festgefügten Hierarchie und einem Gemeinwesen von Bürgern. Da die „Aufgeklärteren" unter den Adeligen bereit waren, die zweite Möglichkeit zu akzeptieren, und die meisten von den Bürgerlichen sich als Männer von Stand und Ehre betrachteten, die nicht mit dem arbeitenden Volk verwechselt werden wollten, hätte es durchaus Raum für einen Kompromiß geben müssen. Daß dieser nicht zustande kam, ging wenigstens zum Teil auf Neckers Unvermögen zurück, eine wirksame Führungsrolle zu übernehmen.

Früher oder später mußte etwas geschehen, und am 10. Juni nahmen die Deputierten beinahe einstimmig einen Antrag von Sieyès an, eine letzte Einladung an die anderen beiden Stände ergehen zu lassen und dann die Beglaubigungen im Namen der Generalstände als Ganzes zu prüfen. Sobald sie damit begannen, gesellten sich ihnen tröpfchenweise *curés* bei. Als nächstes mußten sie ihren Anspruch, die ganze Nation zu repräsentieren, auch in die Tat umsetzen. Die Überprüfung der Wahlergebnisse war eine innere Angelegenheit gewesen, der nächste Schritt aber zog eine Herausforderung des Königs in seiner Autorität nach sich. Mirabeau erkannte, wo das aller Wahrscheinlichkeit nach hinführen mußte. Er schlug vor, die Steuern nur für die Dauer der Sitzungsperiode zu sanktionieren und erst dann Garantien für die Staatsschuld abzugeben, wenn über die Grundlagen einer Verfassung abgestimmt worden war; jedoch warnte er seine Kollegen, daß ihre nunmehrigen Absichten nicht dem Inhalt ihrer *cahiers* entsprachen und jede ihrer Entschließungen der Bestätigung des Königs bedürfe. In einem melodramatischen Ausbruch meinte er, er würde lieber in Konstantinopel leben als in einer Aristokratie, in der sechshundert Männer souveräne Macht hätten. Die Warnung kam zur rechten Zeit, doch seine Vergangenheit machte Mirabeau suspekt. Noch suspekter wäre er seinen Kollegen geworden, wenn sie gewußt hätten, daß er gerade erst versucht hatte, eine Absprache mit Necker zu erzielen, dieser ihn jedoch abgewiesen hatte. Es nützte Mirabeau auch nicht gerade, daß Malouet ihn unterstützte, weil man von diesem ja tatsächlich wußte, daß er mit einigen von den Ministerialdespoten auf freundschaftlichem Fuße stand. Am 17. Juni beschlossen die Deputierten mit vierhunderteinundneunzig Stimmen gegen neunzig Stimmen, sich fortan „Nationalversammlung" zu nennen, nachdem der Urheber des Antrags mit größerer Grobheit, als den Geboten des Takts entsprochen hätte, gemeint hatte: „Seit wann hängt die Verfassung von Nationen von Königen ab?" Zwei Tage später stimmte der Klerus mit einer ziemlich zweifelhaften Mehrheit dafür, sich ihnen anzuschließen. Die Adeligen, die sich erst zehn Tage zuvor, wegen der Überprüfung ihrer Beglaubigungen, gegen den König gestellt hatten, beteuerten ihm nun ihre Ergebenheit. Das kostete sie nichts und machte ihm vermutlich wenig Eindruck.

Reichlich spät dämmerte es Necker, daß die Situation außer Kontrolle geriet. Endlich entschloß er sich, das zu tun, was er von Anfang an hätte tun sollen: den König soweit zu bringen, die Initiative zu ergreifen und in einer Thronrede ein Reformprogramm zu verkünden. Das ging so daneben wie die meisten seiner Ideen. Als erstes fanden die Deputierten des Dritten Standes, als sie am 20. Juni zusammenkamen, ihren Versammlungsort versperrt vor, unter dem Vorwand, es müßten Vorbereitungen für die Sitzung mit dem König getroffen werden. Nachdem sie einige Zeit herumgezogen waren, trafen sie sich auf einem (königlichen) Tennisplatz, wo sie einen Eid ablegten, nicht eher auseinanderzugehen, als bis Frankreich eine Verfassung habe; mit anderen Worten, sie sprachen dem König das Recht ab, die Versammlung aufzulösen. Nur ein einziger von ihnen stimmte gegen den Antrag, mit der Begründung, daß damit die Autorität des Königs in Frage gestellt würde. Bailly versuchte ihn zu beschwichtigen, indem er sagte, jedermann erkenne an, daß alle künftigen Gesetze und die Verfassung selbst der königlichen Zustimmung bedürfen würden. Das schien zu diesem Zeitpunkt nur zu offensichtlich.

Es war nicht ausschließlich Neckers Schuld, daß die Sitzung im Beisein des Königs am 23. Juni danebenging. Sein eigener Proklamationsentwurf, der in mancher Hinsicht liberaler war als jener, der schließlich angenommen wurde, war von den Ministern bereits gutgeheißen worden, als Neckers Feinde bei Hof, angeführt von der Königin und dem Comte d'Artois, Ludwig zu einigen Änderungen überredeten. Diese machten vermutlich keinen großen Unterschied, obwohl Necker natürlich behauptete, sie seien einschneidender Natur gewesen. In seinen Memoiren schrieb er, er habe vorgehabt zurückzutreten und sei nur durch die Furcht, damit die königliche Familie in Gefahr zu bringen, wieder davon abgekommen. Was er tat, war, die Sitzung mit dem König zu boykottieren, bei der sein auffällig leerer Platz sicherstellte, daß, was immer dabei herauskam, seine eigene Popularität keinen Schaden nehmen würde.

Das überarbeitete königliche Programm ergab eine ungewöhnliche Mischung.

Es begann damit, daß Ludwig sich in aller Deutlichkeit hinter den Adel stellte: „Der König verfügt, daß die althergebrachte Unterscheidung der drei Stände im Staate in ihrer Gesamtheit möge erhalten bleiben, als wesentlicher Bestandteil der Verfassung in seinem Reiche." Daher erklärte er den Beschluß des Dritten Standes, sich als Nationalversammlung zu konstituieren, für nichtig, ebenso alle nachfolgenden Entschließungen dieses ungesetzlichen Gremiums. Er erteilte die Genehmigung zu gemeinsamen Sitzungen in Fragen von gemeinsamem Interesse, schloß jedoch aus dieser Kategorie alles aus, was die Rechte der ersten beiden Stände, die Verfassung und Angelegenheiten des Klerus berührte. In einer zweiten Deklaration zerstörte er die Basis des königlichen Absolutismus. Er gestand den Generalständen nicht nur die Kontrolle über die Finanzen zu, sowohl was Steuern, wie auch was Staatskredite betraf, sondern – zumindest indirekt – auch jene über die Budgets der einzelnen Regierungsressorts. Obwohl feudale und grundherrliche Rechte als Eigentum garantiert waren, sollte vollständige Steuergleichheit herrschen. Die Stände wurden aufgefordert, Vorschläge für die Abschaffung der *lettres de cachet* und die Einführung der Pressefreiheit auszuarbeiten. Inländische Zollschranken und die verhaßte Salzsteuer sollten ebenso wie die *corvée* (Frondienst) aufgehoben und das Rechtssystem reformiert werden. Anders gesagt: Mit Ausnahme der Kontrolle über die Streitkräfte – wobei zu diesem Zeitpunkt niemand daran dachte, sie in Frage zu stellen – lud der König die Stände ein, eine ganze Reihe von Fragen zu erörtern, die bis dato als königliche Vorrechte gegolten hatten, und er trat von vornherein die Kontrolle über das Budget ab, womit feststand, daß alle geäußerten Ansichten weit mehr Gewicht haben würden als bloße Empfehlungen. Wenn er das alles schon zu Beginn der Sitzung angeboten hätte, wäre es dem Dritten Stand schwergefallen, öffentliche Unterstützung für gemeinsame Sitzungen zusammenzutrommeln, und die Mehrheit hätte sich, wie 1788 die Leute in der Dauphiné, wohl damit zufriedengegeben, die Aufrechterhaltung der sozialen Unterscheidungen zu akzeptieren, im Gegenzug für Zugeständnisse bei all ihren anderen Forderungen. Ludwig rückte nie mehr von diesen Vorschlägen ab, die er als die letzte politische Handlung ansah, bei der er noch Herr seiner Entschlüsse war. Insofern es bei der Revolution also um politische Freiheit ging, kann man sagen, daß sie bis zum 23. Juni bereits den Sieg davongetragen hatte.

Was geschehen war, war der endgültige Triumph für die aristokratische Revolte: Der König hatte vor denen kapituliert, die eine politische Revolution mit der Erhaltung des sozialen Status quo verbinden wollten. Hätte er das schon ein Jahr früher getan, die französische Geschichte wäre gänzlich anders verlaufen. So, wie die Dinge lagen, brachte er es fertig, die schlechteste aller möglichen Welten zu erschaffen. Erst gab er dem Dritten Stand sechs Wochen Zeit, sich in eine Trotzhaltung hineinzusteigern, dann machte er seine Konzessionen im Ton eines Mannes, der ein Ultimatum diktiert. Seine Schlußbemerkungen enthielten die Drohung, daß, wenn die Deputierten darauf nicht eingingen, „ich allein das Wohl meines Volkes betreiben, ich allein mich als seinen wahren Vertreter ansehen will“. Duquesnoy, einer von den eher konservativen Deputierten des Dritten Standes, der noch tags zuvor gegrollt hatte, dieser werde von ehrgeizigen Gaunern beherrscht, war empört über den Ton der Rede des Königs. Auch im Rückblick, beim Schreiben seiner Memoiren, als seine Begeisterung für die Revolution längst abgeklungen war, meinte Ferrières immer noch, jedermann habe daran Anstoß genommen.

Am Schluß seiner Rede befahl der König den Deputierten auseinanderzugehen. Wie zuvor abgesprochen, blieb der Dritte Stand, wo er war. Als Mirabeau vorschlug, für seine Mitglieder parlamentarische Immunität zu beschließen, stimmten nur vierunddreißig dagegen. Es war bezeichnend für die Inkohärenz der königlichen Politik, daß, als man sich endlich entschloß, Stellung zu beziehen, keinerlei Vorbereitungen getroffen wurden, um Widerstand zu begegnen. Nichts geschah. Am Tag darauf stellten sich hunderteinundfünfzig Kleriker, darunter zwei Erzbischöfe und drei Bischöfe, gegen den König und schlossen sich der Nationalversammlung an. Wieder einen Tag später taten siebenundvierzig Adelige, angeführt von einem Prinzen von Geblüt (Orléans), drei Herzögen und fünf Marquis, es ihnen gleich. Ludwig nahm diesen Verstoß gegen seine förmlichen Verfügungen vom 23. Juni nicht stillschweigend hin, sondern befahl tatsächlich den verbliebenen Klerikern und Adeligen, sich ebenfalls anzuschließen.

Mag sein, daß er von Unruhen in Paris und Versailles alarmiert war, aber er war kein Feigling, und die angebliche Gefahr für die königliche Familie war vermutlich von Artois übertrieben, wenn nicht überhaupt erfunden worden, weil er sonst keine Möglichkeit sah, die mehr schwärmerischen unter seinen Standesgenossen dazu zu bringen, sich dem königlichen Befehl zu fügen. Möglicherweise versuchte Ludwig lediglich, Zeit zu gewinnen. Was man in der Öffentlichkeit nicht wußte, war, daß Ludwig am 26., einen Tag bevor er die Deputierten anwies, gemeinsam zu tagen, die ersten Orders erlassen hatte, Truppen zwischen Paris und Versailles zusammenzuziehen. Was er mit ihnen tun wollte, wenn sie eintrafen, wußte er aber auch nicht. Es sah so aus, als wäre nun alles geregelt. So jedenfalls sah es Arthur Young, der englische Reisende, der am 27. Juni schrieb: „Die ganze Sache scheint jetzt vorüber und die Revolution beendet.“ Tags darauf verließ er Paris, um seine Untersuchungen über die französische Landwirtschaft wieder aufzunehmen, was bedeutete, daß er ziemlich aufregende Zeiten verpaßte.

Die Vereinigung der Stände fand nicht jedermanns Beifall. Einige Kleriker und Adelige protestierten und hielten vierzehn Tage lang weiterhin getrennte Zusammenkünfte ab. Der frühere Vorsitzende der Kleriker, der Kardinal de La Rochefoucauld, war unklug genug, der Versammlung mitzuteilen, der Klerus sei auch weiterhin berechtigt, getrennt zu tagen. Das trug ihm einen Verweis von Pétion ein: „Niemand kann der Nation befehlen.“ Das war ein erstes Anzeichen für die Neigung der Deputierten, die Versammlung mit dem Gemeinwillen gleichzusetzen. Mirabeau, seine Vorliebe für Konstantinopel vergessend, äußerte sich noch emphatischer: „Keine Macht der Erde, nicht einmal die exekutive Gewalt (das war taktvoller, als zu sagen: der König), hat das Recht, den Repräsentanten der Nation ‚Ich gebiete' zu sagen.“ Das war auch Ludwig gerade im Begriff einzusehen.

Ungeachtet der Proteste verdrossener Minderheiten waren die Zeitgenossen einhellig der Ansicht, daß die allgemeine Stimmung in der Versammlung eher eine von wiedergewonnener Eintracht als von Siegern und Besiegten war. Barère, ein Deputierter des Dritten Standes und künftiges Mitglied im Ausschuß für öffentliche Sicherheit, ging freilich ein wenig weit, als er in seiner Zeitung schrieb: „Vom ersten Augenblick dieser Wiedervereinigung an verschwanden Haß und Rivalität.“ Gleichviel, es bestand generell die Bereitschaft, einen neuen Anfang zu machen. Ferrières hielt die Vereinigung der Stände für eine gute Idee. Alexandre de Lameth, ein Angehöriger des Hofadels und später einer der Führer der Linken in der Versammlung, spricht in seinen Memoiren von „allgemeiner Freude“. Mounier sagte, die Stimmung habe eher einer Wiederversöhnung als einem Sieg entsprochen, und wies darauf hin, daß, als die Versammlung zur detaillierten Beratung von Gesetzesvorschlägen in dreißig Ausschüsse untergliedert wurde, jeweils ein Kleriker oder Adeliger gewählt wurde, um den Vorsitz zu führen. Vom 3. Juli bis zum 28. September waren fünf von sechs Vorsitzenden der Versammlung Bischöfe oder Angehörige des Hofadels. Duquesnoy meinte, die Anwesenheit der ersten beiden Stände trage zur Würde und Ordnung in der Versammlung bei. Das eben machte seinem radikaleren Kollegen Creuzé-Latouche eher Sorgen, weil er für die Entschlossenheit und den Zusammenhalt der Bürgerlichen im Beisein derer, die sozial höher standen als sie, fürchtete. Angesichts der Abschaffung von Steuerprivilegien, der allgemeinen Übereinstimmung über die Verfassung, des Verzichts des Königs auf seine theoretisch absolute Macht und des ungeteilten Respekts vor Eigentumsrechten schien es keinen Grund zu geben, warum die Versammlung ihren Obliegenheiten nicht in ebensolcher Freundschaftlichkeit nachkommen sollte, wie Parlamente sie zumeist zuwege bringen. Es sah aus, als würde Arthur Young recht behalten.

Während die meisten der Deputierten sich an die Aufgaben machten, für die sie gewählt worden waren, begriff Mirabeau, daß eine Kraftprobe eher aufgeschoben als vermieden war. Seine erste Sorge galt dem drohenden Aufruhr in Paris, und er schlug vor, einen Aufruf zur Ruhe ergehen zu lassen, was jedoch in der durch das Eintreffen des Adels und des Klerus verursachten Aufregung keine Beachtung fand. Die Lage in der Hauptstadt war tatsächlich zunehmend gespannt. Das war zum Teil auf den hohen Brotpreis zurückzuführen, der seit dem letzten November um zwanzig Prozent gestiegen war. Im April endete ein massiver Aufruhr mit der Plünderung des Hauses von Reveillon, eines Tapetenherstellers, von dem das falsche Gerücht ging, er sei für eine Kürzung der Löhne eingetreten. Die Garde, die zum Teil auch die Verantwortung für die Aufrechterhaltung der Ordnung in Paris trug, hatte in die Menge geschossen und etliche Menschen getötet. Der Reveillon-Aufruhr hatte im Kern zwar ökonomische Gründe, aber die Stimmung war politisch aufgeladen; einige der Aufrührer hatten „Es lebe der Dritte Stand!“, „Es lebe Necker!“ und sogar „Es lebe der König!“ gerufen. In den Wochen des politischen Patts wiegelten die *Habitués* in den Cafés, besonders in jenem im Palais Royal, dessen Eigentümer, der Herzog von Orléans, es zu einem Zentrum des Amüsements „ausgebaut“ hatte, einander mit aufgeregten Kommentaren über die letzten Nachrichten und Gerüchte auf. Danton, bis dahin ein ehrbarer Anwalt, war einer von denen, die für sich eine neue Karriere als Volksredner eröffnet sahen. Man hielt die Gardisten frei und schmeichelte ihnen, und gegen Ende Juni begannen einige von ihnen sich solidarisch mit dem Dritten Stand zu erklären.

Die Versammlung in Versailles wußte mit alledem nichts Rechtes anzufangen. Die Deputierten waren Männer der Ordnung mit einem ausgeprägten Gefühl für die eigene Würde, und sie waren überzeugt, gerade erst ein entscheidendes Kräftemessen mit konstitutionellen Mitteln gewonnen zu haben. Sie waren sich bewußt, daß die Aufrechterhaltung der Disziplin in den Streitkräften nicht in ihre Zuständigkeit fiel, aber die Meuterer waren potentielle Verbündete, die sich zu Gegnern zu machen gefährlich sein konnte. Als am 1. Juli eine Abordnung aus Paris um eine Amnestie für die rebellierenden Gardisten nachsuchte, wurde ein Antrag nach dem anderen niedergestimmt, bis die Versammlung eine Art von vermischter Resolution verabschiedete, in der man zur Ruhe in Paris aufrief, die Verantwortlichkeit des Königs für Recht und Gesetz bekräftigte und ihm nahelegte, den Meuterern gegenüber Milde walten zu lassen. Zwei Tage später stimmte Ludwig zu, ihnen Pardon zu geben, und erinnerte die Versammlung an ihre Mitverantwortung bei der Aufrechterhaltung der Ordnung.

Die Sache, von der man mit Sicherheit annehmen konnte, daß sie die politische Temperatur in Paris würde steigen lassen, war die Konzentration von Truppen in der näheren Umgebung, was unter anderem auch dazu angetan schien, die Lebensmittelknappheit noch zu verschärfen. Wieder war es Mirabeau, der am 5. Juli den König aufforderte, die Truppenverlegungen rückgängig zu machen, und seine Bewilligung zur Aufstellung von *gardes bourgeoises* oder Bürgermilizen zu erteilen. Niemand sprach sich dagegen aus, und der erste Teil seines Antrags wurde mit nur vier Gegenstimmen angenommen. Der König gab zur Antwort, die Truppen würden nur zur Erhaltung der Ordnung dienen. Sollte sich die Versammlung durch sie in ihrer Debattierfreiheit bedroht fühlen, sei er gern bereit, die Sitzungen nach Noyon oder Soissons verlegen zu lassen. Ludwig muß das Gefühl genossen haben, die Deputierten mit ihren eigenen Waffen zu schlagen. Er hatte bis dahin dreißigtausend Mann in der Nähe stationiert und fühlte sich in der Lage, Maßnahmen zu setzen. Noch am selben Tag, dem 11. Juli, entließ er Necker und drei weitere Minister und ersetzte sie durch kompromißlose Royalisten. Das war eher als Demonstration seiner Willensstärke denn als Signal für einen Staatsstreich zu nehmen. Moleville glaubte, die Absichten Breteuils, der allgemein als der führende Kopf der neuen Ministerschaft galt, würden nicht über das Amt des Premiers hinausreichen. Die neuen Männer hatten keinerlei politische Taktik abgesprochen, und die Truppen sollten vermutlich nur einen *cordon sanitaire* bilden, um Versailles gegen die Hauptstadt abzuschirmen. Man kann den Deputierten jedoch schwerlich einen Vorwurf daraus machen, daß sie in dieser Situation eher schwarz sahen und sich auf eine Auflösung der Versammlung, wenn nicht die Festnahme ihrer führenden Mitglieder, einrichteten.

Am Sonntag, dem 12. Juli, tagte die Versammlung nicht. Zumindest in dieser Hinsicht war der Zeitpunkt für Neckers Entlassung gut gewählt. Das Signifikanteste, was am 13. passierte, war, daß man wieder zusammenrückte und die Allianz von 1788 erneuerte. Ein Adeliger aus der Dauphiné, der Comte de Virieu, schlug vor, die gesamte Versammlung möge die am 17. und 20. Juni vom Dritten Stand verabschiedeten Resolutionen bestätigen. Mehrere Edelleute standen auf und riefen aus, alle müßten nun die Streitigkeiten der Vergangenheit vergessen und sich vereinen, „um das vom Untergang bedrohte Vaterland zu retten". Als der König die Aufforderung zurückwies, die entlassenen Minister zurückzuholen und die Truppen abzuziehen, bestätigten die Deputierten die Anträge vom 17., 20. und 23. Juni. Mit anderen Worten, die vereinte Versammlung erklärte, die bestehenden Steuergesetze blieben nur für die Dauer der Sitzungsperiode noch in Geltung, sie proklamierte parlamentarische Immunität für ihre Mitglieder wie auch die Absicht, im Fall einer Auflösung erneut zusammenzutreten, wo immer es ihnen möglich wäre.

Um zu verhindern, daß die vom König verfügte Aussperrung vom 20. Juni sich wiederholte, blieben einige die nächsten achtundvierzig Stunden lang Tag und Nacht bei der Sitzung anwesend; angesichts der Gebrechlichkeit des amtierenden Vorsitzenden, des Erzbischofs von Vienne, bestellten sie Lafayette zum geschäftsführenden Vorsitzenden. Ferrières, an und für sich kein Mann theatralischer Gesten, war einer von denen, die an der ununterbrochenen Sitzung teilnahmen. Nachdem sie alle ihnen möglichen Verteidigungsvorkehrungen getroffen hatten, setzten sie für den 14. Juli eine Verfassungsdebatte an.[28] Es war eine beeindruckende Demonstration von Selbstvertrauen. Die königliche Regierung hatte zwar die militärische Macht, sie auseinanderzutreiben und festzunehmen, allerdings nur um den Preis eines fast sicheren Bürgerkriegs, den zu verhindern der König entschlossen war. Die Versammlung war keineswegs ohnmächtig; was ihr fehlte, waren die Mittel, den König ohne bewaffneten Konflikt unter Zwang zu setzen. Diese wurden ihr paradoxerweise durch die Revolte in Paris an die Hand gegeben.

Die Nachricht von der Entlassung Neckers hatte Paris erst am 12. Juli erreicht. Als die Massen von Sonntagsausflüglern sich auf den Weg zurück in die Stadt machten, war das erste, was sie taten, die Zollschranken anzugreifen und niederzubrennen, an denen Einfuhrzölle auf alle in die Stadt mitgebrachten Waren eingehoben wurden.[29] Einem Augenzeugen zufolge waren die eher ehrbaren Bürger dabei schon in ihre Häuser zurückgekehrt. Es wäre müßig, darüber zu spekulieren, inwieweit die Aufrührer politische oder ökonomische Motive hatten. Sie sahen in Necker den Mann, der sie vor dem Hunger retten konnte, und in der allgemeinen Aufregung kamen alle möglichen Faktoren zusammen. Zielführender ist die Feststellung, daß die Menge spontan und nicht auf Anweisung handelte und daß sie sich, zumindest glaubte man das, aus den ärmeren Teilen der Bevölkerung rekrutierte. Die eher Gesetzestreuen in der Bevölkerung waren über ihr Tun alarmiert und rechneten damit, daß es zu Plünderungen kommen werde. Vor nicht einmal zehn Jahren hatte der Gordon-Aufstand London in Angst und Schrecken versetzt. Bailly notierte am 13., daß aus Paris Meldungen über Plünderungen vorlägen. Duquesnoy bestätigte, daß die Versammlung auf die Nachrichten aus Paris zunächst mit Bestürzung reagiert habe.

Was aus dem Aufruhr erst eine Revolution machte, war die Reaktion der Pariser Wahlmänner. Sie waren die Vertreter aus den sechzig Wahlbezirken, die zusammengekommen waren, um die Deputierten für die Generalstände zu wählen. Seitdem hatten sie weiterhin informell getagt, und am 13. Juli brachten sie die Lage unter ihre Kontrolle, verstärkten den Stadtrat und begannen unverzüglich mit der Aufstellung von achtundvierzigtausend Nationalgardisten; eine Maßnahme, die der König ausdrücklich verboten hatte. Während der nächsten ein oder zwei Tage war alles in Aufregung und Verwirrung. Die Wahlmänner hatten formal keinerlei Autorität, der erweiterte Stadtrat jedoch hatte Einfluß genug, um eine an sich immer noch spontane Bewegung zu steuern und ihr den Charakter einer Volkserhebung zu geben. Durch die Desertion eines Garderegiments verfügten sie über einige disziplinierte Truppen. Für die Bewaffnung der Nationalgardisten wurden Musketen bei jenen eingesammelt, die sie am 12. aus den Geschäften der Büchsenmacher gestohlen hatten. Eine Beschaffungsexpedition zum Invalidendom bewog den dortigen Militärkommandanten, sich von weiteren achtundzwanzigtausend Stück zu trennen und noch zwanzig Kanonen herauszugeben. Es bestand ein dringender Bedarf nach Pulver, und dieser war es, der zum Marsch auf die Bastille führte, eine mittelalterliche Festung, die den Ostteil von Paris beherrschte. De Launay, der Kommandant, erwies sich nach kurzer Verhandlung als weit weniger entgegenkommend als sein Kollege vom Invalidendom. Die Garde brachte einige der erbeuteten Geschütze in Stellung, und diese erst ermöglichten es der Menge einzudringen, nachdem etwa hundert Menschen von den Musketieren auf den Mauern getötet worden waren. Sich zu fragen, inwieweit der Stadtrat derlei billigen konnte, dafür waren vermutlich sogar seine Mitglieder zu verblüfft. Mit Sicherheit nicht billigen konnten sie die Ermordung und Enthauptung von de Launay und seinem Stellvertreter, zusammen mit einem ehemaligen Oberhaupt der Stadtverwaltung. Nach und nach jedoch begannen sie zu begreifen, daß sie gewonnen hatten. Die Truppen waren aus den Pariser Straßen auf das Champ de Mars abgezogen worden, wo sie nichts unternahmen. Die Stadt wurde nicht angegriffen, und die Menge, ob durch die Nationalgarde abgeschreckt oder nicht, ließ sich nicht zu Plünderungen hinreißen. Die Herrschaft über die Stadt war in die Hände von entschlossenen Unterstützern dessen übergegangen, was künftig „die Revolution" genannt werden sollte. Man nahm damals kaum Notiz davon, und es wurde auch von Historikern nicht hinreichend hervorgehoben, daß eine ganze Reihe ähnlicher Aufstände, ausgelöst entweder durch die Entlassung Neckers oder durch Nachrichten aus Paris, in vielen Provinzstädten zu ähnlichen Machtwechseln führten. Das Gebäude des zentralistischen Absolutismus brach zusammen; fortan würden Befehle des Königs nur mehr dann befolgt werden, wenn die Nationalversammlung sie bestätigte.

Von Anfang an begriff man den Sturm auf die Bastille, der nicht mehr gewesen war als der dramatische Höhepunkt einer Revolte in Paris, als das beste nur denkbare Symbol für das, was geschehen war, und – wie alle gut gewählten Symbole – gewann es ein Eigenleben. Das Bollwerk mittelalterlicher wie auch der königlichen Unterdrückung, in dem die politischen Opfer der *lettres de cachet* festgesetzt worden waren – wenn auch 1789 keine darin saßen – war gefallen durch die unwiderstehliche Macht des souveränen Volkes. Alle, die mit Rousseau behauptet hatten, auch wenn sie selbst kaum daran geglaubt hatten, daß die nationale Erneuerung im wesentlichen nur eine Frage des Willens sei, schienen recht zu behalten. Alles war möglich. Ein Volk, das sich selbst schon als leichtfertig und oberflächlich aufgegeben hatte, hatte Höhen erklommen, von denen man gedacht hatte, sie wären allein den Engländern und Amerikanern zugänglich. Vielleicht hatte man diese sogar noch übertroffen. Es bestand allgemein wenig Neigung, sich viele Gedanken über die paar Menschen zu machen, die dabei um ihr Leben gebracht worden waren. Ferrières, ansonsten ein humaner Mann, tröstete sich am 15. ohne große Schwierigkeiten mit dem Gedanken, daß „die Gerechtigkeit des Himmels sich oft der Hände von Menschen bedient“. Barnave erhob, wie er später noch bedauern sollte, am 23. die Frage, ob das Blut der Ermordeten denn so unschuldig gewesen sei. Bis Ende des Monats freilich kam Ferrières wieder zu sich und verurteilte die Ermordung von de Launay als „unmenschlich“. Vielleicht verriet seine anfängliche Ungerührtheit auch nur, wie groß seine Beunruhigung gewesen war. Am 15. schrieb er an seine Frau: „Die Erstürmung der Bastille hat uns gerettet . . . ansonsten wäre die Nacht von Dienstag, dem 14., auf Mittwoch, den 15., möglicherweise unsere letzte gewesen (sic!) . . . In der Versammlung geht alles gut. Die Stände sind im Einvernehmen miteinander.“

Am 15. Juli stattete der König der Versammlung in eigener Person einen Besuch ab. Man war übereingekommen, ihn mit Schweigen zu empfangen, bis die Deputierten gehört hätten, was er zu sagen hatte, einige aber brachen in Es-lebe-der-König-Rufe aus, sobald sie seiner ansichtig wurden. Ludwig, der sie zum erstenmal als Nationalversammlung ansprach, teilte ihnen mit, er habe Befehl für einen Abzug der Truppen gegeben. Nun waren die Hochrufe einmütig, und die ganze Versammlung gab ihm das Geleit zurück in den Palast. Es dauerte noch sehr, sehr lange, ehe er Gegner aus Männern gemacht hatte, die in ihrem Innersten fest glaubten, daß er auf ihrer Seite sei. Was das betraf, war Ludwig ebenso überzeugt, sie würden dem, was ihm am besten schien, beipflichten, wenn sie nur ruhig darüber nachdachten. Am 17. stattete er Paris einen offiziellen Besuch ab, der mehr nach einer Bußwallfahrt aussah. Bis dahin war Bailly zum Bürgermeister und Lafayette zum Kommandeur der Nationalgarde gemacht worden. Die Versammlung debattierte noch darüber, ob sie das Recht habe, die neuen Minister nicht anzuerkennen und die Wiedereinsetzung Neckers zu verlangen, als der König sie davon in Kenntnis setzte, daß er Necker zurückberufen hatte.

Man konnte das, was geschehen war, auf verschiedene Weise deuten. Artois und seine Freunde hatten klar verloren, er verließ Frankreich, um anderswo eine Karriere von politischer Unfähigkeit fortzusetzen, die ihn 1830 schließlich noch um den Thron bringen sollte. Der Sprecher einer Abordnung aus Paris meinte in der Nationalversammlung, der Sieg gehöre den Parisern: „Messieurs, Sie sind die Retter der Nation, aber auch Sie selbst haben Retter ... Es sind die furchtlosen Männer, die eben erst die Bastille genommen haben." Eine solche Sichtweise lag den Parisern natürlich nahe, auch wenn nur wenige so weit gingen wie der Journalist Marat, der bald schon die Meinung äußerte, daß weder der König noch die Versammlung jemals etwas Richtiges unternähmen, außer unter Zwang. Die Deputierten sahen die Dinge etwas anders. Keine Probleme bereitete ihnen die Ansicht, die Erhebung sei eine Demonstration des unwiderstehlichen Willens des souveränen Volkes gewesen. Selbst Malouet meinte, daß „eine nationale Erhebung gegen die Despotie ihrem Charakter nach über der Macht des Gesetzes steht". Wie sie es sahen, war es aber das Hauptziel der Revolte gewesen, ihnen zu Hilfe zu kommen, und sie gingen daraus mit einer einigermaßen dünkelhaften Sicht ihrer eigenen Rolle hervor. Der Herzog von Liancourt beschrieb die Versammlung als „die erhabenste der ganzen Welt" und wurde damit nur noch von einem bretonischen Anwalt übertroffen, der sie „die erhabenste, die je im Universum bestand" nannte. Derlei Ansichten über ihre eigene Bedeutung brachten die Deputierten dazu, ihre Meinung über die Machtbefugnisse des Königs zu revidieren. Am 17. waren sie noch im ungewissen gewesen, ob sie berechtigt wären oder nicht, von ihm den Austausch seiner Minister zu verlangen; am 20. vertrat einer von ihnen bereits das Argument, daß, ehe nicht eine vollständige Verfassung vorlag, keine der Entscheidungen der Versammlung der königlichen Zustimmung bedürfe, um Gesetz zu werden. Das waren starke Sprüche, aber in der allgemeinen Euphorie fand es niemand für notwendig, sich unangenehmen Fragen zu stellen. Solange Paris unter der Kontrolle des ehemaligen Doyens des Dritten Standes war und die dortige Miliz von einem Mann befehligt wurde, der sich mehr nach George Washington als nach Oliver Cromwell ausrichtete, war aus der Hauptstadt nichts zu befürchten. Zu den wichtigsten Aspekten der Julikrise zählt der Umstand, daß sie nicht mit einer Kriegserklärung von einer der beiden Seiten endete. Die königliche Regierung hatte sich nicht für offenen Kampf entschieden, und das Ergebnis war – trotz der Kämpfe rund um die Bastille – eher durch einen Sieg des Willens als durch bewaffnete Gewalt zustande gekommen. Die guten Absichten wie die außergewöhnliche Anpassungsfähigkeit des Königs vorausgesetzt, konnte man leicht zu dem Glauben kommen, daß alles, was geschehen war, auf ein Mißverständnis zurückging. Waren seine üblen Berater erst einmal aus dem Weg – und das galt für Artois ebenso wie für die Minister – dann war der Weg frei für den König und die Versammlung, mit der Arbeit an der nationalen Erneuerung fortzufahren, der sie sich beide, wenn auch auf unterschiedliche Weise, verpflichtet fühlten. Aus einer anderen Sicht ließ sich natürlich argumentieren, daß, nachdem er gekämpft und verloren hatte, der König künftig nur auf Revanche aus sein würde. Die Lehren aus den Revolutionen von 1848, als die Herrscher in Österreich und Preußen einem revolutionären Sturm sich erst beugten und doch innerhalb eines Jahres die Kontrolle wiedererlangten, erinnern uns daran, wie erholungsfähig Monarchien sein können. Die Männer von 1789 wußten nichts von 1848, doch unterschätzten sie keineswegs die Macht des Königs zurückzuschlagen.

Bis zum 27. Juli diskutierte die Versammlung einmal mehr über die Verfassung. Tags darauf begannen die ersten Berichte über sich ausbreitende Revolten auf dem Land einzugehen.[30] Das ganze Frühjahr hindurch war es überall im Land zu Unruhen wegen der Lebensmittelversorgung gekommen, die gegen Mitte Juli an Heftigkeit zugenommen hatten. Obwohl wirtschaftlichen Ursprungs, spiegelten sie doch die durch die Erstellung der *cahiers* und die Wahlen zu den Generalständen erfolgte Politisierung auf dem Lande wider. Neben der üblichen Praxis, Getreide zu requirieren, um es zu niedrigeren Preisen zu verkaufen, verweigerten viele der Aufrührer auch die Zahlung des Zehnten und Abgaben an den Grundherren. Einige brachen in Herrenhäuser ein und verbrannten die Lehnsurkunden. Mitunter behaupteten die Anführer, im Namen des Königs zu handeln, gegen die Betreiber eines „aristokratischen" Komplotts, deren Absichten ebenso finster wie mysteriös waren. Mitte Juli trat ein weiteres Phänomen hinzu, das andere Ursachen hatte, wenngleich man seine Folgewirkungen leicht mit den ländlichen Revolten durcheinanderbringen konnte. Das war die „große Angst" – weniger Panik als massive Beunruhigung – hervorgerufen durch Gerüchte, wonach „Briganten" mit der Vernichtung der ungeschützten Ernten drohten, von deren sicherer Einbringung die Lebensmittelversorgung des nächsten Jahres abhing. Die Gründe für die verschiedenen „Ängste", die sich fast überall im Land ausbreiteten, bestanden in jedem Fall nur in der Einbildung. Es gab keine Briganten, und die Ernte nahm keinen tatsächlichen Schaden. Die meisten Leute aber schenkten den Gerüchten für kürzere oder längere Zeit Glauben (Arthur Young etwa fünf Tage) und tendierten natürlich dazu, nach einer politischen Erklärung für eine so sinnlose Vernichtung der Ernte zu suchen. Als die Berichte eintrafen, hatten die Deputierten keinerlei Möglichkeit, zwischen wahren, wenn auch vielleicht übertriebenen Nachrichten über die Revolte auf dem Lande und Erzählungen von legendenumwobenen Briganten zu unterscheiden. Sie erhielten den Eindruck, daß ein Gutteil des Landes in Aufruhr sei, und sie hatten die Briganten im Verdacht, Handlanger von Gegenrevolutionären zu sein.

Mag sein, daß die Erhebung in den Städten das Werk des souveränen Volkes war; weder die Deputierten noch die städtischen Revolutionäre jedoch hatten irgendwelche Sympathien für die Revolten auf dem Lande. Die Pariser Presse verurteilte die Bauernrebellen einstimmig als Banditen und verlangte ihre Unterdrükkung.[31] Einer der Gründe, die in den Provinzstädten den Anstoß für die Aufstellung von Bürgerwehrverbänden gaben, war die Selbstverteidigung gegen das umliegende Land. Revolutionäre Stadtverwaltungen zeigten keinerlei Hemmungen, Strafexpeditionen in die Dörfer zu organisieren und Bauernführer hängen zu lassen. Zwei Welten lagen miteinander im Konflikt, von denen die eine Getreide als Nahrung, die andere es als Eigentum ansah.[32] Der Feind der Bauern konnte ebensogut der Beauftragte des Grundherren wie der Grundherr selbst sein, besonders wenn dieser nicht an Ort und Stelle war; die Leute, die aus der Einhebung grundherrlicher Abgaben Profite schlugen, gehörten zu jener Art von Unternehmern, die sich in vielen Fällen mit der Revolution identifizierten. Viele der Deputierten, und nicht nur solche aus dem Adel, waren Landbesitzer, wenn nicht gar Feudalherren, und die ländliche Revolte gefährdete ihr Eigentum direkt und auf eine Weise, wie es die Erhebungen in den Städten, wenn die Gefahr von Plünderungen erst einmal abgewendet war, nicht taten.

Die erste Reaktion der Versammlung, von konservativen Deputierten ebenso unterstützt wie von Radikalen, war die Einrichtung eines *comité de recherches* (Untersuchungsausschuß), um Erhebungen über allfällige Komplotte zu führen, ungeachtet der Warnung des Chevalier de Bouffleurs, daß Frankreich nicht im Krieg sei, daß die Versammlung nichts zu befürchten habe und daß sie Gefahr laufe, selbst einen Nachfolger für die Ministerialdespotie in die Welt zu setzen. Am 3. August berichtete das *comité des rapports* (Nachrichtenausschuß) über weitverbreitete Unruhen und niedergebrannte Herrensitze. Die Versammlung befand sich in einem Dilemma: Zwar hatte man keine Sympathien für Briganten und Bauern, die Brände legten, doch wollte man auch nicht den König ersuchen, er möge seinen Truppen Befehl geben, auf Zivilisten zu schießen, weil die Gefahr bestand, daß sie damit so schnell nicht wieder aufhörten. Gegen Schluß einer ergebnislosen Debatte hielt Malouet eine außergewöhnliche Rede. Er begann mit der ungern gehörten Feststellung, daß die Mißbräuche, die die Versammlung dabei war abzuschaffen, die Lebensgrundlage für einen beträchtlichen Teil der Bevölkerung bildeten. Die ersten Opfer von Maßnahmen gegen die Privilegierten würden die Armen sein, die von ihnen abhingen. Die Arbeitslosigkeit, ohnehin bereits ein ernstes Problem, würde sich weiter verschlimmern. In der Folge trug er das äußerst unorthodoxe Argument vor, öffentliche Ausgaben zur Schaffung von Beschäftigung würden die staatlichen Mittel nur scheinbar belasten. Er forderte die Einrichtung von Arbeitsämtern und staatlichen Sozialhilfestellen in jeder Stadt, wobei diese von den bestehenden Wohlfahrtseinrichtungen sowie durch die Einhebung einer neuen Steuer finanziert werden sollten. Die Handelskammern in den Fabrikstädten sollten aufgefordert werden, Mittel zur Belebung der Wirtschaft vorzuschlagen. Jene, für die sich keine Arbeit finden ließ, sollten zur Armee oder Marine eingezogen und jedermann, der ohne Papiere auf der Straße aufgegriffen wurde, als Landstreicher verhaftet werden. Es war vermutlich nicht nur seine zupackende Art, mit den dauerhaft Arbeitslosen zu verfahren, die dazu führte, daß Malouets Rede schlecht ankam. Allem, was er sagte, schlug Mißtrauen entgegen, und jene, die sich in einer recht abstrakten Weise gern als öffentliche Wohltäter sahen, konnten an der Mitteilung keinen rechten Gefallen finden, daß ein Problem zu lösen bedeutete, ein anderes zu schaffen. Es war weitaus angenehmer, sich in einer Welt zu bewegen, in der es für jedes Problem eine schlüssige Antwort gab. Außerdem müssen die strengeren unter den Wirtschaftsliberalen über die interventionistische Rolle, die Malouet dem Staat zuweisen wollte, schockiert gewesen sein. Malouets Vorschläge wurden an die Ausschüsse weitergeleitet, und man hörte nie wieder davon. Sie sind eine nützliche Mahnung an den Historiker, es sich nicht wie die Revolutionäre zur Gewohnheit zu machen, Menschen abzustempeln, und anzunehmen, daß Männer, die nicht unter der Knute einer Partei standen, in allen Fragen, die auf sie zukamen, jedesmal gleich radikal oder konservativ waren.

Die Versammlung zog es vor, den Unruhen auf dem Lande mit dramatischeren Mitteln zu begegnen als den von Malouet vorgeschlagenen. Das Problem war, die Abgabenbelastung der Bauern zu mildern ohne dabei an die Unverletzlichkeit des Eigentums zu rühren. Die Lösung wurde im geheimen ausgearbeitet und brach am Abend des 4. August über die Deputierten herein, in einer der bemerkenswertesten Sitzungen in der Geschichte von Parlamenten überhaupt. Die Grundidee bestand darin, daß der Adel von sich aus auf Rechte verzichten sollte, die die Versammlung nicht das Recht hatte ihm zu entziehen. Man hatte vereinbart, der Herzog d'Aiguillon, einer der reichsten Landbesitzer in Frankreich, sollte namens des gesamten Adels den Verzicht auf alle grundherrlichen Abgaben gegen eine Abstandssumme vorschlagen. Der Vicomte de Noailles, ein weniger beeindruckender Wohltäter, da er als ein jüngerer Sohn selbst nur sehr wenig zu verlieren hatte, preschte mit dem Antrag vor, alle Überreste der Leibeigenschaft sowie Verpflichtungen aus personalen Herrschaftsverhältnissen ohne jede Entschädigung abzuschaffen, für solche hingegen, die durch frühere Landübertragungen zustande gekommen waren, Abfindungen zu bezahlen. Das ganze Manöver verlief nicht so, wie jene, die es geplant hatten, das erwarteten, denn d'Aiguillon und Noailles traten eine Lawine einander überbietender Verzichtserklärungen los. Nutznießer von Privilegien aller Art standen Schlange, um sie auf dem Altar des Vaterlandes zu opfern: Grundgerichtsbarkeit, Jagdrechte, die Vererbbarkeit und Käuflichkeit von Ämtern und Provinzprivilegien, alles ging über Bord. Als die Versammlung sich um zwei Uhr früh vertagte, nachdem sie Ludwig per Beschluß zum „Erneuerer der Freiheit in Frankreich" erklärt hatte, waren die Deputierten über ihre ursprüngliche Absicht, etwas für die Bauern zu tun, weit hinausgegangen und hatten sich einer grundlegenden Veränderung der meisten Institutionen verschrieben, deren Verwirklichung Jahre dauern und das Gesicht des ganzen Landes verändern würde. Das war größtenteils durch Altruismus und Begeisterungsfähigkeit zustande gekommen. Heutzutage ist es unmodern, von nationalen Charaktereigenschaften zu sprechen, aber es ist schwer vorstellbar, daß etwas Ähnliches in irgendeinem anderen Land hätte passieren können.

Alles war freilich nicht Altruismus gewesen: Ein paar Deputierte verzichteten auf die Privilegien von anderen. Als der Marquis de Foucault die Apanagen bei Hofe zum Opfer darbrachte, dachte er vermutlich mehr an Noailles als an sich selbst. Es war ein Bischof, der den Jagdrechten ein Ende machte. Derartige Beispiele waren aber eher untypisch. Die meisten Opfer waren ernstgemeint: Selbst die verarmten *curés* boten an, auf die Bezahlung für ihre gelegentlichen Dienste zu verzichten. Die unmittelbare Reaktion auf diese unvergeßliche Nacht waren Beifall allseits und allgemeine Begeisterung. Dumont, einer aus Mirabeaus Gefolge von Beratern, der Zeuge der Debatte war, sagte, die Deputierten hätten geweint vor Freude. Der konservative Duquesnoy hielt den trunkenen Freudentaumel für vollständig berechtigt: „Was für eine Nation! Welcher Ruhm, welche Ehre, ein Franzose zu sein!" Rabaut Saint-Etienne hielt es für ein herrliches Schauspiel. Ferrières, der mehr zu verlieren hatte, staunte darüber, daß die Einigung des Landes, die auch der geschickteste Minister in zehn Jahren nicht hätte erreichen können, in einer einzigen Nacht zustandegebracht worden war. „Wenn das Ergebnis irgend etwas für das Gemeinwohl bewirkt, werde ich mich leicht über das hinwegtrösten, was ich als *gentilhomme* (Edelmann) und Lehnsherr verliere." Madame Elisabeth, die naive und weltfremde Schwester des Königs, schrieb, die Adeligen seien mit einer Begeisterung zu Werke gegangen, die ihrer französischen Herzen würdig war, und fügte hinzu: „Ich hoffe, das wird die Leute davon abbringen, Schlösser anzuzünden."

Als man daran ging, die Details auszuarbeiten, wurde die Euphorie des 4. August mitunter fadenscheinig. Nachdem er ein Kamel geschluckt hatte, würgte der Adel nun an einer Taube, und so kam es etwa zu heftigem Streit über die Abschaffung der herrschaftlichen Taubenschläge. Im Mittelpunkt der Diskussion aber stand die Kirche. Am 4. August war entschieden worden, dem Klerus den Zehnten abzulösen, was es ihm gestattet hätte, die ihm zugesprochene Entschädigung in Landbesitz zu investieren und sowohl seinen Reichtum als auch seine Unabhängigkeit zu bewahren. Im Verlauf der Debatte kam jedoch die Frage einer ersatzlosen Abschaffung auf. Das ließ die erste grundsätzliche Spaltung innerhalb der Versammlung zutage treten. Der Antiklerikalismus hatte sich schon im Dritten Stand bemerkbar gemacht, wo immer jemand eine gehässige Bemerkung über den Klerus parat hatte. Wesentlich ernster war die Tatsache, daß viele, wenn nicht die meisten Deputierten in der organisierten Religion nicht eine göttliche Einrichtung, sondern eine soziale Dienstleistung sahen. Jene, die am wenigsten Hemmung zeigten, das auch auszusprechen, waren die Adeligen, und die religiöse Entzweiung überlagerte die Politik. Konservative Edelleute waren mitunter erbitterte Antiklerikale, während etwa der radikale bretonische Deputierte Lanjuinais allzeit bereit war, die Religion zu verteidigen. Worum es ging, war eines jeden Vorstellung von der Gesellschaft. Für die meisten Kleriker und Laien wie Lanjuinais blieben, soviel auch immer des Kaisers sein mochte, Dinge übrig, die allein Gott gehörten. Ihre Gegner gingen in der Debatte weit über den naheliegenden Hinweis hinaus, daß der höhere Klerus stets dazu geneigt habe, dazu auch die bischöfliche Lebenshaltung mit allem Drum und Dran zu rechnen, was sich keineswegs aus der Schrift herleiten ließ. Klassisch gebildet und erzogen in den Traditionen der Aufklärung und insbesondere des Rousseauschen Republikanismus, war für sie der Anspruch der bürgerlichen Gesellschaft ein allumfassender. Bürger konnten nicht Diener zweier Herren sein, und der unitarische Staat durfte in sich keinerlei zweifache Loyalität oder autonome Körperschaften irgendwelcher Art dulden. Das war einer der Aspekte der französischen Gesellschaft, die die Sitzung am 4. August hatte beseitigen wollen.

Am 6. August machte der Comte de Custine eine gehässige Bemerkung über die „verspätete Reue" des Klerus. Tags darauf schlug der Marquis de Blacons vor, daß, falls ein neuer Staatskredit notwendig würde, der Kirchenbesitz als Sicherheit dafür herangezogen werden sollte. Ein anderer Marquis, de Lacoste, meinte, dieser gehöre in jedem Fall dem Staat. Er schlug die Abschaffung des Zehnten vor, wie auch die Beseitigung der Mönchsorden und aller kirchlichen Funktionen mit Ausnahme der des Bischofs und des *curé*. Soweit war die Versammlung noch nicht. Alexandre de Lameth argumentierte, das Eigentum einzelner sei zwar unverletzlich, hingegen seien „politische Körperschaften nur für die Gesellschaft da". Als der Erzbischof von Aix vorschlug, der Klerus möge sich zurückziehen, um zu erörtern, wie man mit seinem Vermögen am besten ein Darlehen besichern könne, antworteten Lameth und ein Deputierter des Dritten Standes, Dubois-Crancé, darüber hätte die Nation zu entscheiden. Nachdem die Versammlung sich über das Darlehen geeinigt hatte, kam die Debatte wieder auf den Zehnten zurück. Lanjuinais verteidigten den Zehnten als geheiligt, während der Bischof von Perpignan einräumte, dieser gehöre der Nation.

Mirabeau rief Proteste beim Klerus hervor, als er Religionsminister als bezahlte Beamte für Moral und Erziehung bezeichnete. Vielleicht war man auch der Meinung, daß, was die Moral anlangte, er wohl kaum für sich beanspruchen konnte, aus eigener Kenntnis zu sprechen. Es ging bei alledem weniger um den Zehnten an sich als um die Autonomie des Klerus. Es war allgemein anerkannt, daß an Laien übertragene Rechte auf Einhebung des Zehnten eine legitime Form von Eigentum waren. In einer kämpferischen Rede sagte Sieyès, er sei gegen den Zehnten, sehe jedoch keinen Grund, den Landbesitzern ein Geschenk von siebzig Millionen Livres im Jahr zu machen, im Falle, daß der Zehnte durch eine entsprechende, der Bevölkerung insgesamt auferlegte Steuer ersetzt würde. „Ich bin auf der Suche danach, was bei diesem großartigen Unternehmen für das Volk geschieht, und ich kann nichts finden." Er drehte den Spieß um gegen jene, die den Klerus für seine mangelnde Bereitschaft zu Opfern angriffen, und beschuldigte die Landbesitzer, auf Gewinst aus zu sein, während sie jedermann sonst zur Großzügigkeit drängten. Nachdem sie am 4. August entschieden hatte, den Zehnten abzulösen, war die Versammlung nicht berechtigt, ihren Beschluß zurückzunehmen. Schließlich gab der Klerus nach. Der Erzbischof von Paris und Kardinal de La Rochefoucauld überantworteten den Zehnten an die Nation. Die Kleriker dürften dabei verkannt haben, wieviel an Boden sie preisgegeben hatten. In Hinkunft würden sie zum Teil auf öffentliche Gelder angewiesen sein, zur Gänze womöglich, falls die Versammlung die Anträge auf Säkularisation ihres gesamten Besitzes aufgreifen sollte. Die Versammlung würde weder ihren Anspruch tolerieren, ihre Angelegenheiten als autonome Körperschaft selbst zu regeln, noch ihnen den Lebensstil finanzieren, den sie gewohnt waren. Was bei der Debatte herausgekommen war, zog eine vollständige Reorganisation der Kirche nach sich, und niemand vermochte vorherzusagen, wie weit diese gehen oder was ihre Folgen sein würden.

Noch ehe sie den Anträgen vom 4. August ihre endgültige Form gab, setzte die Versammlung Maßnahmen im Hinblick auf Gesetz und Ordnung. Ein Erlaß vom 10. August wies die Stadtverwaltungen, die bis dahin zumeist schon in der Hand von Gleichgesinnten waren, an, unter Einsatz von Nationalgarden, der berittenen Gendarmerie *(maréchaussée)* und regulärer Truppen für die Einhaltung des Friedens zu sorgen. Die Armee sollte auf die Nation, den König und das Gesetz vereidigt werden. Ihre Offiziere sollten ihre Männer nicht gegen Zivilisten einsetzen dürfen, außer auf Ersuchen von Mitgliedern der Stadtverwaltung. Fast beiläufig und nach äußerst kurzer Debatte entzog die Versammlung dem König die Kontrolle über die Streitkräfte, wenigstens innerhalb von Frankreich. Da die neuen Stadtverwaltungen de facto keiner gesetzlichen Kontrolle unterstanden, war mit einemmal die höchstzentralisierte Bürokratie in Europa auseinandergebrochen.

Als die Versammlung ihre bisherigen Leistungen am 13. August mit einem Tedeum feierte, wußte man bereits, was noch zu tun war. Zusätzlich zur Schaffung einer Verfassung hatte man sich einer Neuordnung der meisten französischen Institutionen verschrieben. Der König war nicht mehr imstande, irgend etwas zu verhindern, und konnte nur auf seine Überzeugungskraft setzen. Der Umstand, daß er Breteuil und die anderen royalistischen Minister durch Männer aus der Versammlung ersetzt hatte, ließ erkennen, daß er glaubte, zur Zusammenarbeit mit ihr fähig zu sein. Dadurch hatte der Klerus auch einen seiner populärsten Wortführer in der Versammlung, de Cicé, verloren. Obwohl die Debatten bisweilen erbittert gewesen waren und die religiöse Zeitbombe bereits tickte, hatte die Versammlung während der Julikrise doch wieder zur Einheit zurückgefunden. Wie der Chevalier de Boufflеurs warnend gemeint hatte, lag die größte Gefahr in ihr selbst. Ungläubig staunend über das Ausmaß des eigenen Erfolges, neigte sie einer kollektiven Paranoia zu, ausgelöst von eingebildeten Komplotten nicht greifbarer Konterrevolutionäre, von denen man um so mehr zu befürchten hatte, als niemand herauszufinden vermochte, wer sie waren. Gleichzeitig machte die übertrieben hohe Einschätzung ihrer eigenen Verdienste wie auch ihrer Autorität als Hüterin und Verwalterin des Gemeinwillens sie unduldsam gegenüber Kritik, intolerant gegenüber den Meinungen von Minderheiten und geringschätzig gegenüber Pragmatikern. Es gab in Frankreich keinen Präzedenzfall, von dem sie sich hätten leiten lassen können, und Anregungen, sich nach der englischen Praxis und Erfahrung auszurichten, machten ihr zunehmend Verdruß. Unter ihren Posaunenstößen waren die Mauern der Bastille in sich zusammengefallen, und nichts war unmöglich.

Im Grunde herrschte unter den Deputierten allgemeine Übereinkunft über politische Grundsätze, und mit Ausnahme von Fragen der Religion rührten ihre

Differenzen über die Neuordnung der französischen Regierung und Gesellschaft nicht an Grundsätzliches. Was sie entzweite, waren eher die Mittel als der Zweck, bis ihr Streit und Argwohn so bitter wurden, daß ihnen die Mittel Selbstzweck und der gute Wille vergällt wurden. Dafür gab es bereits Anzeichen. Duquesnoy und Ferrières hatten beide die denkwürdige Sitzung vom 4. August begrüßt. Am 12. erklärte der erstere, alle Zugeständnisse, wie auch alles andere während der Revolution, seien durch Angst und Rachsucht zustande gekommen, und letzterer schrieb an seine Frau, alle Bande zwischen ihm und seinen Pächtern seien nun zerrissen und er würde nach Ende der Sitzung wohl nicht viel Zeit auf seinem Schloß verbringen. Zwei Monate später ließ er sie wissen: „Solange Marsay mir gehört, will ich es niemandem an Nahrung oder Kleidung fehlen lassen." Verallgemeinerungen über historische Prozesse sind unter anderem deswegen gefährlich, weil sie Menschen unbeirrbar und Geschehnisse unausweichlich erscheinen lassen. Als sie ihrem Tedeum lauschten, gab es viel, wofür die Deputierten dankbar sein konnten, und die Zukunft lag noch immer in ihrer Hand, auf Gedeih und Verderb.

4 DER SIEG DER RADIKALEN

Die Krise vom Juli 1789 hatte mit einem Sieg für den Dritten Stand und seine Verbündeten in Klerus und Adel geendet, und mit einer Niederlage sowohl für den König als auch für diejenigen in den ersten beiden Ständen, die gehofft hatten, eine Gesellschaft aufrecht erhalten zu können, in der der Status weitgehend durch die Geburt oder religiöse Berufung bestimmt war. Die Nationalversammlung, wie selbst der König sie zu nennen begonnen hatte, konnte nun ungehindert ihre eigene Verfassung ausarbeiten, ohne Furcht vor Zwang oder Auflösung durch die Regierung. Es war die Regierung selbst, die sich auflöste. Den ganzen Sommer über gingen aus allen größeren Städten Unterstützungserklärungen für die Versammlung ein, und die Intendanten schienen keine Versuche mehr zu unternehmen, das Land im Namen des Königs zu verwalten. Anweisungen der Regierung ließen sich fortan nur mehr dann durchsetzen, wenn die Versammlung sie bestätigte. Das bedeutete, daß die Deputierten, ob sie nun wollten oder nicht, in die exekutive Regierungsarbeit hineingezogen wurden; in der Tat ersuchten Minister dringend um ihre Mitwirkung, weil sie sonst keinen Weg sahen, die Ordnung aufrechtzuerhalten und Steuern einzuheben. Die Entscheidungen der Nacht vom 4. August erweiterten die Tagesordnung der Versammlung enorm; anstatt auf die Ausarbeitung einer Verfassung beschränkt zu bleiben, schloß ihr Arbeitsprogramm nunmehr die Reorganisation jedes einzelnen Bereichs des öffentlichen Lebens mit ein. Was als Verzicht auf Privilegien gedacht gewesen war, zog eine radikale Reform der Lokalverwaltung und des Rechtssystems nach sich. Der Kirche einen beträchtlichen Teil ihrer Einkünfte entzogen zu haben bedeutete, daß Mittel gefunden werden mußten, um jene Bereiche der Sozialpolitik zu finanzieren, die bisher in ihre Verantwortung gefallen waren: Erziehung, Spitäler und Armenfürsorge. Am 14. Juli sagte der Deputierte Barère, in einer der wohl falschesten Prophezeiungen der Revolution, voraus, daß als Ergebnis eines Jahrhunderts der Aufklärung jedermann wisse, wie eine Verfassung auszusehen hätte, und daß man für den eigentlichen Entwurf unter Umständen nur einen Tag benötigen würde. Ohne jemals so weit zu gehen, hatten die meisten Deputierten doch angenommen, sie würden nicht länger als ein oder zwei Monate in Versailles bleiben. Nach dem 4. August begriffen sie, daß die Dinge eine ganze Weile länger brauchen würden.

Wenn Revolution den gewaltsamen Untergang einer alten Ordnung bedeutet und die Errichtung einer neuen durch einen bewaffneten Kampf, nach dem die Sieger ungehindert ihren Willen durchsetzen können, ohne je mit ihren geschlagenen Gegnern verhandeln zu müssen, dann war dies hier etwas anderes. Die Deputierten hatten immer schon ihren Glauben an die guten Absichten Ludwigs XVI. bekundet, wenn das in einigen Fällen auch eher ihrer Hoffnung als ihrer Überzeugung entsprach. Die große Mehrheit glaubte, weiterhin auf sein stillschweigendes Einverständnis, wenn nicht seine aktive Unterstützung, zählen zu können. Necker hatte sein Ministeramt wiedererlangt, und die Kontinuität in der Regierung war gewahrt worden. Dadurch waren der Handlungsfreiheit der Versammlung Beschränkungen auferlegt. In jeder anderen Hinsicht herrschte die einstimmige Meinung, in Frankreich wie im Ausland, daß das, was geschehen war, einer Revolution gleichkam. Man lehnte die Vergangenheit *en bloc* ab, und die Deputierten hatten die Absicht, ein vollständig neues Regime zu errichten. Es dauerte nicht lange, bis die Leute den Ausdruck „das *Ancien Régime*" erfanden, um damit einen Zustand zu bezeichnen, von dem man meinte, er sei 1789 zu Ende gegangen, und den man rundweg als die schlechte alte Zeit abtat. Die Ablehnung der Vergangenheit zog die Ablehnung aller Präzedenzien nach sich, womit der Versammlung keine andere Möglichkeit blieb, als ihre neue Ordnung auf Prinzipien zu begründen. Dadurch erhob sich sofort die Frage, welche Prinzipien das sein sollten. Wie Barère gesagt hatte, herrschte in vielen wesentlichen Punkten allgemeine Übereinstimmung: parlamentarisches Regierungssystem, Gleichheit vor dem Gesetz, freie Religionsausübung und Redefreiheit. Das überdeckte die Auffassungsunterschiede zwischen denen, die Freiheit auf negative Weise definierten, als Freiheit des einzelnen vor Eingriffen des Staates, und jenen, die individuelle Freiheit aus der Teilhabe an einer freien Gesellschaft herleiteten. Auch wenn sie sich vielleicht nicht aller Implikationen vollständig bewußt waren, wußten die Männer auf beiden Seiten doch sehr genau, was sie taten, wenn sie sich auf die geistige Patenschaft von Montesquieu oder Rousseau beriefen.

Was immer ihre Überzeugungen waren, niemand von ihnen konnte seine Wahl allein mit Ideologie begründen. Es hatte einen Konflikt gegeben, wenn auch einen relativ unblutigen, und zurück blieb der berechtigte Verdacht, daß jene, die verloren hatten, nach Mitteln suchen würden, um den Kampf wieder aufzunehmen. Selbst wenn die Deputierten glaubten, was sie über die guten Absichten des Königs öffentlich erklärten, hatten zwei Jahre Opposition gegen die „Ministerialdespotie", verkörpert durch Calonne und Brienne, bei ihnen doch ein pathologisches Mißtrauen gegen Minister hinterlassen, selbst gegen jene, die aus der Versammlung selbst kamen. Es dauerte nicht lange, bis auch Necker als, im besten Fall, ein Ärgernis angesehen wurde. Die Erinnerung an die Auseinandersetzungen des Frühjahrs hatte beim Dritten Stand auch einen ständigen Argwohn gegen die Adeligen als soziale Gruppe hinterlassen, obwohl etliche der Führer der Linken adeliger Herkunft waren. Durch alle Schichten der französischen Gesellschaft zog sich eine weitverbreitete Furcht vor einem aristokratischen Komplott. „Aristokrat" war ein angenehm verschwommener Begriff, mit dem man seine Feinde bezeichnen konnte, ohne sie definieren zu müssen. Darin konnte der Hinweis auf vornehme Abstammung enthalten sein, doch wurde er auch auf Royalisten ganz allgemein, Konterrevolutionäre und schließlich alle Wohlhabenden angewendet. Er implizierte stets Feindseligkeit der Revolution gegenüber; Lafayette mochte ein Marquis sein, für die Ultraradikalen war er ein Aristokrat. Die Tatsache, daß es kein aristokratisches Komplott in irgendeinem Sinne gab, machte da keinen Unterschied. Es gab genug Leute, die bereit waren, einen gewaltsamen Umsturz der Revolution zu versuchen, um bei den Ängstlicheren oder Fanatischeren das Gefühl entstehen zu lassen, daß die wundersamen Siege des Juli schnell in ihr Gegenteil verkehrt werden konnten. Was dann passieren würde, konnte leicht auf die Einstellung des Königs und der Minister, die in seinem Namen regierten, zurückschlagen. So gut wie alle Deputierten hatten sich der Idee einer konstitutionellen Monarchie verschrieben. Einige, die eher traditionalistisch gesinnt waren, beharrten darauf, die Versammlung habe keine Befugnis, Ludwig Rechte zu entziehen, die ihm durch Jahrhunderte französischer Geschichte zugewachsen waren. Selbst jene, die sich als Sprecher eines allkompetenten souveränen Volkes verstanden, sahen ein, daß, wenn eine konstitutionelle Monarchie funktionieren sollte, der König die Regierungsgewalt erhalten müsse. Wenn aber die „Konterrevolution" eine reale Bedrohung und alle Minister potentielle Despoten waren, dann könnten ihnen durch die Regierungsgewalt Mittel an die Hand gegeben sein, die Revolution zu beseitigen und die alte Ordnung wiederherzustellen. Was immer auch ein Verfassungsprinzip nahelegen mochte: Wenn es um die Praxis ging, wollten solche Deputierte keinerlei Risiko eingehen und sich nicht selbst als Geiseln in die Hand der Prinzipienlosen geben. Furcht vor der Gegenrevolution war das Kennzeichen des Radikalen, und manchmal der Hauptgrund für seinen Radikalismus.

All das führte zu einer Reihe von leidenschaftlichen Debatten, in denen diese intelligenten und gemeinsinnigen Männer sich mit den Problemen bei der Verwirklichung jener Theorien herumschlugen, die Frankreich erneuern und, wie die eher Zuversichtlichen glaubten, das Land in ein neues Jerusalem verwandeln sollten, ein Leuchtfeuer für die Welt. Wie jene, die sich an den Putney-Debatten in Cromwells Armee beteiligten, rauften die Redner mit Ideen, die so alt waren wie die politische Theorie selbst. Die Fragen, die sie ansprachen, sollten so lange Bestand haben wie die Revolution, die ideologisch gesehen als eine Serie von Variationen über die im August und September 1789 erstmals angeschlagenen Themen gelten kann. Wie theoretisch immer auch die Argumente waren, es ging um die Frage sowohl nach dem Wesen der guten Gesellschaft als auch nach der politischen Taktik, die notwendig war, sie zu schaffen. Außer daß sie zeigten, was in den Köpfen der Männer vorging, ließen die Debatten daher auch die Stärke der verschiedenen politischen Lager innerhalb der Versammlung erkennen und trugen dazu bei, ihren Kurs für die Zukunft festzulegen.

Die erste grundsätzliche Verfassungsfrage betraf die imperativen Mandate einiger Kleriker und Adeliger aus manchen Wahlkreisen, die sie durch einen Eid darauf festlegten, nicht an gemeinsamen Sitzungen mit dem Dritten Stand teilzunehmen. Als der König allen Deputierten befahl, gemeinsam zu tagen, fuhren namhafte Gruppen aus den ersten beiden Ständen mit ihren separaten Zusammenkünften fort und äußerten Vorbehalte darüber, inwieweit sie durch die Gemeinschaftssitzungen der Versammlung gebunden wären. Politisch gesprochen war es unvorstellbar, daß die Mehrheit sich nach ihrem Sieg über den König durch die Skrupel ihrer Gegner, ob aufrichtig oder vorgetäuscht, würde um den Erfolg bringen lassen. Die getrennten Sitzungen fanden während der Julikrise ein jähes Ende, doch waren sie schon vorher Gegenstand einer höchst aufschlußreichen Debatte gewesen. Dabei ging es um zwei Fragen. Die erste betraf die persönliche Ehre von Deputierten, die sich, in einigen Fällen gegen ihre innere Neigung, verpflichtet hatten, nicht an gemeinsamen Sitzungen teilzunehmen. Zumindest manchen von ihnen erwuchs daraus ein ernsthaftes moralisches Dilemma, und die Versammlung nahm es mit Fragen der Ehre stets sehr genau. Der zweite Aspekt der Frage rührte an nichts Geringeres als die Zuweisung der Souveränität. Es herrschte allgemeine Übereinstimmung darüber, daß diese beim Volk als Ganzem lag, und die Rousseauisten erinnerten sich gut der höhnischen Bemerkung ihres Helden über die Briten, wirklich frei seien sie nur am Wahltag. Nach Rousseau konnte die Souveränität niemals delegiert werden. In diesem Fall waren die Deputierten bloße Mandatsempfänger ihrer Wähler, denen es freistand, ihnen alle Beschränkungen aufzuerlegen, die sie für richtig hielten. Sich den unangenehmen Konsequenzen dieser Theorie zu entziehen, verlangte einige taktische Findigkeit.

Die steuerte Talleyrand bei, der älteste Sohn einer der angesehensten Familien in Frankreich. Ein Kindheitsunfall, der ihn zu einem teilweisen Krüppel gemacht hatte, vereitelte eine ihm wesensgemäße Karriere in der Armee und brachte ihn zur Kirche.[33] Er verband einen totalen Mangel an religiöser Berufung mit der Entschlossenheit, es in jeder Laufbahn, die er verfolgte, bis an die Spitze zu bringen. Mit sechsundzwanzig Jahren wurde er zum *Agent Général* des Klerus ernannt und somit mit der Wahrnehmung von dessen körperschaftlichen Angelegenheiten betraut. In dieser Rolle war er ein tatkräftiger Anwalt für kirchliche Interessen aller Art, wofür er 1788, mit nur vierunddreißig Jahren, mit dem Bischofssitz von Autun belohnt wurde. Ungeachtet seines Erfolges in dieser ihm aufgezwungenen Karriere, sah er in seiner Wahl zu den Generalständen eine willkommene Gelegenheit, die Seiten zu wechseln, und seine nachfolgende Karriere war gänzlich säkular. 1791 legte er seine Bischofswürde zurück und sollte schließlich Napoleons Außenminister werden. Am 7. Juli 1789 machte Talleyrand sich an die Lösung des gordischen Knotens. Er argumentierte, die Wahlbezirke seien nur unverbundene Teile der Nation und daher nicht so sehr konstitutive Bestandteile des Gemeinwillens als vielmehr diesem unterworfen.

Die von ihnen gewählten Deputierten seien Repräsentanten, nicht Mandatare, die mit der Pflicht betraut waren, im nationalen Interesse zu handeln, sobald dieses als Ergebnis der Versammlungsdebatte ersichtlich geworden war. Sie durch imperative Mandate zu binden hieße demnach, den Gemeinwillen, der nur in der Nationalversammlung formuliert werden konnte, dem Willen vereinzelter Gruppen der Bevölkerung zu unterwerfen. Burke sagte ziemlich genau dasselbe zu den Wählern von Bristol, doch ergaben sich aus der Zuweisung der Souveränität an das britische Parlament, in einem Land, wo Tradition neun Zehntel des Gesetzes ausmachte, deutlich weniger ernste Konsequenzen als im revolutionären Frankreich. Talleyrand behauptete, den Beweis erbracht zu haben, daß die Versammlung das Recht habe, imperative Mandate zu mißachten, doch seien Deputierte, die geschworen hatten, sie nicht zu überschreiten, immer noch durch ihre persönliche Ehre gebunden; und er war zu sehr ein Mann des *Ancien Régime,* als daß er geglaubt hätte, Patriotismus könne der Ehre vorgehen. Was die Betroffenen tun sollten, war, zu ihren Wählern zurückzukehren, die allein sie ihres Eides entbinden konnten.

Talleyrand fand Unterstützung bei Rednern aus verschiedenen Teilen der Versammlung. Der Comte de Lally-Tollendal, ein Gefolgsmann Mouniers, meinte – mit Worten, die er später vermutlich bereute –, die Souveränität sei innerhalb der Versammlung anzusiedeln. Eine Minderheit, die es ablehne, sich einem Mehrheitsvotum zu beugen, bringe sich in die Position eines rebellischen Untertanen. Er sprach ihr sogar das Recht auf Protest gegen die Entscheidung ab, gegen die sie opponiert hatte. Barère ging noch weiter. Ehemals Anwalt am *Parlement* von Toulouse, war er ein Mann von eleganten, gewinnenden Manieren und flexiblen Prinzipien, der nie in Verlegenheit kam, wenn es darum ging, dem Eigennutz ehrbaren Klang zu verleihen. Er war ein aktives Mitglied der Verfassunggebenden Versammlung, gab eine recht gute Zeitung, den *Point du Jour,* heraus und gehörte ab 1793 schließlich dem Ausschuß für öffentliche Sicherheit an. Wie Talleyrand meinte auch Barère, die gesetzgebende Gewalt entstehe durch das Zusammentreten der Versammlung. Er schien das für gleichbedeutend mit dem Zustandekommen eines Gesellschaftsvertrags nach Rousseau zu halten. Die konstituierte Gewalt – die Versammlung – habe daher das Recht und die Pflicht, alle „Mißstände" bei der konstituierenden Gewalt, das heißt: den Wählern, zu korrigieren. Das ließ sich dazu benutzen – und Barère selbst sollte es in späteren Jahren noch tun –, um beinahe alles zu rechtfertigen.

Die Versammlung stimmte dafür, zum nächsten Geschäftspunkt überzugehen, die skrupulöseren unter den adeligen Deputierten baten ihre Wähler, sie ihres Eides zu entbinden: Nach dem 14. Juli hatte jedermann an andere Dinge zu denken, und das Problem der Mandate löste sich von selbst. Nichtsdestoweniger hatte es Grundsatzfragen aufgeworfen, die keine einfachen Lösungen zuließen. Der Anspruch der Versammlung, nach eigenem Gutdünken eine Verfassung zu erstellen, die der König zu akzeptieren hatte, basierte auf der Annahme der Volkssouveränität. Das implizierte, daß der Ursprung aller moralischen Autorität letztlich im Volke lag. Praktisch alle Deputierten stimmten darin überein, daß eine unterdrückte Nation das Recht habe, gegen ihren Herrscher zu revoltieren. Die Streitfrage war, ob das Volk seine souveränen Rechte an die Versammlung übertragen hatte, was Rousseau für undenkbar erklärt hatte. Diejenigen, die Rousseauistische Prinzipien mit dem Bedarf nach einer repräsentativen Regierung in einem Land so groß wie Frankreich in Einklang zu bringen versuchten, argumentierten, wenn es ihnen gerade gelegen kam, die Deputierten seien bloß

Mandatare, während die Konservativeren Nachdruck auf die Autonomie der Versammlung legten.

Konservative wie Radikale waren jedoch bereit, ihre Grundsätze auszutauschen, wenn sie einen taktischen Vorteil davon hatten. Im Falle der imperativen Mandate benutzte die Rechte die Idee der Volkssouveränität, um darauf zu beharren, daß die Versammlung durch die (relativ maßvollen) *cahiers* gebunden sei. Die Linke mußte dem irgendwie entgegentreten, indem sie die Autonomie der Versammlung proklamierte, während sie die Julirevolte nach wie vor als direkte Willensbehauptung des souveränen Volkes deutete. Als die Linke sich als die Mehrheitsfraktion in der Versammlung erwies, suchte sie deren Status natürlich aufzuwerten, während sie Widerstand gegen die Minister des Königs im Namen der Volkssouveränität immer noch für billig erachtete. Die Rechte akzeptierte die Vorstellung von der Volkssouveränität, doch berief sie sich gern auf die schweigende Mehrheit, solange diese schweigend blieb. Das hielt sie aber nicht davon ab, lokale Unruhen als Beweis dafür zu nehmen, daß Anarchie herrsche und die Exekutive gestärkt werden müsse.

Die kurze Debatte über die Mandate war nur die Ouverture zu der ernsthaften Aufgabe, eine Verfassung auszuarbeiten. Am selben Tag, als Talleyrand seine Findigkeit vorführte, wählte die Versammlung einen dreißigköpfigen Verfassungsausschuß, in dem alle Standpunkte von der Mitte bis zur Linken vertreten waren. Als man draufkam, daß darunter keine Vertreter des Klerus waren, wurde das Angebot, sechs von ihnen für den Ausschuß nachzunominieren, von den Klerikern selbst mit der Begründung abgelehnt, sie hätten volles Vertrauen zu ihren Kollegen. Derlei Höflichkeiten sollten nicht mehr lange vorkommen, und die Verfassungsdebatten beschleunigten das Anwachsen von Argwohn und Feindseligkeit. Zwei Tage später, am 9. Juli, erstattete Mounier im Namen des Ausschusses einen einleitenden Bericht. Durch seine Feststellung, Frankreich habe bis dato keine Verfassung, wurden die alten Ansprüche der *Parlements* zurückgewiesen und jede Berufung auf Geschichte oder Päzedenzfälle ausgeschlossen. Es gab allgemeine Zustimmung, als Mounier vorschlug, mit einer Deklaration der Menschenrechte zu beginnen, um die Grundsätze zu definieren, auf denen die neue Verfassung aufbauen solle. Ein paar Wochen später meinte ein weithin unbekannter Deputierter, der seinen Rousseau gelesen hatte, daß eine Verfassung eher eine Übereinkunft des Volkes selbst als einen Vertrag zwischen Herrscher und Volk darstelle und daß die Deklaration schon die Verfassung sei, alles andere hingegen nur einfache Gesetzgebung. Rousseau hätte ihm da wohl beigepflichtet.

Eine Erklärung der Menschenrechte war eine Aufstellung der politischen Rechte des *homo sapiens*, unabhängig von Zeit und Geographie. Die französische Deklaration verlieh der Revolution daher eine internationale Resonanz, die in krassem Gegensatz zu den Ereignissen in England im siebzehnten Jahrhundert stand. Zugegeben, die Amerikaner waren auf diesem Gebiet die ersten gewesen, und Lafayette bezog viele seiner Ideen zu dieser Deklaration aus der Verfassung von Virginia, aber das alles betraf ein weit entferntes Land, dessen Gesellschaft sich von der europäischen stark unterschied. Die französische Deklaration erhob den Anspruch, eine Aufstellung gewisser ewiggültiger Wahrheiten zu sein und nicht eine ins einzelne gehende Liste von politischen Möglichkeiten. Sie ließ daher Vorbehalte oder Gegenmeinungen von vornherein nicht zu. Freilich, als die Deputierten zu dem Problem gelangten, diese Wahrheiten zu definieren, stellte sich bald heraus, daß sie, was immer die Amerikaner auch gesagt haben mochten, nicht alle „selbstverständlich" waren.

Der Glaube, daß dem Menschen Rechte innewohnten und daß Staaten danach zu beurteilen seien, inwieweit sie diesen gerecht wurden, kam aus jener geistigen Richtung, für die Montesquieu stand. Er setzte voraus, daß der einzelne mehr war als nur ein Bürger, daß er der politischen Gesellschaft vorging und daß der Staat nur eine von mehreren Organisationen, wie zum Beispiel Familie oder Kirche, war, die ihm dazu verhalfen, seine eigenen Entwicklungsmöglichkeiten wahrzunehmen, und die ihm gewisse Verpflichtungen auferlegten. Für einen Rousseauisten dagegen hatten Rechte außerhalb einer bestimmten Gesellschaft keinerlei Bedeutung: Es war eines Menschen Teilnahme an einer Gesellschaft, was seinem Tun eine moralische Dimension gab. Ein Bürger zu sein war alles. Rechte und Pflichten waren daher nicht voneinander zu unterscheiden; beide waren durch die Gesellschaft vorgegeben, innerhalb derer, und nur dort und zu ihren eher als zu seinen Bedingungen, die höchsten Bestrebungen des einzelnen ihre Erfüllung finden konnten.

Das waren radikale Überzeugungsunterschiede, die bis auf Plato und Aristoteles zurückreichten. Sie haben bis heute Bestand, und es sieht so aus, als würde das in absehbarer Zukunft auch so bleiben. Es war nicht die Schuld der Verfassunggebenden Versammlung, wenn es ihr nicht gelang, Gegensätze auszugleichen, die so alt waren wie die politische Theorie selbst. Man kann nicht einmal sagen, wie Burke es tat, die Deputierten seien vermessen gewesen, es überhaupt zu versuchen. In der Situation, in der sie sich befanden, war es beinahe das einzige, was sie tun konnten. Wenn sie sich entschieden hätten, keine Deklaration abzufassen, wie einige es aus pragmatischen Gründen vorschlugen, hätten trotzdem deren unausgesprochene Grundsätze die Art und Weise bestimmt, in der sie an die Aufgabe eines Verfassungsentwurfes herangingen. Eine der beiden Theorien bis an ihr logisches Ende weiterzudenken, mußte aller Wahrscheinlichkeit nach in die Anarchie oder den Totalitarismus führen. Jene Art von liberalem Regime, das beinahe alle haben wollten, verlangte nach irgendeinem Kompromiß, aber eine Theorie war die logische Antithese der anderen, und den Deputierten blieb nur die Logik, wo sie sich auf einen Präzedenzfall nicht berufen konnten.

Ein zusätzliches Problem bereitete der Umstand, daß die Rechte des Menschen in einer Gesellschaft nicht dieselben waren, die er, wie man vermuten darf, in einem Naturzustand gehabt hätte: Redefreiheit durfte kein Freibrief für Verleumdungen sein. Einige Deputierte hielten es für sinnlos und gefährlich, die Menschenrechte noch vor einer Verfassung zu definieren, durch die deren Ausübung Grenzen gesetzt würden. Das heiße nicht nur, zur Revolte einzuladen, sondern sie von vornherein zu legitimieren.

Wie immer mußte die Theorie den Erfordernissen der Politik angepaßt werden. Für die radikaleren Deputierten war die Deklaration eine Verwerfung des Absolutismus und eine Garantie auf Gleichheit der Rechte (wenn auch nicht dessen, was sie *jouissances* [Freizügigkeiten] nannten) gegen die Anmaßungen der „privilegierten Stände". Das ließ sie libertäre Standpunkte in der Politik einnehmen, wenn ihre Rousseauistischen Prinzipien auch sonst in eine kollektivistische Richtung gingen. Die Konservativeren, insbesondere der Klerus, dachten wie Rousseau eher in korporativen Begriffen und legten gleichen Wert auf Pflichten und Rechte, doch waren sie voll Argwohn der Staatsmacht gegenüber, besonders wenn damit eher die Mehrheit in der Versammlung als der König gemeint war. Obwohl beide Seiten über die Art von Gesellschaft, die sie wollten, generell übereinstimmten, hatten sie doch ganz verschiedene Ansichten darüber, wie diese zu definieren sei: Sechsundfünfzig von ihnen ließen sich für die Debatte, ob Deklaration oder nicht, auf die Rednerliste setzen. Das zeigt das praktische Problem, das die Versammlung damit hatte, durch einen mühseligen Prozeß des Herumprobierens zu einer Geschäftsordnung zu gelangen. Es ist eine simple Wahrheit, daß Ausschüsse sich mit Entwürfen schwertun, und zeitweise führte die Versammlung sich auf wie ein zwölfhundertköpfiger Ausschuß. Die Verfassungsdebatten wurden auch dadurch unterbrochen, daß es notwendig wurde, Angelegenheiten von größerer Dringlichkeit zu erörtern: Eine ganze Woche lang hatte die Auseinandersetzung über die in der Nacht des 4. August getroffenen Entscheidungen Vorrang vor allem anderen.

Am 27. Juli legte Mounier im Namen seines Komitees einen Entwurf vor, der an die Ausschüsse weitergeleitet wurde. Diese tagten gesondert, und die Schlüsse, zu denen sie kamen, waren oft erheblich konservativer als die im Plenum geäußerten Ansichten. Die Linke hatte eine Abneigung gegen sie und brachte es binnen kurzem dahin, daß sie durch Expertenkomitees ersetzt wurden, die sie zu einem guten Teil mit ihren eigenen Anhängern besetzen konnte. Einige der Ausschüsse akzeptierten Mouniers Entwurf beinahe Wort für Wort; andere wiesen ihn rundweg zurück. Gleichzeitig meldeten sich Deputierte mit eigenen Entwürfen zu Wort. Lafayette hatte bereits am 11. Juli eine Version mit amerikanischen Akzenten vorgelegt. Sieyès, der so eine Gelegenheit nicht auslassen konnte, trug dem Ausschuß einen Entwurf vor, an dessen Anfang eine zwanzigseitige Abhandlung über einigermaßen abstruse politische Theorien stand. Da er sich offenbar verpflichtet fühlte, dem Argument entgegenzutreten, daß derlei wohl kaum das Richtige für die Aufklärung der Landbevölkerung sei, meinte er trotzig, alles werde immer so lange Metaphysik genannt, bis sich die Leute daran gewöhnten. Vielleicht war es Sieyès, an den Mirabeau dachte, als er eindringlich auf die Notwendigkeit verwies, die Philosophie beiseite zu lassen und etwas Praktisches hervorzubringen. Was er selbst hervorbrachte, war ein Entwurf, der den Satz enthielt: „Jede politische Körperschaft leitet ihre Existenzberechtigung von einer ausdrücklichen oder stillschweigenden Übereinkunft ab, durch welche alle Individuen ihre Wesenheiten und Möglichkeiten vereinigen unter der obersten Anleitung des Gemeinwillens." Wenn derlei praktisch hieß, kann man sich leicht vorstellen, zu welchen Höhen sich erst Sieyès aufschwang.

Die Frage wurde während der ersten drei Tage im August ausführlich debattiert, wobei Malouet die scharfsichtigste Rede hielt. Er nahm den konservativen Standpunkt ein, wonach die Menschen in einer Gesellschaft von Ungleichen eher der Unterweisung über die Beschränkungen ihrer Rechte bedürften als über den Umfang primitiver Rechte in einem Naturzustand. Da sein wichtigstes Anliegen, wie immer, die Notwendigkeit war, wirtschaftliches Wachstum zu erzielen und die Arbeitslosigkeit zu mildern, argumentierte er im folgenden, der allerdringendste Bedarf bestünde nach einer konkreten Sozialpolitik. Wenn die Verfassung mehr Wirkung als Ursache einer gesellschaftlichen Erneuerung sein solle, müsse zuallererst die ökonomische und soziale Basis dafür gelegt werden. Drei Jahre später schlug Robespierre sich immer noch mit diesem Problem herum. Die Debatte war geprägt durch erste Anzeichen von Besorgnis bei den Klerikern, von denen einige verlangten, auch Aussagen über die Pflichten des Menschen mit einzubeziehen. Nach drei Tagen fortwährenden Theoretisierens war die Stimmung verständlicherweise gereizt, und wenn man dem *Moniteur* glauben darf, wurde jede einzelne Rede am 4. August gestört. Mit einer Mehrheit von fünfhundertsiebzig gegen vierhundertdreiunddreißig beschloß die Versammlung schließlich, keinerlei Aussagen über Menschenpflichten aufzunehmen.

Die Debatte über die Deklaration wurde dann bis zum 12. unterbrochen. Da sich die Ausschüsse in den Haaren lagen, bestellte die Versammlung ein neues, fünfköpfiges Entwurfskomitee. Als dieses am 18. seinen Bericht gab, wurden sein Vorschlag sofort zurück- und die Ausschüsse angewiesen, jeweils einen ihrer eigenen Entwürfe für die Diskussion durch die Versammlung auszuwählen. Tags darauf wurde der Entwurf des sechsten Ausschusses angenommen, nur um einen Tag später wieder verworfen zu werden, als die Versammlung wieder zum Textentwurf des Komitees zurückkehrte. Die Menschenrechte mochten ja unveräußerlich und unübertragbar sein, unumstritten jedoch schienen sie nicht zu sein. Im Verlauf dieser Diskussionen fand der Klerus neuen Anlaß zur Sorge darin, daß Gott mit keinem Wort erwähnt werden sollte. Einer von denen, die dagegen Stellung bezogen, war der Abbé Grégoire, der normalerweise bei den Radikalen zu finden war. Grégoire war der Sohn eines armen lothringischen Schneiders. 1788 hatte er einen von der Akademie in Metz ausgesetzten Preis gewonnen, mit einem Aufsatz über die Integration der Juden in die französische Gesellschaft. Der bloße Umstand, daß ein Geistlicher aus einer der eher antisemitischen Gegenden Frankreichs für eine derartige Sache eintrat, sagt einiges über Grégoire aus. Mehr als jeder andere sah er in der Revolution angewandtes Christentum. Als eine Art Jansenist wollte er die Kirche auf ihre ursprüngliche Einfachheit zurückführen. Er war ein Verfechter egalitärer Grundsätze und in weltlichen wie geistlichen Dingen ein Demokrat. Die Tatsache, daß ein solcher Mann sich über die säkularistische Gesinnung seiner Kollegen aufs äußerste beunruhigt zeigte, war ein frühes Warnsignal dafür, daß es bei der Verteidigung der Kirche nicht immer nur um die Selbstsucht reicher Bischöfe ging. Die Deklaration erging schließlich „im Angesicht und unter der Schirmherrschaft des Höchsten Wesens". Damit konnten der Klerus wie auch die Deisten leben.

Sobald sich die Versammlung einmal auf einen Textvorschlag geeinigt hatte, kam der endgültige Entwurf zügig voran, wobei die am heftigsten umstrittene Frage die war, ob man religiöse Gleichberechtigung oder lediglich Toleranz für Andersgläubige garantieren sollte. Als sich die Katholiken, seltsam genug, auf das Beispiel Englands beriefen, wo es eine Staatskirche gab, wenn auch die falsche, ermahnte der Protestant Rabaut Saint-Etienne seine Kollegen eindringlich, Ausländern keinerlei Beachtung zu schenken. „Französische Nation, du bist nicht dafür geschaffen, Beispielen zu folgen, sondern sie zu geben." Der endgültige Text wurde am 26. August angenommen.

In der Präambel wurde voll Optimismus proklamiert, „Unkenntnis, Vernachlässigung oder Mißachtung der Menschenrechte" seien die *alleinigen* Ursachen für politische Widrigkeiten und die Schlechtigkeit von Regierungen. Um die Leute gar nicht erst zu falschen Schlußfolgerungen zu ermutigen, endete die Deklaration mit der Feststellung, alle Forderungen der Bürger, die fortan auf diesen „simplen und unanfechtbaren Prinzipien" gründen sollten, würden allezeit nur die Einhaltung der Verfassung und die Förderung des Gemeinwohls zum Ziele haben. Das souveräne Volk hatte, mit anderen Worten, nicht das Recht, etwas zu verlangen, das ihm laut dem Beschluß der Versammlung nicht guttat. Der erste Abschnitt, worin proklamiert wurde, daß alle Menschen frei und gleich an Rechten geboren seien, war eine Absage an das Königtum von Gottes Gnaden und an das *Ancien Régime* mit seinen Privilegien von Geburt und Stand und seinen regionalen Sonderrechten. Der zweite definierte die dem Menschen natürlichen Rechte als das Recht auf Freiheit, Besitz, Sicherheit und auf Widerstand gegen Unterdrückung. Im Zusammenhang mit dem Schlußabschnitt, in dem jedermann Schutz vor Enteignung zugesichert wurde, außer bei Vorliegen eines öffentlichen Interesses und gegen eine angemessene Entschädigung, bedeutete das, daß die bestehende Besitzverteilung ebenfalls unter diese Garantie fiel, und konnte somit als ein Verbot der Umverteilung des Reichtums auf dem Weg der Besteuerung ausgelegt werden. Widerstand gegen Unterdrückung wurde vielleicht eingefügt, um die Julirevolte zu legitimieren, aber da Widerstand gegen das Gesetz ausdrücklich verboten war, ergaben sich daraus allerlei definitorische Spitzfindigkeiten. Artikel drei erklärte, der Ursprung aller Souveränität liege in der Nation. Dadurch sollte sichergestellt werden, daß Amtsträger, gleich welcher Art, gewählt wurden und für Fehlverhalten bestraft werden konnten, aber dieser Einschub Rousseauistischer Prinzipien stand in möglichem Konflikt mit dem Rest der Deklaration: Was würde geschehen, wenn das souveräne Volk sich für eine Umverteilung des Reichtums entschied, für den Gemeinschaftsbesitz von Land oder Einheit in der Religion? Die Artikel vier und fünf definierten Freiheit als das

Recht, alles zu tun, wodurch anderen kein Schaden zugefügt wurde und was nicht ausdrücklich durch das Gesetz verboten war. Artikel sechs definierte das Gesetz als Ausdruck des Gemeinwillens und besagte, daß alle Bürger berechtigt seien, sich an dessen Formulierung zu beteiligen, direkt oder durch ihre Repräsentanten. Sie sollten in alle Ämter und Ehrenstellen wählbar sein, *selon leur capacité* (je nach ihrer Befähigung). Wiederum stand der Bezug auf den Gemeinwillen im Gegensatz zu der Vorstellung von naturgegebenen Rechten, weil diese damit an die Gesellschaft und nicht sosehr an den einzelnen gebunden waren. Auch sonst war der Artikel mit Absicht uneindeutig. Politische Rechte standen nicht Menschen, sondern Bürgern zu. Jene, die sich mit Rousseaus Genf ein wenig auskannten, waren sich sehr wohl bewußt, daß Bürgerrechte derart eng umschrieben werden konnten, daß dadurch die Mehrheit der Bevölkerung davon ausgeschlossen blieb. „Befähigung" war ebenso ein doppelbödiger Begriff. Offensichtlich bedeutete er, daß Leute nur in Ämter gewählt werden konnten, für die sie auch kompetent waren, doch hatte er auch noch eine engere rechtliche Bedeutung. Auf diese konnte man sich berufen, um zu begründen, daß öffentliche Stellen oder das aktive oder passive Wahlrecht bestimmten Leuten vorbehalten blieben, die als Landbesitzer oder größere Steuerzahler dazu „befähigt" waren. Die meisten von denen, die für die Klausel stimmten, hatten keinerlei Absicht, den demokratischen Bestrebungen entgegenzukommen, die dadurch scheinbar ermuntert wurden.

In mehreren Artikeln wurden im folgenden die Grundsätze der persönlichen Freiheit, der Pressefreiheit und des Rechts eines Angeklagten auf die Unschuldsvermutung garantiert und überdies der Erlaß rückwirkender Gesetze verboten. Die Religionsklausel wurde, als Zugeständnis an den Klerus, nur in einer Minimalformel aufgenommen: Jedermann sollte wegen seiner Ansichten, „selbst religiöser", unbehelligt bleiben, vorausgesetzt, daß deren Äußerung die öffentliche Ordnung nicht beeinträchtigte. Der Artikel zwölf, der den Bestand einer *force publique* (öffentlichen Ordnungsmacht) sanktionierte, ohne dabei die Verteidigung des Königreiches zu erwähnen, spiegelte die Annahme der meisten Deputierten wider, daß eine der Wohltaten, die die neue Ordnung mit sich brachte, der Frieden sein würde. Der Artikel dreizehn, der Steuergleichheit versprach, war eine neuerliche Lossagung von den Praktiken des *Ancien Régime.* Im folgenden Artikel wurde das Recht aller Bürger festgestellt, Steuergesetze zu billigen und die Verwendung öffentlicher Mittel zu überwachen. Das mußte aller Voraussicht nach zu Eingriffen der Legislative in die Exekutive führen, und es deutete darauf hin, daß allen Steuerzahlern das Wahlrecht zukam. Artikel fünfzehn hielt fest, daß alle Beamten der „Gesellschaft" eher als dem König verantwortlich seien. Artikel sechzehn besagte, daß eine Gesellschaft, in der nicht die Menschenrechte garantiert und die Gewaltenteilung durchgesetzt war, keine Verfassung haben könne. Das war eine Verbeugung in Richtung auf Montesquieu und seine Vorstellung von der Staatsführung als einem Ausgleich konkurrierender Kräfte, die jedoch mit der vorher gemachten Feststellung der Volkssouveränität in Konflikt geraten konnte. Darüber, wer entscheiden sollte, ob die Menschenrechte verletzt worden waren oder nicht, wurde nichts gesagt; die Versammlung befand sich da in einem Dilemma, da sie den Juliaufstand rechtfertigen und gleichzeitig die Rechtmäßigkeit jeder gegen sie selbst gerichteten Volkserhebung bestreiten mußte.

Insgesamt kam die Deklaration einem Ausdruck der allgemeinen Stimmung in der Versammlung so nahe, wie man es vernünftigerweise erwarten konnte. Vergleicht man ihre Grundsätze mit den damaligen britischen Gepflogenheiten, so waren die einzigen revolutionären Züge die Feststellung der Volkssouveränität und die augenscheinliche Befürwortung der Demokratie; was jedoch das übrige Europa anlangte, war es ein revolutionäres Dokument. Es markierte den Punkt, an dem Frankreich sich von der kontinentalen Tradition des Absolutismus lossagte und sich dafür entschied, sich selbst zu regieren. In Hinkunft sollte das Land nie mehr ohne irgendeine Art von Verfassung sein, ausgenommen die Jahre 1940 bis 1944, und das Grundprinzip, daß die Macht eher von unten als von oben komme, wurde, trotz Einschränkungen in der Praxis, in der Theorie kaum je bestritten. Als zeitlose Feststellung fundamentaler Wahrheiten ließ die Deklaration freilich einiges zu wünschen übrig. Vielmehr zeugte sie von unmittelbaren Anliegen und linkischen Kompromissen. Zu einem Gutteil bestand sie aus der mehr oder weniger ausdrücklichen Lossagung von den Gebräuchen des *Ancien Régime.* Sie spiegelte, ganz unvermeidlich, zeitgebundene Vorstellungen über das Wesen von Staat und Gesellschaft wider. Die Rolle der Regierung wurde als im wesentlichen negativ gesehen: Über ein Recht auf Ausbildung oder Arbeit stand nichts darin. In den Augen der Versammlung umfaßte der Begriff Mensch entschieden nicht die Frau. Theoretisch ließ das Dokument einen grundlegenden Mangel an innerer Schlüssigkeit erkennen, bei dem Gewaltentrennung und Volkssouveränität auf unbehagliche Weise nebeneinander zu stehen kamen. Das war für zumindest einen Deputierten augenfällig: Robespierre versuchte ohne Erfolg, jede Erwähnung der Gewaltentrennung streichen zu lassen, mit der Begründung, sie stehe im Widerspruch zu anderen Artikeln. Manche Bestimmungen, etwa die zum Schutz der persönlichen Freiheit, waren durchaus präzise, aber die Mehrzahl war dehnbar genug formuliert, um ganz unterschiedliche Interpretationen zuzulassen. Diese Lücken zu stopfen sollte erneut zu Streit führen. Auch sollte später noch die Frage entstehen, ob ein bestimmtes Vorgehen der Regierung oder der Versammlung gegen die Bestimmungen der Deklaration verstieß oder nicht, und darüber, wie derlei zu entscheiden sei, wurde nichts gesagt. Die amerikanische Lösung eines Höchstgerichts war für die Versammlung, die von *Parlements* und Kammergerichten mehr als genug hatte, nicht gangbar. Da man der Exekutive schwerlich zutrauen konnte, über Beschwerden gegen sich selbst gerecht zu urteilen, blieb nur die Legislative, was freilich in glattem Widerspruch zu Montesquieus Grundsatz stand, wonach „es überhaupt keine Freiheit geben kann, wenn nicht die Gewalt der Rechtsprechung von der legislativen und der exekutiven Gewalt getrennt ist". Zugegeben, er hatte dabei vor allem an Strafgerichtshöfe gedacht, aber sein Einwand traf in noch viel stärkerem Ausmaß auch auf Verfassungsfälle zu. Es war unvermeidlich, daß die Versammlung, die sich als die Verkörperung des Gemeinwillens ansah, das Recht für sich beanspruchen würde, ihre Deklaration zu interpretieren, und es war unwahrscheinlich, daß sie jemals eingestehen würde, ihr eigenes Vorgehen sei gesetzwidrig. „Die Versammlung" bedeutete in der Praxis die Meinung der Mehrheit, und die unterlegene Minderheit sollte dem entgegenhalten, Tyrannei bleibe Tyrannei, auch wenn ein paar hundert Leute sie zum Gemeinwillen erklärten. Man kann sich schwer einen praktikablen Weg vorstellen, auf dem das hätte vermieden werden können. Was immer auch Sieyès glauben mochte, es gab keine Zauberformel für die Quadratur des Kreises.

Als die Deklaration erledigt war, wenn auch um den Preis einer Verschlechterung des Klimas und wachsenden Argwohns, hielt nichts mehr die Deputierten davon ab, die grundlegenden Verfassungsfragen anzugehen, wie der Gefolgsmann Mouniers, der Comte de Clermont-Tonnerre, sie bereits am 27. Juli definiert hatte. Im Namen des Verfassungsausschusses legte er der Versammlung eine Zusammenstellung aus den *cahiers* vor. Diese waren in vielen Fragen praktisch einmütig gewesen, von denen die meisten Eingang in die Menschenrechtserklärung fanden. Eine, auf die das nicht zutraf, war, ob alle Gesetze der Zustimmung des Königs bedurften. Zu den Fragen, in denen die Meinungen geteilt waren, gehörten der genaue Umfang der legislativen Befugnisse des Königs, sein Recht, künftige Versammlungen aufzulösen, sowie die Frage, ob diese aus einer oder aus zwei Kammern bestehen sollten. An dieser Stelle blieben die Dinge den ganzen nächsten Monat hindurch liegen. Als sie Ende August zur Debatte gestellt wurden, führten das Wesen des königlichen Vetorechts und die Gliederung der Versammlung zu einer Polarisierung in der Auseinandersetzung; nur die überzeugtesten Royalisten glaubten, daß der König berechtigt sei, Verfassungsvorschläge, die von der Verfassunggebenden Versammlung selbst kamen, für nichtig zu erklären. Das zuzugestehen hätte bedeutet, alles wegzuwerfen, was man seit der Sitzung mit dem König und der Julirevolte erreicht hatte. In Wirklichkeit, auch wenn sie vorerst noch zögerte, eine offene Forderung daraus zu machen, ging die Versammlung von der Behauptung aus, daß sie eine souveräne Körperschaft sei und der König zu nehmen haben würde, was man ihm gab. Das konnte immer noch eine ganze Menge sein.

Jene Deputierten, die sich zu einer gemäßigten oder konservativen Gruppe zusammenzufinden begannen, akzeptierten das Prinzip der Volkssouveränität. Für sie war der klarste Ausdruck des Gemeinwillens in den *cahiers* zu finden, in denen der Weiterbestand der Monarchie als gegeben angenommen worden war und Übereinstimmung darüber geherrscht hatte, daß der König an der Gesetzgebung beteiligt blieb. Die Deputierten waren gewählt worden, um die Monarchie zu reformieren, und nicht um eine neue Verfassung für eine Gesellschaft zu schaffen, die erst im Entstehen war. Wer für den Zweck war, mußte auch für die Mittel sein: Damit eine Monarchie ordnungsgemäß funktionieren könne, müsse der König vollständige Kontrolle über die Exekutive und ein Vetorecht in der Gesetzgebung erhalten. Sich diese Sicht der Dinge zu eigen zu machen, war zum Teil eine Frage des Temperaments. Sie kam jenen entgegen, die Theorien mißtrauten, die über die moralische Erneuerung der Nation ihre Zweifel hatten und sich eher Sorgen über eine Anarchie als über eine Rückkehr zum Absolutismus machten. Ihre pragmatische Einstellung zur Politik ließ sie über die Landesgrenzen hinaus nach Regierungssystemen Ausschau halten, die einigermaßen zufriedenstellend zu funktionieren schienen. In der Praxis hieß das England, zwei Kammern und ein königliches Vetorecht, und sie ließen es ein wenig an Zartgefühl fehlen, indem sie den nationalen Erzrivalen als Beispiel für jede Art von politischer Tugend hochhielten, dem nachzueifern Frankreich gut beraten gewesen wäre und das zu übertreffen es vernünftigerweise nicht hoffen konnte.

Die Linke war zugleich mehr und weniger realistisch. Weniger leicht bereit, die Ereignisse des vergangenen Monats zu vergessen, neigte sie dazu, den alten Popanz der Ministerialdespotie an die Stelle irgendeines abstrakten „Fürsten" zu setzen, und sie hatte nicht die Absicht, der Exekutive genug Macht zu geben, um das in jenem wunderbaren Sommer Erreichte rückgängig zu machen. Der Glaube an ein aristokratisches Komplott machte sie mißtrauisch gegen die Idee eines Oberhauses. Eher wenig plausibel erklärte sie die französische Gesellschaft für bereits erneuert in dem Sinne, daß sie den Übeln der Vergangenheit abgeschworen hatte und von Ausländern nichts mehr lernen konnte. Vor 1789 mochte die britische Verfassung ja als eine vergleichsweise gute Tat in einer sehr schlimmen Welt geglänzt haben; nun konnte man sie weit hinter sich lassen, und es war den Radikalen verständlicherweise ein Genuß, sich über ihre Unzulänglichkeiten auszulassen. Eine einzige Kammer und ein lediglich suspensives Veto für den König würden in sich nicht die Gefahr einer Tyrannei der Mehrheit bergen, und beides sei notwendig, um den Sieg einer Revolution abzusichern, die immer noch durch Aristokraten und Royalisten bedroht sei.

Auf beiden Seiten gab es eine Menge Richtiges – und Falsches. Keine hatte die Absicht, ihre Grundsätze bis an deren logisches Ende weiterzuführen, und jede verdächtigte die andere, das zu tun. Wäre es der Rechten ernst damit gewesen, daß die Befugnisse der Versammlung durch die Bedingungen bei ihrer Einberufung vorgegeben seien, wäre sie für eine lediglich beratende Rolle eingetreten. Nur eine Handvoll Kavaliere war gewillt, so weit zu gehen. Schließlich war es der konservative Führer Mounier gewesen, der den Eid auf dem Tennisplatz vorgeschlagen hatte. Wenn die Linke wirklich glaubte, daß die Exekutive der geschworene Feind der Revolution war, hätte sie auf eine Republik hindrängen müssen. Aus ihrer Sicht würden der König und seine Minister sich nicht mit einer eingeschränkten Monarchie abfinden, und ihre fortgesetzte Demütigung würde die unvermeidliche Feindseligkeit nur noch verstärken. Die Rechte hatte es allzu eilig damit, die jüngste Vergangenheit zu begraben und so zu tun, als hätte es keine Revolution gegeben; die Linke war drauf und dran, die Situation heraufzubeschwören, die sie zu verhindern hoffte. Das Gebotene waren eine sorgfältige

Abwägung der Chancen und ein feines taktisches Urteil: Die Versammlung mußte sich in die eine oder andere Richtung entscheiden, die Debatte würde zwangsläufig die Meinungen polarisieren und den Argwohn verschärfen, und wie immer das Votum ausfiel, die unterlegene Minderheit würde sich damit schwertun, das Ergebnis hinzunehmen.

Auch nachdem ihre Gegner sich einigermaßen zögernd bereitgefunden hatten, einen gewählten Senat anstelle einer Kammer von *Peers* einzusetzen, beharrte die Linke darauf, daß ein Oberhaus die alten Standesunterscheidungen wieder aufleben lassen würde. Wenn alle Bürger gleich waren und es nur einen Gemeinwillen gab, bestand keinerlei Notwendigkeit, britische Praktiken nachzuahmen, die aus einer hierarchischen Gesellschaft entstanden waren und sich mehr der Tradition als einem Prinzip verdankten. Wenn der Gemeinwille in künftigen Versammlungen so zum Ausdruck kam, wie die Linke ihn in der Verfassunggebenden Versammlung verkörpert glaubte, würde ein absolutes Vetorecht für den König es ehrgeizigen Ministern möglich machen, den Gemeinwillen ihren eigenen Zielen unterzuordnen. Darauf erwiderte die Rechte, eine Versammlung von Volksvertretern sei unvermeidlich eine Art Aristokratie mit einem eigenen Gruppeninteresse. Zwei Häuser seien notwendig, wie auch die egalitären Amerikaner erkannt hätten, nicht um rivalisierende gesellschaftliche Interessen zu vertreten, sondern als Vorsichtsmaßnahme gegen das Machtstreben einer alleinigen souveränen Körperschaft. Soviel dieses Argument auch für sich haben mochte, es war unrealistisch, von der Versammlung, der es gewiß nicht an Gefühl für die eigene Würde und Rechtschaffenheit fehlte, zu erwarten, ihre eigene Fehlbarkeit oder die ihrer Nachfolger einzugestehen. Die Konservativen rechtfertigten das absolute Veto mit der Begründung, der König sei, wie die Delegierten, ein Repräsentant des Gemeinwillens. Anders als sie vertrete er die Nation als Ganzes, wohingegen jeder von ihnen nur von einem Bruchteil der Bevölkerung ausgewählt worden sei, der auch bloß partikularistische Eigeninteressen haben konnte. Sie schwächten ihre Position, gerade als sie glaubten, diese zu stärken, indem sie argumentierten, ein dem Namen nach absolutes Veto würde in der Praxis lediglich suspensiv sein, weil eine entschlossene Versammlung mit der öffentlichen Meinung hinter sich ihrem Willen auf dem Wege der Kontrolle über die Steuern zur Durchsetzung verhelfen könne. Am 14. Juli hatte die Versammlung ihren schwerfälligen dreißigköpfigen Verfassungsausschuß durch ein neues Gremium mit nur acht Mitgliedern ersetzt, von denen einer, de Cicé, der Erzbischof von Bordeaux, Anfang August ausschied, um Minister zu werden. Damit lag die Mehrheit bei Mounier und seinen Bundesgenossen Lally-Tollendal, Clermont-Tonnerre und dem Pariser Anwalt Bergasse. Von den übrigen Mitgliedern, Sieyès, Talleyrand und Le Chapelier, vertrat einzig Sieyès radikale Ansichten über die Verfassung. Die Stärke der Konservativen schien noch dadurch Bestätigung zu finden, daß Clermont-Tonnerre Mitte August zum Vorsitzenden der Versammlung gewählt wurde. Mounier brachte mit der Veröffentlichung seiner *Considérations sur les gouvernements* (Überlegungen über die Regierungsformen) den Ball ins Rollen.

Obwohl er die Ansicht äußerte, es sei ein Fehler, Philosophen allzu viel Beachtung zu schenken, war, was darin enthalten war, im wesentlichen nur eine Paraphrase Montesquieus. Die sogenannten klassischen Demokratien seien in Wahrheit Aristokratien gewesen, „die schlechtesten von allen Regierungen". Die Macht leite sich letztlich von der Nation her, könne jedoch nur durch die Wahl von Repräsentanten angemessenen Ausdruck finden. Das gewöhnliche Volk, obwohl unfähig zu regieren, eigne sich gut dafür, eine solche Wahl zu treffen, und „trotz der Sophisterei der Bewunderer Griechenlands und Roms" sei die repräsentative Regierung in ihrer Art die erfolgreichste. Die Versammlung sei kein Freiparlament, sondern beauftragt worden, die königliche Autorität zu respektieren. Der König sei der Repräsentant der Nation als Ganzes, und die Gruppeninteressen der Versammlung seien zumindest so gefährlich wie sein persönlicher Ehrgeiz. Das beste Beispiel dafür, wie eine Verfassung mit Erfolg funktionierte, sei in England zu finden. „Man kann sich nicht anmaßen, es besser machen zu wollen als diese Nation. Vor noch gar nicht langer Zeit bekundeten die Leute, unter dem Einfluß mehrerer Autoren, die übertriebenste Bewunderung für die britische Verfassung. Heute tragen sie ihre Verachtung dafür zur Schau, der Meinung eines amerikanischen Schriftstellers [Thomas Paine?] folgend, der voller Widersprüche ist." Daher trat er für zwei Kammern und ein absolutes Veto ein, wobei er hinzufügte, es bestehe keine Notwendigkeit für ein Referendum über die Verfassung, weil die öffentliche Meinung klar auf seiten der Versammlung sei.

Am 19. August gab Lally-Tollendal, der im Namen des Ausschusses sprach, der Versammlung im wesentlichen eine Zusammenfassung der Broschüre Mouniers. Über die Briten gab er sich dabei ein wenig zu übertrieben: „Das Volk, das auf der Welt am meisten von der Kunst der Staatsführung versteht." Eine ernsthafte Debatte konnte erst Ende des Monats beginnen, nach der Fertigstellung der Menschenrechtserklärung. Bis dahin war die politische Temperatur in Paris alarmierend gestiegen, und die Kaffeehausradikalen waren erbost über die Idee, dem König ein Vetorecht zu geben. Inwieweit das auf Eingebungen ihrer Gesinnungsgenossen in der Versammlung zurückging, läßt sich nicht feststellen, aber die konservativen Deputierten zählten natürlich zwei und zwei zusammen und kamen auf viereinhalb. Die Frage eines Oberhauses rief weniger heftige Gefühle hervor, das Veto jedoch bot sich für jede Art von grober Vereinfachung geradezu an. In einigen Pariser Bezirken war die Rede davon, die Deputierten zurückzurufen, und sogar davon, jene vor Gericht zu stellen, die für ein absolutes Veto waren: Die Volkssouveränität konnte sich, einmal gezückt, noch als gefährliche Waffe erweisen. Die „patriotische Versammlung des Palais Royal" drohte, die Schlösser derer niederzubrennen, die für ein Veto stimmten, und Lafayette mußte die Nationalgarde aufbieten, um eine Menge zu zerstreuen, die sich zum Marsch auf Versailles rüstete.[34] Zum erstenmal richtete sich der Druck aus dem Volk direkt gegen einen Flügel in der Versammlung und nicht gegen die Regierung. Bei einer gemeinsamen Sitzung von Mouniers Gruppe, die man *„Monar-*

chiens" zu nennen begann, und den Royalisten wurde an den König das dringende Ersuchen gerichtet, die Versammlung weiter von Paris wegzuverlegen, aber er lehnte ab, entweder weil ihm das bei der Jagd dazwischengekommen wäre, oder weil er gar nichts dagegen hatte, einmal die Deputierten selbst Drohungen von der Straße ausgesetzt zu sehen. Gerüchte, denen zufolge er plante, Versailles zu verlassen, gaben der Unruhe in der Hauptstadt weitere Nahrung. Nichts von alledem trug dazu bei, die Gemüter in der Versammlung abzukühlen oder die Deputierten einem Kompromiß geneigter zu machen.

Als die Debatte begann, wurde die Sache der Rechten von Mirabeau und Malouet vertreten, deren Argumente in großen Zügen den *Considérations* Mouniers folgten, die dieser selbst im Plenum zusammenfaßte. Ein Anwalt aus Bourges zeigte sich bestürzt über die „erschreckende Entwicklung in den Ideen der Leute" und meinte, ein suspensives Veto, das seine Befürworter als einen Appell an das Volk verteidigten, würde in der Praxis alle Macht in die Hände der Versammlung geben, deren Absichten gefährlicher seien als die Ambitionen des Königs. Treilhard, ein Pariser Anwalt, sagte, es stehe der Nation frei, sich jede Verfassung zu geben, die ihr gefiele, aber wenn sie eine Monarchie wolle, müsse sie dem König die Regierungsgewalt zugestehen. Die jüngste Vergangenheit solle vergessen sein, und die gegenwärtigen Gefahren würden hauptsächlich aus der Bereitschaft der Versammlung erwachsen, das jetzige Gute zu opfern im Streben nach etwas Besserem. Er trat für eine Kammer und ein absolutes Veto ein. Bergasse brachte eine neunzigseitige Flugschrift in die Diskussion ein. „Ich weiß, ihr mögt Mitglieder nicht, die Erfahrungen anderer Völker zitieren. Ich weiß, wir halten uns schon für weise genug, uns selbst als Vorbilder auszugeben." Wenn England suspekt sei, möge man, schlug er vor, auf das Beispiel Amerikas sehen. Bergasse hielt ein absolutes Veto und zwei Häuser für notwendig, um die beunruhigende Machtfülle einer einzigen Kammer auszugleichen. „Der Beweis dessen, wofür ich eintrete, vollzieht sich vor unseren Augen. Wer kann sich heute unterstehen, öffentlich Beschwerde über das Vorgehen der Legislative zu führen, wenn ihr die Zügellosigkeit seht, mit der die Leute über den König und die Königin reden?" Als weiteren Beweis für die Gefahr einer Herrschaft des Pöbels führte er seine eigenen Schwierigkeiten an, einen Drucker zu finden, der bereit war, seine Flugschrift herauszubringen. „Zeigt mir, wie diese eure Verfassung von Dauer sein soll, wenn eure Art, sie zu erstellen, darin besteht, die Gefühle der Menschen aufzuwühlen, anstatt Ordnung in ihre Gewohnheiten zu bringen; wenn ihr, mitgerissen von den Maximen einer nutzlosen Philosophie, Unruhe in allen Herzen verbreitet, Gefühlsüberschwang in allen Köpfen und Mißtrauen in alle Seelen streut?" Er glaubte, die Mehrheit würde dem König das Leben derart unangenehm machen, daß sie ihn dazu treiben würde, die Verfassung umzustoßen.

Wie bei Parlamentsdebatten üblich, fanden sich nur wenige von den Anwesenden bereit, als Ergebnis der Reden, die sie hörten, ihre Ansichten zu ändern. Einer, der es tat, war der Herzog de La Rochefoucauld, der seine Bekehrung zu einer einzigen Kammer und einem suspensiven Veto bezeichnenderweise so kommentierte: „Montesquieu wird von Rousseau bekämpft werden.“ La Revellière-Lépaux, ein Landbesitzer aus Anjou, brachte das durchaus zutreffende Argument an, daß viele Engländer die Reform einer Verfassung verlangten, die enorme Mißstände ermöglichte und keinerlei logischem Plan folgte. Als die Franzosen ihre *cahiers* zusammenstellten, habe die öffentliche Meinung keine Zeit gehabt, sich zu entwickeln, und die *cahiers* seien daher eher dem Geist als dem Buchstaben nach zu nehmen. Auch das stimmte, doch ließ sich das Argument dazu benutzen, beinahe alles zu rechtfertigen, und La Revellière ließ die Katze aus dem Sack, als er im folgenden sagte, der einzige Unterschied zwischen einer Monarchie und einer Republik bestehe darin, daß die Regierung in den Händen eines Mannes liege und nicht bei einem kollektiven Organ. Barère bezeichnete Montesquieus Anschauung, wonach politische Freiheit vom Ausgleich rivalisierender Gewalten abhing, als „einen alten Irrtum“. Er wollte alle Gesetze nur mit provisorischer Geltung versehen, bis sie bei den nächsten Wahlen von den Wählern bestätigt wurden, was die Dinge recht schwierig gemacht hätte, wenn es etwa darum gegangen wäre, ein Budget zu erstellen. Rabaut Saint-Etienne, der dabei nicht an die Amerikaner dachte, meinte, bei der Existenz zweier Häuser in England handle es sich mehr um einen historischen Unfall als um eine Frage des Prinzips. Da der Gemeinwille unfehlbar sei, dürfe er nicht dem Willen des Königs, der Fehler machen könne, unterworfen werden. Dieselbe Auffassung, nur sehr viel aggressiver, vertrat Goupilleau, ein Notar aus Poitou: Dem König sei ein Verrat der Verfassung viel eher zuzutrauen als der Versammlung, und Minister seien „üble Schmeichler, für die das Gemeinwohl nur ein leeres Wort ist.“ Zwei Monate zuvor sei die Versammlung durch „Intrigen, Kabalen und abscheuliche Pläne“ bedroht gewesen, und nur die Vaterlandsliebe der Armee und der Freiheitssinn des Volkes hätten Frankreich vor einem Bürgerkrieg gerettet. Die Tatsache, daß so viele Redner der Linken später aktive politische Rollen in der Republik übernehmen sollten, deutet darauf hin, daß bei dieser Debatte eine Art von grundsätzlicher politischer Entzweiung zutage trat.

Eine der zwingendsten Aussagen in der Sache der Linken kam von Robespierre, obwohl er sie nicht vor der Versammlung machen konnte und sie in gedruckter Form erscheinen lassen mußte.[35] Er wischte das lästige Argument, daß niemand die Versammlung dazu autorisiert hatte, sich als die Stimme der Nation zu gebärden, als unbeträchtlich beiseite. Regierungen würden durch und für das Volk eingesetzt, und der König, dieser „mächtige Widersacher“, sei der Mann, dem die Nation die Ausführung ihres Willens übertragen habe. Als sie sich dafür entschied, imperative Mandate nicht zu beachten, habe die Versammlung bereits zu erkennen gegeben, daß sie sich nicht an die *cahiers* gebunden fühle. „Kommt mir nicht mit dem Beispiel Englands . . . die Vertreter der französischen Nation . . . sind nicht dazu geschaffen, sklavisch eine Einrichtung nachzuahmen, entstanden in den Tagen der Unwissenheit, aus der Not und dem Zwist verfeindeter Klüngel.“ Im weiteren setzte er auf sehr einsichtige Weise auseinander, weshalb England nicht relevant sei: Es habe „bewundernswerte Zivilgesetze“, die die Verfassungsmängel wettmachten, keine nennenswerte stehende Armee, und der nationale Elan habe sich in langen und schrecklichen Kämpfen mit seinen Königen erschöpft. Das Argument, daß man den König gegen die Revolution aufbringen würde, wenn man ihn demütigte, verwarf er mit der Feststellung, der sicherste Weg, den König daran zu hindern, Schaden anzurichten, sei der, ihm überhaupt jedes Vetorecht zu verweigern. Das, meinte er, sei insgeheim die Meinung vieler, die nur deshalb für ein suspensives Veto einträten, weil sie keinerlei Hoffnung hätten, für die Lösung, die sie in Wirklichkeit wollten, eine Mehrheit zu finden. Rhetorisch und logisch war Robespierre sehr überzeugend – bis an einen gewissen Punkt. Die Grundschwäche seines Arguments lag darin, daß es, indem es die Feindschaft des Königs als unvermeidlich annahm, auf eine Republik hinauslief. Seine eigene Beweisführung ließ sich gegen ihn verwenden: Wenn es so gefährlich war, dem „mächtigen Widersacher“ auch nur ein suspensives Veto zu überlassen, wozu dann überhaupt einen König? Die Antwort war, daß Robespierre wußte, daß eine Republik inakzeptabel wäre, sowohl für die Versammlung als auch für die öffentliche Meinung, deren Souveränität er behauptete anzuerkennen. Wenn man mit dem König leben mußte, war es vermutlich unklug, ihn zu beleidigen, und Robespierre hätte sich vorwerfen lassen müssen, den Konflikt, den er scheute, erst heraufzubeschwören, indem er ihn als ohnedies unausbleiblich darstellte.

Sieyès mochte in einer derartigen Auseinandersetzung natürlich nicht abseits stehen. Wie immer hatte er seine eigene Lösung parat, die alle Probleme beseitigen würde. Der König habe keinen Anteil an der Formulierung von Gesetzen, und jedes Veto sei ein „*lettre de cachet* gegen den Volkswillen“, womit nur der Wille der Versammlung gemeint sein könne. Daraus folge, daß ein Appell an das Volk um einen Wahrspruch – das zur Begründung eines suspensiven Vetos vorgebrachte Argument – immer nur ein Appell an die Versammlung selbst sein könne. Wenn die richtige Verfassung einmal angenommen sei, würden Konflikte zwischen der Exekutive und der Legislative unmöglich. Sollte das Unmögliche dennoch eintreten, müsse irgend jemand eine Volksversammlung einberufen. Zur Sicherheit gegen eine jähen Regungen folgende Gesetzgebung solle die Versammlung in drei Abteilungen unterteilt werden, von denen jede ein Vetorecht gegen die anderen beiden hätte. Clermont-Tonnerre ließ an dieser Argumentation kein gutes Haar: Da jede künftige Gesetzgebung an die Bestimmungen der Verfassung gebunden sein würde, könne sie nicht den souveränen Willen des Volkes verkörpern; jedesmal eine Volksversammlung einzuberufen, wenn zwischen den beiden Kräften in der Staatsführung Uneinigkeit herrschte, hieße Schwierigkeiten geradezu heraufbeschwören; die Versammlung zu teilen sei sinnlos, wenn eine der Abteilungen Maßnahmen lediglich verzögern könne; könne sie diese aber verhindern, sei dies die schlimmste denkbare Form eines Vetos. Die Schlacht tobte mehr als eine Woche lang, und diese wenigen Auszüge stellen nur einen winzigen Ausschnitt aus der Debatte dar. Im großen und ganzen behielt die Rechte in der Auseinandersetzung die Oberhand, da nur wenige Mitglieder der Linken bereit waren, der Logik ihrer Darstellung bis an jenen Punkt zu folgen, wo sie dem König überhaupt jedes Vetorecht streitig machten, und keiner ging so weit, die Einführung der Republik vorzuschlagen. Die Führung der Linken wurde von einem Triumvirat übernommen, bestehend aus Barnave, Duport, der einer der Jungtürken im Pariser *Parlement* gewesen war, und Comte Alexandre de Lameth, einem Angehörigen des Hofadels und Kavallerieoffizier, der am amerikanischen Unabhängigkeitskrieg teilgenommen hatte. Lameth war der einzige von den dreien, der sich in der Verfassungsdebatte zu Wort meldete, und das Triumvirat war derart pessimistisch im Hinblick auf seine Aussichten, daß man Mounier einen Kompromiß anbot, bei dem ihm das meiste von dem, was er wollte, zugestanden worden wäre. Eines vollständigen Sieges sicher, lehnte Mounier jeden Handel ab. Necker fiel ihm mit dem Angebot in den Rükken, ein suspensives Veto zu akzeptieren, aber die *Monarchiens* verhinderten, daß sein Brief noch vor der Abstimmung der Versammlung zur Kenntnis gebracht wurde. Die Abstimmungsergebnisse am 10. und 11. September kamen vermutlich für jedermann überraschend. Der Antrag auf Schaffung eines Oberhauses wurde mit vierhundertneunundneunzig gegen neunundachtzig Stimmen bei hundertzweiundzwanzig Enthaltungen abgelehnt. Tags darauf stimmte eine Mehrheit von siebenhundertdreiunddreißig gegen hundertdreiundvierzig einem Veto zu, dessen suspensive, und nicht absolute, Wirksamkeit mit sechshundertdreiundsiebzig gegen dreihundertneunundzwanzig Stimmen beschlossen wurde. Der Unterschied in der Zahl der abgegebenen Stimmen – fünfhundertachtundachtzig oder weniger als die Hälfte der Versammlung am 10. und tags darauf mehr als tausend – läßt sich nur schwer erklären. Es ist unwahrscheinlich, daß der Grund dafür Einschüchterung war, da die bei der Bevölkerung herrschende Feindseligkeit eher dem Veto als einem Oberhaus galt. Noch erstaunlicher als die Mehrheit für ein suspensives Veto ist die Tatsache, daß hundertdreiundvierzig Deputierte gegen jedes Veto stimmten. Am Tag nach der zweiten Abstimmung legten Mounier, Lally, Clermont-Tonnerre und Bergasse, die das Ergebnis als ein Mißtrauensvotum ansahen, ihre Sitze im Verfassungsausschuß nieder.

Man kann die Meinung vertreten, die Niederlage der *Monarchiens* sei nicht der Wendepunkt in der Revolution gewesen. Sie bezog sich auf eine Verfassung, die erst zwei Jahre später in Kraft treten sollte, und die Versammlung stellte ihre Achtung für die Person Mouniers unter Beweis, indem sie ihn am 28. September zu ihrem Vorsitzenden wählte. Die Debatten hatten jedoch eine dauerhafte Spaltung unter den Revolutionären entstehen lassen und gezeigt, daß die Mehrheit zu Rousseau neigte, sowie dazu, den klassischen Republiken nachzueifern und eine politische Idee zu verfolgen, und nicht zu Montesquieu, England und dem Pragmatismus. Wie La Rochefoucauld gesagt hatte, war Montesquieu von Rousseau bekämpft worden, und Rousseau hatte gewonnen. Von nun an war er es, der die meiste Zeit zitiert wurde. Die *Monarchiens* hätten die Lage unter Umständen noch zu retten vermocht, wenn sie sich auf die Unterstützung derer hätten verlassen können, die noch rechts von ihnen standen. Für die eingefleischten Royalisten jedoch waren Mounier und seine Freunde ehemalige Radikale, die nur bekommen hatten, was allen Radikalen gebührte. Es kam nicht in Frage, sich mit ihnen zusammenzuschließen, hinzunehmen, daß das, was geschehen war, sich nicht rückgängig machen ließ, und mit vereinten Kräften für die Erhaltung dessen, was von der königlichen Macht übrig war, zu kämpfen. Fortan verweigerten die beiden Gruppen der Revolution wie auch einander die Anerkennung.

Die *Monarchiens* hatten die Versammlung vor der Gefahr gewarnt, sich dem König zu entfremden, indem sie ihn als potentiellen Feind behandelte, und die unmittelbare Frage war, wie Ludwig reagieren würde. Durch die Ereignisse des Sommers war dem König die Macht genommen, die Versammlung aufzulösen, und die Regierung konnte ohne deren Unterstützung weder die Ordnung aufrechterhalten noch Steuern einheben. Ludwig hatte weder die Macht noch, aller Wahrscheinlichkeit nach, den Willen, die Revolution gewaltsam rückgängig zu machen, aber das bedeutete nicht, daß er alles unterschreiben mußte, was die Deputierten ihm gerade vorlegten. Nur eine Minderheit in der Versammlung folgte Robespierre darin, die Feindschaft des Königs als gegebene Tatsache anzusehen. Die meisten suchten in irgendeiner Form die Zusammenarbeit mit ihm, obwohl ihr übersteigertes Gefühl für die eigene Mission und die eigenen Tugenden sie nicht leicht kompromißbereit machte. Das Ergebnis von alledem war eine Situation, die auf verschiedenen Wegen hätte entstehen können, und an dem, was tatsächlich dabei herauskam, war nichts, was unvermeidlich gewesen wäre.

Am Tag nach der Abstimmung über das suspensive Veto, dem 12. September, kamen der Versammlung Gerüchte zu Ohren, wonach der König nicht die Absicht habe, die Entscheidungen von der Nacht des 4. August öffentlich bekanntzugeben. Selbst Malouet stellte nachdrücklich fest, das könne nicht hingenommen werden, obwohl andere meinten, die Entschließungen seien unvollständig und würden der Überarbeitung bedürfen, besonders was den Zehnten betraf. Die Versammlung stimmte dafür, die unverzügliche Bekanntgabe der Verfügungen vom 4. zu verlangen. Als die Frage am 14. September neuerlich zur Sprache kam, nahm die Debatte an Schärfe zu, weil beide Seiten sich auf jene Grundsätze beriefen, die Kompromisse unmöglich machten. Diesmal kamen die *Monarchiens* der Rechten zu Hilfe und vertraten die Meinung, es stehe dem König frei, Einwände gegen die Vorschläge geltend zu machen. Barnave schlug vor, die Deputierten mögen in Steik treten, bis der König nachgebe, aber die Versammlung beschränkte sich darauf, ihre Forderung nach öffentlicher Bekanntmachung zu wiederholen. Die Antwort des Königs wurde am 19. verlesen. Ludwig bekundete seine generelle Unterstützung für die Vorschläge, äußerte jedoch Zweifel über jene, die sich auf Ausländern zustehende Lehnszölle und die Annatenzahlungen des Klerus an Rom bezogen, sowie auf das Geschenk von sechzig bis achtzig Millionen Livres jährlich an die Landbesitzer, als Ergebnis des Verbots des Zehnten. Er gab der Versammlung zu bedenken, daß die Abschaffung der grundherrlichen Abgaben, wie kleine Pachtbauern sie zu leisten hatten, deren Feudalherren einen Anlaß geben könnten, ihre Lehen einzuziehen und ihren Besitz zu übernehmen. Die Einwendungen des Königs bezogen sich auf die Einhaltung von internationalen Zahlungsverpflichtungen und die Verteidigung des Gemeininteresses gegen Übergriffe durch die Reichen. Er gab auch zu verstehen, er werde einem Gesetz über die Freigabe des Getreidehandels zustimmen, fügte allerdings die Warnung an, daß eine allzu rigorose Durchsetzung zu Härten führen würde. Darauf hatte Necker schon die längste Zeit hingewiesen, und er könnte auch für den Entwurf der Botschaft des Königs verantwortlich gezeichnet haben, die überaus konziliant im Ton war. „Ich will meine Ansichten ändern und sogar ohne Widerstreben aufgeben, wenn mich die Anmerkungen der Nationalversammlung dazu nötigen sollten, da ich niemals ohne Bedauern von ihrer Denkungsart abweichen werde."

Die Versammlung wußte damit nichts Rechtes anzufangen. Le Chapelier gab der sehr naheliegenden Antwort Ausdruck, daß der König zu verlautbaren und nicht zu verhandeln habe. Mirabeau zeigte sich eher konstruktiv: Obwohl die Versammlung auf eine Proklamation über den Umfang ihrer Machtbefugnisse taktvollerweise verzichtet habe, bestehe unter ihren Mitgliedern doch stillschweigend Übereinstimmung über ihre Souveränität. Alte Gewohnheiten seien freilich zählebig, und man müsse daher eine gewisse Nachsicht üben. Die Entscheidungen vom 4. August seien Maximen, die der König akzeptieren müsse, doch könne die Versammlung seine Warnungen und Vorbehalte in Betracht ziehen, wenn es darum ginge, sie in positives Recht umzuwandeln. Robespierre wollte dem König keinerlei Zugeständnisse machen, aber Pétion, der üblicherweise auf seiner Seite war, ließ ihn im Stich, um Mirabeau zu unterstützen. Duport überredete die Versammlung schließlich, die unverzügliche Verlautbarung zu verlangen und gleichzeitig dem König zu versichern, seine Bedenken würden berücksichtigt werden, wenn aus Grundsatzentscheidungen Gesetze gemacht werden mußten. Nach dieser relativ freundlichen Antwortnote wandte sich die Versammlung anderen Dingen zu.

Ehe die Frage der Sanktionierung von Gesetzen durch den König am 4. Oktober neuerlich auf der Tagesordnung stand, hatte sich die gesamte Atmosphäre verändert. Als sie am 21. September erfahren hatte, daß die königliche Leibwache in Versailles um die tausend Mann des Flandernregiments verstärkt werden sollte, hatte die Versammlung sich entschlossen, keinerlei Maßnahmen zu ergreifen. Selbst als ihr ein Brief des Bürgermeisters von Paris, Bailly, an den Kriegsminister zuging, in dem verlangt wurde, die Truppen wieder zurückzuschicken, unternahm sie immer noch nichts. Am 1. Oktober gaben die Offiziere der Leibwache ein Bankett zur Begrüßung der Neuankömmlinge. Das geriet zu einer ziemlich wilden Angelegenheit. Das unkluge Erscheinen der königlichen Familie führte zu einigen alkoholisierten Ergebenheitsbezeugungen, die Kapelle spielte „*O Richard, O mon roi, l'univers t'abandonne*", und Berichten zufolge verteilten Hofdamen die schwarze Kokarde der Habsburger, der Familie Marie Antoinettes, während auf der Trikolore mit Füßen herumgetrampelt wurde. Die ganze Sache stellte keinerlei Bedrohung für die Versammlung dar – dafür waren es zu wenig Soldaten – aber sie ließ mit Bestimmtheit erkennen, wo die Sympathien der Offiziere lagen, und ein aristokratisches Komplott glaubhaft erscheinen. Vor dem Bankett hatte der vernünftige und skeptische Ferrières an seine Frau geschrieben, es habe immer schon eine Verschwörung gegen die „Ständeversammlung", wie er sie nannte, gegeben und gebe sie immer noch.

Am Tag nach dem Bankett übermittelte die Versammlung dem König die Deklaration über die Menschenrechte. Er antwortete am 5., in weniger entgegenkommenden Worten als noch vor kurzem, akzeptierte einige Gesetze und stimmte den Grundzügen der Verfassung zu, „jedoch nur unter der ausdrücklichen Bedingung, von der ich niemals abgehen werde, daß das allgemeine Ergebnis Ihrer Beratungen darin bestehen muß, die exekutive Gewalt ausschließlich in den Händen des Monarchen zu belassen". Er verlangte, die Versammlung möge ihn dabei unterstützen, die Einhebung von Steuern, den ungehinderten Umschlag von Getreide und den Schutz der persönlichen Freiheit sicherzustellen. Er werde zur Erklärung der Menschenrechte erst dann Stellung nehmen, wenn ihre Prinzipien Aufnahme in konkrete Gesetze gefunden hätten. Was der König verlangte, auf nicht viel mehr hinaus, als die Mehrheit der Deputierten möglicherweise bereit gewesen wäre, ihm zuzugestehen, aber sein Ton war herrisch, und das Bankett war ihnen sauer aufgestoßen. Nur die extremen Royalisten unterstützten ihn, und republikanische Prinzipien, was sie ja in Wirklichkeit waren, wurden unverhohlener als sonst zur Schau getragen. Robespierre ließ den König wissen, er sei lediglich eine Emanation der verfassunggebenden Gewalt, die er nicht das Recht habe zu kritisieren; Pétion meinte, er habe im Einklang mit allen Gesetzen zu regieren, die der Nation beliebten, und auch Barère sagte ziemlich genau dasselbe. Wieder schlug Mirabeau vor, den König zu fragen, was er im Sinn habe, aber diesmal suchte die Versammlung nicht nach versöhnlichen Formeln und verlangte die unverzügliche Bestätigung der Menschenrechte.

All das hätte wahrscheinlich zu nichts Entscheidendem geführt, wenn nicht die Initiative den Händen des Königs wie auch der Versammlung entglitten wäre. Die Volksseele in Paris kochte seit den Debatten über das Veto und den Gerüchten Ende August über die Absicht des Königs, Versailles zu verlassen. Im Palais Royal gärte es in einem fort, und Marat forderte eine Säuberung in der Pariser Kommune und in der Versammlung, die, wie er sagte, von Verrätern beherrscht werde. Gerüchte, wonach die Versorgung mit Lebensmitteln dem Ende zugehe, während man in Versailles im Überfluß lebte, verstärkten noch Panik und Wut. Die in der Öffentlichkeit breitgetretene „Orgie" beim Bankett des Flandernregiments war ein zweifacher Affront, dem Hunger und auch den revolutionären Grundsätzen gegenüber. Was dann geschah, ist nie vollständig geklärt worden, und es bleibt Mutmaßungen überlassen, welchen Anteil Politiker daran hatten. Es handelt sich dabei um ein Problem jener Art, das nie zu jedermanns Zufriedenheit erklärt werden kann, aber der äußere Gang der Ereignisse ist hinlänglich klar. Am Morgen des 5. Oktober stürmte eine Menge von, in der Mehrheit,

Frauen, die Brot forderten, das Hôtel de Ville in Paris. Man überredete sie, nach Versailles zu ziehen, um ihre Beschwerden vor den König und die Versammlung zu bringen. Später am selben Tag wollte sich ein beträchtlicher Teil der Pariser Nationalgarde nicht davon abbringen lassen, ihnen zu folgen, mehr oder weniger bereitwillig kommandiert von Lafayette. Sie wären in jedem Fall gegangen, und er dürfte wohl geglaubt haben, sein Einfluß auf sie würde es ihm ermöglichen, eine gewisse Ordnung aufrechtzuerhalten.

Als die Frauen in Versailles ankamen, drangen sie in die Versammlung ein, setzten sich unter die Deputierten und unterbrachen die Debatte. Sie sandten eine Abordnung in den Palast, wo es dem König allem Anschein nach gelang, sie davon zu überzeugen, daß wegen der Lebensmittelknappheit etwas unternommen werden würde. Ludwig, der in aller Eile von der Jagd zurückgerufen worden war, soll bereit gewesen sein, Versailles unter einer Militäreskorte zu verlassen, nach seinem Erfolg bei der Abordnung der Frauen überlegte er es sich jedoch anders. Was er tat, war seine bedingungslose Zustimmung zu der Erklärung über die Menschenrechte anzubieten. Lafayette und die Nationalgardisten erreichten Versailles gegen Mitternacht. Er ließ seine Männer in den Höfen des Palastes Posten beziehen, wobei er den engeren Schutz der königlichen Familie der Leibwache überließ. Die Versammlung unterbrach ihre Sitzung gegen drei Uhr früh, und nachdem er sich vergewissert hatte, daß alles ruhig war, ging Lafayette zu Bett, was ihm später von den Royalisten den Spott eintrug, er habe *„dormi contre son roi"* (gegen seinen König geschlafen). Früh am Morgen des 6. brachen nicht identifizierte Leute aus der Menge, die die Nacht im Freien zugebracht hatten, in den Palast ein, ermordeten einige Leibwachen und drangen gegen die Gemächer der Königin vor, vermutlich in der Absicht, sie zu töten. Es gelang Marie Antoinette zu entkommen, und nach einiger Verwirrung konnten Lafayette und die Pariser Nationalgarde wieder eine Art von Ordnung herstellen. Auf Verlangen der Menge zeigten sich der König und die Königin auf dem Balkon und wurden mit „A Paris"-(Nach Paris)-Rufen empfangen, wozu sie sich auch bereit erklärten. Ob es bei dem ganzen Unternehmen wirklich darum ging, ist vielleicht eine bedeutungslose Frage. Vermutlich war es das Ziel von einigen, und die Zustimmung des Königs weist darauf hin, daß es mehr war als nur der improvisierte Schlachtruf einer Handvoll von Demonstranten. Noch am Nachmittag reiste die königliche Familie nach den Tuilerien ab, jenem Pariser Palast, den Ludwig XIV. ein Jahrhundert zuvor aufgegeben hatte, als Opfer in einem Triumphzug, bei dem die auf Spieße gesteckten Köpfe ihrer ermordeten Leibwachen ihnen das Geleit gaben.

Das war in mehrerlei Hinsicht ein Wendepunkt in der Revolution. Verständlich genug, daß Marie Antoinette niemals das Erlebnis jener beängstigenden Nacht vergaß, für das sie Lafayette die Schuld gab. Einmal in Paris, betrachteten sie und der König sich als Gefangene der Revolution, und Ludwig unternahm keinerlei Versuche mehr, über die Verfassung zu verhandeln. Für Leute wie Robespierre, der glaubte, Könige könnten nur durch Gewalt im Zaum gehalten werden, mochte das wie ein Vorteil aussehen. Da Ludwig sich fortan an nichts mehr gebunden fühlte, das er unter Zwang zu akzeptieren hatte, war es eine Niederlage für jene, die gehofft hatten, die neue Ordnung auf Konsens zu begründen. Was auf den König zutraf, galt gleichermaßen für die Royalisten in der Versammlung, und das Wissen darum, daß sie ihr die Legitimität absprachen, wenn sie, wie es üblicherweise kam, in der Minderheit waren, während sie von ihren Gegnern erwarteten, sich jedem Votum zu fügen, bei dem die Rechte einmal gewann, gab der Linken einigen Anlaß, sie als faktiös und heuchlerisch zu denunzieren. Auch für die Mehrheit hatten sich die Dinge verändert. Als Paris im Juli revoltiert hatte, hatte man dabei vor allem an die eigene Verteidigung gedacht, in der Versammlung jedoch einen Verbündeten im Kampf gesehen. Diesmal war die Versammlung ignoriert und gedemütigt worden. Als sie dem König nach Paris folgte, fühlten einige ihrer Mitglieder sich ebenso als Gefangene wie er. Für Mounier und seine Freunde war dies das Ende. Was sie betraf, hatte die Versammlung aufgehört, als unabhängige Körperschaft zu bestehen, und sie versuchten einen Massenauszug zu organisieren, der ihr ein Ende machen sollte. Sie behaupteten, sie hätten einige hundert Deputierte überredet, ihre Pässe zu verlangen, um nach Hause zurückkehren zu können. Die Radikalen durchkreuzten diese Taktik, indem sie die Versammlung dazu bewogen zu beschließen, daß jeder Deputierte, der einen Paß wollte, sein Ansuchen vor dem Plenum des Hauses rechtfertigen müsse. Das reichte, um alle, ausgenommen ein paar ihrer Führer, zu entmutigen. Mounier, Lally und Bergasse reisten ab, und Mounier versuchte sogar, ohne jeden Erfolg, die Ständeversammlung in seiner heimatlichen Dauphiné dazu zu überreden, der Versammlung die Anerkennung zu entziehen. Die Linke, die sich einer geteilten Opposition von *Monarchiens* und Royalisten gegenübersah, konnte sich nunmehr im großen und ganzen darauf verlassen, eine Mehrheit in der Versammlung zu finden. Ihr Problem bestand darin, sicherzustellen, daß die mächtigen Kräfte, die sie sich entfremdet hatte, die Revolution hinnahmen, ebenso die Nation insgesamt, die weniger stark politisiert war als Paris und immer noch dem König anhing. Nur wenige Deputierte hielten die unbestimmte Nötigung des Königs und der parlamentarischen Opposition für akzeptabel, und die meisten dachten immer noch an eine Schlichtung zu guter Letzt, allerdings an eine zu ihren Bedingungen. Der Versuch, die Schaffung einer Verfassung auf gegenseitiges Einvernehmen zu gründen, war fehlgeschlagen. Ob ihr die Minderheit ihre Zustimmung geben würde, wenn sie einmal geschaffen war, würde sich erst herausstellen.

5 DER ZWIESPÄLTIGE KLASSENKONFLIKT

Es ist in gewissem Sinne offenkundig, daß die Revolution etwas mit den Spannungen innerhalb der französischen Gesellschaft zu tun hatte, und mit dem Unvermögen der Regierung, sie zu beseitigen. Diese Spannungen waren vielfältiger und einige davon ökonomischer Natur. Wirtschaftliche Beziehungen, wie auch politische und ideologische, bringen Zusammenarbeit ebenso mit sich wie Konkurrenz, und die Entwicklungen in der Wirtschaft ließen neue Formen von beidem entstehen. Einige der damals Lebenden maßen dem beträchtliche Bedeutung bei, und zwei Mitglieder der Verfassunggebenden Versammlung veröffentlichten interessante Ideen über die Stellung der Revolution in der langfristigen Entwicklung der französischen und der europäischen Gesellschaft.

Barnave, ein Anwalt aus Grenoble, war 1788 Mouniers rechte Hand gewesen, ehe er einer der Führer der Linken in der Verfassunggebenden Versammlung wurde. Nach dem Ende der Session verfaßte er eine *Einleitung zur Französischen Revolution.*[36] Darin wurde der bewußte Versuch gemacht, Montesquieus eher statische Darstellung der Wechselbeziehungen zwischen verschiedenen Teilen der Gesellschaft in dynamische Begriffe zu übersetzen. Barnave war in seinen Hauptaussagen mehr Determinist als Montesquieu, in dem Sinne, daß er den prägenden Zwängen der Umwelt mehr Bedeutung beimaß und weniger dem menschlichen Handeln: „Der Menschen Wille ... hat wenig oder gar keine Auswirkung auf die Regierungsformen. Es ist das Wesen der Dinge ... das gesellschaftliche Stadium, das ein Volk erreicht hat, das Land, das es bewohnt, sein Wohlstand, Bedürfnisse, Gewohnheiten und Gebräuche, die die Verteilung von Macht bestimmen." Wo Montesquieu dazu geneigt hatte, eine Vielzahl von Kräften zu sehen – wirtschaftliche, ideologische, religiöse und politische – die einander beeinflußten, glaubte Barnave, daß die wirtschaftliche Basis einer Gesellschaft ihre rechtlichen und ideologischen Entscheidungsmöglichkeiten bestimmte. Er begann mit der im achtzehnten Jahrhundert weitverbreiteten Anschauung, wonach alle menschlichen Gesellschaften sich von Jägern und Sammlern über den Ackerbau hin zu Handel und Industrie entwickelt hatten, wobei jeder Phase in diesem Prozeß eine bestimmte Regierungsform entsprach.[37] Demographische Zwänge und die automatische Verbesserung der Produktionsweisen würden unaufhaltsam von einer Gesellschaftsform zur nächsten führen. Die erste habe die primitiven Demokratien hervorgebracht, die zweite den Feudalismus und die dezentrale Adelsherrschaft. Die dritte Phase machte ihm Probleme, da sie allem Anschein nach entweder zum zentralistischen Absolutismus oder zu einer weiter fortgeschrittenen Form von Demokratie, basierend auf wirtschaftlichem Wohlstand, führen konnte. Die Fähigkeit zu verstandesmäßiger Ergründung, deren jüngstes Beispiel die Aufklärung sei, erwachse aus dem Selbstbewußtsein, das von Wohlstand und wirtschaftlicher Unabhängigkeit herrühre.

Das war zu einem guten Teil anerkannte Lehre, auf die auch Marx fünfzig Jahre später zurückkommen sollte, und sie erwies sich als nicht sehr hilfreich für Barnave, als er versuchte, seine allgemeine Theorie zu den spezifischen Ursachen der Französischen Revolution in Beziehung zu setzen. Zunächst einmal sah er den Modernisierungsprozeß als einen gesamteuropäischen an, oder zumindest als einen, der sich auf alle Seehandel treibenden Staaten auswirkte, und Spanien, Großbritannien, Frankreich und die Niederlande hatten im Hinblick auf ihre politische Entwicklung wenig gemein. Die allgemeine Theorie war zu allgemein, und wenn es darum ging, den tatsächlichen Gang der Ereignisse zu erklären, neigte Barnave dazu, dem Zufall breiten Raum zu überlassen: Wenn der König sich 1789 für den Dritten Stand entschieden hätte, dann hätte das „irgendeine Art von Kompromiß zwischen den einzelnen Parteien und eher eine Neuordnung des Bestehenden als eine völlige Revolution" zum Ergebnis gehabt. Was tatsächlich geschah, war demnach das Ergebnis einer politischen Entscheidung. Als die Revolution einmal begonnen hatte, sah Barnave darin das genaue Gegenteil eines Prozesses von Klassenkämpfen. Seine Revolution war, wie die von Marx, die politische Konsekration einer Wirtschaftsordnung, in der es keine Ausbeutung mehr gab und die menschlichen Beziehungen sich auf harmonische Zusammenarbeit gründeten. Seine „Industrie- und Handelsgesellschaft" entsprach der sozialistischen von Marx. „Industrie, Handel und Reichtum ... bringen die Klassen einander in Wohlstand, Wissen, Bildung und Lebensstil näher." Eine moderne Wirtschaft beruhe auf einer *classe laborieuse* (arbeitenden Klasse), die sowohl Kapital als auch Arbeit umfaßte. Ihre politischen Institutionen sollten daher von einer „begüterten und aufgeklärten Klasse" getragen werden, die „die Interessen der zahlreichsten Klasse zu verteidigen und ihre Würde zu respektieren" haben würde, wenn ihre Mitglieder gewählt werden wollten.

Wo Barnave auf sehr allgemeine Weise versuchte, eine Universalgeschichte der Menschheit mit einer Beschreibung der Verfassunggebenden Versammlung zu verbinden, dachte Roederer ungleich praktischer. Der Mann – er saß in der Versammlung auf der extremen Linken, mit Robespierre und Pétion – stellte an und für sich schon eine Ausnahme von den meisten Regeln der französischen Gesellschaft des achtzehnten Jahrhunderts dar.[38] 1754 geboren, gelangte er mit fünfundzwanzig Jahren in den Adelsstand, indem er sich in ein Amt im *Parlement* von Metz einkaufte. Das entsprach noch durchaus der Konvention; sieben Jahre später jedoch steckte er eine halbe Million Livres in eine Glasfabrik, die sieben- bis achthundert Menschen beschäftigte. (Die Glaserzeugung gehörte zu den wenigen Industriegewerben, die Adeligen offenstanden.) In der Folge paßte er seine Ansichten seinem geänderten Status an. Vordem hatte er die Partei der örtlichen Händler ergriffen, die die wirtschaftlichen Bindungen Lothringens an Deutschland erhalten sehen wollten. Als Industrieller suchte er fortan Zugang zu den französischen Märkten und befürwortete die wirtschaftliche Integration Lothringens mit Frankreich. 1790 sollte er, lokaler Proteste ungeachtet, seinen Willen bekommen.

Als Praktiker des Geschäftslebens erkannte Roederer, daß das „Bürgertum aus Industrie und Handel“ aus zwei getrennten Klassen bestand, deren Interessen einander häufig widersprachen. Die Industrie war zumeist auf dem Land angesiedelt, der Handel in den Städten. Roederer tendierte dazu, die Industrie wie auch die Landwirtschaft als Produktivkräfte anzusehen, im Gegensatz zu Rentiers, den Inhabern von Ämtern, Angehörigen freier Berufe und Händlern. Erst 1815 verfaßte er, einer der wenigen Radikalen, die die Revolution überlebten, sein *Der Geist der Revolution von 1789.* Darin ging er zunächst von einem Standpunkt aus, der auf den ersten Blick viel mit Marx gemeinsam hatte: Das Industrie- und Handelskapital in Frankreich sei so lange gewachsen, bis es größer als der gesamte Reichtum aus Landbesitz geworden sei. Dann allerdings hätten die Bürgerlichen ihr Vermögen und ihren Status konsolidiert, indem sie in Land und Güter investierten. Von da an seien Adel und Bürgertum nicht mehr nach Lebensstil und Einkunftsquellen zu unterscheiden gewesen. Die Revolution lasse sich daher nicht als irgendein ökonomischer Konflikt zwischen einem Hinz und seinem Zwilling Kunz erklären. In gewissem Sinne würden ihre Anfänge bis in jene Tage zurückreichen, als, im elften Jahrhundert, die Bewohner der Städte Front gegen die Feudalbarone gemacht hatten. Seit damals habe ein fortwährendes Ringen um die Wiedererlangung der verlorengegangenen Rechte der frei geborenen Franzosen geherrscht. Das klang ganz ähnlich wie die radikale Mythologie auf der anderen Seite des Kanals. Unter Ludwig XVI. sei alles noch schlimmer geworden, weil ein schwacher und leicht beeinflußbarer König seine Gunstbeweise allein den Adeligen seiner nächsten Umgebung vorbehalten habe. Die antiquierte Verfassungseinrichtung der Generalstände habe den Gegensatz zwischen dem Adel und dem wohlhabenden Bürgertum erst *geschaffen.* Wäre es bei der Sitzung am 23. Juni 1789 nach dem Willen des Königs gegangen, dann wäre dieser institutionalisiert worden, und der Dritte Stand hätte müssen „die Vertraulichkeit ablegen, die er in seinen Beziehungen zum Adel erlangt hatte.“ Als Reaktion auf das königliche Diktat sei eine nachhaltige Bewegung für soziale Gleichheit entstanden. „Bei der Revolution ging es nicht sosehr darum, das Vermögen der Menschen oder die Rechte des einzelnen zu mehren, als um einen Triumph des Nationalstolzes.“ Das war auch die Ansicht des royalistischen Einzelgängers Montlosier vom entgegengesetzten Flügel der Versammlung. „In einem Land wie Frankreich unterliegt man fast immer einem Irrtum, wenn man das, was gemeinhin Interessen heißt, an die erste Stelle setzt.“ Da war die *amour propre* (Eigenliebe) ungleich wichtiger.

Mithin erweist sich bei näherer Betrachtung, daß zwei Mitglieder der Verfassunggebenden Versammlung, deren Schriften auf den ersten Blick darauf hinzuweisen scheinen, daß sie die Revolution als eine Art Klassenkonflikt zwischen Grundbesitzern, Kaufleuten und Industriellen ansahen, in Wahrheit das Gegenteil behaupteten, und die moderne Forschung hat ihre Eindrücke bestätigt.[39]

Wirtschaftlich gesehen gehörten die Männer, die einander so wütend bekämpften, derselben Klasse an. Wenn ihre materiellen Interessen in Konflikt gerieten, so resultierte das üblicherweise aus Spannungen innerhalb der Stände, die etwa Bischöfe und *curés* entzweiten, den Hof- und den Provinzadel und Kaufleute und Fabriksbesitzer. Die meisten der ersten Führer der Revolution – Mirabeau, Lafayette, die Lameths und Duport – waren Aristokraten, einige gehörten dem Hofadel an, und Ferrières beglaubigt den anfänglichen Enthusiasmus in Teilen des Landadels. Schließlich waren es ja auch die *Parlements*, die Provinzstände und die Bischöfe gewesen, die zum Angriff gegen die „Ministerialdespotie“ geblasen hatten.

Von Anfang an gab es jedoch sehr wohl Anzeichen für eine tiefgehende gesellschaftliche Spaltung, die durch die Revolution politisiert und in einigen Landesteilen zu einem erbitterten und blutigen Konflikt angefacht wurde. Das war den Zeitgenossen nur sehr undeutlich bewußt. Die Franzosen waren gespalten in jene, die die Begeisterung dafür, eine neue Art von Gesellschaft zu schaffen, verstanden und teilten, und jene, die in der ganzen Sache eine unbegreifliche Bedrohung ihrer traditionellen Werte und Lebensweisen sahen. Die ersteren als „Bürger“ anzusehen, trifft nur in dem etymologischen Sinn zu, daß die meisten von ihnen in Städten wohnten. Zu ihnen gehörten „liberale“ Adelige, Angehörige der freien Berufsstände und einige der politisch bewußteren Handwerker. Es stimmt durchaus, daß ein großer Teil dieses „revolutionären Bürgertums“ nicht viel mit dem arbeitenden Volk gemein hatte; sie befürchteten gewalttätige Ausschreitungen und neigten schnell dazu, ihr Eigentum bedroht zu sehen. Wenige von ihnen waren Arbeitgeber – außer für ihre Diener –, die Frage der Löhne betraf sie nicht persönlich, und was sie wirklich von der Mehrheit isolierte, waren ihre Furcht und ihr Argwohn gegenüber den Landsleuten, die vier Fünftel der Bevölkerung ausmachten. Ihre Gegner setzten sich aus etwa der Hälfte des Klerus, vielen konservativen Landadeligen und großen Teilen der Bauernschaft zusammen.

Die Spaltung des Landes war bereits im Juli 1789 zutage getreten, als die neuen Stadtverwaltungen scharf unterschieden hatten zwischen den Massen in den Städten, die sie, wenn auch mit einigem Unbehagen, als Verbündete akzeptierten, und den Rebellen auf dem Land, für die sie keinerlei Sympathien hatten.[40] Diese Einstellung erwies sich als dauerhaft. Während er darauf beharrte, daß die Ordnungskräfte in den Städten (Truppen oder Nationalgarden) strikt den städtischen Behörden zu unterstellen seien, zeigte sich Mirabeau am 22. Februar 1790 gewillt, ihnen gegen aufrührerische Bauern freie Hand zu lassen.

Die Deputierten, die fast alle aus Städten kamen, hatten ambivalente Gefühle bezüglich der Bauernschaft. Viele teilten die Neigung jenes anderen Städters, Rousseau, eine Lebensform zu romantisieren, mit der sie keinerlei persönliche Erfahrung hatten, und im kleinen Landbesitzer die Verkörperung von wirtschaftlicher Unabhängigkeit und einer naturverbundenen Lebensweise zu sehen. Sowohl ihre Gefühle als auch ihr Argwohn gegen die feudalen Grundherren ließen die Linke von einem Land von bäuerlichen Grundbesitzern träumen, obwohl Wirtschaftstheoretiker darauf beharrten, daß große Güter rationeller seien als kleine. Dieser recht abstrakte Respekt vor den Verkörperungen ländlicher Tugend überdeckte nur notdürftig das alte Mißtrauen gegen den Bauern als einen ungeschlachten Halbbarbaren, anfällig für unbegreifliche Gewalttaten, die in aller Regel die Form von wahllosen Angriffen auf Städte und die Repräsentanten der städtischen Gesellschaft wie etwa Müller oder Getreidehändler annahmen. Die Revolution hob diese Furcht vor dem Bauern noch hervor, der als das einfältige Opfer des „aristokratischen Komplotts" und, wenig später, als das leichtgläubige Werkzeug einer fanatischen Priesterschaft angesehen wurde. Die Veränderungen in der Lokalverwaltung boten jenen Städtern, die sich daran beteiligten, das berauschende Gefühl, daß die Revolution ihnen eine neue Würde und Verantwortung verliehen habe. Vom Standpunkt der Versammlung aus waren die revolutionären Stadtverwaltungen ihre natürlichen Verbündeten, und sie neigte dazu, deren Sicht lokaler Konflikte, über die sie keinerlei Information aus anderen Quellen hatte, zu übernehmen. In vielen Teilen Frankreichs waren die Beziehungen zwischen Stadt und Land durchaus freundschaftlich, und die regionalen Loyalitätsverhältnisse schlossen mitunter beide in sich ein. Leute aus den Lokalverwaltungen setzten sich für ihre Landsleute in den Dörfern ein und erklärten als Unwissenheit oder harmlose Anhänglichkeit an alte Gepflogenheiten, was in Paris wohl als Widersetzlichkeit angesehen worden wäre. Anderswo sahen sich die neuen Behörden als belagerte Außenposten der revolutionären Zivilisation in feindlichem Gebiet, und ihr übertriebener Amtsdünkel und das Gefühl der eigenen Überlegenheit waren dazu angetan, die Feindseligkeit erst hervorzurufen, die sie als gegeben ansahen.[41]

Als die revolutionäre Umwandlung der französischen Institutionen ihren Fortgang nahm, wurde eine Ordnung, basierend auf Tradition, Verbindungen und einer Autorität, die ebensogut väterlich wie willkürlich sein konnte, durch ein System von Formalgesetzen ersetzt, denen abstrakte Vorstellungen von bürgerlichen Tugenden zugrunde lagen. Jene, die die neuen Ideen verstanden und über die Mittel wie die Bildung verfügten, ihre Interessen vor Gericht zu vertreten, sahen die Revolution als den Beginn einer neuen und besseren Welt für jedermann. Für viele Bauern sah die Sache ganz anders aus. Die Landbesitzer mochten durch die Abschaffung des Zehnten mehr gewonnen haben, als sie durch die Erhöhung der direkten Steuern verloren, die kleinen Pachtbauern aber fanden oft, daß die Revolution ihnen wenig Gutes gebracht hatte.[42] Als die Besitzungen der Kirche verkauft wurden, erlebten sie oft, wie das Land, das sie haben wollten, ihnen von Spekulanten aus der Stadt vor der Nase weggeschnappt wurde. Aus der Vergangenheit daran gewöhnt, selbständig für Ordnung zu sorgen und ihre Angelegenheiten auf ihre eigene Art zu erledigen, wurden sie nun viel schärferer Überwachung und Kontrolle durch die neuen revolutionären Behörden – alle mit Sitz in den Städten – unterworfen, deren Nationalgarden sich als ein wirksameres, und manchmal brutaleres Werkzeug der Repression erwiesen, als es die alte *maréchaussée* je gewesen war. Die Religionspolitik der Versammlung fügte dem Unrecht noch die Beleidigung hinzu, indem sie den Dorfbewohnern ihre vertrauten Priester nahm und durch Außenseiter ersetzte.[43] Die revolutionären Ideen von Effizienz und Integrität konnten unverständlich für Leute sein, die in altmodischen Gesellschaftsverbänden aufgewachsen waren, in denen Verwandtschaft mehr zählte als Verträge.[44] Dieselben Veränderungen, die manche Franzosen als einen Sprung vorwärts in eine bessere Welt feierten, erschienen den Bauern mitunter als frevelhafte Verstöße gegen ihre Überzeugungen, Interessen und Gepflogenheiten, gegen die sie sich gewaltsam verteidigen mußten, da alle konstitutionellen Waffen in den Händen ihrer Feinde waren.

Es war mehr ein Konflikt der Kulturen als der Klassen. Er erwuchs eher aus der Unvereinbarkeit von Einstellungen als aus wirtschaftlichen Interessengegensätzen, obwohl es auch solche gab. Eingemauert in ihrem Selbstgefühl als die Fackelträger der Aufklärung, waren die Deputierten lange Zeit außerstande zu erkennen, daß sie das Land entzweiten. Wenn hin und wieder ein Landedelmann warnend die Stimme erhob, wurde er leichthin als Reaktionär abgefertigt, der von der Unwissenheit der Bauern zu profitieren hoffe. Die Versammlung als ganze wurde erst gewahr, was sie angerichtet hatte, als es zu spät war, den durch ihre Religionsverfügungen entstandenen Schaden wiedergutzumachen. In der Tat spaltete die Revolution letztendlich das Land, jedoch aus Gründen, die in der Verfassunggebenden Versammlung zu keinerlei Entzweiung führten. Was die Deputierten betraf, so waren Gegensätze als Folge von Klassenkonflikten zwar nicht völlig unbedeutend, aber doch sekundär.

Die Neugestaltung der französischen Gesellschaft durch die Versammlung erfolgte nach Prinzipien, die, absichtlich oder nicht, einigen Gruppen in der Gesellschaft mehr Vorteile brachten als anderen. Das war zwangsläufig der Fall, welche Prinzipien auch immer man sich zu eigen machte, und durch den Umstand, daß fast alle Deputierten sie teilten, schieden zwar Klassenkonflikte als wesentliche Ursachen von Differenzen in der Versammlung selbst aus; das spricht sie jedoch nicht von dem Vorwurf frei, die Interessen einer bestimmten Gesellschaftsschicht auf Kosten der Gemeinschaft als Ganzes gefördert zu haben. Die allermeisten Deputierten waren Wirtschaftsliberale. Das soll heißen, sie glaubten, daß die „ökonomischen Gesetze" der Physiokraten und Adam Smiths Naturgesetze seien wie jene in der Physik und nicht gesellschaftliche Regelungen, die auf politischen Entscheidungen beruhten. Den neuen Theorien zufolge sollte die Berücksichtigung der „natürlichen Ordnung" zu einer unbegrenzten Vermehrung des Reichtums führen. Die strengeren Ökonomen glaubten, daß diejenigen, die nichts zu diesem Prozeß beizutragen hatten als ihre Arbeitskraft, zu Löhnen auf dem Existenzminimum verurteilt seien, während die Glücklicheren, die Kapital zu investieren hatten, freudig immer weiterer Bereicherung entgegensehen konnten. Dabei wird leicht vergessen, daß für einen beträchtlichen Teil der Bevölkerung Löhne auf dem Existenzminimum eine Verbesserung ihres Lebensstandards bedeutet hätten. Das *comité de mendicité* (Ausschuß zur Untersuchung des Bettlertums) der Versammlung sollte 1791 auf der Basis einer bemerkenswerten nationalen Erhebung zu der Schätzung gelangen, daß fast zwei Millionen Menschen nur durch Bettelei ihren Lebensunterhalt bestreiten konnten. Der Arbeitsmangel war ein ernsteres Problem als die niedrigen Löhne, und die Liberalen vertraten einen plausiblen Standpunkt, wenn sie argumentierten, dem sei eher durch freien Wettbewerb beizukommen als durch die traditionellen staatlichen Kontrollen. Ausgangspunkt für die Liberalen war ihr Glaube an die Unverletzlichkeit des Privateigentums und das Recht des Eigentümers, darüber nach Gutdünken zu verfügen. Damit ging die Annahme einher, daß die Umverteilung des Reichtums nicht zu den Pflichten des Staates gehörte. Wenn man das als eine politische Entscheidung und nicht als Anerkennung eines ökonomischen Gesetzes sieht, so war es eine, die 1789 beinahe jedermann für selbstverständlich nahm, obwohl Männer, deren Ansichten weit auseinanderlagen, – Necker und Robespierre zum Beispiel – für begrenzte staatliche Eingriffe eintraten, um die Getreidepreise in Zeiten der Knappheit niedrig zu halten. Die wahren Physiokraten glaubten, neuer Reichtum werde nur durch die Landwirtschaft geschaffen; Handel und Industrie würden lediglich umwandeln oder verschieben. Wenn das im Umlauf befindliche Vermögen nicht durch Steuern geschmälert werden sollte, mußten diese demnach ausschließlich auf Landbesitz eingehoben werden. Das mag zwar ein Irrtum gewesen sein, aber man kann es wohl schwerlich als Klassenegoismus bezeichnen, wenn die meisten der Deputierten selbst in der einen oder anderen Form Land besaßen. Sie wurden durch das entschädigt, was sie durch die Abschaffung des Zehnten gewannen. Die Feudalherren zählten zu den Verlierern, obwohl es von Fall zu Fall verschieden war, ob sie als Feudalherren mehr verloren, als sie als Landbesitzer gewannen, oder nicht. Es gab vermutlich nur wenige, deren Verluste so schwer wogen, daß sie zu Veränderungen in ihrer Lebensweise geführt hätten. Amtsinhaber – und davon gab es viele unter den Deputierten – erhielten, als ihre Ämter abgeschafft wurden, eine Entschädigung, allerdings war sie karg bemessen. Immer vorausgesetzt, daß sie sich dem Eigentum und liberalen Grundsätzen verpflichtet fühlte, kann man der Versammlung nicht den Vorwurf machen, sie habe die Gewichte zugunsten der Interessen ihrer Mitglieder verschoben.

Die Folgewirkungen der eingeschlagenen Wirtschaftspolitik waren weitgehend unbeabsichtigt. Die Einführung der neuen Prinzipien auf dem Lande setzte Geldbeziehungen an die Stelle von sozialen, wie sie es bisher zum Teil gewesen waren. Was das in der Praxis bedeutete, war unbegrenzt variabel. Wie wir bereits gesehen haben, fühlte sich Ferrières, trotz seinem Murren über die „Abschaffung des Feudalismus" am 4. August, auch weiterhin für das Wohlergehen „seiner" Bauern verantwortlich. Er gehörte eben zu diesem liebenswerten Menschenschlag. Andere verfuhren ohne Zweifel logischer, und die Kluft im Verständnis zwischen Stadt und Land weitete sich in einem beängstigenden Maße. Auch die Bauern handelten mitunter logisch. Wenn die Versammlung eine Steuer oder Grundabgabe als ungerechtfertigt verurteilte, hörten sie sofort auf, sie zu bezahlen, ohne sich über die Auswirkungen auf das Budget des laufenden Jahres Gedanken zu machen. Was die Auswirkungen der Wirtschaftspolitik der Versammlung gewesen wären, wenn alle anderen Dinge gleichgeblieben wären, läßt sich unmöglich errechnen. Alle anderen Dinge bleiben niemals gleich. Die Auswanderung führte zu mehr Arbeitslosigkeit in den Städten. Das unkontrollierbare Defizit führte zum Verkauf des Kirchenbesitzes, was neue Unzufriedenheit hervorrief, als Städter die örtlichen Bauern beim Wettlauf um Land überboten. Das Papiergeld, für das das Kirchenvermögen die Deckung darstellen sollte, verfiel fast augenblicklich im Wert. Als Frankreich 1792 einen allgemeinen Krieg in Europa anfing, der zwanzig Jahre dauern sollte, war die Wirtschaft in jedem Bereich zerrüttet und die Revolution selbst zu unvorstellbaren Extremen gelangt. Es wäre daher absurd, von dem, was tatsächlich geschah, Schlüsse auf die Absichten der Gesetzgeber zu ziehen. Alles, was man tun kann, ist herauszufinden, wie sie die Probleme sahen und wie sie versuchten, sie zu lösen.

Eine der Fragen, bei denen sich die Ansichten der Versammlung darüber, wie die Angelegenheiten im Land zu regeln seien, am augenfälligsten zeigten, betraf das zukünftige Wahlrecht. Der Verfassungsausschuß der Versammlung schlug vor, die Anzahl der Deputierten für jedes Département solle sich nach dem Bevölkerungsanteil und dem jeweiligen Steueraufkommen richten. Das fand Billigung, trotz Protesten von der extremen Linken, der Linken und der Rechten, vertreten durch Pétion, Barnave und Montlosier, die alle forderten, die Zahl der Vertreter allein von der Größe der Bevölkerung abhängig zu machen. Der Ausschuß teilte in der Folge die Franzosen in „aktive" Bürger, die ein Minimum von drei Tageslöhnen im Jahr an direkten Steuern bezahlten, und „passive" Bürger ein, die das nicht taten. Nur die ersteren sollten das Recht haben zu wählen.

Wieder schloß sich Montlosier, der allen verheirateten Männern das Wahlrecht geben wollte, den Protesten der Linken an. Die Annahme der Vorschläge des Ausschusses widersprach mit Sicherheit dem Geist der Menschenrechtserklärung, aber das war weniger gravierend, als es auf den ersten Blick scheinen mochte. Das *comité de mendicité* stufte jene, die nur zwei oder drei Tageslöhne an Steuern bezahlten, in die zweitniedrigste soziale Kategorie ein und hielt sie für automatisch berechtigt, bei Unfall oder anderen Unglücksfällen die Armenhilfe in Anspruch zu nehmen. Es war nicht unvernünftig, wenn der Ausschuß damit argumentierte, solche Leute in die Wählerlisten einzutragen hieße, da die Wahl öffentlich war, sie dazu einladen, ihre Stimmen zu verkaufen. Der Anteil der aktiven Bürger variierte je nach dem Reichtum der örtlichen Bevölkerung, für das Land als Ganzes umfaßte er jedoch mehr als die Hälfte der männlichen Bevölkerung. Der Anblick hochgemuter Deputierter, die zu beweisen versuchten, daß die Lehre von der Volkssouveränität sie dazu nötige, einigen von den Leuten, die sie in die Generalstände gewählt hatten, das Wahlrecht vorzuenthalten, hatte durchaus seine ironische Seite, aber die Versammlung war mit Sicherheit nicht dabei, das Wahlrecht auf die Reichen zu beschränken. Wenn man sich vergegenwärtigt, daß selbst in Paris die Wahlbeteiligung kaum zehn Prozent überstieg, ist es sehr unwahrscheinlich, daß viele von den *passifs* zur Wahl gegangen wären, es sei denn, sie wären dafür bezahlt worden.

Die Wähler sollten Wahlmänner bestimmen und die Wahlmänner Deputierte. Um als Wahlmann wählbar zu sein, mußte ein Mann nach dem Vorschlag des Ausschusses zehn Tageslöhne an Steuern bezahlen, wobei die Qualifikation für einen Deputierten ein *marc d'argent* (eine Mark Silber) oder vierundfünfzig Livres ausmachte. Dagegen kämpften Demokraten wie Robespierre an, der verlangte, jedermann möge für alles wählbar sein. Pétion stimmte damit im Prinzip überein, anerkannte jedoch die Notwendigkeit, die Verführbarkeit eines „alten und korrupten Volkes" in Rechnung zu stellen. Am nächsten kam die Versammlung dem, was man als Ausdruck von Klasseninteressen deuten könnte, als ein oder zwei Mitglieder der Rechten beharrlich verlangten, Deputierte müßten Landbesitzer sein, obwohl selbst sie damit nur eine Minimalqualifikation vorschlugen. Malouet erklärte – nicht notwendigerweise unaufrichtig –, die Absicht bestehe nicht darin, Bauern auszuschließen, die ohnedies kaum je gewählt werden würden, sondern mittellose Abenteurer, die versuchen könnten, sich wählen zu lassen, um dann ihre Stimme in der Versammlung zu verkaufen. Der Verfassungsausschuß selbst schlug vor, daß jeder, der im ersten Wahlgang fünfundsiebzig Prozent der Stimmen erhielt, von der Qualifikation durch Landbesitz befreit sein solle, und die Versammlung lehnte das mit nur zehn Stimmen Mehrheit ab. Der *marc d'argent* bedeutete die Zahlung von eher weniger als drei Pfund an direkten Steuern. Es war unwahrscheinlich, daß dadurch viele Leute, die eine reelle Wahlchance hatten, ausgeschlossen blieben.

Ein eher vorsätzlicher Versuch, das Wahlrecht einzuschränken und auch dem Argument zu begegnen, daß Rousseau nicht als Deputierter wählbar gewesen wäre, ereignete sich am Ende der Sitzung, als die meisten der früheren Führer der Linken sich zu Konservativen gewandelt hatten. Der mit der Überarbeitung der Verfassung beauftragte Ausschuß erkannte, daß der entscheidende Punkt die gesellschaftliche Zusammensetzung des Wahlmännerkollegiums war. Also brachte er die Versammlung dazu, den *marc d'argent* als Qualifikation von den Deputierten auf die Wahlmänner zu übertragen, und akzeptierte einen Vorschlag Roederers, wonach jeder aktive Bürger Deputierter werden können sollte. Die extreme Linke protestierte, das neue Wahlrecht sei noch schlimmer als das alte, aber da es ohnehin zu spät war, es auf die Wahlen von 1791 anzuwenden, und ein Jahr später das allgemeine Wahlrecht für Männer eingeführt wurde, hatte es keine praktischen Auswirkungen. Es gab also im August 1791 einen Versuch, das Wahlrecht einzuschränken, aber man muß dabei die Proportionen im Auge behalten. Aktive Bürger waren nicht notwendigerweise „Bourgeois"; viele gehörten den ärmeren Schichten an. Nach zeitgenössischen britischen Maßstäben war das französische Wahlrecht eine Demokratie, die verrückt spielte, und eine „Aristokratie" von Männern, die drei Pfund Steuern im Jahr bezahlten, war nicht gerade exklusiv.

Was die Sozialpolitik betraf, so führte diese in der Versammlung zu keinerlei Klassenzerwürfnissen.[45] In England neigten wirtschaftsliberale Puristen wie Burke dazu, sich mit dem Gedanken zu trösten, daß es nichts gebe, was Regierungen tun konnten, um von der Vorsehung verhängte Mängel zu mildern, aber die französischen Revolutionäre machten sich eine humanere Sicht der Lage zu eigen. Diese wurde in der Versammlung vom Herzog de Liancourt dargelegt, der auch Vorsitzender des im Jänner 1790 geschaffenen *comité de mendicité* wurde. Nach traditioneller Sicht der katholischen Gesellschaft waren die Armen Teil der göttlichen Weltordnung. Bettler sollten, sofern sie kräftig genug waren, zur Arbeit gezwungen werden, und die mildtätige Unterstützung für die wahrhaft bedürftigen Armen trug den vom Glück eher begünstigten Mitgliedern der Gesellschaft Verdienste ein und stellte für die Kirche eine Verpflichtung dar. Liancourt und sein Ausschuß nahmen einen anderen Standpunkt ein. Die Armut war ein Problem, das gelöst werden mußte, und die Dynamik einer liberalen Wirtschaft würde genug Vermögen schaffen, es zu lösen. Es würde immer einige geben, die sich nicht selbst erhalten konnten, Waisen etwa, Kranke und Alte, die ein Anrecht auf staatliche Hilfe hätten. Auch würde der wirtschaftliche Wandel vorübergehend zu mehr Arbeitslosigkeit führen; die Lösung dafür sei die Errichtung von Arbeitsämtern. Unterstützung für die Armen sei nicht als Übung in Mildtätigkeit durch Wohlmeinende, sondern als Erfüllung einer Verpflichtung durch den Staat zu betrachten. Das bedeutete, alle Hilfsmaßnahmen, die bisher unzulänglich und planlos in ihrer Verteilung gewesen waren, von der Kirche und Einzelpersonen auf eine nationale Organisation zu übertragen, die aus Steuergeldern finanziert werden und sich von einer genauen Kenntnis der örtlichen Bedürfnisse und Mittel leiten lassen sollte. Vernünftige *bienfaisance* (Wohltätigkeit) sollte an die Stelle der überkommenen Mildtätigkeit treten.

Der Ausschuß machte sich entschlossen an die Arbeit, und seine beeindruckenden Sozialerhebungen enthüllten zum erstenmal das bestürzende Ausmaß des Problems. Trotz der verzweifelten nationalen Finanzlage bewilligte die Versammlung per Beschluß fünfzehn Millionen Livres für die Einrichtung von *bureaux de charité* (Wohlfahrtsbüros) Ende 1790. Es gab, ganz unvermeidlich, ein paar Leute, die darüber Klage führten, es werde zu viel an Unwürdige verschwendet. Ein findiger Deputierter trat für energischere Methoden im Umgang mit Arbeitsscheuen ein: Man möge sie in Keller sperren, die überflutet würden, wenn sie nicht vierundzwanzig Stunden am Tag an Pumpen arbeiteten. Das gab jedoch eher Zeugnis von seinem Einfallsreichtum als davon, was vernünftige Deputierte dachten. Die Absichten des Ausschusses waren untadelig, und die Versammlung gab ihm jede nur mögliche Unterstützung, aber das Problem war unlösbar. Wenn die Zahl derer, die auf Unterstützung angewiesen waren, in der Gegend von zwei Millionen lag, würde es viele Jahre dauern, bis durch die Expansion der Wirtschaft genug Vermögen entstanden war, um für sie zu sorgen. Eine vorindustrielle Gesellschaft war infolge einer außergewöhnlichen Willensanstrengung zwar in der Lage, das Ausmaß eines Problems zu erkennen, doch fehlten ihr einfach die Mittel, es zu lösen. Die öffentlichen Werkstätten, die in Paris eingerichtet wurden, waren eine Katastrophe. Die Arbeitslosen strömten aus den benachbarten Gebieten herbei, und bis Juli 1791 verursachten einunddreißigtausend Menschen Kosten von einer Million Livres im Monat. Es war unmöglich, bei solchen Zahlen die Übersicht zu behalten, und von vielen hieß es, sie würden ihre Beihilfe abholen und anschließend weggehen, um anderswo zu arbeiten. Als die Versammlung beschloß, die Werkstätten zu schließen, trat sie damit gewiß in eine konservativere Phase ein, aber es wäre unrealistisch, die Entscheidung als Provokation oder Rückschritt zu deuten. Paris verschlang zwei Drittel der für das ganze Land zur Verfügung stehenden Mittel, und die Situation war unhaltbar geworden.

Tatsache ist, daß sich die Revolution als Katastrophe für die Armen erwies, doch war dies niemandes Schuld oder Absicht. Der Verkauf des Kirchenbesitzes führte zu einer drastischen Kürzung der Mittel, die für Wohlfahrt oder Krankenbetreuung zur Verfügung standen. Die private Wohltätigkeit ließ nach, weil manche der Reichen das Land verließen, und dadurch, daß der Staat die Verantwortung auf sich nahm, der Eindruck entstand, man könne alles der Regierung überlassen. Die wirtschaftliche Rezession vervielfachte die Anforderungen an die Sozialdienste. Der Krieg war schließlich der schwerste Schlag von allen; durch ihn wurden die Kranken aus den Spitälern verdrängt, um Platz für die Verwundeten zu schaffen; er ruinierte die Wirtschaft und verschlang öffentliche Gelder. All das war das Gegenteil dessen, was die Verfassunggebende Versammlung in den glücklicheren Tagen von 1790 vorgehabt hatte, und was immer es auch beweisen mag, es sagt nichts über ihre Absichten aus.

Ein einleuchtenderes Beispiel für Klassenvorurteile bei den Deputierten war das *Loi Chapelier* vom 14. Juni 1791, durch das verboten wurde, was heutzutage als Gewerkschaftstätigkeit angesehen würde. Als Le Chapelier seinen Kollegen die Angelegenheit auseinandersetzte, faßte er sie eher in politische als in wirtschaftliche Begriffe. Die jüngsten Versuche von Handwerksgesellen zu gemeinschaftlichem Vorgehen stünden im Widerspruch zu den Prinzipien der Verfassung, durch die alle alten Körperschaften abgeschafft worden seien. „Es gibt keine Körperschaften mehr im Staate; es gibt nur noch das Sonderinteresse des einzelnen und das Gemeininteresse." Das war das alte Rousseauistische Argument gegen alles, was dem Gemeinwillen im Wege stand. Die Handwerksgesellen behaupteten dagegen, sie wären lediglich dabei, Wohltätigkeitsvereine zu begründen, aber das fiel nunmehr in die Zuständigkeit des Staates, und Le Chapelier zufolge bestand ihre wahre Absicht darin, Unruhe zu stiften. Wie er selbst zugab, richtete sein Gesetzesantrag sich zum Teil gegen jede kollektive Agitation, aber die Reaktion der Versammlung läßt erkennen, daß man darin keine Klassengesetzgebung sah. Robespierre und Pétion, die selbsternannten Wachhunde des Volkes, fingen nicht an zu bellen. Die einzige Kritik, die an Le Chapelier geübt wurde, kam daher, daß er der persönlichen Meinung Ausdruck gab, die Löhne seien eher zu niedrig. Die ökonomischen Interessen der Deputierten wurden davon nicht direkt betroffen, da nur wenige unter ihnen Arbeitgeber waren und kein einziger ein Handwerksmeister. Damit soll nicht bestritten werden, daß Le Chapeliers Gesetz in Zukunft dazu benutzt wurde, gewerkschaftliche Aktivitäten zu verhindern, oder daß die Deputierten sich instinktiv eher mit den Arbeitgebern, wie bescheiden auch immer, identifiziert haben mochten als mit deren Arbeitnehmern. Es wäre allerdings ein unsinniger Anachronismus, das Gesetz in den Begriffen des neunzehnten Jahrhunderts als Hinweis auf ein Hauptanliegen der Versammlung und als entscheidende Parteinahme auf seiten des Kapitals gegen die Arbeit zu deuten. Insoweit der Klassenkonflikt beim *Loi Chapelier* eine Rolle gespielt haben mag, geschah dies kaum bewußt und erregte auch nicht die Aufmerksamkeit irgendeines der Deputierten, die sonst so schnell Beleidigungen des Volkes witterten.

Was die Bauern und deren Grundabgaben anlangte, hatte sich die Versammlung ihre Schwierigkeiten zum Großteil selber zuzuschreiben. Im Februar 1790 gab es Berichte über verbreitete Aufstände, Zahlungsverweigerungen und Brandanschläge auf Schlösser in weiten Teilen von Südwestfrankreich. Einer der Hauptgründe dafür war vermutlich die Tatsache, daß die Versammlung nichts unternommen hatte, um ihren „antifeudalistischen" Beschlüssen vom 4. August zur Durchsetzung zu verhelfen, außer daß sie verfügt hatte, alle Zahlungsverpflichtungen bestünden bis auf weiteres fort. Niemand wußte, was abgeschafft und was als rechtmäßig angesehen werden würde. Die Versammlung wies daher ihren Feudalismusausschuß an, ehebaldigst Gesetzesentwürfe vorzulegen. Als er dem nachkam, erwies sich seine Interpretation der in jener denkwürdigen Nacht gefaßten Grundsatzentscheidungen als recht konservativ. *Triages*, die zwangsweise Aufteilung von Gemeinland auf Verlangen des Grundherren, dem ein erheblicher Teil davon zufiel, wurden zu einem Mißbrauch seiner Autorität erklärt, doch sollte das nicht rückwirkend gelten. Unter allgemeinem Beifall versicherte der Vorsitzende des Ausschusses denen, deren grundherrliche Urkunden verbrannt worden waren oder die es nicht gewagt hatten, Abgaben einzuheben, ihre Rechte würden gewahrt bleiben. Wo der Grundherr seinen Rechtstitel nicht vorweisen könne, seien zwei Anerkenntnisse ein akzeptabler Ersatz. Für die Deputierten hieß das lediglich, gesetzeskonform mit den Dingen zu verfahren. Für die Bauern sah das ziemlich anders aus.

Die Versammlungsmitglieder sahen die Unruhen im wesentlichen als eine Frage von Gesetz und Ordnung, die sie so auslegten, wie es ihrer politischen Ausrichtung entsprach. Die Rechte hob die Notwendigkeit hervor, den König und die Minister wieder mit Befugnissen zur Aufrechterhaltung der Ordnung auszustatten. Der Abbé Maury, der in den Unruhen den Beginn eines Bürgerkriegs sah, wollte die Minister dazu ermächtigt sehen, ohne Rücksprache mit den örtlichen Zivilbehörden Truppen einzusetzen. Cazalès, ein anderer Führer der Rechten, sprach von einem Krieg zwischen den Habenichtsen und den Begüterten, wobei er voraussetzte, daß seine Zuhörer mit letzteren sympathisieren würden. Er und ein oder zwei andere schlugen vor, den König für die Dauer von drei Monaten mit diktatorischen Machtbefugnissen auszustatten. Die Linke antwortete, wie vorherzusehen war, die Berichte über den Aufruhr seien übertrieben und Schuld daran hätten „Aristokraten". Lanjuinais gab den Grundherren die Schuld an den

Unruhen in der Bretagne; Robespierre zog über jene her, die das „Volk“ verleumdeten, und sein Hauptanliegen war, nicht näher erklärten „Feinden der Revolution“ jede Macht zu verweigern. Ungeachtet des Umstands, daß sowohl ihm als auch d'Aiguillon Schlösser niedergebrannt worden waren, nannte Charles Lameth die Brandstifter „mehr irregeleitet und elend als schuldig“. Malouet, der wie üblich nach einem Kompromiß suchte und dafür Feindseligkeit von der Linken erntete, ohne wirksame Unterstützung von der Rechten zu erhalten, sagte, eine diktatorische Vollmacht sei nicht erforderlich, es bestehe jedoch keine Gefahr dabei, die Stadtverwaltungen der königlichen Kontrolle zu unterstellen, da die Versammlung Vorkehrungen treffen könne, damit diese nicht mißbraucht wurde; ein Vorschlag, den Pétion prompt als „Sklaverei“ verurteilte. Mirabeaus Vermutung, die Bauern seien potentielle Gegner der Revolution, wurde von einem Mitglied des *comité des rapports* geteilt, das darüber Klage führte, daß Konterrevolutionäre das Land gegen die Städte aufwiegeln würden. Was aus der Debatte hervorging, war weniger eine Manifestation von Klassenvorurteilen als die Zurschaustellung von politischen Loyalitäten und die Suche nach taktischen Vorteilen. Die Deputierten der Linken stellten die vom Feudalismusausschuß vorgeschlagenen Gesetzesvorhaben nicht in Frage und hatten auch nicht die Absicht, gegen die Unverletzlichkeit des Eigentums anzugehen. Sie deuteten die Unruhen als Willensäußerung des souveränen Volkes, dessen Absichten über jeden Zweifel erhaben waren, auch wenn es vielleicht irregeleitet war. Die Rechte neigte dazu, jeden Ziegelstein, der irgendwo geworfen wurde, als willkommenen Beweis dafür zu nehmen, daß das Land in Anarchie versinken werde, wenn die Autorität des Königs nicht wiederhergestellt wurde.

Bis Ende 1790 wurden alle Unruhen auf dem Land – oft sehr plausibel – auf die Religionspolitik der Versammlung zurückgeführt, was als weiterer Beweis dafür genommen wurde, daß die Bauern sich leicht von Konterrevolutionären mißbrauchen ließen. Nur von sehr wenigen Fragen glaubte man, sie entstünden aus wirtschaftlichen Interessenkonflikten. Eine, bei der das der Fall war, betraf die Zukunft des französischen Handels mit Senegal und besonders mit dem Fernen Osten. Dieser wurde von zwei monopolistischen Handelskompanien kontrolliert, von denen die wichtigere, die Ostindische Kompanie, verpflichtet war, ihre gesamten Ladungen in Lorient zu löschen. Das hätte ein gutes Thema für wirtschaftstheoretische Überlegungen abgeben können, aber die Deputierten behandelten es beinahe ausschließlich als eine Frage von Lokalinteressen. Am 25. Februar 1790 verlangte eine Abordnung der Kaufleute von Bordeaux die Abschaffung der beiden mit einem königlichen Privileg ausgestatteten Kompanien. Als die Frage am 31. März zur Debatte stand, war bald von nichts anderem mehr die Rede als von Einzelanliegen. Seinem geistlichen Habit getreu, sah der Abbé Maury die Angelegenheit unter moralischen Gesichtspunkten: Der Indienhandel sei ein Fluch, weil dadurch nicht nur bares Geld aus Frankreich abfließe, sondern die Nation auch auf den verderblichen Geschmack am Luxus gebracht werde. Die Kaufleute, die davon profitierten, seien „die wirklichen Feinde der Nation“.

Darüber wäre Rousseau entzückt gewesen, der Schiffbrüche einmal *vrais avantages* (wahre Vorteile) genannt hatte. Die meisten, die sich an der Debatte beteiligten, dachten, prosaischer, an ihre Wähler, und bald wurde klar, daß – wie Roederer schon erkannt hatte, ehe die Revolution begann – das „Bürgertum aus Industrie und Handel" aus zwei Gruppen mit unterschiedlichen Interessen bestand. Die Kaufleute wollten natürlich soviel Handel wie möglich. Alexandre Lameth erläuterte in seiner Geschichte der Verfassunggebenden Versammlung, daß sie befürchteten, Konkurrenz würde ihre Einkaufspreise in Indien in die Höhe treiben und ihre Verkaufspreise in Frankreich drücken. Im großen und ganzen waren sie zufrieden mit dem Status quo. Nairac aus Bordeaux, der von sich behauptete, über eine Million Livres in eine einzige Expedition nach Indien investiert zu haben, beharrte darauf, daß „die Nation nicht verlieren kann, wenn die Kaufleute gewinnen", was eine frühe Version von „Was gut ist für General Motors, ist gut für die USA" war. Für die Fabrikbesitzer war der Handel mit bedruckten Baumwollstoffen aus Indien eine Importquelle, mit der sie nicht konkurrieren konnten. De Cretot, der sich als Besitzer einer Baumwollspinnerei in der Normandie vorstellte, sagte unverblümt, er sei für freien Wettbewerb, weil er hoffe, dieser würde den Handel mit Indien umbringen. Ein Deputierter aus dem Languedoc erklärte, er sei von lokalen Manufakturbesitzern beauftragt worden, für den freien Handel einzutreten, vermutlich aus denselben Gründen. Die Textilindustriellen erhielten einige Unterstützung durch Kaufleute aus dem Süden, die über die Monopolstellung des weit entfernten Lorient erzürnt waren. Um die ganze Sache noch zu verwirren, trat Bégouen, ein führender Kaufmann aus Le Havre, für den freien Wettbewerb ein, weil dieser gut für den Handel sei. In alldem finden sich gewiß massenhaft Beweise, an denen Verfechter eines ökonomischen Determinismus ihre Freude haben mögen, aber es gibt kaum Anhaltspunkte für einen Angriff auf eine feudale Aristokratie durch die vereinten bürgerlichen Kräfte. Es läßt sich unmöglich feststellen, ob, als die Versammlung schließlich für den freien Handel votierte, dies ein Sieg der Manufakturisten war, oder ob sie ein wirtschaftliches Prinzip gegen Gruppeninteressen zu verteidigen glaubte.

Als im Juli 1790 ein Gesetzesantrag über die Freigabe des Handels vorlag, führte die Frage der Monopolstellung von Lorient erneut zu einem Streit um lokale Interessen. Bégouen hatte nun die Seiten gewechselt und befürwortete Handelsbeschränkungen im Interesse der französischen Industrie, ein seltener Fall von persönlicher Uneigennützigkeit, zu der ihn Malouet beglückwünschte. Diejenigen, die dem Handel soviel Schaden wie möglich zufügen wollten, tendierten dazu, für die Beibehaltung des Monopols von Lorient einzutreten. Das war die Ansicht Roederers und eines Deputierten aus Amiens, der dabei wohl an die lokale Textilindustrie dachte. Le Chapelier trat ebenfalls für Lorient ein, was nicht überraschte, da er aus der Bretagne kam. Die Lorient-Gruppe gewann auch die Unterstützung der Leute aus dem Süden – unter der Bedingung, daß auch sie einen Hafen bekämen. Sie versuchten, die Befürworter eines ungehinderten Imports zu diskreditieren, indem sie ihnen unterstellten, ihre wahre Absicht sei, mehr Einfuhrhäfen zu schaffen, um leichter die Importzölle durch Schmuggel umgehen zu können. Ein eher ausgeklügeltes Argument wurde von einem Deputierten in die Debatte eingeführt, der meinte, nun, da es nicht sehr wahrscheinlich sei, daß die Kaufleute sich aus dem Geschäft zurückzögen und ihre Profite zum Kauf von Adelstiteln verwendeten, könne Frankreich ein blühendes Wiederausfuhrgeschäft entwickeln. Das wurde von Malouet aufgegriffen. Er, der wie immer vorrangig an die Arbeitslosigkeit dachte, war dafür, Importe aus Indien nach Frankreich zu beschränken, hielt aber die Wiederausfuhr nach Italien und in die Levante für sehr gut vorstellbar. Das würde bedeuten, daß man gestattete, sie in Toulon zu löschen, einem sicheren Marinestützpunkt, wo Schmuggel vergleichsweise einfach zu unterbinden wäre. Auch war er dort 1789 *intendant maritime* gewesen. Als ein Deputierter aus Nantes, vielleicht in der Annahme, die Atlantikhäfen seien nunmehr in die Defensive geraten, vorschlug, die Meinung der Handelskammern einzuholen, konterte ein *curé* mit dem Vorschlag, man möge erst herausfinden, was die Manufakturisten dachten. Nachdem alle Interessengruppen zu Wort gekommen waren, stimmte die Versammlung schließlich dafür, Importe auf Lorient und Toulon zu beschränken. Wenn irgendeine Seite behaupten konnte, sie habe gewonnen, dann die Mittelmeerlobby.

An beiden Debatten war bemerkenswert, daß sich viele Deputierte daran beteiligten – wobei sie sich üblicherweise als Sprecher für Lorient, Nantes, das Languedoc usw. vorstellten –, die sich sonst zu kaum einem Thema je zu Wort meldeten. Ebenso auffällig war das Schweigen der gewohnheitsmäßigen Wortführer der Linken und extremen Linken. Als sich die Versammlung mit einer echten Wirtschaftsfrage konfrontiert sah, verhielt sie sich ausgesprochen untypisch. Die, denen immer das Verdienst angerechnet wird, eine bürgerliche Revolution angeführt zu haben, sagten praktisch nichts, und jene, die in Wahrheit die Interessen von Handel und Manufakturen vertraten, lagen einander in den Haaren.

So komplex die Fragen, die der Handel mit Indien aufgeworfen hatte, auch waren, sie waren die Einfachheit selber im Vergleich zu den Problemen, die sich aus den Beziehungen Frankreichs zu seinen wertvollen Kolonien in Westindien ergaben, von denen die wichtigste Saint Domingue war.[46] Die königliche Regierung hoffte, ihre Kontrolle über die Innenpolitik der Kolonie zu bewahren und sie auch in totaler Abhängigkeit vom Mutterland zu halten. Die französischen Kaufleute an der Atlantikküste, bei denen die Kolonisten hohe Schulden hatten, stimmten hinsichtlich der französischen Kontrolle über den Handelsverkehr der Kolonien mit den Ministern vollständig überein, machten sich jedoch weniger Gedanken über die Frage der Selbstverwaltung der Kolonie, solange dadurch nicht das französische Handelsmonopol bedroht schien. In den Kolonien selbst teilte sich die freie Bevölkerung auf drei gegensätzliche Gruppen auf: Pflanzer, *petits blancs* („kleine Weiße") und Farbige. Sie alle engagierten sich gemeinsam für die Beibehaltung der Sklaverei und des Sklavenhandels. In Saint Domingue selbst gab es drei Regionalversammlungen, die untereinander uneins waren, jedoch gleichermaßen mißtrauisch gegen die Generalversammlung der Kolonie als

Ganzes. Die überwältigende Mehrheit der Bevölkerung in den Kolonien bestand aus Sklaven.

Die Kolonisten und französischen Kaufleute, die entschieden für die Sklaverei eintraten, waren auf der Hut vor den abolitionistischen Theorien der Aufklärung, die in den Aktivitäten der *Amis des Noirs,* einer von Mirabeau und Lafayette unterstützten Gesellschaft gegen die Sklaverei, konkreten Ausdruck fanden. Einige der Versammlungsmitglieder, einschließlich der Lameths, die sich als Führer der Linken fühlten, hatten beträchtliche Besitzungen in den Kolonien. Das führte zu einigen politischen Verwicklungen, von denen die meisten dem Leser erspart bleiben sollen, da unser Hauptaugenmerk der Frage gilt, wie sich die davon betroffenen Wirtschaftsinteressen auf das Verhalten der Versammlung auswirkten.

Als die Generalstände erstmals zusammentraten, waren die Aussichten für die Pflanzer keineswegs vielversprechend. In seiner Eröffnungsrede sprach Necker von der Abschaffung der Sklaverei, die viele Deputierte allem Anschein nach für einen Teil der Erneuerung der französischen Gesellschaft hielten. Der erste Zug der Pflanzer, die nicht vom König eingeladen worden waren, ihre Vertreter nach Versailles zu entsenden, war, ihre eigenen zu nominieren. Solange der Dritte Stand sich weigerte, die Beglaubigungen seiner Mitglieder zu überprüfen, tat er sich schwer damit, irgend jemand auszuschließen. Die inoffiziellen Vertreter von Saint Domingue bestanden darauf, den Schwur auf dem Tennisplatz zu leisten, was es ihnen später ermöglichte zu behaupten, sie hätten sich das Recht auf Mitgliedschaft in der Versammlung dadurch erworben, daß sie die Gefahren ihrer heroischen Tage geteilt hatten. Als die Versammlung sich konstituierte, ging die Frage nur mehr dahin, wie viele Deputierte Saint Domingue stellen sollte. Die Kolonisten reklamierten fünfundzwanzig, auf der Basis einer Volkszählung, die auch alle Sklaven einschloß. Damit hatten sie ihr Blatt überreizt. Lanjuinais und andere sagten, ihre *cahiers* würden die Abschaffung der Sklaverei verlangen, und La Rochefoucauld forderte, sie möge noch vor dem Ende der Sitzungsperiode verfügt werden. Mirabeau wies auf die Tatsache hin, daß die aus dem siebzehnten Jahrhundert stammenden Kolonialgesetze die Hautfarbe nicht erwähnten. Die Pflanzer hätten daher, als sie ihre Deputierten auswählten, nicht das Recht gehabt, freie Farbige vom Wahlrecht auszuschließen. Der Marquis de Montesquiou wollte den Kolonisten lediglich einen konsultativen Status zuerkannt wissen. Die Vertreter der Häfen waren nicht viel hilfsbereiter; Nairac aus Bordeaux etwa beharrte darauf, daß die Kolonien kein Teil von Frankreich seien. Die Pflanzer mußten sich mit einigermaßen grollenden sechs Deputierten begnügen. Diese sollten sich auch als ausreichend erweisen. Zu Jahresende sprach sich ein anderer Deputierter aus Nantes gegen die Schaffung eines Kolonialausschusses aus, was ihm vom Führer der Abordnung aus Saint Domingue die Schmähung eintrug, er sei ein Werkzeug des Außenministers. Royalisten, Kaufleute und Abolitionisten taten sich zusammen, um die Bestellung des Ausschusses zu verhindern, zumindest fürs erste. Eine Petition der Farbigen, in der sie für sich das Stimmrecht erbaten, wurde wohlwollend entgegengenommen.

Die antikoloniale Koalition zerbrach an der Frage des Sklavenhandels, der erheblich zum wirtschaftlichen Gedeihen der Atlantikhäfen beitrug. Nairac brachte die Sache gegen Ende 1789 zur Sprache, und zwei Monate später behauptete eine Abordnung aus Bordeaux, Sklaven seien Eigentum und das Gerede von Abschaffung könne leicht zu Aufruhr in den Kolonien führen und sei vielleicht nur ein heimtückisches Manöver der Briten, um sich des französischen Handels und der Kolonien zu bemächtigen. Tags darauf offerierte ein Kaufmann aus Nantes in einer wohlberechneten Rede vor dem Club der Jakobiner einen Handel: freie Hand für die Pflanzer im Austausch für weitere französische Kontrolle über den kolonialen Handel. In der darauffolgenden Debatte kritisierte Mirabeau, der den Sklavenhandel schon in seiner Zeitung verurteilt hatte, ihn neuerlich scharf. Wenig später erhob der Kolonialminister vor der Versammlung Klage darüber, daß die Kolonisten von Saint Domingue Selbstverwaltung im Inneren für sich forderten. Das brachte ihm die Unterstützung des Royalisten Cazalès – und machte es der Linken schwer, gegen eine repräsentative Regierung Stellung zu beziehen. Darauf revidierten die Deputierten ihre frühere Entscheidung gegen die Schaffung eines Kolonialausschusses. Dem Ausschuß, der von Pflanzern dominiert wurde, gelang es, seine Standpunkte als Expertenmeinungen zu präsentieren, und er wurde rasch zu einer mächtigen Lobby. Am 8. Mai 1790 entschied Barnave, der Freund und Verbündete der Lameths, eine wichtige Abstimmung für sich, wonach es keine Neuerung in der Kolonialpolitik ohne Anhörung der Kolonisten geben durfte. Duquesnoy zufolge war die Versammlung in zwei annähernd gleich große Lager gespalten, und der kolonialen Lobby gelang es, eine Abstimmung vorzeitig herbeizuführen, um Mirabeau daran zu hindern, von neuem gegen den Sklavenhandel zu wettern.

Die Koloniallobby gründete einen eigenen politischen Club im Hôtel Massiac, der die Politik koordinierte, sich um die Öffentlichkeitsarbeit kümmerte und einen Pressekrieg gegen Brissot führte, der den *Patriote Français* herausgab und ein führendes Mitglied der *Amis des Noirs* war. In einer Schmähschrift gegen Brissot schrieb der Wortführer der Deputierten aus Saint Domingue, der Marquis Gouy d'Arcy: „Die Pflanzer haben die Verantwortung für das Glück von einer Million Afrikanern übernommen. Die Schwarzen in den Kolonien haben niemals Elend oder Not erfahren.“ Mit anderen Worten, die Abschaffung wäre eine Grausamkeit gegen die Sklaven. Außerdem würde sie sechs Millionen Franzosen ruinieren und die Verfassung zunichte machen. Es war unwahrscheinlich, daß davon irgend jemand überzeugt wurde, der nicht ohnehin schon entschlossen war, es zu glauben, aber die Arbeit des Club Massiac könnte für den Umstand verantwortlich gewesen sein, daß eine zweite Abordnung von Farbigen im März 1791 einen weniger freundlichen Empfang erhielt als die erste.

Zu diesem Zeitpunkt war keine Rede mehr davon, die Sklaverei oder den Sklavenhandel abzuschaffen. Die Frage hatte sich darauf reduziert, ob den freien Farbigen politische Rechte zu gewähren seien, was wiederum von der Frage abhing, ob es den Kolonisten gestattet sein solle, ihre inneren Angelegenheiten selbst zu regeln. Schon das allein war ein bedeutender Sieg für die koloniale Lobby. Wenn sie auf ihrer eher riskanten Opposition gegen die Forderungen der Farbigen bestand, dann vermutlich deshalb, weil sie darin den Anfang einer unerwünschten französischen Einmischung sahen. Malouet, dessen Frau Besitzungen in Westindien gehörten, anerkannte die Aufrichtigkeit seiner Gegner, was in einigem Gegensatz zum Club Massiac stand, meinte jedoch, den Farbigen politische Rechte zu gewähren hieße zugeben, daß die Erklärung der Menschenrechte auch für die Kolonien gelte, was an sich schon logischerweise ein Ende der Sklaverei bedeuten würde.

Im Mai 1791 war die Kolonialpolitik Gegenstand mehrerer Debatten. Der Kolonialausschuß schlug am 7. vor, alle Fragen, die den Status der Person berührten, sollten den Versammlungen in den Kolonien vorbehalten bleiben. Diesmal schieden sich die Deputierten in Rechte und Linke, und die Linke, die glaubte, in der Minderheit zu sein, erreichte eine Vertagung der Debatte. Als diese vier Tage später wiederaufgenommen wurde, schienen alle bereit, die Glaubwürdigkeit der Notwendigkeit zu opfern, Unterstützung zu gewinnen. Gegen allen Augenschein beharrte die Linke darauf, daß die öffentliche Meinung in Bordeaux und Lorient für die Emanzipation der Farbigen sei. Barnave erwiderte, daß die Kolonien, wenn man sie nur in Ruhe ließe, ohnedies nach und nach ihre Sklaven freilassen würden; wenn nicht, würden die Siedler revoltieren. Obwohl Robespierre an seiner leidenschaftlichen Ablehnung der Sklaverei keinen Zweifel ließ, verschmähte er dennoch nicht das damit unvereinbare Argument, daß, wenn man die Farbigen zufriedenstellte, man ihre Unterstützung dabei gewinnen würde, die Sklaven niederzuhalten. Am 13. stimmte die Versammlung dafür, alle Fragen im Zusammenhang mit Sklaven der Initiative der Kolonisten zu überlassen, und der Vorsitzende schloß die Sitzung, noch ehe es zu einer Abstimmung über die Farbigen kommen konnte. Als die Debatte weitergeführt wurde, wurden diesen politische Rechte zugesprochen, aber da alle weiteren Zugeständnisse von der Zustimmung der Kolonisten abhängig sein sollten, war dies zumindest ein Teilerfolg für die Pflanzer. Trotzdem kündigten die Deputierten aus den Kolonien an, sie würden die Versammlung boykottieren.

Noch waren sie nicht geschlagen. Die Frage wurde am Ende der Session wiederaufgenommen, und dabei ahnt man einiges an Machinationen hinter den Kulissen. Am 25. August führten dreihundert Kaufleute aus Nantes in einer Petition Klage darüber, daß der Beschluß vom 15. Mai zu Bürgerkrieg, einer Gegenrevolution und zum Verlust von Westindien führen werde. Drei Tage später wurde der Kolonialausschuß um fünf neue Mitglieder erweitert, von denen drei innerhalb von vierundzwanzig Stunden wieder zurücktraten, mit der Beschwerde, daß der Ausschuß vollständig unter dem Einfluß von Pflanzern und Kaufleuten stehe. In den ersten Septembertagen legten beide Seiten wenig glaubwürdige Petitionen aus den Hafenstädten vor. Lanjuinais attackierte Barnave, der klagte, der Unfrieden in den Kolonien sei allein das Werk von Brissot. Alexandre Lameth und Barnave verlangten beide eine Überprüfung der am 15. Mai gefällten Entscheidung.

Am 24. September erhielten sie ihren Willen, und das Geschick der Farbigen wurde Versammlungen in den Kolonien anheimgegeben. Es war ein vollständiger Sieg für die koloniale Lobby, jedoch hatte sie nichts mehr davon. Viele der Plantagen auf Saint Domingue waren bereits durch Sklavenaufstände zerstört worden; in nicht einmal drei Jahren sollte die Sklaverei selbst abgeschafft und die Kolonie auf dem Weg in die Unabhängigkeit sein. Die Kolonialpolitik der Versammlung ist, trotz der letztlichen Entscheidung zugunsten der weißen Siedler, wohl kaum ein Beweis dafür, daß die Einstellung der Deputierten von Klasseninteressen geprägt war. Eher handelt es sich um ein einzelnes Beispiel für den Triumph einer politischen Lobby, die ein bestimmtes Gruppeninteresse betrieb. Als ein solches brach es die normalen Parteifronten auf, und die „Handelsbourgeoisie" aus den Hafenstädten verband sich mit den Konservativen aus den Kolonien und gewann die Unterstützung einzelner Deputierter, die sich selbst als Führer der Linken ansahen. Die Sache der Farbigen wurde von echten Abolitionisten wie Lanjuinais und Robespierre verteidigt, fand aber auch einige Unterstützung bei Royalisten, deren Hauptziel darin bestand, die autonomistischen Ambitionen der Kolonisten zunichte zu machen. Die Frage der Kolonien trug im Sommer 1791 mit Sicherheit dazu bei, den Streit zwischen der Linken und der extremen Linken zu verschärfen, doch hatte sie nicht viel mit seinen Ursachen zu tun. Die Dinge wären auf ganz ähnliche Weise weitergegangen, auch wenn es die Westindischen Inseln niemals gegeben hätte.

Die Deputierten in der Verfassunggebenden Versammlung behielten, wie die Mitglieder jedes anderen Parlaments auch, ihre wirtschaftlichen Interessen, individuelle und kollektive, immer im Auge. Sie hatten teil an der allgemeinen menschlichen Tendenz, anzunehmen, daß was ihnen zupaß kam, sich auf Prinzipien gründe, die in jedermanns Interesse seien. Bei ein oder zwei Gelegenheiten, als es etwa um das Geschick der Ostindischen Kompanie ging, waren sie recht freimütig in der Verteidigung der Gruppeninteressen, die sie vertraten. Das waren Lappalien. Es kam nicht oft vor, und die einzelnen Fragen, um die es dabei ging, nahmen nur einen winzigen Bruchteil der Zeit der Versammlung in Anspruch. Auf einer eher allgemeinen Ebene kann man mehr oder weniger plausibel argumentieren, daß der Wirtschaftsliberalismus, dem die große Mehrheit anhing, den Besitzenden eher zugute kam als den Besitzlosen. Es ist allerding keineswegs sicher, daß es den Armen besser gegangen wäre, wenn die Versammlung an den alten Methoden der Monarchie festgehalten hätte. In jedem Fall geht es hier nicht um Klassenkonflikte unter den Deputierten, sondern um die Beziehung zwischen der Versammlung insgesamt und der übrigen Bevölkerung. Die große Mehrheit der Deputierten kam aus einer einzigen wirtschaftlichen Schicht; viele, wenn nicht die meisten, bezogen ihr Einkommen zum Teil aus Landbesitz – was sie freilich nicht davon abhielt, diesen schwerer als in der Vergangenheit zu besteuern – und sie waren sich irgendeines grundlegenden Konflikts zwischen Landbesitzern und Kaufleuten oder Manufakturisten nicht bewußt, und zwar aus dem vortrefflichen Grund, daß es keinen gab. Wenn Wirtschaftsfragen ihr zentrales Anliegen gewesen wären, hätten sie nur wenig Gelegenheit für Streit gehabt. In Wahrheit spaltete die Versammlung sich in antagonistische Gruppen, die schließlich dahin kamen, daß sie alle Möglichkeiten für Kompromisse oder Zusammenarbeit ausschlugen. Diese Konflikte mögen, hin und wieder und auf unbeträchtliche Weise, durch Wirtschaftsfragen verschärft worden sein, ihr Ursprung jedoch und ihre Heftigkeit mußten auf andere Weise erklärt werden.

6 DIE KOMPROMISSLOSE IDEOLOGIE

Auf den ersten Blick mag es so aussehen, als hätten die Mitglieder der Verfassunggebenden Versammlung nur deshalb bei der politischen Theorie ihre Zuflucht gesucht, um mit dem Anschein von Achtbarkeit zu versehen, was immer ihnen gerade politisch zupaß kam. Jene, die die Betonung auf Vorsicht, Maßhalten und Kompromisse legen wollten, konnten üblicherweise Montesquieu zu ihrer Unterstützung anführen, während die Radikalen sich an Rousseau hielten, aber jede Seite war bereit, ihren Bannerträger im Stich zu lassen, wenn sie sich davon einen politischen Vorteil erhoffen konnte. In der Debatte über die Verfassung verspottete Mounier seine Rousseauistischen Gegner für ihre Behauptung, eine gewählte Versammlung könne Hüterin des Gemeinwillens sein, während das doch etwas war, das Rousseau selbst vehement bestritten hatte. Im Mai 1790, als sie gegen die Ernennung von Richtern durch den König opponierten, zitierten Barnave und Roederer zu ihrer Unterstützung Montesquieu, „die Lieblingsautorität der Rechten“, „ein Schriftsteller, der sich immer nur gegen die Meinung des Volkes stellt“, und Cazalès erwiderte, Rousseau, „ein Philosoph, der dieser Versammlung nicht suspekt ist“, habe Könige als natürliche Richter bezeichnet. Geschickt Punkte in der Debatte zu sammeln, auf viel mehr lief das alles nicht hinaus.

Derlei Schüsse aus dem Hinterhalt fielen am Rande der Hauptschlacht, die über die Frage geschlagen wurde, wo der Gemeinwille anzusiedeln sei. Selbst hier erzwangen die Erfordernisse der Politik einige verblüffende ideologische Verrenkungen. Sobald sie einmal eine Mehrheit erlangt hatte, stellte die Linke gewöhnlich die Behauptung auf, das Volk habe seine Deputierten mit der Ausübung der Souveränität betraut. Ihre Gegenspieler prangerten das als Häresie gegen die Lehren Rousseaus an und behaupteten, der Gemeinwille komme allein in den *cahiers* zum Ausdruck. Politisch gesprochen hieß das, daß in den *cahiers* eine traditionelle Sicht der weitreichenden Machtbefugnisse des Königs vorherrschte, die die Rechte absichern wollte. Um deren Beschneidung zu rechtfertigen, argumentierte die Linke, der nationale Aufstand von 1789 habe eine neue Situation geschaffen, und tat die *cahiers* als zur Vorgeschichte der Revolution gehörig ab. Sie reklamierten die Unterstützung der öffentlichen Meinung für sich, was in einem allgemeinen Sinne plausibel war, wenn auch unüberprüfbar, wo es um Einzelfragen ging, und gelangten schrittweise dahin, die Volkssouveränität in der Versammlung selbst anzusiedeln. Wann immer es für ihre Zwecke paßte, verkehrten beide Seiten allerdings ihre theoretischen Argumente ins Gegenteil. Als etwa die Bürger von Arnay-le-Duc die Tanten des Königs daran zu hindern versuchten, nach Rom abzureisen, gab sich die Rechte schockiert über diesen Verstoß gegen die Souveränität der Versammlung, während die Linke diesem besonderen Beispiel für die Wiederinbesitznahme der Souveränität durch das Volk ihren Beifall zollte.

Solche Vorkommnisse waren zufällige Beispiele für die grundlegenden Unklarheiten, die über der gesamten Arbeit der Versammlung lasteten. Es war den Deputierten theoretisch wie praktisch unmöglich, mit auch nur einiger Klarheit die Situation zu bestimmen, in der sie sich befanden. Nach dem Juliaufstand und dem Zusammenbruch der königlichen Autorität nach Versailles zusammengerufen, um den König zu beraten, fanden sie sich nun verantwortlich für die Führung des Landes. Nachdem er nach Paris gebracht worden war, schien der König, was immer auch seine tatsächlichen Gefühle sein mochten, seine Lage zu akzeptieren und erklärte sogar seine Unterstützung für die Versammlung. Gleichzeitig war den Deputierten auf das eindringlichste bewußt, daß sie dabei waren, Revolution zu machen. Als Revolutionäre waren sie die Sieger in einem – glücklicherweise nahezu unblutigen – Konflikt, ohne alle Verpflichtungen gegenüber der unterlegenen Partei und ausgestattet mit einer Machtfülle, die in letzter Konsequenz auf Gewalt beruhte. Das war nun nicht etwas, das viele von ihnen bereit gewesen wären, sich einzugestehen. Sie zogen es vor, damit zu argumentieren, daß die Julikrise auf ein Mißverständnis zurückgegangen sei und es keinen Bruch der Kontinuität in der Regierung gegeben habe. Frankreich blieb weiter eine Monarchie, wie es das seit Jahrhunderten gewesen war; der König saß immer noch auf seinem Thron; die Nation war geeint, und die Versammlung sprach in ihrem Namen, und was immer die Deputierten unternahmen, mußte durch irgendeine Art von verfassungsmäßigem Verfahren gerechtfertigt werden. Als die Sitzung sich ihrem Ende zuneigte und die ehemaligen Führer der Linken den Zeitpunkt für gekommen hielten, mit dem König einen Handel abzuschließen, nahm diese Ambivalenz eine andere Gestalt an. Es *hatte* eine Revolution gegeben, in deren Verlauf es bisweilen notwendig gewesen war, zu aufrührerischen Mitteln zu greifen, um den Widerstand von Konterrevolutionären zu überwinden, doch nun war die Revolution vorüber, und fortan bestand Bedarf an Ordnung und Schutz für die Rechte aller. Die gefährliche Maxime *Salus populi suprema lex*, womit immer sie auch in der Vergangenheit gerechtfertigt worden sein mochte, hatte keine Geltung mehr. In Situationen, die so komplex, verworren und veränderlich waren, ließen sich Entscheidungen nur auf einer taktischen Einschätzung dessen, was jeweils machbar war, begründen. Die Theorie war zu krude und zuwenig flexibel, als daß sie von großem Nutzen hätte sein können, und eine konsequente Strategie zu verfolgen verlangte einige taktische Wendigkeit. Rückblickend meinte Mounier, von allen politischen Abhandlungen sei der Gesellschaftsvertrag diejenige gewesen, die am öftesten und mit der meisten Zustimmung zitiert wurde, doch das französische Volk hätte auch dann seine Souveränität proklamiert, wenn er nie geschrieben worden wäre. Das mag stimmen, aber es ist nicht die ganze Wahrheit. Jede politische Situation hat ihre eigenen Gebote und Zwänge, doch die Situationen selbst ergeben sich zum Teil daraus, wie Menschen über Politik denken. Möglichkeiten werden erst möglich, wenn man sie als solche erkennt, und Imperative sind die notwendigen Mittel, um Zwecke, wie die Menschen sie sehen, zu erreichen. Die politische Theorie war mehr als eine verschlüsselte Sprache, in der über anderes geredet wurde. Es war die Sprache, in der die Revolutionäre dachten, und wer das übersieht, wird nie verstehen, was sie zu tun versuchten.[47]

Fast alle von ihnen glaubten an irgendeine Art von Volkssouveränität. Für die Linke stand diese unumstößlich fest, und sie wurde auch von den Anhängern einer konstitutionellen Monarchie und von vielen Royalisten akzeptiert. Malouet schrieb in einem Brief an seinen Wahlkreis: „Der Wille einer gesamten Gesellschaft oder der Mehrheit ihrer Mitglieder ist ein Akt der Souveränität und wird es immer bleiben." Mounier bezeichnete die Ansicht, wonach der Ursprung der Souveränität in der Nation liege, als „unleugbare Wahrheit". Royalisten wie Montlosier, der meinte: „Alles Recht geht vom Volke aus", waren derselben Meinung, und der Comte d'Antraigues erklärte, dies sei die einstimmige Sicht der Versammlung. Ganz recht hatte er damit nicht: einige wenige Chevaliers wie d'Eprémesnil meinten immer noch, das Volk sei nicht berechtigt, sich eine andere Regierung zu geben, und der Abbé Maury, der streitbarste Wortführer der extremen Rechten, war in seinen Ansichten ambivalent. Als er in einer Rede, in der er zweimal auf Rousseau verwies, die Behauptung aufstellte, die Rechte des Klerus würden sich auf den Volkswillen gründen, versuchte er vermutlich nur, über seinen Mitklerikern den sichersten Schutzschirm aufzuspannen, den er gerade zur Hand hatte. Ende 1789 vergaß er sich so vollständig, daß er meinte: „Alle Macht geht vom Volk aus und gehört dem Volk." In seiner *Opinion sur la Souveraineté du Peuple* (Ansichten über die Volkssouveränität), die er nach Ende der Sitzung verfaßte und die erst nach seinem Tod erschien, schlug er freilich eine ganz andere Richtung ein. Darin verurteilte er die Volkssouveränität als ein „unheilvolles und illusorisches Prinzip", das sich „mehr aus den Worten als der Gedankenführung eines Genfer Visionärs" herleite, „von dessen Jüngern die meisten ihn nicht verstehen . . . der sich selber nicht immer verstand".

Der Glaube an die Volkssouveränität konnte alles oder nichts bedeuten. In seiner spezifisch Rousseauistischen Form zog er den Glauben an die Souveränität des Gemeinwillens nach sich; ein Ausdruck, der immer wieder aufs neue in den Debattenprotokollen auftaucht. Das wiederum hatte verschiedenes zur Folge: Zunächst wurde dadurch die Existenz eines einzigen nationalen Interesses postuliert. Sobald dieses einmal feststand, war jedermann moralisch verpflichtet, es über seinen persönlichen Vorteil oder den einer Gruppe zu stellen. Solange die Idee vom Gemeinwillen nicht mehr bedeutete als das, war sie weder besonders gefährlich noch besonders nutzbringend, da dies auf nicht mehr hinauslief als eine Aufforderung, zuerst an die Gemeinschaft zu denken. Schwierig wurde es erst, wenn man versuchte, diesem moralischen Willen einen politischen Standort zuzuweisen. Die Deputierten übertrugen, ebenso wie Rousseau, wenn er sich vergaß, der Mehrheit in der Versammlung Rechte und Pflichten, die ursprünglich mit einem metaphysischen Konzept verknüpft gewesen waren. Das mußte praktisch zwangsläufig geschehen, wenn man versuchte, die Ideen des *Gesellschaftsvertrags* auf eine reale politische Situation anzuwenden. Der Marquis de Castellane war nur ein Deputierter unter vielen, die die beiden Vorstellungen von der Volkssouveränität und dem Gemeinwillen zu einer verschmolzen: „Das Volk hat uns seine Macht übertragen. Der Gemeinwille ist immer weise und vernünftig." Mit anderen Worten, die Versammlung war unfehlbar und der alleinige Richter darüber, was gut für das Land als Ganzes war. Was die Sache zusätzlich komplizierte, war der Umstand, daß die Deputierten, ebenso wie Rousseau, glaubten, bei jeder größeren Revolution gehe es ebensosehr um Moral wie um Politik. Wollte sie obsiegen, dann mußte sie die Gesellschaft erneuern. Die Souveränität des Gemeinwillens zog daher eine neue moralische Ordnung nach sich, bei der die allgemeine Sorge um das Gemeinwohl an die Stelle partikularistischen Vorteilsdenkens treten würde. Das, mehr als alles andere, war es, was die Deputierten mit der Überzeugung beseelte, daß sie für die Erlösung Frankreichs arbeiteten, und am Beispiel Frankreichs für die der ganzen Menschheit, und was ihrer Revolution eine historische Dimension verlieh, die sie bis heute nicht ganz verloren hat. Malouet hatte etwas von diesem neuen Geist bereits Ende 1788 mitbekommen. „Eine Kraft im Denken und Fühlen, die anders ist als alles bisher, ist in unserer Mitte entstanden. Sie wirkt im Einklang mit dem Gemeinwillen." Als die Revolution einmal im Gange war, entwickelte sich dieser Geist zu etwas, das zugleich übersteigertes Sendungsbewußtsein und Ausdruck kollektiven Stolzes und nationaler Selbstzufriedenheit war. Mit praktisch denselben Worten sagten Duport und Robespierre, die Freiheit und das Glück der Welt hänge am Geschick der „ersten Versammlung des Universums". Von Männern, die die Dinge allen Ernstes so sahen, konnte man kaum Toleranz gegenüber Widerspruch oder Opposition erwarten.

Das Gefühl, eine einzigartige Bestimmung zu haben, vergrößerte noch ihre Ungeduld mit denen, die nichts von Sieyès' Ratschlag hören wollten, Frankreich möge nur an „das Schöne und Gute" denken, und die meinten, es möge von der Erfahrung anderer Länder lernen. Im Europa von 1789 bedeutete das Großbritannien, das Vorbild Montesquieus und die einzige konstitutionelle Monarchie von einiger Bedeutung. Wie Necker es rückblickend formulierte: „Das britische Regierungssystem bot sich dazu an, der Verfassunggebenden Versammlung als Beispiel zu dienen, doch sie strebte nach der Ehre, eine Volksversammlung zu sein. Sie wollte Numa Pompilius, Solon und Lykurgos vergessen machen und mit ihrem Ruhm alle anderen Gesetzgeber der Vergangenheit, Gegenwart und Zukunft in den Schatten stellen." Die Hingabe der Mehrzahl der Deputierten an das, was ihre Kritiker „schimärische Vollkommenheit" nannten, war zugleich Ursache und Wirkung ihrer Vorliebe für Rousseau, der den Briten nie viel Beachtung geschenkt hatte. Sie waren verständlicherweise irritiert, wenn Männer wie Mounier nicht müde wurden, auf die Vorzüge ihrer Nachbarn zu veweisen: „Ich spreche hier nur mit den Worten Montesquieus. Die britische Verfassung ist die natürliche Verfassung für jede Monarchie, die aus der feudalistischen Finsternis in die politische Freiheit eingetreten ist." Einige von ihnen wußten über die Gepflogenheiten im „korrupten alten England" hinlänglich Bescheid und meinten, daß, was immer die Briten auch für Bürgerrechte genießen mochten, ihr politisches System nicht gerade ein Aushängeschild für *vertu* sei. Generationenlanger Krieg und Handelsrivalität ließen sich nicht leicht vergessen, und die hartnäckige französische Ambivalenz gegenüber England war bereits wieder zu erkennen. Im großen und ganzen waren die Deputierten England wohlgesinnt, und Le Chapelier wurde dafür kritisiert, daß er die Briten „unsere Rivalen und Feinde" nannte – er war Bretone, und seine Landsleute hatten mehr als die meisten anderen unter dem Krieg zur See zu leiden gehabt –, doch es gab viel Applaus, als ein anderer Deputierter England für den Fall eines Krieges eine Invasion androhte.

Der Glaube an die Volkssouveränität und die Allmacht des Gemeinwillens machte es schwierig zu entscheiden, was mit dem König geschehen solle. Rabaut Saint-Etienne meinte: „Die Nationalversammlung litt unter dem furchtbaren Nachteil – der sie lange Zeit behinderte –, eine Monarchie begründen zu müssen, als es schon eine Monarchie gab." Das Gottesgnadentum wurde von allem Anfang abgelehnt. Maury, der anscheinend viele seiner Ideen von Bossuet bezog, verteidigte es in seiner *Opinion sur la souveraineté du Peuple,* jedoch nicht in der Versammlung selbst, und sein royalistischer Mitstreiter Cazalès tat es als „lächerliches Märchen" ab. Gewohnheitsrecht und Tradition schieden ebenfalls als Legitimitätsfaktoren aus, da alles, was dem Gemeinwillen zuwiderlief, automatisch ungültig war. Mirabeau vertrat dies mit besonderem Nachdruck: „Es gibt keinen Akt der Gesetzgebung, den eine Nation nicht widerrufen könnte; sie kann, wann immer sie will, ihre Gesetze ändern, ihre Verfassung, ihre Organisation, ihren Regierungsapparat – alles, was nur eine Auswirkung des Gemeinwillens ist, muß aufhören, sobald sich dieser Wille ändert." Gleichzeitig waren praktisch alle davon überzeugt – das war einer der wenigen Punkte, in denen Montesquieu und Rousseau übereinstimmten, daß ein Land von der Größe Frankreichs nur eine Monarchie sein könne. Als sie 1791 zurückschauten, meinten einige der Deputierten, sie hätten besser daran getan, die bestehende Monarchie aufzuheben, um sie zu ihren Bedingungen wiedereinzusetzen. Im nachhinein konnten sie leicht klüger sein. 1789, als sie glaubten oder zumindest hofften, sie würden den König mitschleppen können, hätten nur wenige so weit gehen wollen, oder wären bereit gewesen, es zu riskieren.

Das brachte sie in eine unmögliche Lage. Die *cahiers* hatten den Fortbestand der Monarchie als sicher angenommen, und es dauerte lange, bis die persönliche Popularität Ludwigs XVI. dahingeschmolzen war. Aus praktischen wie theoretischen Gründen war die Versammlung sehr darauf bedacht, sich als die Stimme eines geeinten Landes zu präsentieren, die mit dem König in Harmonie war, und nicht als Siegerin in einem Machtkampf. Gleichzeitig glaubte sie, alle Minister, selbst die aus ihren eigenen Reihen, seien begierig darauf, den königlichen Absolutismus wiederherzustellen. Niemand, höchstwahrscheinlich nicht einmal der unselige Ludwig XVI. selbst, konnte sich ganz sicher darüber sein, wo der König stand. Malouet meinte, die Wähler hätten der Versammlung die Verpflichtung auferlegt, die königliche Autorität zu respektieren, doch habe der König, nachdem er seine Untertanen zur Freiheit aufgerufen hatte, nicht das Recht zu sagen, er wolle nicht, daß sie frei seien. Das war nicht sehr hilfreich. Es wurde auch oft gesagt, sowohl der König als auch die Deputierten würden auf verschiedene Weise den souveränen Willen des Volkes repräsentieren. Auch das half nicht viel weiter. Wenn es dem König freistand, die Vorschläge der Versammlung, einschließlich ihres Verfassungsentwurfs, zurückzuweisen, dann war Frankreich immer noch eine absolute Monarchie. Wenn er akzeptieren mußte, was immer die Versammlung wollte, dann war es in Wirklichkeit eine Republik. Wenn die Deklaration der Menschenrechte das war, was sie zu sein behauptete, dann war sie eine Feststellung der unveräußerlichen Rechte, die alle Mitglieder jeder politischen Gesellschaft genossen. Es ergab nicht viel Sinn, zu sagen, daß im Frankreich von 1789 solche Rechte vom guten Willen des Königs abhingen.

Die Übersiedlung des Königs nach Paris nahm ihm seine Bewegungsfreiheit, ohne seine Autorität ausdrücklich zu beschneiden. Seitdem unterzeichnete er, was immer man von ihm verlangte, aber das bedeutete lediglich, daß der Konflikt im Untergrund weiterschwelte. Seine Stellung war fortan der wichtigste Konfliktgegenstand zwischen der Linken und der Rechten und vielleicht der Hauptgrund für die Spaltung zwischen ihnen. In einer Frage nach der anderen behauptete die Rechte, da Frankreich kraft des Willens seines Volkes eine Monarchie sei, sei jedes Vorgehen der Versammlung, das den König der Mittel zu regieren beraubte, illegitim, weil gegen den Gemeinwillen gerichtet. Die Linken denunzierten das als Weigerung, die demokratische Entscheidung der Mehrheit zu akzeptieren, und als Ablehnung der Revolution, deren Hüter sie seien. Daraufhin bezichtigten die Monarchisten sie des heimlichen Republikanismus. Beide Seiten hatten in einigem recht, allerdings in weniger, als jede von ihnen glaubte. Die Rechte hatte mehr die Logik auf ihrer Seite, aber die Linke traute dem König oder zumindest seinen Ministern nicht, und sie war nicht gewillt, der Exekutive genug Macht einzuräumen, um Veränderungen rückgängig zu machen, denen sich alle, oder fast alle Deputierten verschrieben hatten. Je mehr sie dem König von der Autorität nahmen, die theoretisch der Exekutive zugekommen wäre, desto mehr machten sie ihn sich zum Feind und reizten ihn zum Widerstand. Als die Behauptungen auf beiden Seiten schriller und wütender wurden und die Verdächtigungen zunahmen, schienen sie das Mißtrauen zu bestätigen, dessen Ergebnis sie waren.

Vom unlösbaren Problem der königlichen Autorität einmal abgesehen, blieb durch die Doktrin von der Souveränität des Gemeinwillens der Status der Versammlung im Grund ungeklärt. Wenn das Volk souverän war, wie sollte es dann seinen Willen kundtun? In Einzelfragen hätte man theoretisch durch ein Referendum seine Meinung einholen können, doch hatte dies wenig Befürworter. Die organisatorischen Probleme, die derartige Befragungen mit sich gebracht hätten, waren mit den Mitteln, die einer Gesellschaft im achtzehnten Jahrhundert zu Gebote standen, praktisch nicht zu lösen, und selbst der Vorschlag, über die Verfassung selbst ein Referendum abzuhalten, fand nur wenig Unterstützung. Unregelmäßige Volksabstimmungen dieser Art wären für die Versammlung auch nicht von großem Nutzen bei der Erledigung tagtäglicher Angelegenheiten gewesen. Ihr Hauptgeschäft war es, eine Verfassung zu entwerfen, doch hatten die Ereignisse ihr eine wesentliche Beteiligung an der Regierung des Landes aufgezwungen; ministerielle Anweisungen, die sie nicht bestätigte, blieben häufig unbeachtet. Die Aufgaben eines *Parlement* wahrzunehmen, verlangte ständig Entscheidungen über Detailfragen, bei denen es unmöglich war, die Meinung des Volkes einzuholen.

Getreu der Lehre Rousseaus, daß die Souveränität unveräußerlich sei und der Gemeinwille nicht repräsentiert werden könne, beharrte die Rechte darauf, daß die Befugnisse der Versammlung darauf beschränkt seien, den nationalen Willen zu vollziehen, wie er in den *cahiers* zum Ausdruck gekommen sei. Dabei ignorierte man bequemerweise die Tatsache, daß die *cahiers* selbst weit davon entfernt waren, einmütig zu sein. Der Rechten zufolge war alles, was über die Mandate hinausging, die den Deputierten ursprünglich von ihren Wählern erteilt worden waren, eine Usurpation von Macht durch die Versammlung, deren verfassungsmäßiger Status darin bestehe, den König zu beraten. D'Eprémesnil, für jedermann ein peinlicher Verbündeter, behauptete, die Monarchie habe die vergangenen tausendfünfhundert Jahre hindurch Billigung durch den Volkswillen erfahren, wodurch die späteren römischen Kaiser zu den ersten Königen von Frankreich avanciert wären. Cazalès gab sich, historisch einleuchtender, mit achthundert Jahren zufrieden. Von der extremen Rechten bis zu Malouet, ja bis hin zu Mirabeau, wenn er einmal den Royalisten hervorkehrte, riefen Deputierte der Versammlung ins Gedächtnis, daß sie nicht die Nation sei. Das war eine brauchbare Rute, um damit die Rousseauisten auf der anderen Seite zu züchtigen, aber nur wenige von denen, die sie schwangen, waren bereit, dem König das letzte Wort über die Verfassung zu überlassen. Schließlich waren sie die ersten gewesen, die 1787, als d'Eprémesnil zu den ungestümeren unter ihren Führern gezählt hatte, der königlichen Autorität den Kampf angesagt hatten. Mounier war sogar bereit zuzugeben, daß die Versammlung, soweit es die Verfassung betraf, als Volksversammlung gelten konnte. Die Linke konnte nicht vergessen, daß ihre Macht von ihren Siegen über den König herrührte. Obgleich sie das nicht geradeheraus sagten, und nicht einmal vor sich selbst eingestehen mochten, suchten die Deputierten doch nach Wegen, ihre Stellung zu legitimieren. Sieyès hatte das Problem in seinem berühmten Pamphlet *Was ist der Dritte Stand?* vorausgesehen, in dem er eingeräumt hatte, einer Zusammenkunft der Generalstände würden lediglich beratende Aufgaben zukommen. Seine eigene Lösung, die er im Sommer 1789 wiederholte, bestand darin, daß die Versammlung die Wahl eines Verfassungskonvents anordnen sollte. Nach britischem und amerikanischem Beispiel war ein Konvent eine souveräne Versammlung, betraut mit der Vorbereitung oder Änderung der Verfassung eines Landes. Als eine solche gingen ihre Befugnisse über die eines gewöhnlichen Parlaments hinaus, doch blieben sie, wie die Rechte eilends hervorhob, strikt auf Verfassungsfragen beschränkt.

Die Umstände zwangen die Versammlung als Ganzes dazu, ihr Tun auf der Annahme zu begründen, sie sei dazu berechtigt, eine Verfassung auszuarbeiten, die der König weder abändern noch ablehnen dürfe. Die Linke ging darüber noch weit hinaus und behauptete, die Versammlung sei ein Volkskonvent, eine Körperschaft, der die Nation ihre souveränen Rechte übertragen habe. Daher komme ihr unumschränkte Macht in jedem Bereich zu, in dem es ihr beliebte, diese auszuüben. 1790 meinte Mirabeau, daß die Generalstände zu einem Volkskonvent geworden seien, als die Deputierten den Eid auf dem Tennisplatz leisteten, weil dieser notwendig für die Rettung des Landes gewesen sei. Damit berief er sich ganz unverblümt auf die gefährliche Doktrin *Salus populi suprema lex*, die sich dazu benutzen ließ, zu rechtfertigen, was immer die Mehrheit für notwendig erachtete. Die Versammlung war nach Mirabeau nur sich selbst verantwortlich und nur dem Urteil der Nachwelt unterworfen. Das wurde schließlich anerkannte Lehre der Linken. Gegen Ende 1790 erklärte ein Deputierter aus Toulon: „Es ist an der Zeit für die Versammlung, durch den einhelligen Wunsch aller Franzosen zu einer verfassunggebenden Gewalt erhoben, durch ein positives Gesetz bekanntzumachen, was die Rechte jener sind, die mit der ausführenden Gewalt betraut sind.“ Das war vielleicht eine richtige Einschätzung der Machtverteilung; als historischer Nachweis des Ursprungs der Autorität der Versammlung war es völlig aus der Luft gegriffen.

Für die Rousseauisten konnte es nur einen Gemeinwillen geben. Da darin zum Ausdruck kam, was tatsächlich im Interesse der Gemeinschaft insgesamt war, war dieser per Definition schon alles, was er sein sollte, und galt für jeden Bereich des sozialen und politischen Lebens. Von diesem Ausgangspunkt aus schritt die Linke fort zu der vollständig un-Rousseauistischen Annahme, die ein Deputierter so formulierte: „Was immer das Volk in einer (direkten) Demokratie selbst tut, muß es (in Frankreich) durch seine Repräsentanten tun.“ Daraus folgte, wie Mirabeau sagte, daß die Deputierten im Namen der ganzen Nation sprachen und den Gemeinwillen zum Ausdruck brachten. Die Versammlung genieße daher alle Befugnisse, die den „ersten Menschen, die die französische Nation schufen“ zugekommen waren. Im Zuge der Debatten über die Reorganisation der Kirche wurde sogar die Ansicht vertreten, daß die Deputierten berechtigt seien, die Religion in Frankreich zu ändern, wenn sie es wünschten, da dies etwas sei, das zu tun auch dem Volk selbst jederzeit freistand. Man kann natürlich sagen, daß, nachdem die Versammlung nichts Derartiges beabsichtigte, das nichts als heiße Luft war, ein bloß rhetorischer Schnörkel in einer politischen Linie, die man aus gänzlich pragmatischen Gründen verfolgte. Das freilich hieße, der Revolution die messianische Dimension zu nehmen, der sie ihre Einzigartigkeit verdankt. In gewisser Hinsicht waren die Deputierten nüchtern denkende Männer, die versuchten, praktische Lösungen für praktische Probleme zu finden, aber wer sich nicht vor Augen hält, daß die meisten von ihnen gleichzeitig auch davon überzeugt waren, sie seien dabei, Himmel und Erde neu zu erschaffen, wird sie nicht einmal ansatzweise verstehen lernen. Es war nicht ihre Schuld, daß es ihnen nicht gelang, zufriedenstellende theoretische Antworten auf Fragen zu finden, die stabilere Gesellschaften sich leisten konnten, gar nicht erst zu stellen. Sie alle widersprachen sich lieber, als daß sie politischen Selbstmord begingen, wenn die Theorie darauf hinauslief. Es waren die Umstände ebenso wie die Überzeugungen, die die Rechten wie Pragmatiker und die Linken wie weltfremde Eiferer aussehen ließen. Auf ihre verschiedenen Weisen hatten sich beide dem Ziel verschrieben, so etwas wie eine ideale Gesellschaft zu schaffen. Darauf wollten sie ihren Ruhm begründen, und das war einer der Hauptgründe für die Heftigkeit ihres Hasses gegeneinander.

Die Deputierten der Linken setzten daher den Gemeinwillen mit der Meinung der Versammlung gleich, und – um wieder Mirabeau zu zitieren – solange sie dem Gemeinwillen die Treue hielten (und sie waren die einzigen, das zu beurteilen), erfreuten sie sich „beinahe veritabler Diktatorenrechte". „Beinahe" war eher ein Zugeständnis an die Bescheidenheit als ein Eingeständnis, daß diesen Grenzen gesetzt waren; im Sinne des alten Rom, wo eine Diktatur die Aussetzung der normalen Schutzbestimmungen der Verfassung nach sich zog, gab es, was die Autorität der Versammlung anlangte, kein „beinahe". Wie Mirabeau selbst bei anderer Gelegenheit sagte: „Niemand kann der Nation Beschränkungen auferlegen. Keine Macht der Erde, nicht einmal die ausführende Gewalt [d. h. der König] hat das Recht, den Repräsentanten der Nation ‚ich will es so' zu sagen." Es brauchte nur zwei Sätze, um die Nation auf tausendzweihundert Deputierte zu reduzieren.

In Wahrheit war die Versammlung natürlich niemals einmütig. Wie jedes andere Parlament fällte sie Mehrheitsentscheidungen. Wenn diese Entscheidungen automatisch mit dem Gemeinwillen gleichzusetzen waren, dann konnte es sich bei diesem nur um den Willen der Mehrheit handeln. Alexandre Lameth sprach das auch mit genau diesen Worten aus: „Der Wille der Versammlung ist Ausdruck des Gemeinwillens. Was immer eine Handvoll Leute sagen mag, die Meinung der Mehrheit der Repräsentanten der Nation ist Ausdruck des Gemeinwillens." Sieyès drückte dieselbe Idee auf seine mehr abstrakte Weise aus: „Jede Gesellschaft kann nur ein Gemeininteresse haben ... die gesellschaftliche Ordnung zieht notwendigerweise Einheitlichkeit in den Zielen und Übereinstimmung über die Mittel nach sich." Von denen, die sich zusammenfanden, um eine Gesellschaft zu bilden, sei daher anzunehmen, sie hätten den Mitteln ebenso zugestimmt wie dem Zweck, und das impliziere Mehrheitsentscheidungen. „Der Gemeinwille ergibt sich aus dem Willen der Mehrheit." Zwar hatte Rousseau das bestritten, aber wenn seine Theorien auf die tatsächliche Regierung eines Landes Anwendung finden sollten, ist schwer vorstellbar, was die Deputierten sonst hätten tun können. Wenn man die fatale Ambivalenz bei der Definition des Gemeinwillens zwischen einer tatsächlichen parlamentarischen Mehrheit (die, wie die Deputierten nur allzu gut wußten, durch Rhetorik, Beeinflussung und, gelegentlich, durch Einschüchterung zustande kam) und dem, was dem Wohl einer Gesellschaft als Ganzes wahrhaft zuträglich war, akzeptierte, so folgte daraus, daß jede Mehrheitsentscheidung nicht nur Ausdruck einer politischen Präferenz war, sondern ein Hinweis darauf, was die Minderheit selbst hätte wollen sollen, wenn es ihr wirklich um das Gemeinwohl ging. Es stand der Minderheit demnach frei, ein Gesetz zu debattieren, aber sobald es einmal angenommen war, genügte es nicht, wenn sie sich lediglich darunter fügte. Sie war nicht berechtigt, es zu kritisieren oder für seine Aufhebung zu kämpfen. Die Deputierten – und nachfolgende Historiker – neigten dazu, das Resultat aller Entscheidungen der Versammlung zu einer Art metaphysischem Gebilde, genannt „die Revolution", zusammenzufassen. Jede Opposition gegen oder Kritik an irgendeinem Bereich der Politik der Versammlung war demnach Opposition gegen „die Revolution", und da die Revolution das Werk des souveränen Volkes war, das der Versammlung seine Machtbefugnisse übertragen hatte, war in irgendeinem Bereich Opposition gegen sie zu machen gleichbedeutend damit, sich als Volksfeind zu erkennen zu geben. Ein Deputierter, der gegen irgendeine politische Vorgangsweise protestierte, war „ein Untertan, der versuchte, den Souverän zu binden". Protest, Opposition oder auch nur Vorbehalte auszudrücken war „eine Verschwörung gegen die gesetzgebende Gewalt". Daß man der Minderheit derart das Recht verweigerte, an ihren Überzeugungen festzuhalten, ergab sich nicht aus einer besonderen politischen Situation, sondern war die Konsequenz einer bestimmten Ideologie. Es trug bedeutend dazu bei, der Rechten wie der Linken die Überzeugung zu geben, daß es um einen Konflikt zwischen zwei völlig unversöhnlichen Standpunkten ging. Jeder war davon überzeugt, der andere habe nicht das Recht, so zu denken, wie er es tat. Mirabeau drückte das alles sehr klar aus: „Wenn es unmoralisch ist, gegen sein Gewissen zu handeln, ist es deshalb nicht weniger unmoralisch, seinen Gewissensentscheidungen falsche und willkürliche Prinzipien zugrunde zu legen. Die Verpflichtung, sich ein Gewissen zu bilden, kommt von der Verpflichtung, ihm zu folgen." Die Inquisition hätte es wohl kaum besser formulieren können. Da für Rousseauisten Moral und Politik zwei Aspekte ein und derselben Sache waren, war Opposition nicht nur illegitim, sondern böse, und jeglicher Kompromiß war ein Pakt mit dem Teufel.

Die Minderheit war daher nicht berechtigt, überhaupt gegen irgend etwas zu protestieren, da sie strenggenommen überhaupt kein Recht hatte zu existieren, sobald sie sich einmal als Minderheit erwiesen hatte. Mirabeau sagte, jene, die ihn unterbrachen, würden „die souveräne Mehrheit der Nation" beleidigen. Das war mehr als eine politische Fiktion, die der Linken für ihre Zwecke gelegen kam. Es war Bestandteil der Rousseauistischen Atmosphäre, in der jedermann sich bewegte, und die Rechte war ebenso überzeugt davon, daß ihre Gegner nicht berechtigt seien, so zu denken, wie sie es taten, und gezwungen werden sollten, frei zu sein. 1789 hatten Gemäßigte wie der Erzbischof von Aix und Lally-Tollendal den Gemeinwillen in der Versammlung angesiedelt und der Opposition jedes Recht auf Protest abgesprochen. Das war zu einer Zeit, als die politische Lage noch im Fluß war und niemand sich andauernd in der Minderheit sah. Ende

1790 hatte die Linke die Hoffnung, sich eine dauerhafte Mehrheit geschaffen zu haben, und Alexandre Lameth steuerte die klarste Definition der neuen herrschenden Lehre bei. Opposition sei nur legitim in der Gestalt von Widerstand gegen Despotie.

Eine Partei, die sich nur gegen den Gemeinwillen stellt, die sich nur den Gesetzen des Staates widersetzt, die die ganze Zeit versucht, die Arbeit der Versammlung zu hemmen und die Ausführung ihrer Beschlüsse zu verhindern, mit anderen Worten, den Zustand der Ungewißheit, der mit einer Revolution untrennbar einhergeht, soweit sie kann, zu verlängern, eine solche Opposition ist unheilvoll, sie ist frevelhaft.

An dem, was er sagte, war etwas dran – einige seiner Widersacher trachteten zu diesem Zeitpunkt mit allen Mitteln, die ihnen zu Gebote standen, danach, die Revolution rückgängig zu machen, und selbst jene, die selber nicht zur Gewalt greifen wollten, wären bereit gewesen, daraus ihren Vorteil zu ziehen, wenn andere es taten. Einige auf der Rechten hatten sich nunmehr für eine *politique du pire* („Politik des Schlimmeren", Eskalationsstrategie) entschieden. Sie versuchten nicht mehr, den Schaden in Grenzen zu halten, und begrüßten extreme Maßnahmen, von denen sie hofften, sie würden die Versammlung diskreditieren und die Gegenrevolution beschleunigen, die sie nunmehr für notwendig hielten. Ihr Gefühl von Isolation, Empörung und Entfremdung hatte nur zum Teil mit der Verteidigung von Interessen zu tun, denen durch das Vorgehen der Versammlung Schaden zugefügt worden war. Es war auch ein Protest gegen die Anmaßung einer moralischen Überlegenheit, aus der heraus ihre Gegner ihnen das Recht auf eine eigene Meinung abstritten.

Da das souveräne Volk keine Möglichkeit erhielt zu sagen, was es von seinen Vertretern hielt – als die korsischen Wähler das versuchten, waren die Deputierten der Linken wie der Rechten empört darüber – tat man sich normalerweise nur allzu leicht mit der Behauptung, daß, was immer die Versammlung unternahm, sie die Unterstützung des Volkes hatte. Bei allen Gelegenheiten, bei denen klar wurde, daß sie diese nicht hatte, machte die Theorie vom Gemeinwillen es vergleichsweise einfach, zu beweisen, daß es die Wähler waren, die unrecht hatten. Das hatte sich zum erstenmal bei der Debatte über die imperativen Mandate gezeigt, die ein durchaus typisches Beispiel dafür war, wie die Versammlung für ein bestimmtes Problem eine Lösung fand, die dem gesunden Menschenverstand entsprach, und sie mittels einer Theorie begründete, die ihr das Recht zusprach, zu tun, was immer sie wollte.[48] Bei einer anderen Gelegenheit sagte Barère, es sei an der Versammlung, das Volk vor den Auswüchsen seiner eigenen Begeisterung zu schützen, und Duport meinte, ein repräsentatives Verfassungssystem sei gegen plötzliche Schwankungen in der öffentlichen Meinung gefeit. Daraus mochte einige politische Vernunft sprechen – deshalb hatte Montesquieu es auch schon vor ihm gesagt – doch in Verbindung mit dem Rousseauistischen Glauben an die Volkssouveränität führte es zu gefährlichen Schlüssen. Des weiteren sagte Duport, die *cahiers* enthielten nur die Meinung isolierter Gruppen in der Bevölkerung. Es sei die Versammlung, die für die Nation als Ganzes stehe, und autorisiert sei, *faire vouloir le peuple* (das Volk wollen zu machen). „Sein Wille liegt hier." Auf derselben Linie liegend, meinte Charles Lameth, daß es Zeiten geben könne, in denen die Versammlung „die Öffentlichkeit korrigieren" müsse, „wenn sie sich irrt, und sie lenken, um ihr die Wohltaten zurückzugeben, die wir von ihr beziehen". Mag sein, daß er sich nicht sehr klar ausdrückte, die Folgerungen aus seinem Argument jedoch waren offensichtlich. Ein weiterer Deputierter erklärte, Wünsche aus dem Volk müßten stets berücksichtigt werden, auch wenn es sich als notwendig erweisen könne, sie in des Volkes eigenem Interesse zurückzuweisen. Damit schloß sich der Kreis, und Volkssouveränität hieß nunmehr, daß es an den Gewählten war, den Wählern zu sagen, was sie denken sollten. Als Robespierre für seine eigenen taktischen Zwecke die Versammlung dazu bewog, für ihre Mitglieder eine Wiederwahl bei den nächsten Wahlen zu untersagen, rechtfertigte er diesen Eingriff in das Recht der Wähler, ihre Stimme zu geben, wem immer sie wollten, mit der Begründung, daß die Versammlung berechtigt sei, alles zu tun, was dem Wohle der Öffentlichkeit diene. Die Rechte bewegte sich auf festerem Grund, wenn sie einwendete, es sei eine historische Tatsache, daß das souveräne Volk niemals dafür gestimmt habe, seine Machtbefugnisse auf die Generalstände zu übertragen, doch hatte sie ihre eigenen Probleme. Sie wußte keine Antwort auf die Frage, wer dafür verantwortlich sei, die Befugnisse des Königs festzulegen, und keine Begründung für ihre Behauptung, wonach die schweigende Mehrheit auf ihrer Seite war. Maury legte den Standpunkt der Rechten mit der bei ihm üblichen Schärfe dar:

> Es ist nur zu einfach, den Gemeinwillen anstelle der rechtmäßigen Autorität zu inthronisieren und schon bald darauf sich selbst an die Stelle dieses vorgeblichen Gemeinwillens zu setzen, mit der Behauptung, man sei nur sein Werkzeug. Niemand kann für uns die Volkssouveränität präzise definieren, da sich niemand getraut einzugestehen, daß diese angemaßte Souveränität nur das Recht des Stärkeren ist. Bedenkt, daß wir in Wahrheit die Repräsentanten der französischen Nation sind und nicht die Generalbevollmächtigten von Jean-Jacques Rousseau; wir haben den Wählern nicht den *Gesellschaftsvertrag* vorgelegt, damit sie darüber befinden, als Maß für unsere Macht und Rechtsgrund unserer Mission.

Der Teufel war bibelfest, und es machte Maury Spaß, daran zu erinnern, daß Rousseau gesagt hatte, lange Debatten seien ein Anzeichen für das Aufkommen von Partikularinteressen, daß er die Demokratie als zu vollkommen für die menschliche Gesellschaft verworfen hatte; daß er behauptet hatte, große Staaten müßten Monarchien sein, und proklamiert, eine repräsentative Regierung sei die Verneinung der Volkssouveränität.

Es war unrealistisch von der Rechten, weiterhin darauf zu beharren, daß der Gemeinwille in den *cahiers* zu finden sei, und die Veränderung der politischen Lage zu ignorieren, die sich seit dem Juli 1789 vollzogen hatte. Die Anhänger der Monarchie standen da schon auf festerem Grund, wenn sie ihre Gegner beschuldigten, sie würden in Wahrheit ständig in Befugnisse eingreifen, von denen sie in der Theorie zugaben, daß sie der Exekutive zustanden, und sie seien dabei, eine republikanische Verfassung zu schaffen, während sie vorgaben, die Rechte der Monarchie zu respektieren. Es war der Linken unmöglich, darauf eine ehrliche Antwort zu geben, weil das mit dem Eingeständnis hätte einhergehen müssen, daß dem „besten der Könige" nicht zu trauen sei und er versucht sein könnte, die Machtbefugnisse, die ihm von der Logik her zustanden, dazu zu benützen, die Revolution zu untergraben und wieder eine absolute Regierung zu errichten. Dadurch war die Rechte in der Lage zu behaupten, die Anmaßung souveräner Gewalt durch die Versammlung sei eine Usurpation der Rechte sowohl des Königs als auch des Volkes. Cazalès erhob Anspruch auf, wie er es nannte, das Recht eines Engländers, gegen die Mehrheit aufzutreten, ja selbst, sie öffentlich zu verurteilen. „Wir wollen, daß die Nation weiß, daß wir, auch wenn wir in unserer Eigenschaft als Bürger den Gesetzen unterstehen, als Gesetzgeber gegen sie gestimmt haben . . . zu welcher Ansicht auch immer sie sich bekennt, die Partei der Opposition ist stets die Partei des Volkes." Es ist nicht klar, ob darin die liberale Forderung nach dem Recht auf eine abweichende Meinung zum Ausdruck kam, oder ob Cazalès lediglich behaupten wollte, daß das Volk auf seiner Seite sei. Die Rechte hatte mehr mit der Linken gemeinsam, als beide Seiten hätten zugeben mögen. Sie war es gewesen, die sich als erste gegen den König gestellt hatte, und einige ihrer Vertreter waren immer noch bereit zuzugeben, daß er der Diener und nicht der Herr der Nation war, aber, wie Montlosier die anderen Deputierten erinnerte: „Er ist der Diener der Nation und nicht der eure." Sie beharrten darauf, daß Rousseaus Vorschriften für eine direkte Demokratie in kleinen Republiken sich nicht auf das repräsentative Regierungssystem einer Monarchie übertragen ließen. Jede Versammlung von Volksvertretern sei, das liege in der Natur der Dinge, eine Art Aristokratie und ebenso wie der Monarch anfällig für Aspirationen, die eigene Macht auszudehnen und in die von jedermann sonst widerrechtlich einzugreifen. Die größte Gefahr einer Despotie würde nicht vom König ausgehen, dessen Absichten, zumindest laut Montlosier, untadelig waren und dessen Macht man bereits Zügel angelegt hatte, sondern von den Prätentionen der Versammlung. Was zur Debatte stand, war zum Teil eine Einschätzung der Absichten und Machtmittel Ludwigs XVI. und zum Teil das Ressentiment der Rechten darüber, daß sie sich fast immer in der Minderheit wiederfand und beim Volk zur Zielscheibe von Beschimpfungen und Einschüchterungsversuchen wurde, die die Linke duldete und denen sie bis zu einem gewissen Grade noch Vorschub leistete, indem sie ihre Widersacher als schlechte Bürger denunzierte.

Wie ernst die Gefahr einer Restauration des Absolutismus – was keine von beiden Seiten wollte – zu nehmen war, war eine Frage der politischen Beurteilung, über die man möglicherweise zu einer Art *modus vivendi* hätte gelangen können. Was Kompromisse unmöglich machte, war die Ideologie. Die Linke stellte ihre Gegner als die selbstsüchtigen Verteidiger von gegen das Gemeinwohl gerichteten Partikularinteressen dar, und die Rechte schlug zurück, indem sie die Rechtmäßigkeit von allem und jedem, was die Versammlung tat, bestritt. Das setzte sie in ein falsches Licht, da die große Mehrzahl ihrer Mitglieder sich auch weiterhin an den Debatten beteiligte, in der Hoffnung zu retten, soviel sie konnten, freilich ohne daß sie sich, ungeachtet dessen, was Cazalès gesagt hatte, irgendwie moralisch verpflichtet fühlten, sich den Ergebnissen zu fügen, wenn diese zu ihren Ungunsten ausfielen. Das war eine unvermeidliche Reaktion auf die Behauptung der Linken, die Minderheit sei nicht berechtigt, die Ansichten zu haben, die sie hatte, und das Ergebnis war der vollständige Zusammenbruch jedweder nationalen Solidarität. Der Bürgerkrieg begann in den Köpfen der Delegierten, noch ehe er auf offenem Felde ausbrach. Wie Montlosier 1796 schrieb: „Wir versteiften uns darauf, zu glauben, daß der Anstand auf unserer Seite war. Wir konnten niemals glauben, daß andere und daß wir selbst im Irrtum sein könnten."

Ein paar Deputierte begriffen, besonders im Rückblick, daß die Volkssouveränität letztlich auf die Behauptung hinauslief, daß, wer die Macht hatte, auch das Recht hatte, und daß die logische Konsequenz daraus der Bürgerkrieg war. Innerhalb der Versammlung bestand der Beweis, daß eine bestimmte Partei den Gemeinwillen verkörperte, darin, daß sie in der Lage war, die andere zu überstimmen. Eher allgemein gesprochen, hatte eine Nation das Recht, gegen Unterdrükkung aufzubegehren und ihre Regierung zu stürzen; wenn jedoch eine Gruppe in der Bevölkerung sich gegen den Gemeinwillen stellte, galt dies als faktiös. Da alle Streitparteien die Lauterkeit ihrer Absichten behaupten – und daran glauben – sollten, würde, ob ein Beschluß oder ein Aufstand dem Gemeinwillen entsprach, theoretisch wie praktisch davon abhängen, wer dabei gewann. Der Erfolg war der Beweis, daß man den Willen der Nation tatsächlich widerspiegelte, ja ihn wahrhaft verkörperte; die Niederlage war ein Anzeichen von Abweichlertum. Lange nach der Revolution schrieb Roederer, Souveränität sei im wesentlichen eine Machtfrage. Rechte gebe es nur, wo es auch den Willen und die Mittel gebe, sie durchzusetzen. Mounier meinte, der Glaube an die Volkssouveränität beruhe letztlich auf einer Verwechslung von Souveränität mit dem, was er, recht merkwürdig, als das „Recht der Gewalt" bezeichnete. Rousseau hatte gesagt, man habe Hobbes aus den falschen Gründen kritisiert, und die Saat, die Hobbes gelegt hatte, war drauf und dran aufzugehen.

7 DAS VERSAGEN DER POLITIK

Hätte man die Mitglieder der Verfassunggebenden Versammlung über ihre Ansichten dazu befragt, welche Art von Gesellschaft sie zu begründen hofften, die große Mehrheit hätte sich in engerer Übereinstimmung befunden als die Mitglieder der meisten britischen Parlamente. Ausgenommen einige aus dem Klerus, etwa Maury, und eine Handvoll Chevaliers, sahen sie sich als die Erben der Aufklärung, was eine gute Basis für ein politisches Einverständnis hätte abgeben können. Die Mehrzahl, darunter etliche der *curés,* nahmen in politischen Fragen säkulare Standpunkte ein. Sie glaubten, daß die menschliche Natur das Produkt ihrer Umwelt sei und daß die Gesellschaft von Naturgesetzen reguliert werde, über die sie sich allgemein einig waren. Politik bestand demnach darin, rationale Lösungen für rationale Probleme zu finden. Das Ergebnis würde sein, daß Konflikte beseitigt, die Schaffung von Wohlstand gefördert und, indem man der Unmenschlichkeit, dem Aberglauben und der Massenarmut ein Ende machte, eine Erneuerung der menschlichen Natur selbst herbeigeführt wurde. Von Montlosier bis Robespierre sahen sich alle als im Begriff, ein neues und besseres Zeitalter in der Menschheitsgeschichte einzuleiten. Es war der Konvent, der 1793 eine neue Zeitrechnung beschloß, um den christlichen Kalender zu ersetzen, aber der Vorschlag dazu wurde zuerst in der Verfassunggebenden Versammlung gemacht.

Mag sein, daß Talleyrand der entschwundenen *douceur de vivre* (Süße des Lebens) nachtrauerte, aber sonst herrschte überraschend wenig Bedauern über den Hingang des *Ancien Régime.* Malouet stand trotz seiner eigenen erfolgreichen Karriere der alten königlichen Verwaltung sehr kritisch gegenüber. Der Umstand, daß ihre Mutter eine königliche Pension bezogen hatte, schreckte die Lameths nicht von dem Versuch ab, eine soziale Revolution herbeizuführen. Angehörige des Hofadels wie Lafayette, d'Aiguillon und Noailles dachten mehr an ihren Groll gegen die Königin als an ihre früheren Privilegien.[49] Es waren sie und ihresgleichen, die beim Handstreich gegen den „Feudalismus" am 4. August 1789 die Initiative ergriffen, und sie waren in der Hauptsache verantwortlich für die Abschaffung der Adelstitel 1790. Ferrières sprach für eine ganze gesellschaftliche Gruppe, als er sagte: „Die Leute waren des Hofes derart überdrüssig, daß die meisten Edelleute das waren, was man in der Folge Demokraten nannte." „Ohne Bedauern sah die Mehrheit, selbst des Provinzadels, zu, wie sich die neue Verfassung durchsetzte." Was weltliche Fragen anging, galt das auch für die meisten Kleriker.

Das Einverständnis erstreckte sich auch darauf, welche Art von Regime die Deputierten an die Stelle der alten Ordnung zu setzen hofften. Malouet war 1789 in Riom derart populär gewesen, daß man ihm gestattet hatte, sein eigenes *cahier* zusammenzustellen. Das Reformprogramm, das er sich selbst verordnete, beinhaltete die Kontrolle des gesamten Steuersystems durch eine gewählte Versammlung und deren Genehmigung für sämtliche Gesetze, die Abschaffung von Steuerprivilegien, die Freiheit der Presse und den Schutz der persönlichen Freiheit, die Amtshaftung für Minister und eine Justizreform. Das war praktisch dasselbe wie die Bedingungen, unter denen sich Lafayette und Mirabeau 1790 dem König gegenüber bereit erklärten, sich für die Stabilisierung der Revolution einzusetzen. Montlosier, den die meisten Leute als einen extremen Royalisten ansahen, schrieb in einer Flugschrift, die er 1790 veröffentlichte:

> Jedermann verlangte vom König die Wiederherstellung des für Menschen, die in einer Gesellschaft leben, unveräußerlichen Rechts, nur solche Gesetze zu befolgen, die sie sich selbst gegeben haben, nur Steuern zu bezahlen, denen sie zugestimmt haben; Gesetze zu machen und über Steuern abzustimmen, das war die Revolution, die alle Bürger forderten und die allen ehrbaren Bürgern vorschwebte.
> Diese Revolution hat stattgefunden, die Nation ist wieder in den Besitz all dieser Rechte gelangt . . . das war es, worin alle Stände und Klassen von Bürgern übereingestimmt hatten. Es kann kein Zweifel darüber bestehen, daß die Summe dieser Artikel eine der größten und hervorragendsten Revolutionen in der Geschichte der Nation darstellt.[50]

Im darauffolgenden Jahr wiederholte er, in einer weiteren Flugschrift mit dem aufwieglerischen Titel *De la nécessité d'une contre-révolution en France* (Über die Notwendigkeit einer Gegenrevolution in Frankreich) dieselbe Botschaft: „Das war die Revolution, die euch der König gab, die der Adel ersehnte, die *Parlements* verlangten und die ganze Nation wollte."

Auf dieser Grundlage mit Erfolg ein neues Regime zu errichten, hätte die meisten Deputierten der Linken zufriedengestellt. Sie waren für eine konstitutionelle Monarchie, was, zumindest der Theorie nach, implizierte, daß der König und seine Minister für die Ausführung der Politik verantwortlich blieben. Sie hatten nach heutigen Maßstäben sehr restriktive Ansichten über das Ausmaß staatlicher Eingriffe in die Wirtschaft und sehr emphatische über die Unverletzlichkeit des Eigentums. Sie waren gegen wirtschaftliche Gleichmacherei und hatten sogar mit dem Adel eine Auffassung von Ehre gemein, die Montesquieu als das Funktionsprinzip der Monarchie ansah.[51] Es gab Gelegenheiten, bei denen die Mehrheit einräumte, daß ihre persönliche Ehre Deputierte dazu berechtige, den Willen der Versammlung zu mißachten.

Bei dieser grundsätzlichen Ähnlichkeit in Zielen und Anschauungen erhebt sich unvermeidlich die Frage, wieso die Deputierten sich außerstande sahen zusammenzuarbeiten, um diese in die Praxis umzusetzen. Wie Necker es 1795 formulierte: „Wir könnten heute das englische Regierungssystem haben, und zwar eine verbesserte Version davon, wenn der König, der Adel und der Dritte Stand, von denen jeder sich das zu dem einen oder anderen Zeitpunkt wünschte, in der Lage gewesen wären, es alle zur gleichen Zeit zu wollen." Das hieß, das Problem nur einmal mehr zu konstatieren, und nicht, eine Lösung dafür vorzuschlagen.

Einige Historiker haben es dabei bewenden lassen, sich dem Verdikt des zeitgenössischen Journalisten Mallet du Pan anzuschließen, wonach alles auf mangelhafte Führung zurückging: „Eine Übereinkunft hätte sie alle gerettet, und ebenso Frankreich, doch es gab niemanden, der aktiv, geschickt und weitsichtig genug gewesen wäre, die Fugen zu schließen. Statt dessen setzten die Leute ihren Stolz daran, sie noch weiter zu machen." Damit reduziert sich die Erklärung auf eine Tautologie: Der Beweis dafür, daß es an Führung mangelte, war, daß es ihr nicht gelang, eine Übereinkunft zu erzielen, und daß ihr das nicht gelang, war der Beweis dafür, daß es an Führung mangelte. Das bringt uns auch nicht viel weiter.

Man darf niemals vergessen, daß den Deputierten die politische Erfahrung fehlte. Die Auswirkungen, die das hatte, wurden noch durch ein Meinungsklima verstärkt, in dem Politik als das Streben nach *vertu* galt, gemeinsames politisches Vorgehen als Fraktionismus oder Intrigantentum und jeder Kompromiß als Konzession an die Sünde. Die Mitglieder der Verfassunggebenden Versammlung waren oft Männer, die sich durch erfolgreiche Karrieren in Verwaltung und Justiz auszeichneten, durch ihre umfassende Bildung und ihre Fähigkeit zu abstraktem Denken. In dieser Hinsicht heben sie sich sehr vorteilhaft von den Mitgliedern moderner Parlamente ab. Was ihnen abging – obwohl sie selbst das vermutlich für eine Tugend gehalten hätten – waren Regeln und Präzedenzien sowie die Gewohnheit, individuelle Vorstellungen den gemeinsamen Zielen unterzuordnen. Man hatte sie als hervorragende Leute um ihrer selbst willen ausgewählt, und nicht als Männer, die ein Programm ausführen sollten, von dem ihre Wähler glaubten, es sei in Summe dem einer anderen Mannschaft vorzuziehen. Das trug dazu bei, ihre Eigenliebe zu verstärken, und auch ihre Zögerlichkeit, selbst mit denen Kompromisse einzugehen, deren Ansichten den ihren sehr nahe kamen.

Montlosier gab zu, daß er immer reizbar und streitlustig war. Er bewunderte Cazalès, der ihn auf Distanz hielt, und wurde von Maury hofiert, den er nicht leiden konnte. Er glaubte, Maury sei neidisch auf Cazalès und zu sehr mit seinen persönlichen Triumphen als Redner und deren möglichen Auswirkungen in Rom beschäftigt. Man glaubte allgemein, Maurys eigentliches Ziel sei ein Kardinalshut, womit er einer der ganz wenigen Revolutionsführer war, der am Ende bekam, was er wollte. Cazalès ging es, nach Ansicht von Montlosier, hauptsächlich darum, Maury in den Schatten zu stellen. Das mag nicht mehr sein als jene Art von persönlichem Klatsch, zu dem Politiker neigen, wenn sie sich in Erinnerungen an ihre „Freunde" ergehen, aber Montlosier kannte beide Männer gut, und die Debattenprotokolle lassen erkennen, daß sie sich wenig Mühe gaben, ihre Politik aufeinander abzustimmen. Seiner Meinung nach ging es bei den meisten Konflikten in der Versammlung weniger um Standpunkte „wo die Leute zu gegenseitigem Verständnis und einer Wiederannäherung hätten gelangen können", als um das Streben nach Popularität, um persönlichen Ehrgeiz und um Rache.

Malouet gab zu, er sei zu reizbar und krittelig gewesen – Ferrières beschrieb ihn einigermaßen lieblos als „von hoher Selbstgefälligkeit aufgeblasen" – und er kam schließlich dahin, seinen Argwohn hinsichtlich der Motive derer, die nicht einer Meinung mit ihm waren, zu bedauern. Anfangs fand er selbst Mounier, der fast alle seiner politischen Ansichten teilte, zu extrem. Daß Malouet sich eine moralische Überlegenheit anmaßte, brachte seine Kollegen gegen ihn auf, und er gehörte zu jener Sorte Mann, der einen populären Antrag durch die Art, wie er ihn unterstützte, zu Fall bringen konnte. Mounier war weniger hochmütig, aber gleichermaßen zögerlich, Kompromisse einzugehen: „Wenn ich glaubte, daß ein Grundsatz richtig sei, fühlte ich mich verpflichtet, ihn zu verteidigen." Barnave, sein Kollege aus der Dauphiné, versuchte Mounier und Sieyès zusammenzubringen, aber „diese herrischen Männer" weigerten sich zusammenzuarbeiten.

Weiter links waren die Lameths neidisch auf Lafayettes Macht als Oberkommandierender der Pariser Nationalgarde und argwöhnten, seine weltfremde Ritterlichkeit könnte ihn dazu verleiten, dem König zu viele Zugeständnisse zu machen. Mirabeau wurde verständlicherweise von jedermann verdächtigt, da er jedermann als potentiellen Rivalen ansah und, wenn er sich um die Unterstützung des einen bemühte, fast ausnahmslos einen anderen heruntermachte. Lafayette gab sich keine Mühe, seine Abneigung gegen Mirabeau zu verbergen, und seine Leidenschaft für das Amerikanische machte es ihm schwer, mit denen zusammenzuarbeiten, die ihr Vorbild in der britischen Verfassung sahen. Wie er an George Washington schrieb: „Der wütende Parteienzank hat selbst dort, wo sich die Patrioten nur durch Nuancen unterscheiden, jede Grenze überschritten, außer die zum Blutvergießen." Im großen und ganzen aber war die Linke besser als die Rechte, wenn es darum ging, ihre Politik zu konzertieren, dank dem Jakobinerklub. Dieser war von den vielen politischen Vereinigungen die erfolgreichste. Er war die Heimat der radikaleren Deputierten und aufstrebender Politiker aller Art. Seine Zusammenkünfte waren öffentlich, was es den Mitgliedern gestattete, ihre politischen Pläne aufeinander abzustimmen, ohne sich dem Verdacht des Fraktionismus auszusetzen. Man machte es sich zur Gewohnheit, im vorhinein Maßnahmen zu debattieren, die kurz darauf vor die Versammlung gebracht werden sollten, was es den jakobinischen Deputierten erlaubte, eine Parteilinie zu entwickeln, die sie dann gemeinsam unterstützten. Trotzdem, es gab kein Mittel, irgendeine Art von Parteidisziplin durchzusetzen – die Idee als solche war schon verpönt – und der Klub wurde zum Schauplatz denkwürdiger Schlachten zwischen rivalisierenden Deputierten.

Das Fehlen organisierter Parteien machte es, besonders in den Anfangstagen, sehr schwer, das Ergebnis einer Abstimmung vorherzusagen. Die Deputierten, jeder eifersüchtig auf seine persönliche Unabhängigkeit bedacht, gaben ihre Stimmen entsprechend ihren Reaktionen auf die Reden ab, und eine geschickte Wortmeldung oder ein Schnitzer konnten für das Ergebnis einer ganzen Sitzung ausschlaggebend sein. Das war es vielleicht, was Mounier im August 1789 zu einem verheerenden Fehler verleitete. Ob aus Überzeugung oder Pessimismus, was die Stärke ihrer Unterstützer anging, das Triumvirat aus Lameth, Barnave und Duport bot ihm ein absolutes Veto für den König und eine aus zwei Kammern bestehende Legislative an, unter der Voraussetzung, daß das Oberhaus nur ein suspensives Veto und der König kein Auflösungsrecht hatte. Voller Zuversicht, daß er alles bekommen konnte, was er wollte, lehnte Mounier das Angebot ab. Vielleicht hätte er in jedem Fall verloren, weil das Triumvirat nicht dafür garantieren konnte, eine Mehrheit zusammenzubringen, aber seine Niederlage führte zur ersten dauerhaften Spaltung unter den Revolutionären.

Die Schwierigkeiten bei der Abstimmung der Politik zeigten sich von neuem, als die Versammlung im Oktober 1789 nach Paris übersiedelte. Die Linke beschloß, daß die Zeit reif für einen Ministerwechsel sei. Lafayette hatte gerade erst seinen Einfluß dazu benutzt, den Herzog von Orléans nach England zu verfrachten, da man ihn der Mittäterschaft beim Marsch auf Versailles verdächtigte. Obwohl er dafür war, Minister auszuwechseln, wollte Lafayette Necker halten. Mirabeau, wütend über das Exil von Orléans, mit dem sein eigener Name verknüpft war, hoffte, Necker loszuwerden und seinen Platz einnehmen zu können. Die Lameths bedauerten die Abreise von Orléans ebenfalls, waren jedoch entschlossen, Mirabeau von einem Ministeramt fernzuhalten. Das Ergebnis war, daß sie alle Schiffbruch erlitten, und der Beschluß der Versammlung, daß kein Deputierter Minister werden sollte, vereitelte nicht nur Mirabeaus persönlichen Ehrgeiz, sondern verlegte dem Land auch einen möglichen Weg zu Verständigung und gegenseitigem Einvernehmen.

Auch außerhalb der Versammlung erwies sich die Zusammenarbeit als keineswegs einfacher. Malouet und seine Verbündeten versuchten, einen Klub zu gründen, den sie – bezeichnend unsensibel – die „Unparteiischen" zu nennen beabsichtigten. Sie luden Lafayette ein, die Führung zu übernehmen, doch dieser lehnte ab, da er den Eindruck hatte, man wolle ihn zur bloßen Galionsfigur einer Organisation machen, über die er keine Kontrolle haben würde. Bald darauf half er selbst, den Klub „89" zu gründen. Dieser und die Jakobiner vereinigten ihre Kräfte, um die „Unparteiischen" zu vernichten, und stritten danach untereinander. Laut Lafayette waren sie in ihren Zielsetzungen sehr ähnlich und das Zerwürfnis nur auf Selbstsucht zurückzuführen.

Auf der anderen Seite waren die Dinge auch nicht besser. Der König und die Königin verfolgten über ihre persönlichen Berater jeder eine andere Politik, ohne die Minister zu informieren und vielleicht auch ohne einander vollständige Information zu geben. Als sie Mirabeau in ihre Mannschaft aufnahmen, befahlen sie ihm, diese Tatsache vor den Ministern geheimzuhalten. Die Minister, die ernannt worden waren, um die Versammlung zu besänftigen, hatten nicht das Vertrauen des Königs und lagen häufig im Streit miteinander. Verschiedene Gruppen von Beratern hielten sich voneinander fern. Wenn man die Lethargie Ludwigs XVI. in Rechnung stellt, seinen Mangel an Selbstvertrauen und seine Gewohnheit, demjenigen zuzustimmen, mit dem er zuletzt gesprochen hatte, dann mußte die Politik des Hofes, jeden, der daherkam, in seinen Annäherungsversuchen zu ermutigen, zwangsläufig zu Inkohärenz und Untätigkeit führen. Als Lafayette seine Unterstützung für eine teilweise Wiederherstellung der königlichen Autorität anbot, im Austausch dafür, daß der König die Revolution akzeptierte, gab sich Ludwig den Anschein zuzustimmen, jedoch zu Bedingungen, die derart vage waren, daß er sich ohne Ehrverlust jederzeit wieder herauswinden konnte, und Marie Antoinette behandelte Lafayette auch weiterhin als einen Feind. Kurzfristig sprach vielleicht einiges für eine Politik, bei der man mögliche Gegner mit Geld oder schönen Worten kaufte, jedoch machte sie jede verbindliche Übereinkunft zwischen dem König und der Versammlung unmöglich und nährte den Argwohn, welcher die Hauptursache für die politische Instabilität war.

Die ganze Revolution hindurch war Furcht das Hauptmotiv politischen Handelns. Diese konnte viele Formen annehmen und in der einen oder anderen Weise war jedermann davon betroffen. Im einfachsten Fall war es die Furcht vor Angriffen auf die eigene Person oder den Besitz, wenn man für unpopuläre Anträge stimmte. Die Deputierten waren ständig Drohungen ausgesetzt, sowohl von der Zuschauergalerie in der Versammlung, die einige hundert Leute faßte, als auch in der Presse. Kein einziger Deputierter wurde tatsächlich getötet oder ernsthaft verletzt, aber einige gingen nur knapp daran vorbei. Das erlaubte der Linken, das Gerede von Einschüchterung als Propaganda der Minderheit abzutun, obwohl einige, die so redeten, dazu neigten, ihre Meinung zu ändern, als sie ihrerseits unpopulär wurden. Manche waren sich auch nicht zu gut dafür, die Drohung mit dem gewalttätigen Mob als politische Waffe einzusetzen. Mirabeau drohte bei einer Gelegenheit ungenannten „Verschwörern“ mit der Rache des Volkes und ließ sie wissen, es sei nur gut für sie, daß die Furcht vor Ausschreitungen sie davon abgeschreckt habe, ihre Pläne in die Tat umzusetzen.

Es ist unmöglich festzustellen, inwieweit sich die Einschüchterung auf die Reden und das Verhalten bei Abstimmungen auswirkte. Die Rechte übertrieb ihren Einfluß, die Linke stritt ihn ab. Mounier behauptete, nicht mehr als hundertfünfzig Deputierte würden die Mehrheit aufrichtig unterstützen, die nur über die Furcht zu den meisten der auf sie entfallenden Stimmen käme. Das scheint höchst unwahrscheinlich, doch kam es vermutlich oft vor, daß knappe Abstimmungen von denen entschieden wurden, die im Konformismus den besten Nachweis ihre Mannesmuts erblickten. Das übliche Verfahren der Versammlung bestand darin, die Mehrheit durch Aufstehen oder Sitzenbleiben festzustellen, wodurch die Anonymität derer gewahrt blieb, deren Gesichter das Publikum nicht kannte. In zweifelhaften Fällen oder bei Entscheidungen über Fragen besonderer Wichtigkeit wurde ein *appel nominal* (namentlicher Aufruf) abgehalten, bei dem die Deputierten einzeln ihr Votum abgaben. Der Comte de la Marck, ein Deputierter des Adels, berichtete im Oktober 1790 beinahe als eine Selbstverständlichkeit: „Der *appel nominal,* immer eine gefahrvolle Probe für die Schwachen, brachte mehr als hundert Deputierte dazu, den Saal zu verlassen, und der Antrag wurde mit dreiundsechzig Stimmen Mehrheit abgewiesen.“ In diesem speziellen Fall ging es um ein Mißtrauensvotum gegen die Minister, das die Linke zu gewinnen hoffte. Die Angst, sich zu erkennen zu geben, war mitunter eine zweischneidige Sache. Als Barnave sagte, Furcht sei bei den meisten, die sich an der Revolution beteiligten, das vorherrschende Gefühl, scheint er damit die Furcht vor „Aristokraten" gemeint zu haben. Furcht trug vermutlich auch einiges zu dem chronischen Schwänzertum bei, das inbesondere die Rechte plagte. Die Versammlung wechselte alle zwei Wochen ihren Vorsitzenden und ihre Schriftführer aus, und diese Wahlen waren geheim, weshalb sie auch tendentiell zu eher konservativeren Ergebnissen führten als öffentliche Abstimmungen über politische Fragen. Auf beiden Seiten wechselten Siege und Niederlagen, aber was die persönliche Sicherheit betraf, hatte die Rechte mehr Grund zur Besorgnis als die Linke.

Eine weniger persönliche Art von Furcht beeinflußte ebenfalls das politische Verhalten. Der König und die Königin hatten Bedenken wegen der Macht, die Lafayette als Kommandeur der Nationalgarde hatte. Er wiederum beschrieb sie als „große Kinder, die nur dann ihre heilsame Medizin schlucken, wenn man ihnen mit dem bösen Wolf droht". Die Minister, für die niemand ein gutes Wort hatte, neigten dazu, sich aus Furcht vor Angriffen in der Versammlung und der Presse davor zu drücken, Maßnahmen zu ergreifen, mit dem Ergebnis, daß man sie verdammte, weil sie nichts unternahmen, damit die Verfassung funktionierte. Von Necker glaubte man, er habe einem lediglich suspensiven Veto für den König nur zugestimmt, weil er fürchtete, die Pariser Radikalen würden sonst gegen Versailles marschieren. Selbst der Abbé Gregoire, der als ein *curé* der Linken persönlich beliebt war, sträubte sich wegen der Drohungen gegen den Klerus dagegen, daß die Versammlung nach Paris übersiedelte. Noch mehr ins Allgemeine gehend wäre es wohl kaum eine Übertreibung zu sagen, daß der Gang der Revolution dadurch bestimmt wurde, daß die Leute nicht für das stimmten, was ihnen am wünschenswertesten erschien, sondern für das, was sie für notwendig hielten, was daher kam, daß man der Furcht vor einer Gegenrevolution auf der einen und der Anarchie auf der anderen Seite entgegenwirken wollte. Zur Angst vor einer Gegenrevolution gab es im Anfang sehr wenig Grund, und sie war eine Art Popanz, mit dem nervöse Deputierte wie Robespierre einander erschreckten. Die Linke mochte nicht glauben, daß ihr ein entscheidender Sieg über den Absolutismus gelungen war, und war skeptisch hinsichtlich der Bereitschaft des Adels und des höheren Klerus, eine egalitäre neue Ordnung zu akzeptieren, nachdem sie sich so hartnäckig gegen gemeinsame Abstimmungen zur Wehr gesetzt hatten. Nachdem die *Parlements* ein solcher Stachel im Fleisch der Monarchie gewesen waren, schien es zu schön, um wahr zu sein, daß es der Versammlung gelingen könnte, ihre Opposition auszuräumen. Mit der Zeit machten sich die Deputierten verständlicherweise Sorgen über das Gelärme und Geschrei einer wachsenden Zahl von *emigrés* und deren Geprahle über die Gegenrevolution, die sie durch einen Bürgerkrieg erzwingen wollten. Der Comte d'Artois, der nominelle Führer der *emigrés,* versuchte für den Aufstand, den er in Südfrankreich anzuzetteln hoffte, die bewaffnete Unterstützung des Habsburgerkaisers (des Bruders von Marie Antoinette) und des Königs von Savoyen zu gewinnen. Für Historiker ist es leicht, damit zu argumentieren, daß Artois ein inkompetenter Stümper war, bei dem man sich darauf verlassen konnte, daß alles, was er anfaßte, im Durcheinander endete. Wir wissen, daß seine Hoffnungen auf ausländische Hilfe illusorisch waren und daß seine unverantwortliche Wichtigtuerei den König und die Königin in Rage brachten. Was immer sie im Hinblick auf die Revolution für Absichten haben mochten, Artois war ihnen lästig. Die Zeitgenossen konnten da nicht so sicher sein, und sie konnten es sich nicht leisten, es darauf ankommen zu lassen. Daß der König sich nicht mit klaren Worten öffentlich von Artois lossagte, weckte zwangsläufig Argwohn, und je leidenschaftlicher einer glaubte, daß die Revolution der Beginn einer neuen europäischen Ordnung sei, desto wahrscheinlicher mußte es ihm scheinen, daß die Nutznießer der alten versuchen würden, sie zu unterdrücken.

In Frankreich selbst nahm der Widerstand gegen Veränderungen an Militanz zu, besonders als die Versammlung sich auf eine unnötige und erbittert umstrittene Religionspolitik einließ. Die Abschaffung der Adelstitel erboste viele aus dem Provinzadel, von denen einige glaubten, sich dagegenzustellen sei ein Gebot der Ehre. Für den Fall ernsthafter Schwierigkeiten waren die Deputierten weit davon entfernt, darauf zu vertrauen, daß sie sich auf eine Armee verlassen konnten, deren Offiziere sich scharenweise den *emigrés* anschlossen, oft wegen des chronischen Mangels an Disziplin in den Regimentern, den die Versammlung nicht zu bestrafen wagte. Die Religionsfrage einmal beiseite gelassen, war die Bedrohung der Revolution durch „Aristokraten" real genug, um ernstgenommen zu werden, freilich ohne daß daraus eine tödliche Gefahr entstanden wäre; aber ihre Begrenztheit ist heute klarer erkennbar als damals. Die Linke war sich klar darüber, daß, wenn es zum Kampf käme, einige von denen, die von sich behaupteten, eine loyale Opposition innerhalb der Versammlung zu bilden, sich der Revolte gegen sie anschließen würden. Montlosier trat für bewaffneten Widerstand ein, und selbst Befürworter einer konstitutionellen Monarchie wie Malouet stellten Sicherheit für den König über ihre politischen Prinzipien. Das verleitete die Radikalen natürlich dazu, diejenigen als Aufrührer zu behandeln, die sie im Verdacht hatten, sie würden nur auf eine passende Gelegenheit warten, um sich zu deklarieren. Das wiederum verstärkte bei den Royalisten die Überzeugung, daß es im neuen Frankreich keinen Platz für sie gab.

Ohne sich darum zu kümmern, daß auch ihre eigene ambivalente Einstellung zum Zerbrechen der nationalen Einheit beitrug, beschuldigten die Deputierten der Rechten ihre Gegner, sie würden die Unruhe und die Zerrüttung der Gesellschaft tolerieren, wenn nicht sogar fördern. Ferrières, der es besser als die meisten vermochte, beide Seiten eines Problems zu erkennen, glaubte, daß die Mehrheit zwar über die Mittel verfüge, um die Ordnung wiederherzustellen, daß sie aber den König und die Königin zu sehr fürchte, um Gebrauch davon zu machen. Die Linke wie die Rechte zögerten, entschieden gegen unangenehme Verbündete vorzugehen, von deren Unterstützung sie eines Tages abhängig sein konnten. Daher machte die Versammlung nie ernsthafte Anstalten, Journalisten wie Marat, die ihre Leser zu Lynchjustiz und Aufruhr anstachelten, Einhalt zu gebieten. Sie redete Meuterern in Armee und Marine ins Gewissen, bestrafte sie jedoch nie streng genug, um andere davon abzuschrecken, es ihnen gleichzutun.

Bis zu einem gewissen Grad mag das eine Folge ihres Abscheus gegen die Barbarei des *Ancien Régime* gewesen sein, das Gewaltverbrecher aufs Rad geflochten hatte, sowie ihrer festen Absicht, daß die neue Ordnung von Humanität geprägt sein sollte. Ihren Gegnern erschien die Humanität gänzlich einseitig: Die Versammlung ging schnell gegen *Parlementaires* und Armeeoffiziere vor, ließ es aber bei gewalttätigen Ausschreitungen des Volkes beim drohenden Zeigefinger bewenden. Als sich die Beispiele für dieses zweifache Maß häuften, bezichtigten die Royalisten ihre Widersacher böser Absichten und daß sie Grundsätze predigen und eine Gewaltherrschaft praktizieren würden. Sie begannen, sich als die Opfer der Revolution zu sehen, beargwöhnt, denunziert und gedemütigt, selbst nachdem sie die Opfer erbracht hatten, die man ihnen abverlangte.

„Links" und „rechts" waren natürlich relative Begriffe und bedeuteten zu verschiedenen Zeiten verschiedene Dinge. Im Anfang zumindest herrschte ein erhebliches Maß an Übereinstimmung über die Ziele; strittig waren die Mittel, die nötig waren, sie zu erreichen. Der erste Schritt, ob das nun in der Öffentlichkeit zugegeben wurde oder nicht, bestand darin, der „Exekutive" mehr Zugeständnisse abzupressen, als der König und seine Minister freiwillig zu machen gewillt waren. Das zeigte sich nach der Entlassung Neckers im Juli 1789, als die Versammlung relativ geeint Front gegen die neuen Minister gemacht hatte. Was immer auch Breteuil und die neuen Minister gegen sie zu tun beabsichtigten, gerettet hatte sie davor nur ein Volksaufstand. Nachdem der König klein beigegeben und Necker zurückgerufen hatte, waren Wesen und Umfang der königlichen Autorität der Prüfstein, der die Linke von der Rechten trennte. Die Rechte argumentierte, Tradition und öffentliche Meinung, wie sie in den *cahiers* zum Ausdruck kämen, würden den König zu einem Mitträger des Gemeinwillens machen. Prosaischer gesagt, eine konstitutionelle Monarchie verlange einen Monarchen, der genug Macht hätte, um zu regieren. Wenn der König überzeugt werden solle, sich mit seiner neuen konstitutionellen Rolle abzufinden, müsse er mit Respekt behandelt und mit den nötigen Mitteln ausgestattet werden, um seine Rolle zu spielen. Die Linke neigte mehr dazu, den Umstand hervorzuheben, daß rebellische Aktionen es gewesen wären, was die Versammlung tatsächlich gerettet habe. Was immer die Absichten des schwankenden Ludwig sein mochten, den Ministern war nicht zu trauen. Der einzige Weg, die Revolution zu sichern, bestand demnach darin, die Exekutive der Mittel zu berauben, sie zu untergraben, was die Deputierten davon abhielt, energische Maßnahmen zu ergreifen, um jene Art von Gewaltausbrüchen des Mobs zu unterdrücken, die sie im Juli gerettet hatten. Man hoffte, der König und vielleicht sogar die Minister würden schließlich ihre Niederlage eingestehen und jeden Gedanken an eine Gegenrevolution aufgeben. Erst dann könne man der Exekutive gefahrlos die Machtbefugnisse gestatten, die sie benötige, um ordnungsgemäß zu funktionieren. Für jeden der beiden Standpunkte sprach eine ganze Menge, doch jeder von ihnen schloß den anderen aus. Fast alle hatten die Absicht, zu einem neuen *modus vivendi* mit dem König zu gelangen. Verschiedener Meinung waren die Deputierten in ihrer Beurteilung darüber, wie die Gewichte zu verteilen wären zwischen dem Vertrauen auf seine Sympathiebekundungen für die Revolution und ihrer Furcht vor der Anarchie. Die Rechte bestand zu jedem Zeitpunkt aus jenen, die meinten, daß die Revolution nun gesichert sei, und die Linke aus jenen, die meinten, daß die Konterrevolutionäre ihre Niederlage noch nicht eingestanden hatten. Die ersteren beharrten darauf, daß die Revolution vorbei sei und fortan normale Verfassungsregeln gelten sollten; die letzteren hielten außerordentliche Maßnahmen weiterhin für angebracht, die allerdings, darin pflichteten sie bei, schließlich würden aufgegeben werden müssen. Die Rechte verlangte daher von ihren Gegnern, sich an die Verfassungsgrundsätze zu halten, die sie predigten, und die Linke bezichtigte sie, sich an den Hof verkauft zu haben und scheinheilig vorzugeben, die Revolution zu akzeptieren, während ihr wahres Ziel sei, sie durch einen hinterhältigen Legalismus zu untergraben. Beide Seiten waren aufrichtig, was ihre eigenen Absichten, und im Irrtum, was die ihrer Gegner anlangte. Als eine Gruppe nach der anderen zu dem Schluß kam, die Zeit sei reif für eine Übereinkunft mit dem König, blieb die Streitfrage dieselbe, nur die Akteure tauschten die Rollen. Man hätte erwarten können, daß dieser Prozeß zu einer kontinuierlichen Stärkung der Rechten führen würde, wenn es dabei allein auf die gegenwärtige Politik angekommen wäre. Was tatsächlich passierte, war, daß die Gegner von einst den Argwohn nicht vergessen konnten, den sie gegeneinander gehegt, noch die gegenseitigen Beleidigungen, in denen sie geschwelgt hatten. Neue Zerwürfnisse kamen zu den alten hinzu, und was am Ende dabei herauskam, sollte sie alle vernichten.

In einem gewissen Sinne waren die *Parlementaires* die ersten, die versuchten, ihre Kastanien aus dem Feuer zu holen, das sie selber mitgeholfen hatten, anzuzünden. Sie hatten die politische Krise 1787/88 geschürt und waren in den Ruf nach den Generalständen eingefallen. Sie hatten kaum ihr Ziel erreicht, als sie begriffen, daß im politischen Klima von 1789 die Generalstände ihren eigenen politischen Ansprüchen ein Ende machen würden. Im Frühling desselben Jahres hieß es vom Pariser *Parlement*, es stehe Necker in heftiger Feindschaft gegenüber und sei bereit, dem König beinahe alles zuzugestehen, wenn er dafür die rivalisierende Versammlung beseitige. Das ist allerdings ein ziemlich spezieller Fall, da die *Parlementaires* bereit waren, eine abgewandelte Form des alten Absolutismus zu akzeptieren und nur wenige ihrer Mitglieder in der Verfassunggebenden Versammlung saßen.

Innerhalb der Versammlung selbst setzte sich die erste Gruppe, die erklärte, die Revolution sei nunmehr weit genug gegangen, aus den Männern um Mounier zusammen; von August 1789 an gehörte auch Malouet dazu. Mounier hatte, als er nach Versailles gekommen war, im ganzen Land den Ruf eines Radikalen gehabt, den er sich in der Dauphiné erworben hatte.[52] Er war es gewesen, der den Schwur auf dem Tennisplatz vorgeschlagen hatte, und am 13. Juli hatte er zu einem Mißtrauensvotum gegen die Minister aufgerufen, die Necker nachgefolgt waren. Mounier hatte seinen Standort während der Verfassungsdebatten im August und September gewechselt, als seine Gruppe als *Monarchiens* denunziert wurde. Wie immer waren die Motive gemischt, und worum es ging, war nicht bloß das Ausmaß von Macht, das dem König anvertraut werden sollte. Für Mounier und seine *Anglomanes* war die Annahme einer Verfassung nach britischem Muster sowohl eine Frage der Eigenliebe als auch eine des Prinzips. Aus welchem Grund auch immer, er glaubte nunmehr, daß die Revolution zu weit gegangen sei, und seinem Parlamentskollegen und Biographen Lally-Tollendal zufolge bedauerte er den Eid auf dem Tennisplatz, weil dadurch dem König die Macht genommen worden war, die Versammlung aufzulösen. Er war vermutlich der erste von den wirklichen Revolutionären, der bereit war, etwas von dem Boden wieder abzutreten, den er gewonnen hatte. Für Mounier war mit dem Marsch auf Versailles im Oktober 1789 der Bruch vollzogen. Er führte den Vorsitz in der Versammlung, als diese von einer Horde Frauen besetzt wurde, was keine angenehme Erfahrung gewesen sein kann. Nach der Entscheidung, nach Paris zu übersiedeln, versuchte er, einen Massenexodus aus der Versammlung zu organisieren. Das war der erste der Boykottversuche der Rechten. Als er mißlang, zog er sich in die Dauphiné und schließlich in die Schweiz zurück. Malouet blieb, wie die meisten der *Monarchiens,* in der Versammlung, während er ihr gleichzeitig die Legitimität absprach. Man muß keine exaltierten Vorstellungen über die Souveränität des Gemeinwillens haben, um zu glauben, daß er sich damit ins Unrecht setzte.

Lafayette sah sich mehr als Paladin denn als Politiker.[53] In einer für ihn typischen Geste erklärte er im August 1789: „Wenn der König die Verfassung ablehnen sollte, werde ich kämpfen. Wenn er sie akzeptiert, werde ich ihn verteidigen, und der Tag, an dem er sich mir gefangen [?] gab, trug mehr dazu bei, mich zu seinem treuen Diener zu machen, als wenn er mir sein halbes Königreich angeboten hätte." Lafayette neigte zu übermäßigem Protest; er meinte, was er sagte, aber mit schönen Worten dieser Art war aller Wahrscheinlichkeit nach nicht viel Verfassungsstaat zu machen. Zu Anfang arbeitete er eng mit den Lameths zusammen, begann sich aber von ihnen abzusetzen, als er sich weigerte, ihre Kampagne zum Sturz Neckers zu unterstützen. Als der Mann, der für die Aufrechterhaltung der Ordnung in Paris zuständig war, gehörte er zum Establishment, wenn auch einem revolutionären. Dadurch kam er in engen Kontakt mit dem König und entwickelte realistischere Vorstellungen über das souveräne Volk, als einige seiner eher visionären Kollegen sie pflegten. Er sah sich eher als Garant für einen revolutionären Ausgleich denn als Teilnehmer an einem revolutionären Kampf. Im April 1790 bot er Ludwig XVI. seine Unterstützung an, als Gegenleistung dafür, daß dieser sich verpflichtete, den konstitutionellen Status quo zu akzeptieren und beizubehalten. Die prinzipielle Zusage des Königs und die Zusicherung seines „vollen Vertrauens" verpflichtete ihn zu weniger, als Lafayette vermutlich glaubte. Marie Antoinette haßte ihn genauso wie bisher, und innerhalb eines Monats hatte sich der Hof die Dienste eines neuen Beraters erkauft, Mirabeaus, der sofort versuchte, Lafayette in Mißkredit zu bringen. Dieser wußte gut genug, was los war, um auf der Hut zu sein, aber die Lage, in der er sich befand, und seine schwärmerische Loyalität gegenüber einem König, dem er nicht vertrauen konnte, entfremdeten ihn seinen früheren Freunden bei der Linken. Um sich als Führer einer Partei durchzusetzen, war Lafayette zu redlich, wo Mirabeau dafür zu unredlich war. Niemand traute Mirabeau, und Lafayette war zu vertrauenswürdig, als daß er je erwogen hätte, seine Kontrolle über Paris dazu zu benützen, der Versammlung wie auch dem König seine Bedingungen zu diktieren. Er hielt es jedesmal mehr mit Washington als mit Cromwell.

Ende 1790, als die Verfassung nahezu fertiggestellt war, begann das Triumvirat, die tatsächlichen Führer der Linken, an die Zukunft zu denken. Die nächste Versammlung würde nicht die souveränen Vollmachten ihrer Vorgängerin erben und lediglich ein Parlament mit klar umrissenen Befugnissen sein. Wenn es je zu einem konstitutionellen Ausgleich kommen sollte, mußte dieser vor den Wahlen erreicht werden. Das bedeutete das Angebot, dem König einiges von dem Boden wieder abzutreten, den zu gewinnen das Triumvirat so hart gekämpft hatte.[54] Laut Mounier, drückte Barnave ihm in einem Schreiben sein Bedauern über frühere Feindseligkeiten aus und versprach, er werde versuchen, etwas von dem Schaden wiedergutzumachen. Es gelang dem Triumvirat nicht, die Rechte zu besänftigen, und die politische Richtungsänderung, die man erfolglos vor der Versammlung zu verbergen suchte, machte ihm viele seiner Unterstützer auf den hinteren Bänken abspenstig. Robespierre, Pétion und die Handvoll von Deputierten auf der extremen Linken erhielten mehr Unterstützung, als ihnen üblicherweise zuteil wurde, als sie den allzeit populären Ruf anstimmten, daß die Führer dabei seien, die Revolution zu verraten. Barnave und die Lameths hatten zu ihrer Zeit Gebrauch davon gemacht; Robespierre sollte ihn später noch gegen Pétion verwenden.

Es wurde allgemein zugegeben, selbst von denen, die ihm mißtrauten und ihn nicht mochten, daß Mirabeau der herausragende Politiker in der Versammlung war. Diesen Ruf verdankte er seiner Intelligenz, seinem Gespür für politische Taktik, seiner Virtuosität in der Debatte – wo viele seiner Kollegen zu nicht mehr imstande waren, als jedes Wort von ihren vorher einstudierten Manuskripten abzulesen –, der Qualität seines Teams von Beratern und seiner Lungenkraft. Damals wie auch später wurde die Auffassung vertreten, er allein hätte der Versammlung zu einer effektiven Führung verhelfen können. Daher scheint ein Seitenblick auf seine politische Rolle durchaus angebracht, wenn auch nur, um zu zeigen, daß es in der Politik einen eigenen Wirkungsbereich gab, der recht wenig mit Ideologie zu tun haben konnte.[55]

Mirabeaus erstes Ziel war, sich seine Wahl in die Generalstände zu sichern, was immer es kosten mochte. Nach seiner Ablehnung durch den Adel in der Provence war klar, daß dies nur über die Liste der Aristokratengegner zu bewerkstelligen war; er selbst meinte, seine Einstellung wäre eine völlig andere gewesen, wenn er als Mitglied des Zweiten Standes einen Sitz erlangt hätte. Trotzdem er ihn in der Sache mit den Schriften aus Berlin betrogen hatte, versuchte er im Dezember 1788 dennoch, die Unterstützung Montmorins, des Außenministers, zu gewinnen.[56] „Ohne die zumindest heimliche Unterstützung der Regierung kann ich nicht in die Generalstände gewählt werden." Getreu dem, was später sein persönlicher Stil wurde, fügte er noch eine verächtliche Bemerkung über Necker an. Seinem Freund La Marck, von dem er wußte, daß dieser mehr oder weniger das Vertrauen der Königin hatte, erzählte er: „An dem Tag, an dem die Minister des Königs sich bereit erklären, mit mir zu verhandeln, wird man mich der königlichen Sache und der Rettung der Monarchie ergeben finden." Montmorin, eine ehrenwerte Null, lehnte es ab, der Kritik an seinem Kollegen Necker beizupflichten, und sah der Möglichkeit, daß Mirabeau in den Generalständen fehlen könnte, mit einem Gleichmut entgegen, der zum Verzweifeln war. Mirabeau wartete bis nach seiner Wahl und sandte Montmorin dann einen Brief, der so beleidigend war, wie er es nach der *bienséance* (Schicklichkeit) des achtzehnten Jahrhunderts nur sein konnte. Sein nächster Zug – gegen Ende Mai – bestand darin, Necker anzugehen, der ihn mehr oder weniger nach seinem Preis fragte. So ließ Mirabeau nicht mit sich umspringen. Im Juni und Juli 1789 tat er sich bei der Opposition gegen die königliche Regierung hervor. Das war, zu einem Zeitpunkt, als die Versammlung in Gefahr war, möglicherweise eine Sache der Überzeugung, obwohl es auch ein Versuch gewesen sein könnte, seinen Preis in die Höhe zu treiben. Wie er nachher sagte: „Ich bin der Mann für die Wiederherstellung der Ordnung, aber nicht der alten Ordnung."

Im Sommer 1789 stand Mirabeau weithin im Verdacht, in Intrigen verwickelt zu sein, wie sie Gerüchten zufolge von einer politischen Clique um den Herzog von Orléans ausgingen. Dieser war selbst viel zu träge und furchtsam, als daß er eine große Bedrohung für seinen königlichen Cousin, Ludwig XVI., hätte darstellen können, aber die ehrgeizigen Politiker seiner Umgebung versuchten, ihn zum *lieutenant-général du royaume* [Generalleutnant des Königreiches, d. h. Regenten] zu machen, was den König auf eine bloß nominelle politische Rolle beschränkt hätte. Von Orléans und Mirabeau hieß es, sie seien, mit diesem Ziel vor Augen, hinter dem Marsch auf Versailles im Oktober gestanden, obwohl bei einer gerichtlichen Untersuchung keinerlei schlüssige Beweise gegen sie gefunden werden konnten. Als Orléans die Nerven verlor und zuließ, daß Lafayette ihn nach England abschob, ließ Mirabeau ihn fallen. Mit Hilfe Lafayettes und des Triumvirats versuchte er dann, Necker zu stürzen und seine Stelle einzunehmen. Am 19. Oktober schrieb er zwei Briefe. Einer ging an Lafayette und enthielt das Versprechen, daß „was immer geschieht, ich der Eure bis ans Ende sein werde, da Eure Qualitäten mich sehr für Euch einnehmen". Der andere ging an La Marck und griff Lafayette als Diktator an. Diese Intrige brach in sich zusammen, und der Beschluß vom 7. November, durch den Deputierten verboten wurde, Minister zu werden, machte Mirabeaus Ambitionen in diese Richtung ein Ende. Daraufhin lenkte er seine Aufmerksamkeit auf den Bruder des Königs, den Comte de la Provence, der in Pläne für eine Art Staatsstreich verwickelt war. In einem Bericht an Provence schrieb Mirabeau, alles laufe schief. Die Hofpartei müsse sich vom Adel und den *Parlements* lossagen, um sich populär zu machen. Um seine Unabhängigkeit wiederzuerlangen, solle der König nach Rouen flüchten und der Versammlung befehlen, sich ihm anzuschließen. Dann solle er sie auflösen und eine Volksversammlung einberufen, welche die Verfassung dahingehend ändern würde, daß seine Autorität wiederhergestellt würde. Mag sein, daß Mirabeaus Ziel eine verbesserte Form von konstitutioneller Monarchie war, aber er war viel zu verschlagen, als daß er nicht erkannt hätte, daß die Mittel, die er vorschlug, ein gänzlich anderes Ergebnis wahrscheinlich machten. Nachrichten über ein „royalistisches Komplott" sickerten durch, ein Sündenbock wurde hingerichtet und Provence suchte eilends Deckung, indem er leugnete, von der ganzen Angelegenheit irgend etwas zu wissen. Mirabeau stand wieder am Anfang.

Während der ersten Monate des Jahres 1790 scheint er einigermaßen niedergeschlagen gewesen zu sein. Im April machte er sich noch einmal an Lafayette heran und beglückwünschte ihn dazu, daß er sich vom Triumvirat distanziert hatte, das „weder Eurer noch meiner würdig ist". Am 13. Mai schrieb er neuerlich und wies dringend darauf hin, wie notwendig es für sie beide sei, ihre Politik aufeinander abzustimmen. In der Zwischenzeit hatte er auf Vermittlung von La Marck einen Handel mit dem Hof abgeschlossen.[57] Ludwig bezahlte Mirabeaus Schulden, setzte ihm einen monatlichen Wechsel aus und hinterlegte eine Million Livres bei La Marck, die Mirabeau am Ende der Sitzungsperiode erhalten sollte, wenn sein Verhalten als zufriedenstellend beurteilt wurde. Mirabeau meinte, um ihm Handlungsfreiheit zu geben, sei es notwendig, ihn seiner Gläubiger zu entledigen, aber die an Bedingungen geknüpfte Million verleitete wohl kaum zur Unabhängigkeit, und La Marck selbst war beunruhigt über das Ausmaß von Mirabeaus Entzücken über die finanziellen Konditionen. Der König und die Königin dachten vermutlich, sie hätten sich seine Unterstützung oder zumindest seine Neutralität erkauft, ohne seinem Rat Gehör schenken zu müssen. Marie Antoinette hatte im Oktober 1789 zu La Marck gesagt: „Ich glaube nicht, daß es je so schlecht um uns bestellt sein wird, daß wir bis zum peinlichen Äußersten gehen müssen und uns an Mirabeau wenden." Was sich seitdem verändert hatte, war mehr ihre Einschätzung der politischen Lage als die Mirabeaus. Ihm andererseits gefiel der Gedanke, er sei eine Art geheimer Premierminister geworden. So wie alle anderen, wenn sie meinten, die Dinge seien weit genug fortgeschritten, erklärte er jetzt die Revolution für vorüber: „Die Unruhe, die notwendig war, damit wir unserem nichtigen Dasein entkommen konnten, muß Ideen weichen, die dafür geeignet sind, daß wir uns auf lange Sicht organisieren . . . es ist Zeit, von einem Zustand legitimen Aufruhrs überzugehen zum dauerhaften Frieden eines wahrhaft vergesellschafteten Zustands . . . man bewahrt die Freiheit nicht mit den Mitteln, die sie gewannen." Zu den ersten Vorschlägen Mirabeaus an den Hof gehörte, daß es notwendig sei, Lafayettes politische Macht zu zerstören. Die Einsetzung neuer Minister würde es ermöglichen, ihn durch die Drohung zu erpressen, seine Beziehungen zu den alten offenzulegen.

Was in der Folge geschah, war für beide Seiten nicht sehr zufriedenstellend. Mirabeau meinte, durchaus vernünftig, es würde dem Hof nichts bringen, wenn er sich selbst diskreditierte, indem er in der Versammlung für eine Politik der demonstrativen Mäßigung eintrat. Er sagte, er verteidige die königliche Autorität in den Fragen, die wichtig waren, und bewahre sich seinen Ruf als Radikaler durch heftige Ausbrüche über solche Kleinigkeiten wie die Form der Nationalflagge für die Marine. Der König und die Königin nahmen seine Proteste *cum grano salis.* Sie teilten die Sorgen nicht, die er sich um seinen politischen Ruf machte, und hatten ihn im Verdacht, er sichere sich nach beiden Richtungen hin ab, damit er sich am Ende für die Seite entscheiden konnte, bei der es wahrscheinlicher war, daß sie gewann. Das war vermutlich ein Irrtum: Es hätte schon eine ganze Menge gebraucht, um Mirabeau vergessen zu lassen, daß eine Million Livres davon abhing, daß er den Eindruck erweckte, sie zufriedenzustellen.

Es fehlte Mirabeau gewiß nicht an politischem Geschick, und er allein vermochte es bei Gelegenheit, daß die Versammlung sich seiner persönlichen Autorität beugte. Daß er so völlig versagte, hatte seinen Grund vermutlich in seiner Verschlagenheit und dem Ruf der Käuflichkeit, der ihn 1789 begleitet hatte, doch spiegelte sich darin auch die Unlenkbarkeit der revolutionären Politik wider. Es überstieg jedermanns Möglichkeiten, für irgendeine Politik, die Zusammenarbeit mit der Regierung erforderlich machte, eine stabile Mehrheit in der Versammlung zustande zu bringen. Die Minister waren uneins, und man mißtraute ihnen als den Handlangern von Regenten, die sie in Wahrheit über ihre Absichten in Unkenntnis ließen. Verdächtigungen pflanzten sich solange fort, bis sie sich als berechtigt erwiesen. Die Revolution hatte eine rein politische Dimension, wie auch eine rein ideologische, und beide boten nicht viel Hoffnung auf eine friedliche Lösung der Probleme Frankreichs. Der Umfang dieser Probleme hätte wohl jedes Parlament überfordert, da die Versammlung sich einer Transformation praktisch aller Institutionen Frankreichs verschrieben hatte. Das war ohne Schmerzen und Proteste nicht möglich, aber die Heftigkeit des Hasses, der entstand, läßt sich nicht allein damit erklären, daß die Verlierer sich sträubten, die Opfer zu akzeptieren, die man von ihnen verlangte. Was die Deputierten einander an die Gurgel fahren ließ, waren nicht so sehr ihre politischen Divergenzen, sondern ihre Wahrnehmung der Absichten der anderen Seite. Die apokalyptischen Ausmaße des nachfolgenden Konflikts waren das Produkt von sowohl Politik als auch Ideologie. Um herauszufinden, wie die beiden einander beeinflußten, muß man einen oder zwei von den wichtigeren Bereichen, in denen es zu Auseinandersetzungen kam, genauer in Augenschein nehmen.

Der grundlegende Konflikt zwischen den Ansichten von Montesquieu und Rousseau war vielleicht dort am augenfälligsten und unversöhnlichsten, wo sie über die Beziehungen nachdachten, die zwischen Nationen herrschen sollten. Seiner universalistischen Perspektive getreu, verlieh Montesquieu dem Kosmopolitismus der Aufklärung besonderen persönlichen Nachdruck: „Wenn ich von etwas wüßte, daß es für meine eigene Nation nützlich, für eine andere aber verderblich ist, würde ich es meinem Fürsten nicht vorschlagen, da ich zuerst Mensch und dann Franzose bin, oder anders gesagt, daß ich notwendig ein Mensch und zufällig ein Franzose bin." Das eigene Land sei nach denselben universellen Maßstäben zu beurteilen, die auch auf jedes andere zutrafen. Er war keiner von denen, die die Loyalität, die sie ihrem eigenen Land nicht geben können, auf ein anderes übertragen, aber seine Bewunderung für die britische Verfassung verlieh diesem Land eine Sonderstellung. Er war ein Befürworter des Handels, der „unheilvolle Vorurteile beseitigt und dem Frieden förderlich ist. Zwei Nationen, die miteinander Handel treiben, werden abhängig voneinander." All das war Rousseau ein Greuel. Er verabscheute jeden Gedanken an Abhängigkeit, sei sie persönlich, politisch oder wirtschaftlich. Er hatte für England nicht viel übrig, und seine Vorstellung vom Gemeinwillen implizierte für jeden Nationalstaat völlige Souveränität. Sein Ideal war Sparta, ein Staat, der nicht gerade für den Eifer berühmt ist, mit dem er seine eigenen Interessen dem Gemeinwohl unterordnete.

> Jede Teilgesellschaft entfremdet sich der Masse, wenn sie abgegrenzt und fest zusammengewachsen ist. Jeder *patriote* verhärtet sich Ausländern gegenüber: Sie sind nur Menschen, sie sind nichts in seinen Augen. Das ist eine unvermeidliche Unannehmlichkeit, jedoch ohne große Bedeutung. Was zählt, ist Wohlverhalten den Leuten gegenüber, mit denen man zusammenlebt. Im Ausland war der Spartaner ehrgeizig, knausrig und ungerecht, aber in seinen Mauern herrschten Uneigennützigkeit, Gerechtigkeit und Frieden. Hütet euch vor jenen Weltbürgern, die in ihren Büchern irgendwo in der Ferne Pflichten nachspüren, die bei sich daheim zu erfüllen sie sich nicht bereitfinden.

Was die Außenpolitik betraf, neigten die Männer der Verfassunggebenden Versammlung zuallererst Montesquieu zu. Ihre Einstellung griff auf Voltaires *Candide* zurück und nahm den Radikalismus des zwanzigsten Jahrhunderts vorweg. Kriege gingen auf die dynastischen Bestrebungen autokratischer Herrscher zurück. Außer im Falle eines nationalen Unabhängigkeitskrieges – Wilhelm Tell stand bei den Revolutionären hoch im Ansehen – würde eine gewählte Regierung, die das Volk wahrhaft repräsentierte, nur zur eigenen Verteidigung kämpfen. Einer der wichtigsten Schritte, durch welche die Erneuerung Frankreichs zum Entstehen einer besseren Welt führen würde, bestand demnach darin, daß sich einer der mächtigsten Staaten Europas aus dem mörderischen Wettstreit der Despoten zurückzog. Selbst die seit langem bestehende Feindschaft den Briten gegenüber war vielleicht die Schuld Frankreichs. Das scheint zumindest Mirabeaus Ansicht gewesen zu sein, als er 1790 im Namen des diplomatischen Ausschusses feststellte: „Wir betrachten kein Volk als unseren Feind. Das Land, das eine heimtückische Politik uns als unseren Rivalen vorstellte, ist keiner mehr, das Land, in dessen Fußstapfen wir treten." Mochten England und Frankreich auch nicht imstande sein, den zankenden „Tyrannen" in Mitteleuropa Frieden aufzuzwingen, so würden sie doch zumindest nicht mehr gegeneinander kämpfen, und früher oder später würde sich ihr Beispiel überall durchsetzen. Die Aussicht auf Frieden überall war einer der Gründe, warum 1789 so vielen als das Jahr eins einer neuen und besseren Welt erschien.

Auch wenn dies eines der achtenswerteren Dinge war, durch die die Französische Revolution den Beginn der modernen Welt markierte, ließen sich alte Einstellungen doch leichter verwerfen als beseitigen. Was man als nationale Wirtschaftsinteressen ansah, konnte, wie das Beispiel Englands bereits zeigte, zu ebenso blutig-aggressiven Konflikten führen wie dynastischer Ehrgeiz. Durch das neue Gefühl des Stolzes darüber, in einer Welt, die immer noch voller Tyrannen war, zu einer erneuerten Nation zu gehören, griff einiges von der anmaßenden Arroganz, die auf der persönlichen Ebene das alte aristokratische Ehrgefühl bestimmt hatte, auf das französische Volk als Ganzes über.[58] Die Überzeugung, daß das Goldene Zeitalter bereits angebrochen war, das Gefühl, einer Gemeinschaft anzugehören, die sich durch den Abschluß eines neuen Gesellschaftsvertrages für erneuert erklärt hatte, schuf neue Probleme. Was das neue Frankreich auszeichnete, was es über die anderen Staaten Europas, sogar über England, erhob, war seine Proklamation der Menschenrechte – der Rechte aller Menschen. Diese waren unveräußerlich; sie konnten nicht durch Einzelpersonen widerrufen oder per Vertrag abgetreten werden. Sie hatten *per definitionem* für alle Völker zu gelten, doch waren sie nur in Frankreich zur Basis für die Legitimität allen politischen Tuns gemacht worden. Wenn ihre Behauptung mit Vertragsverpflichtungen oder Ansprüchen ausländischer Regierungen in Konflikt geriet, kam es nicht in Frage, daß Frankreich von universellen Prinzipien abwich, um jene zu beschwichtigen, deren Prätentionen auf den verrufenen Praktiken und falschen Maximen der Vergangenheit gründeten. Das alles hatte eine einigermaßen ambivalente Haltung seitens der Verfassunggebenden Versammlung zum Ergebnis. Arrogante Lektionen in politischer Theorie, die leicht einen nationalistischen Tonfall annehmen konnten, standen neben im allgemeinen eher versöhnlichen Taten, da die Mehrzahl der Deputierten noch nicht bereit war, hinsichtlich der Züchtigung der Ungerechten, die sie mehr mit Mitleid als mit Zorn betrachteten, irgend etwas Praktisches zu unternehmen.

Einige der am 4. August 1789 abgeschafften Feudalrechte wurden von deutschen Magnaten über Güter ausgeübt, die sie in Frankreich besaßen. Theoretisch zumindest hatten die Nutznießer auf diese Rechte verzichtet, und die Versammlung hatte ihren Verzicht bestätigt. Als die deutschen Grundherren einwandten, daß Franzosen kein Recht hätten, sie ihres Besitzes zu berauben, war es Rewbell, ein Deputierter aus dem Elsaß, der ihnen zur Antwort gab, es stehe Ausländern nicht zu, französische Gesetze zu kritisieren. Nach zwei Jahren eines ergebnislosen Streites – die beiden Standpunkte waren unversöhnlich, aber man wollte darüber keinen Krieg anfangen – schlug Rewbell wieder aggressiv Lärm, aber die Deputierten zogen es vor, dem Rat ihres diplomatischen Ausschusses zu folgen und den deutschen Lehnsnehmern Entschädigungen anzubieten. Ein ähnlicher Streitfall ergab sich im Zusammenhang mit einer Forderung aus Genua, wonach man sich einen Restbestand an Rechten über Korsika vorbehalten hatte, als die Insel 1768 an Frankreich verkauft wurde. Die Versammlung hatte Korsika zu einem integralen Bestandteil von Frankreich erklärt, und Barnave verteidigte ihr Vorgehen mit der Begründung, daß diese dem Wunsch der Korsen selbst entspreche. Da man sie nicht wirklich um ihre Meinung gefragt hatte, war in diesem Fall der Wunsch der Vater des Gedankens. Selbst die Genueser können nicht damit gerechnet haben, daß ihr Protest irgendwelche praktische Auswirkungen haben würde. Es gab nichts, was sie deswegen hätten unternehmen können, und die europäischen Großmächte hatten Wichtigeres zu tun. Nichtsdestoweniger war die französische Behauptung, daß jedes Volk ein Recht auf Selbstbestimmung habe, wie sie aus Barnaves Argument hervorging, recht umfassend anwendbar. Wenn sie auf die Korsen zutraf, galt sie vermutlich auch für Belgier, Polen oder Iren, und die Revolution hatte eine vage Aussicht auf fragwürdige Plebiszite und nationale Befreiungskriege eröffnet.

Robespierre meinte wie üblich, seine Kollegen würden sich der Leichtgläubigkeit und einer unverantwortlichen Vertrauensseligkeit schuldig machen. Bedeutsam sei an dem, für sich allein genommen unwichtigen Vorfall mit Genua, daß dadurch ein weiteres Komplott aufgedeckt worden sei, ausgeheckt von einer unheiligen Allianz von französischen und Genueser Aristokraten. Damit handelte er sich den Vorwurf ein, er habe nicht viel Ahnung von der Sozialstruktur der Republik von Genua, und seine Rede hatte wenig Einfluß auf seine Kollegen, die daran gewöhnt waren, daß er ewig Feuer schrie, weil er hinter jeder politischen Streitfrage eine konterrevolutionäre Intrige zu erkennen glaubte. Die vernünftigeren Deputierten neigten dazu, über Robespierres Schwarzseherei zu lachen, doch verlieh er lediglich einer Sichtweise dramatischen Ausdruck, die ernstzunehmen die Deputierten der Linken durchaus geneigt waren. Frankreich habe sich durch den bloßen Umstand seiner Erneuerung zum natürlichen Feind ausländischer Tyrannen gemacht, gegen deren Unterdrückungsherrschaft es einen ständigen Vorwurf darstelle. Sie mochten davor zurückschrecken, eine Nation anzugreifen, die sich mit Enthusiasmus verteidigen und ihre eigenen versklavten Untertanen dazu bringen würde zu revoltieren, aber sie würden soweit gehen, wie es die Klugheit gestattete, um eine Revolution zu schwächen und in Mißkredit zu bringen, von der sie soviel zu fürchten hatten. Dabei könnten sie natürlich auf die Unterstützung all derer in Frankreich zählen, die sich weigerten, die Legitimität der neuen revolutionären Ordnung in Frankreich anzuerkennen. Französische Aristokraten seien die natürlichen Verbündeten ausländischer Tyrannen, und die französischen Minister hätten mit ausländischen Höfen mehr gemein als mit der Nationalversammlung. Das war eine unausweichliche Konsequenz aus jener manichäischen Denkungsart, die alle Franzosen in solche unterteilte, die sich mit „der Revolution" identifizierten, und solche, die vor nichts haltmachen würden, um sie zu untergraben.

Von der Erneuerungsbegeisterung war es nur ein kleiner Schritt bis zur Behauptung nationaler Überlegenheit. Das tendierte daher zu besonderer Ausprägung auf der Linken. Bereits im August 1789 drängte Rabaut Saint-Etienne, von dem man hätte erwarten können, daß er sich über ein Land, in dem seine protestantischen Mitbrüder noch bis vor kurzem verfolgt worden waren, mit mehr Zurückhaltung äußern würde, seine Kollegen, dem, was Ausländer auch immer tun mochten, keine Beachtung zu schenken, mit der Begründung, es sei eher an Frankreich, ein Beispiel zu geben, als anderen zu folgen. Robespierre behauptete, es liege im Interesse aller Nationen – womit er vermutlich mehr die Völker als die Regierungen meinte –, Frankreich zu schützen, „da es Frankreich ist, von wo die Freiheit und das Glück der Welt ausgehen müssen". Charles Lameth war sogar noch emphatischer: Frankreich sei ein Schreckgespenst für alle Tyrannen, mit denen die französischen Minister im Bunde seien; „es ist Zeit für die Völker, gemeinsam gegen die Tyrannen vorzugehen". Der Logik nach verlangte das nach jener Art von revolutionärem Kreuzzug, wie sie 1793 offizielle Politik wurde. Solange die Verfassunggebende Versammlung tagte, gaben sich die Deputierten mit Deklamationen zufrieden, und außer Burke scheinen sie keinen ausländischen Staatsmann ernsthaft beunruhigt zu haben. Sie hatten keinerlei Absicht, den Polen oder Iren praktische Hilfe angedeihen zu lassen, und es gab nur wenig Protest, als die französische Regierung österreichischen Truppen gestattete, auf ihrem Weg zur Niederschlagung des Aufstands in Belgien über französisches Gebiet zu marschieren. Trotzdem, in einem gewissen Sinne hatte Burke recht, und die Waffen für einen ideologischen Krieg wurden damals geschmiedet, auch wenn die Verfassunggebende Versammlung nicht die Absicht hatte, sie aus der Rüstkammer hervorzuholen.

All das machte es schwierig zu entscheiden, was von England zu halten war. Für die Royalisten lagen die Dinge vergleichsweise einfach, und das „stolze Albion" blieb weiterhin der nationale Feind. Mounier und die *Monarchiens* sahen in dem Land ein Beispiel, dem Frankreich nacheifern sollte. Die Männer des Zentrums, die mehr Vorbehalte hinsichtlich der Schönheiten der britischen Verfassung hatten, betrachteten England nichtsdestoweniger als ein freies Land, das für das neue Frankreich einen natürlichen Partner abgeben würde. Selbst die Linke, die sich eine recht herablassende Haltung den Briten gegenüber zu eigen machte, neigte immer noch dem Gedanken zu, daß eine konstitutionelle Monarchie sich nicht davon hinreißen lassen würde, konterrevolutionäre Zwietracht zu säen, wie es von Despoten zu erwarten sei. Als die Monate vergingen und der Schwerpunkt der Versammlung sich nach links verschob, wich die unkritische Bewunderung zunehmend einer verständlichen Verärgerung über die ständige Berufung auf angebliche britische Gepflogenheiten zur Verteidigung des französischen Konservativismus. Das begünstigte das Wiederauftauchen von Verdächtigungen und Animositäten, die nie völlig überwunden gewesen waren, und die Erinnerung an die Bretonen verstärkte noch die Herablassung der Rousseauisten.

Während der Krise vom Juli 1789 begann der britische Botschafter sich Sorgen zu machen, weil „Andeutungen, die sich als in hohem Maße nachteilig für die zur Zeit in Paris wohnhaften Engländer erweisen könnten, seit einigen Tagen emsig verbreitet und der Bevölkerung eingeimpft werden, mit dem Ziel, sie glauben zu machen, daß Emissäre aus England aktiv dazu beigetragen hätten, die Unruhen zu schüren, zu denen es in dieser Stadt unlängst gekommen ist".[59] Da der Pariser Aufstand selbstverständlich eine glorreiche Sache gewesen war, schien es gewiß recht seltsam, daß nun die Briten beschuldigt wurden, sie hätten dabei die Hand im Spiel gehabt. Der Botschafter ersuchte Montmorin, den französischen Außenminister, durch die Versammlung die Tatsache publik zu machen, daß er wenige Wochen zuvor, als eine Gruppe von Männern um britische Hilfe für einen Brandanschlag auf die in Brest liegende Flotte bat, das französische Außenministerium umgehend von dem Sachverhalt in Kenntnis gesetzt habe. Montmorin kam dem Ersuchen von Lord Dorset nach, und der Botschafter zeigte sich befriedigt über die nachfolgende Änderung in der öffentlichen Meinung. Er scheint leicht zufriedenzustellen gewesen zu sein: Einen Tag, nachdem sein Brief in der Versammlung vorgelesen worden war, sprach einer der Deputierten davon, daß Brest beinahe in die Hände der Engländer gefallen wäre. Dorsets Enthüllung eines Komplotts, das sich so wenig überzeugend anhört wie kaum ein zweites, wurde sogleich zum Beweis für britische Intrigen.

Im September 1789 gab es Applaus für einen Adeligen, der bekanntgab, daß Eden, der 1786 ein ungeliebtes Handelsabkommen mit Frankreich ausgehandelt hatte, sich gegenwärtig in Spanien aufhalte und versuche, Frankreich ein zweites Mal zu betrügen. Die ambivalente Haltung der Deputierten zeigte sich besonders deutlich am 15. Mai 1790, als ein Deputierter Applaus erhielt für die Erklärung, daß, im Falle eines Krieges, „wir hingehen werden und England auf britischem Boden angreifen", und ein anderer ausgebuht wurde, weil er England „unseren ewigen Feind und Rivalen" nannte. Selbst die augenscheinlich unschuldige Bemerkung, daß England und Frankreich unseligerweise nationale Rivalen seien, rief, als ein Adeliger der Rechten sie anbrachte, Nein-Rufe hervor. Das hielt einen Adeligen der Linken, den Herzog d'Aiguillon, vierzehn Tage später freilich nicht davon ab, England der Unterstützung von französischen Konterrevolutionären zu bezichtigen. Die Deputierten konnten sich nie recht entscheiden, ob ihr Nachbar nun das perfide „Albion" war oder die Heimstatt verfassungsmäßig garantierter Freiheit. Wenn man sich die jahrhundertelange Feindschaft zwischen den beiden Ländern vor Augen hält, sowie die zielstrebige Entschlossenheit, mit der die britische Regierung verfolgte, was sie für ihren wirtschaftlichen Vorteil hielt, so ist die Stärke des französischen guten Willens immerhin bemerkenswerter als die Beharrlichkeit von Argwohn und Abneigung. Es war jedoch bereits klar, daß, wenn nationale Interessen die beiden Länder in Konflikt miteinander bringen würden, es der revolutionären Regierung ein leichtes sein würde, die alten Gefühle wieder anzufachen und einem Krieg gegen England einen besonders bösartigen Charakter zu geben. Durch den Umstand, daß die Briten nicht als die Opfer einer despotischen Regierung hingestellt werden konnten, würde sich die Animosität schnell auf das Volk als Ganzes übertragen lassen. Die Außenpolitik wurde, wie jeder andere Tätigkeitsbereich der Versammlung, zum Teil als Machtkampf zwischen den Deputierten und der Exekutive verstanden. Die simple Gleichung, wonach Absolutismus Krieg bedeutete und eine konstitutionelle Regierung Frieden, machte die Radikalen um so entschlossener, den König der Mittel zu berauben, das Land in einen Konflikt zu verwickeln, der es ihm ermöglichen könnte, seine verlorene Autorität wiederzuerlangen. Das brachte die Royalisten dazu, sie zu beschuldigen, sie seien derart besessen von der Parteipolitik, daß sie bereit wären, die nationale Sicherheit Frankreichs aufs Spiel zu setzen, um ihrer Partei einen Vorteil zu verschaffen. Die nationale Sicherheit verlange nach einer durchsetzungsfähigen Exekutive, verantwortlich sowohl für die Militär- als auch die Außenpolitik, und das bedeute, daß die Macht des Königs wieder gestärkt werden müsse. Wie üblich hatten beide Standpunkte genug Berechtigung, um ihren Befürwortern plausible Gründe zu geben, argwöhnische Vermutungen über die Motive ihrer Gegner anzustellen. Das machte es schwierig, irgendeinen Fall nach rein sachlichen Gesichtspunkten zu behandeln, und die Franzosen hatten Glück, daß sie sich nicht mit der Notwendigkeit konfrontiert sahen, endgültige Entscheidungen treffen zu müssen. Die einzige politische Krise, die ausbrach und vorüberging, veranschaulicht die Komplexität der Faktoren, die immer dann ins Spiel kamen, wenn die Versammlung sich einem größeren Problem gegenübersah.

1788 errichtete Captain John Meares einen Handelsposten in Nootka Sound auf Vancouver Island und baute dort einen Schoner. Ein Jahr später brachten die Spanier, die die Souveränität über die gesamte amerikanische Pazifikküste für sich beanspruchten, das Schiff auf und begannen, Nootka Sound zu befestigen. Meares protestierte bei der britischen Regierung, die zur Unterstützung seines Rechts, Handel zu treiben, mit Krieg drohte. Frankreich und Spanien, beide von Bourbonen regiert, waren durch einen „Familienpakt" verbündet, eine Allianz, die jeden von ihnen zur vorbehaltlosen Unterstützung des anderen verpflichtete. Die spanische Regierung ersuchte daher um französische Rückendeckung in ihrem Streit mit England. Am 14. Mai 1790 übermittelte Montmorin dieses Ersuchen der Versammlung, und die Deputierten sahen sich in eine peinliche Zwangslage versetzt. Seinem Ursprung nach bot sich der Konflikt nicht leicht für eine Dramatisierung aus Gründen der Ideologie oder des revolutionären Prinzips an. Spanien war die *bête noire* der Aufklärung, die Heimat der Inquisition sowie der

Rückständigkeit, des Obskurantismus und der Unterdrückung, wohingegen England wie der natürliche Verbündete des erneuerten Frankreich aussah, selbst für jene, die Montesquieus hymnische Bewunderung für seine Verfassung nicht teilten. Andererseits waren England und Frankreich Handelsrivalen, Spanien hatte ein Anrecht auf französische Militärunterstützung, und wenn es die Verpflichtungen aus der Allianz nicht erfüllte, konnte Frankreich in einer nicht erneuerten Welt am Ende gefährlich isoliert dastehen.

Montmorin informierte die Deputierten lediglich davon, daß Anweisungen ergangen seien, vierzehn eingemottete Kriegsschiffe wieder in Dienst zu stellen, wobei er seine Zuversicht bekundete, daß die Versammlung das Geld dafür auftreiben werde. Das löste eine Debatte aus, in der es die Rechte bei dem Vorschlag bewenden ließ, einen Beschluß zu fassen, worin dem König Dank ausgesprochen wurde, während die Linke auf eine Diskussion darüber bestand, wer für die Führung der Außenpolitik zuständig sein solle. Das war ein Thema von jener Art, die sowohl Tagträume als auch ein gewisses Maß von Paranoia erzeugte. Robespierre proklamierte das Interesse aller Nationen, Frankreich als der Hoffnung der Welt Schutz angedeihen zu lassen; Rewbell verurteilte Familienpakte und von Ministern betriebene Kriege und meinte, Frankreich solle nur mit gerechten Völkern Bündnisse eingehen, ohne daß er dazusagte, wie das auf die besondere Situation paßte; der Herzog d'Aiguillon hielt die ganze Krise für ein ministerielles Komplott, was die Entgegnung hervorrief, es sei unwahrscheinlich, daß die britische Regierung die Kosten für die Wiederindienstnahme von zweiunddreißig Schiffen auf sich nehme, nur um Frankreichs Ministern gefällig zu sein. Mirabeau bewog die Versammlung, die Entscheidung des Königs zu bestätigen und sich die allgemeine Frage der Kontrolle über die Außenpolitik für den nächsten Tag aufzuheben.

Als die Debatte wieder aufgenommen wurde, dauerte es einige Zeit, die Grundsatzfrage von den besonderen Umständen des spanischen Ersuchens loszulösen. In einer Rede, deren Widersprüchlichkeit die vielfache Befangenheit der Linken offenbar machte, meinte Charles Lameth, das Recht, Kriege zu erklären, sei zu wichtig, um es dem König anzuvertrauen, zumindest unter den gegenwärtigen Umständen. Grundsätzlich müsse jede solche Äußerung des Gemeinwillens von der Nation ausgehen. Die Aufsicht der Versammlung über die Staatsfinanzen sei kein wirksames Mittel zur Kontrolle der Exekutive. Da in großen Versammlungen großherzige Regungen die Oberhand gegen niedere behalten würden, sei es unbedenklich, derartige Entscheidungen den Deputierten zu überlassen. Selbst Montesquieu, dessen Kühnheit der Tiefgründigkeit seines Genies nicht entsprochen habe, habe nicht ausdrücklich gesagt, daß das Recht, Kriege zu erklären, dem König zustehe. Die gegenwärtige Krise sei zum Großteil durch Privatinteressen der Bourbonen und Spaniens Furcht vor einer Revolution entstanden. Ein Krieg würde den Feinden der Revolution in Frankreich, womit er die Reichen meinte, in die Hände spielen. Es folgte das dazu in einigem Widerspruch stehende Argument, er würde auch nachteilige Auswirkungen auf den

Verkauf des Kirchenbesitzes haben, auf den die Versammlung ihre Hoffnungen auf Zahlungsfähigkeit setzte. Zwar sei es ziemlich gefahrlos, einem so tugendhaften Mann wie Ludwig XVI. das Recht anzuvertrauen, Kriege zu erklären, doch würde ein so tugendhafter Mann nicht dafür verantwortlich sein wollen, Blutvergießen anzuordnen. Er äußerte sich nicht darüber, inwieweit dieses letzte Argument auch auf die Versammlung zutraf.

Die gesamte Linke sah in der Entscheidung, einen Krieg zu erklären, eine der wichtigsten Manifestationen des Gemeinwillens. Das Recht darauf stehe daher ausschließlich der Nation zu, und wie üblich setzten sie die Nation mit sich selbst gleich. Montlosier erinnerte sie mit seiner üblichen Unverblümtheit daran, daß der König der Beauftragte der Nation und nicht der ihre sei. Einige von den Rechten akzeptierten das Rousseauistische Argument hinsichtlich des Gemeinwillens, behaupteten jedoch, die Erfordernisse diplomatischer Geheimhaltung und raschen militärischen Vorgehens würden die Nation dazu verpflichten, diese besondere Manifestation ihres Willens an den König zu delegieren. Was die Deputierten entzweite, war die übliche Frage, wieviel Macht dem König zu geben sei. D'Aiguillon, immer noch auf seinem Rachefeldzug gegen einen Monarchen, der ihn, wie er meinte, beleidigt hatte, war dafür, alles in die Hände der Versammlung zu legen. Das war das Thema der Linken insgesamt, zu dem die extreme Linke einige mehr oder weniger pittoreske Variationen beisteuerte. Pétion trat für eine offene Diplomatie ein, sowie für eine Erklärung, daß Frankreich sich von List und Tücke lossage zugunsten von Gerechtigkeit und Redlichkeit. Er war einer von denen, die eine Deklaration befürworteten, wonach Frankreich von sich aus auf Angriffskriege verzichte. Er wollte sogar der „Exekutive" die Kontrolle über die Streitkräfte entziehen. Robespierre handelte sich Schwierigkeiten ein, weil er den König als *commis* bezeichnete, einen bloßen Auftragsempfänger, dessen Aufgabe es eher sei, den Gemeinwillen auszuführen, als an der Entscheidung, worin dieser bestehe, teilzunehmen. Er unterstützte Pétion und meinte, der Augenblick sei gekommen, „diese große Revolution zu beginnen, die sich in allen Teilen der Welt ausbreiten wird", obwohl er nicht darauf einging, wie das mit friedlichen Mitteln zu bewerkstelligen sei. Rewbell meinte, eine große Nation, die sich auf die Vorsehung, Gerechtigkeit und ihre eigene Stärke verließ, brauche keine Verbündeten. Menou trat dem Argument, daß die nationale Verteidigung es erforderlich machen könne, schon einige Zeit vor einer Kriegserklärung Vorkehrungen zu treffen, mit der absurden Behauptung entgegen, die Armee könne binnen vierundzwanzig Stunden mobil gemacht werden und die Flotte binnen zwei Wochen.

Die Rechte reklamierte bei ihrer Argumentation den gesunden Menschenverstand für sich. Was immer man über den Gemeinwillen denken mochte, eine wirkungsvolle Außenpolitik erfordere Verbündete, und Bündnisse brächten Geheimdiplomatie mit sich. Offensivkriege seien manchmal notwendig. Der Comte de la Galissonnière, ein Marineoffizier, konnte der Idee einer Nichtangriffserklärung nichts abgewinnen, obwohl Montlosier meinte, Frankreich solle sich vom „Eroberungswahn" kurieren. Die überraschendste Rede kam von Cazalès:

Gesetzgeber sollten ihre Ansichten nicht auf vage humanitäre Prinzipien gründen ... nichts mit derlei Gefühlen zu tun haben, die bloße Schaustellung sind; unsere Liebe muß ausschließlich dem Vaterland gelten. Die Liebe zum Vaterland schafft mehr als Menschen, sie schafft Bürger. Sie schafft Spartaner ... Was mich betrifft, erkläre ich, daß es nicht Russen, Deutsche oder Engländer sind, die ich liebe; es sind die Franzosen; das Blut eines einzigen meiner Mitbürger ist mir teurer als das aller Völker auf der Welt.

Das stieß auf allgemeine Mißbilligung; drei Jahre später sollte es orthodoxe jakobinische Lehrmeinung sein. Cazalès fuhr damit fort, die Aufklärung anzuprangern, weil sie die Herzen der Menschen verdorren lasse und ihren Geist erniedrige. Offensivkriege könnten mitunter notwendig sein. England würde angreifen, und Frankreich sei nunmehr der schwächste Staat in Europa. Wenn die Versammlung sich der Kontrolle über die Außenpolitik bemächtige, würde sie die Verantwortung für die Ernennung von Diplomaten und Generälen übernehmen müssen. Die Legislative solle dabei bleiben, allgemeine Gesetze zu formulieren, weil dies das einzige sei, was sie gut könne. All das hätte Rousseau entzückt, wie Cazalès sehr genau gewußt haben muß, als er mit soviel Sorgfalt *Émile* paraphrasierte. Seine Rede ruft einem nützlicherweise die Tatsache ins Gedächtnis, daß Rousseaus Einfluß fast universell war und dazu beitrug, die Art und Weise zu bestimmen, in der die meisten der Deputierten auf politische Fragen reagierten. Wie diese Prinzipien zu interpretieren und nötigenfalls zu modifizieren waren und wann sie heranzuziehen waren, war eine Frage der politischen Taktik, wie es stets der Fall ist, wenn Ideologie in Politik übersetzt werden muß. Das bedeutete nicht, daß sie bloße Dekoration waren.

Die Debatte über das Recht, Kriege zu erklären und Frieden zu schließen, war ungewöhnlich in dem Sinne, daß die Deputierten des Zentrums die Oberhand behielten und die Abstimmung am Ende für sich entschieden. Malouet, der sein beachtliches Talent üblicherweise darauf verwendete, Gründe für eine Stärkung der königlichen Autorität zu finden, entschied sich diesmal für einen Kompromiß und versuchte, die Debatte von ideologischen Platitüden wegzubringen. Er verwarf die Idee einer Nichtangriffserklärung als sinnlos, mit der Begründung, daß Politik von Versammlungen und Nationen eher von Vorteilserwägungen als von Prinzipien bestimmt werde. Bei freien Völkern sei es ebenso wahrscheinlich wie bei Despoten, daß sie Angriffskriege begännen. Frankreich brauche seine Kolonien, Spanien seine Bündnisse, und die britischen Ambitionen seien dazu angetan, beides zu gefährden. Der König solle daher die Macht haben, das Land gegen Angriffe zu verteidigen, jedoch der Zustimmung der Versammlung bedürfen, um Frankreich in irgendeine andere Art von Krieg zu führen. Er solle die Macht haben, Friedensverträge abzuschließen, jedoch ohne die Zustimmung der Versammlung weder Gebiet abtreten noch Allianzen schließen können. Dupont de Nemours sagte, selbst Nationen seien nicht berechtigt, Offensivkriege zu beginnen, jedoch so zu tun, als brauche Frankreich keine Verbündeten, sei eine „edle Torheit". Duquesnoy warnte seine Kollegen davor, von einer Monarchie zu reden, während sie in Wahrheit dabei seien, eine Republik zu gründen; eine permanent tagende Versammlung könne kaum umhin, zu einer Aristokratie zu werden. „Ich will weder eine despotische Monarchie noch eine Aristokratie; ich will Freiheit."

Die ganze Debatte wurde von zwei Reden Mirabeaus dominiert, dem es gerade erst gelungen war, Aufnahme als heimlicher Berater des Königs zu finden, und der vielleicht darauf erpicht war, zu zeigen, daß er auch etwas tat für sein Geld. Bei seiner ersten Einlassung verwendete er seinen Ruf, seine Eloquenz und seine Lungenkraft darauf, Malouets Standpunkt zu unterstützen. Er akzeptierte eine Nichtangriffserklärung, vermutlich aus dem Grund, daß sich damit neue Freunde bei der Linken gewinnen ließen, ohne daß dadurch irgend jemand tatsächlich zu irgend etwas verpflichtet wurde. Er führte den Applaus für den Deputierten, der von einer Invasion gegen England gesprochen hatte, als Beweis dafür an, daß Versammlungen um nichts friedfertiger seien als Einzelmenschen, und er hielt seinen Kollegen das permanente Dilemma der Linken vor Augen: „Zählt für euch die Gefahr gar nicht, republikanische Attitüden in ein Regierungssystem einzuschleppen, das sowohl repräsentativ als auch monarchisch ist?" Als Barnave ihn beschuldigte, er wolle zuviel Macht dem König vorbehalten, und das wohlbekannte Argument vorbrachte, daß „der Ausdruck des Gemeinwillens nur von durch das Volk gewählten Versammlungen ausgehen kann", kehrte Mirabeau in die Schlacht zurück und bezichtigte seine Widersacher, sie würden versuchen, ihn zum Schweigen zu bringen, indem sie den Mob zu Gewalttaten aufstachelten. Das suspensive Veto sei der Beweis dafür, daß sowohl die Exekutive als auch die Legislative an der Formulierung des Gemeinwillens Anteil hätten. Barnave verwechsle die legislative *Gewalt*, die bei der Nation liege, mit den spezifischen Rechten einer legislativen *Institution*. Sowohl der König als auch die Versammlung seien Vertreter der Nation, und die augenblicklich größte Gefahr bestehe darin, daß die Verfassung eine rein aristokratische werden könnte. „Wir haben keine Macht an den König übertragen; wir haben anerkannt, daß diese übertragene Macht schon vor unserer Verfassung da war." „Ich will, daß die exekutive Gewalt daran beteiligt wird, den Gemeinwillen zum Ausdruck zu bringen ... meine Gegner wollen das nicht." Er war sich seines Sieges so völlig sicher, daß er verlangte, man möge Barnave das Recht einräumen zu antworten, aber die Versammlung hatte genug gehört. Die Linke versuchte, als einen taktischen Schachzug, eine Abstimmung über den royalistischen Antrag von Maury und Cazalès zu erreichen, den sie glaubte niederstimmen zu können. Als dieser Vorstoß mißlang, wurde eine abgeänderte Fassung von Mirabeaus Vorschlag mit großer Mehrheit verabschiedet.

In der endgültigen Resolution wurde anerkannt, daß das Recht, den Krieg zu erklären und Frieden zu schließen, bei der Nation lag. Eine Kriegserklärung erforderte einen Antrag des Königs sowie dessen Bestätigung durch die Versammlung. Die tatsächliche Führung der Außen- und Verteidigungspolitik verblieb in den Händen des Königs. Wenn es zu einem Krieg kommen sollte, würden die Deputierten Minister, die beschuldigt wurden, eine Aggression provoziert zu haben, unter Amtsanklage stellen können, und die Verfassunggebende Versammlung erklärte, daß „die französische Nation auf jeden Eroberungskrieg verzichtet und niemals ihre Streitkräfte gegen die Freiheit irgendeines Volkes einsetzen wird." Während eines Krieges stand es der Legislative frei, jederzeit einen Friedensschluß zu verlangen, und sobald die Feindseligkeiten vorüber waren, würde das Militärbudget automatisch auf das Niveau in Friedenszeiten gesenkt werden. Der König behielt die alleinige Verantwortung für die Aushandlung von Friedensverträgen und Allianzen, doch konnten diese nur in Kraft treten, wenn die Versammlung sie ratifizierte. Das war ein vernünftiger Kompromiß, der für eine konstitutionelle Monarchie angemessen gewesen wäre. Wie Malouet vorhergesagt hatte, würde seine Zukunft eher von der Politik als der Ideologie bestimmt werden. Zwei Jahre später war es eine kriegerische Versammlung, die einen unwilligen König dazu zwang, Österreich den Krieg zu erklären, und innerhalb von sechs Monaten nach der Ausrufung der Republik begann Frankreich kriegerische Auseinandersetzungen mit Holland, England und Spanien.

In der Zwischenzeit erledigte sich die Affäre um Nootka Sound von selbst. Im August 1790 bewog Mirabeau, obwohl immer noch auf Aussöhnung mit England bedacht, die Versammlung, die einsatzfähige Flotte von vierzehn auf dreißig Schiffe aufzustocken, mit der Begründung, daß Vorsicht besser sei als Nachsicht. Am 25. November verkündete Montmorin den Deputierten, daß Spanien nachgegeben hatte und die Krise vorbei war. In etwas mehr als sechs Monaten war es Frankreich gerade gelungen, siebzehn Schiffe unter Segel zu setzen, was in einigem Gegensatz zu Menous Behauptung stand, die gesamte Flotte ließe sich binnen zwei Wochen mobilisieren.

Wenn sich in der Debatte über die Kontrolle der Außenpolitik der Kompromiß durchsetzte, so mag das dem Umstand zu verdanken gewesen sein, daß nur die engagierteren Deputierten die ganze Sache als eine ihrem Wesen nach ideologische hinstellen konnten. Wo es allein um Politik ging, war es möglich, einen für die Mehrheit tragbaren Kompromiß auszuarbeiten. Der Fall von Avignon erwies sich da als schwieriger zu handhaben.

Sowohl die Stadt Avignon als auch die benachbarte Grafschaft Venaissin waren seit 1273 beziehungsweise 1348 unter päpstlicher Herrschaft gestanden.[60] Sie lagen ein gutes Stück innerhalb Frankreichs, und die französischen Monarchen hatten die Gewohnheit gehabt, sie zu besetzen, wann immer sie Druck auf Rom ausüben wollten, im jüngsten Fall von 1768 bis 1774. Die päpstliche Verwaltung hob keine Steuern ein, doch die Bevölkerung bezahlte teuer für die Dienste von raffgierigen italienischen Beamten. Das war den bessergestellten Geschäftsleuten und Freiberuflern von Avignon ein größeres Ärgernis als den ländlichen Einwohnern der Grafschaft. Die ersteren blickten nostalgisch zurück auf die französische Besatzungszeit und auf die wirtschaftlichen Möglichkeiten, die sie ihnen gebracht hatte, während die Leute aus Venaissin zu dem Glauben neigten, daß sie durch die fortgesetzte Steuerbefreiung mehr zu gewinnen hätten als durch den Zugang zu französischen Märkten. Obwohl beide Gebiete von ein und demselben Vizelegaten regiert wurden, hatten sie sich ihre separate Identität und den Argwohn gegeneinander erhalten. Im trunkenen Sommer 1789 trachteten beide, dem nachzutun, was in Frankreich geschah, jedoch auf verschiedene Weise. Unruhen wegen der Lebensmittelversorgung und die Angst vor Briganten führten in Avignon zur Aufstellung einer bewaffneten städtischen Garde. In Venaissin verlangte eine irreguläre Versammlung der drei Stände, ziemlich ähnlich der in der Dauphiné 1788, die Wiedereinsetzung der alten Generalstände. Als der provenzalische Deputierte Bouche die Verfassunggebende Versammlung am 12. November 1789 bestürmte, beide Gebiete für zu Frankreich gehörig zu erklären, verwarfen die Deputierten die Idee ohne Debatte. Sowohl Avignon als auch Venaissin bekräftigten ihre Loyalität gegenüber dem Papst, was sie freilich nicht daran hinderte, weiterhin auf ihren eigenständigen konstitutionellen Forderungen zu bestehen. In Avignon erklärte eine mehr oder weniger widerrechtlich ernannte Stadtregierung, sie übernehme die französische Verfassung. Als der Papst, um seine Autorität zu behaupten, im Frühjahr 1790 einen Sondergesandten ausschickte, weigerte man sich in Avignon, ihn zu empfangen und wandte sich an Paris um Unterstützung. Der päpstliche Gesandte zog daraufhin nach Carpentras in Venaissin, wo man ihn willkommen hieß, ihn jedoch solange drangsalierte, bis er der Einberufung einer repräsentativen Versammlung zustimmte, die in allem den Generalständen glich, außer im Namen. Diese nahm ihrerseits auch die französische Verfassung an. Obwohl die beiden Gebiete bisher auf annähernd gleiche Weise vorgegangen waren, blieben sie einander gegenüber so mißtrauisch wie eh und je. Die Versammlung in Carpentras lehnte es ab, Vertreter aus Avignon aufzunehmen, und ein oder zwei Städte der Grafschaft sagten sich von Carpentras los und erklärten ihre Unterstützung für Avignon. Ermutigt, möglicherweise durch die wachsende Feindseligkeit von seiten Venaissins, begannen die Gegner der Stadtverwaltung in Avignon auf den Plan zu treten, und am 10. Juli 1790 brachen Kämpfe aus. Die „Aristokraten" zogen dabei den kürzeren, und einige von ihnen wurden massakriert. Nationalgarden aus den benachbarten französischen Gebieten traten dazwischen, um weiteres Blutvergießen zu verhindern, und die geschlagenen „Aristokraten" flohen zusammen mit dem päpstlichen Vizelegaten nach Venaissin, wo es zu Angriffen auf die Unterstützer der *patriotes* von Avignon kam. Als die päpstlichen Territorien auf einen Bürgerkrieg zutrieben, wurden die umliegenden Teile von Frankreich mit hineingezogen: Das Departement Drôme unterstützte Venaissin, während Bouches-du-Rhône zu Avignon hielt. In diesem Stadium stellte Avignon bei der Verfassunggebenden Versammlung einen Antrag auf Angliederung an Frankreich, und die Deputierten hatten zu entscheiden, ob sie intervenieren sollten oder nicht.

Es war, wie immer, unmöglich, den Fall als eigenständiges Problem zu betrachten. Die Versammlung hatte mit einer größeren Umgestaltung der französischen Kirche begonnen, für die sie die Billigung des Papstes zu erhalten hoffte.[61] Der Rechten mißfiel wie üblich die Richtung, in die alles ging. Ein paar konservative Antiklerikale ausgenommen, mißfiel ihr die neue Religionspolitik, sie hatte keinerlei Sympathien für die Radikalen in Avignon und unterstützte den Anspruch des Papstes auf Souveränität über seine französischen Territorien. Das Zentrum machte sich mehr Sorgen über die Religionsregelung als über die Zukunft von Avignon und Venaissin. Man hoffte, die Territorialfrage werde sich dazu benutzen lassen, Druck auf den Papst auszuüben, damit er die Religionspolitik der Versammlung akzeptierte – was bedeutete, ihn nicht zu sehr in die Enge zu treiben. Die Linke hatte für halbe Maßnahmen nichts übrig; für sie gab es, ihren Grundsätzen und ihrem Temperament nach, nur Schwarz oder Weiß. Wie üblich lehnte sie Kompromisse ab und war gewillt, für einen vollständigen Sieg alle erforderliche Gewalt anzuwenden, ungeachtet der Konsequenzen. Es war das alte Problem des Umgangs mit der Monarchie, das hier in neuer Form auftrat.

Als die Versammlung die Frage im November 1790 debattierte, zogen Pétion und Robespierre die Gültigkeit des Souveränitätsanspruchs des Papstes in Zweifel. Robespierre bestritt seinen Rechtsanspruch darauf, und Pétion meinte, das Ersuchen aus Avignon um Vereinigung mit Frankreich sei Ausdruck des Gemeinwillens einer Bevölkerung, die immer schon eine eigenständige Identität gehabt habe und von der man daher nicht sagen könne, sie wolle sich von dem Land, dem sie angehöre, abspalten. Er tat die Gefahr einer ausländischen Intervention mit dem gefährlichen Argument ab, daß die europäischen Mächte dem revolutionären Frankreich gegenüber ohnedies bereits feindselig eingestellt seien, es aber nicht wagen würden, einen Krieg zu provozieren, der Revolutionen in ihren eigenen Ländern auslösen könnte. Robespierre, der stets dazu neigte, Fragen der Außenpolitik unter den Aspekten von Revolution und Gegenrevolution zu betrachten, meinte, die Beibehaltung der päpstlichen Souveränität würde Avignon und Venaissin zu einem Unterschlupf für jene machen, die Komplotte gegen die Revolution in Frankreich schmiedeten. Die Rechte gab zur Antwort, daß der Anspruch des Papstes Gültigkeit nach internationalem Recht habe und es keinen Beweis dafür gebe, daß die Mehrheit der Bevölkerung in Avignon eine Vereinigung mit Frankreich wünsche. Die Territorien unter diesen Umständen zu übernehmen, wäre ein aggressiver Akt, der gegen die jüngste Erklärung gegen den Expansionismus verstieße. Malouet beschuldigte die Linke, sie würde sich nur dann auf Grundsätze berufen, wenn sich daraus ein Vorteil für sie ergab, was zwar durchaus stimmte, aber ebenso auf seine eigene Seite zutraf. Mirabeau, der nach einem Mittelweg Ausschau hielt, schlug vor, französische Truppen zu entsenden, um die lokale Bevölkerung davon abzuhalten, sich gegenseitig zu massakrieren. Maury konnte es sich nicht verkneifen, einen Zusatzantrag einzubringen, wonach die französischen Truppen im Namen des Papstes vorgehen sollten. Das war der Versammlung denn doch zuviel, und sie nahm einen Gegenantrag von Bouche an, in dem darauf beharrt wurde, daß ihr Vorgehen im Einvernehmen mit den revolutionären Behörden in Avignon erfolgen sollte.

Die Versammlung hätte es nur zu gern dabei belassen, doch sie stand unter dem Zwang der Ereignisse im Süden. Eine Streitmacht aus Avignon, zu der auch einige französische Truppen gehörten, marschierte in Venaissin ein. Dadurch sah sich das Département Drôme veranlaßt, einige seiner Nationalgarden zur Verteidigung von Carpentras zu entsenden. Als im April 1791 der Bürgerkrieg ausbrach, hatte die Versammlung darüber zu entscheiden, ob man intervenieren sollte oder nicht. Bis dahin hatten sich die Einstellungen weiterentwickelt. Es wurde zusehends klar, daß der Papst nicht die Absicht hatte, die Regelung bezüglich der Religion zu akzeptieren, und daß damit, ihn durch Zugeständnisse zu beschwichtigen, nichts zu gewinnen war. Der diplomatische Ausschuß der Versammlung, der sich zuvor gegen eine Angliederung ausgesprochen hatte, und die gemäßigte Linke allgemein traten nun dafür ein, die Territorien zu übernehmen. Selbst die Rechte, vertreten durch Maury und Cazalès, schien einzuräumen, daß das Recht auf Selbstbestimmung vertraglichen Rechten vorging. Sie stützte daher ihre Argumentation auf die Behauptung, es gebe keinen Beweis dafür, daß die Mehrheit der lokalen Bevölkerung einen Anschluß an Frankreich wünsche. Es war Clermont-Tonnerre, ein Deputierter des Zentrums, der den Hinweis anbrachte, daß die Durchsetzung aller territorialen Ansprüche Frankreichs eine Wiedererrichtung des Imperiums von Karl dem Großen bedeuten würde. Damit handelte er sich ein, daß man ihn auf der Straße attackierte und sein Haus geplündert wurde. Robespierre und Pétion, die sich der peinlichen Tatsache gegenübersahen, daß allem Anschein nach die meisten Gemeinden in Venaissin gegen eine Vereinigung gestimmt hatten – vielleicht, weil sie befürchteten, daß dies eine Vereinigung mit, und unter, Avignon bedeuten würde –, griffen nun die vormalige Taktik der Rechten wieder auf und reklamierten die Unterstützung der schweigenden Mehrheit für sich. Die Mehrheit „mußte“ das gewollt haben, wovon der Redner meinte, daß es gut für sie sei, selbst wenn sie sich soweit hatte einschüchtern lassen, daß sie für das Gegenteil gestimmt hatte. Wie Robespierre es den Jakobinern auseinandersetzte: „Man darf die Zahl derer, die die Tyrannei verabscheuen, nicht an denen bemessen, die sie öffentlich verurteilen, sondern am inneren Gefühl jedes einzelnen. Jener Teil der Bevölkerung der Grafschaft, der sich nicht für eine Vereinigung ausgesprochen hat, muß als unterdrückt angesehen werden.“ Ziemlich genau dasselbe sagte er auch in der Versammlung. Avignon und Venaissin seien immer schon französisch gewesen. „Es muß schon von der Natur der Sache her eine Mehrheit für die Vereinigung mit Frankreich gegeben haben ... Die Menschen in Avignon und Venaissin müssen die Freiheit wollen.“ Mag sein, daß er damit recht hatte, in dem Sinne, daß es auf beiden Seiten soviel Einschüchterung gegeben hatte, daß sich unmöglich mit Sicherheit feststellen ließ, was irgend jemand wirklich wollte; doch die Logik seines Arguments hätte die Franzosen künftig zu beliebigen Gebietsannexionen ermächtigt, mochten die „befreiten“ Bewohner auch noch so sehr dagegen protestieren. Das war eine der Konsequenzen, wenn man annahm, daß Frankreich das einzige freie Land in einer nicht erneuerten Welt war. Noch war es die Meinung einer Minderheit: Als die Versammlung aufgerufen wurde, darüber abzustimmen, ob Avignon und Venaissin Teile von Frankreich seien, entschied sie sich mit vierhunderteinundachtzig gegen dreihundertsechzehn Stimmen dagegen.

Die Frage war vielleicht tendenziös gestellt, um die Stimmen all derer zu neutralisieren, die meinten, daß die beiden Territorien zwar nicht französisch seien, daß man ihnen aber gestatten solle, es zu werden. Da jedes Votum in der Versammlung als Ausdruck des Gemeinwillens galt, war die allgemeine Regel, daß keine Frage erneut behandelt werden konnte. Das hielt Pétion nicht davon ab, sofort eine neue Debatte zu verlangen, mit der Begründung, daß es bei der Abstimmung nicht um die zentrale Frage gegangen sei. Wie vorherzusehen gewesen war, protestierte Maury dagegen, daß die Linke es ablehnte, sich an die von ihr selbst aufgestellten Regeln zu halten, und sie die Sache mit Avignon bei vier verschiedenen Gelegenheiten aufs Tapet gebracht hatte. Das war die Schwierigkeit mit dem Gemeinwillen: Wenn man wußte, worin er bestand, und das konnte nur sein, was man selber aufrichtig glaubte, bedeutete der Umstand, daß man sich in der Minderheit befand, lediglich, daß die meisten Leute unwissend, selbstsüchtig oder eingeschüchtert waren und wie die Leute in Venaissin gezwungen werden mußten, frei zu sein, in ihrem eigenen Interesse. Am Ende der neuerlichen Debatte stimmte die Versammlung über einen Antrag des diplomatischen Ausschusses ab, Avignon allein anzugliedern und dafür eine Entschädigung an den Papst zu zahlen. Das wurde mit dreihundertsechsundsiebzig gegen dreihundertachtundsechzig Stimmen abgelehnt. Wieder verlangte Maury, die Linke möge das Verdikt der Mehrheit akzeptieren, und diese antwortete, das Votum könne kein Präjudiz für alle Zukunft sein. Tatsache ist, daß die Versammlung ihre Entscheidung praktisch umkehrte, als sie beschloß, noch mehr Truppen in die umstrittenen Gebiete zu entsenden, begleitet von Regierungskommissaren, die für die Wiederherstellung der Ordnung sorgen sollten.

Am 14. September 1791, als der König die Verfassung akzeptiert und der Papst die Religionsregelung zurückgewiesen hatte, gelangte die Frage bezüglich Avignon und Venaissin ein letztes Mal vor die Deputierten. Die Rechte hatte nun bereits den Versuch aufgegeben, den Verlauf einer Revolution zu mäßigen, der sie sich völlig entfremdet fühlte, und der politische Streit verlief zwischen der alten und der neuen Linken, die beide für eine Angliederung der Territorien waren. Das entsprach auch der Ansicht der Regierungskommissare und scheint überdies einige Unterstützung vor Ort gefunden zu haben, sei es, weil man den Leuten in Venaissin endlich die Möglichkeit gegeben hatte, ihre wahren Gefühle kundzutun, oder weil man sie daran gehindert hatte. Diesmal ging die Entscheidung, sie anzugliedern, nach einem Minimum an Debatte und gegen wenig ernsthafte Opposition durch.

Im großen und ganzen verfuhr die Verfassunggebende Versammlung in Fragen der Außenpolitik einigermaßen erfolgreich. Sie hatte Glück in dem Sinn, daß Spanien wegen Nootka Sound nachgab und es nicht zu einem Krieg kam, für oder gegen den sie hätte Stellung beziehen müssen. Die Kompetenzaufteilung, die sie zwischen Exekutive und Legislative ausgearbeitet hatte, war nicht unvernünftig und hätte zum Funktionieren gebracht werden können. Im Fall von Avignon und Venaissin überwand sie fraglos ihren sonstigen Hang zu impulsivem

Vorgehen und hielt sich zurück, solange in der Religionsfrage irgendeine Aussicht auf Einigung mit dem Papst bestand. Im Rückblick kann man es so sehen, daß durch die letztendliche Entscheidung, die Territorien anzugliedern, die Geister verworrener Konflikte über das Recht auf nationale Selbstbestimmung herbeigerufen wurden, über das Recht von Provinzen, sich abzuspalten, und über die Bedeutung von Plebisziten, aber Avignon und Venaissin stellten einen Sonderfall dar. Nirgendwo sonst machte ein europäischer Herrscher einen Souveränitätsanspruch auf europäische Territorien geltend, die so weit entfernt von seinem eigenen Land im Herzen eines anderen Staates lagen. Der päpstliche Anspruch auf die Gebiete war nicht unanfechtbar, und die europäischen Großmächte reagierten nicht – wenn auch nicht aus den von Pétion genannten Gründen. Die Franzosen konnten mit einiger Berechtigung für sich in Anspruch nehmen, daß sie eine Intervention nicht gewollt hatten, aber gezwungen gewesen waren, etwas zu unternehmen, damit die Leute dort aufhörten, einander abzuschlachten.

Als die Verfassunggebende Versammlung auseinanderging, war nichts Unwiderrufliches geschehen, und nichts deutete darauf hin, daß Frankreich an der Schwelle zu einem zwanzigjährigen, praktisch ununterbrochenen Aggressionskrieg stand. Damit erhebt sich die unlösbare Frage, ob man die Zeichen an der Wand als unwichtig wegwischen oder darin ein Omen für die Zukunft sehen soll: der alte (und wohlbegründete) Argwohn gegen England; die gelegentliche Bereitschaft der Deputierten, ihre Grundsätze von Friedfertigkeit zu vergessen und auf chauvinistische Ausbrüche zu reagieren; und, vor allem, die Überzeugung der Linken, daß Frankreich als die Hoffnung der Menschheit das Recht auf seiner Seite haben *müsse.* Die Volkssouveränität, der Glaube an den Gemeinwillen, das Recht der Völker – zumindest jener mit den richtigen Ideen – auf Selbstbestimmung waren mit der Unverletzlichkeit vertraglicher Rechte nicht in Einklang zu bringen. Die Grundeinstellung der Versammlung war eine pazifistische, ja sie glaubte, daß der Frieden eine der Grundlagen der neuen Ordnung sei. Gleichzeitig war die Mehrheit der Deputierten gegen Kompromisse in der Innenpolitik und überzeugt davon, sich auf einem moralischen Kreuzzug gegen die Mächte der Finsternis zu befinden. Ein Revolutionär zu sein, das hieß zu glauben, daß die Gegner weder vor Betrug noch Gewalt haltmachen würden in ihrem Versuch, ihre eigenen selbstsüchtigen Interessen zu schützen, indem sie die Arbeit derer sabotierten, die danach strebten, eine bessere Gesellschaft zu schaffen. Die Minderheit sah sich als Opfer, denen man selbst das Recht auf persönliche Sicherheit verweigerte und die somit jeglicher Verpflichtung gegenüber jenen entbunden waren, die ihnen das Recht auf eine eigene Meinung absprachen. Auf beiden Seiten herrschte die Überzeugung, daß, nachdem die jeweils eigene Meinung dem Gemeinwillen entsprach, die jeweiligen Gegner sehr wohl wußten, daß diese im allgemeinen Interesse war, und nur um ihres eigenen Vorteils willen dagegen waren. Das bedeutete, daß es niemals Raum für Kompromisse gab. Derselbe moralische Absolutismus galt in der Außenpolitik. Die Behauptung französischer Überlegenheit und der Argwohn gegen ausländische Mächte als Betreiber der Gegenrevolution befeuerte eine neue Art von Nationalismus und verlieh dem alten Fremdenhaß ideologische Achtbarkeit. So weit war es 1791 freilich noch nicht gekommen. Es hätte vielleicht auch nie so weit kommen müssen, aber die Saat war gelegt, und wenn sie aufging, würde sie giftige Früchte tragen.

9 DIE RELIGION

Als ein Stand des Reiches hatte der Klerus 1789 wenig Freunde. Die klerikale Hierarchie war auf ihre Weise ein Abbild der Ungleichheiten der weltlichen Gesellschaft. Wenn auch der Stand als ganzer privilegiert war – in dem Sinne, daß er sich selbst besteuerte und verwaltete –, blieben die meisten Begünstigungen doch einer Minderheit seiner Mitglieder vorbehalten, die sich mehr durch ihre Geburt auszeichneten als durch Frömmigkeit oder die Hingabe an ihre pastoralen Pflichten. Alle Bischöfe waren Adelige, und die fähigeren unter ihnen widmeten sich oft mehr der säkularen Verwaltung als geistlichen Angelegenheiten. Als eine mächtige Körperschaft hatte die Kirche in dem nicht enden wollenden Grabenkrieg, der Frankreich im achtzehnten Jahrhundert beinahe gelähmt hatte, eine tatkräftige Rolle gespielt, indem sie Versuche der Regierung, sie der direkten Besteuerung zu unterwerfen, abgewehrt und gegen die *Parlements* einen Abnutzungskrieg um Macht und Einfluß geführt hatte. Als Ergebnis hegten Konservative wie Radikale eine Abneigung gegen sie. Für jene war sie eine Rivalin, für diese ein besonders provokantes Beispiel für die arrogant-demonstrative Beherrschung des Landes durch die „privilegierten Stände". Die Achtung, die ihr zuteil geworden war, indem sie eine Sonderstellung, verliehen durch die Weihe und ihre einzigartige Position als Mittlerin zwischen Himmel und Erde, für sich beansprucht hatte, war – soweit es viele der Gebildeten betraf – durch die deistische Tendenz der Aufklärung untergraben worden. Nur wenige Franzosen waren Atheisten, aber die Bereitschaft, den Anspruch der römisch-katholischen Kirche zu akzeptieren, wonach sie die einzig wahre Religion verkörperte und den Schlüssel zur Erlösung besaß, war im Abnehmen, besonders in den oberen Schichten der Gesellschaft. Fast jedermann glaubte an die Existenz irgendeines Höchsten Wesens, aber nicht an eines, in dessen Dienst es dazugehörte, daß der Kardinal de Rohan versuchte, sich durch ein diamantenes Halsband als Präsent die Gunst der Königin zu erkaufen. Die meisten Leute glaubten, irgendeine Art von Kult sei nötig, um die anderen zur Ordnung anzuhalten und um jenen Moral zu predigen, die zu unwissend waren, für sich selbst Moralgesetze aufzustellen, oder zu fehlbar, sich daran zu halten, ohne die Angst vor göttlicher Vergeltung in irgendeiner Form. Intellektuelle neigten dazu, sich mehr als der Hingabe an Gott einer „natürlichen" Religion verbunden zu fühlen, in deren Mittelpunkt der Dienst am Menschen stand und in der kein Platz war für das klerikale Zölibat oder ein Leben des Gebets und der Kontemplation. Die Art, wie die Kirche verwaltet wurde, brachte es mit sich, daß jene, die am direktesten mit der Bereitstellung von Hilfe für die Armen befaßt waren, die Pfarrer, oft zu ihren erbittertsten Kritikern zählten. In der Bevölkerung von Frankeich insgesamt herrschten in verschiedenen Landesteilen enorme Unterschiede in der religiösen Einstellung. Es gab Gebiete, in denen eine relative Indifferenz herrschte, und andere, wo religiöse Gebräuche das Wichtigste für den Zusammenhalt von Gemeinden waren. Wo die Leute auf dem Land am „fanatischsten" oder „abergläubischsten" waren – im Westen beispielsweise – konnten gebildete Städter die provokantesten Antiklerikalen sein. Zwei Frankreichs standen einander vor 1789 gegenüber, und der Zusammenbruch der königlichen Autorität ließ sie schließlich übereinander herfallen. Anderswo – im Elsaß und in Teilen des Südens – rief das Vorhandensein einer ansehnlichen protestantischen Minderheit andere Haßgefühle wach. Hier hatten sich bereits Meinungsfronten gebildet, und die Revolution staffierte die schon bestehenden Streitparteien mit neuen Monturen aus.

Was immer die Kirche von Teilen der Bauernschaft letztendlich an Unterstützung erhalten sollte, sie bezog anfänglich wenig Sympathie von der politischen Rechten, die die säkulare Einstellung der Radikalen zur Gänze teilte. Der konservative Deputierte und Tagebuchschreiber Duquesnoy nannte die Bischofswürde »ein von der Gesellschaft übertragenes Amt". Er empfahl einen Mit-Deputierten, weil dieser den Mut gehabt habe, „religiöse Grundsätze in einer Versammlung zu bekunden, in der man sich darüber mehr oder weniger lustig machte".[62] Ferrières, der üblicherweise mit der Mehrheit des Adels stimmte, war ein prononcierter Antiklerikaler. Malouet weigerte sich, eine Protestnote zu unterzeichnen, als die Versammlung es ablehnte, den römischen Katholizismus zur Staatsreligion zu erklären, und meinte, hundert weitere Deputierte der Rechten hätten dasselbe getan. Er war dafür, einige Bistümer aufzulassen, einen Teil des Kirchenbesitzes zu verkaufen und Ordenshäuser zu schließen, in denen weniger als ein Dutzend Mönche oder Nonnen lebten. Er stimmte auch zu, daß die Nation berechtigt sei, die Staatsreligion zu ändern, wenn sie dies wünsche, und unterschied sich darin von den Radikalen nur durch das Beharren darauf, daß der Wille der Nation nicht mit einem Votum der Versammlung gleichzusetzen sei. Montlosier, originell wie immer, glaubte, daß der Mensch ein abergläubisches, aber kein religiöses Wesen sei. Er scheint wegen der politischen Konsequenzen besorgt gewesen zu sein, die es haben konnte, einen religiösen Aufruhr zu provozieren; seine Denkungsart aber war säkular, und als er den Entwurf zu einer persönlichen Menschenrechtserklärung vorlegte, enthielt diese die Erhebung des Königs zum Oberhaupt der Kirche, mit anderen Worten, eine französische Reformation.[63]

Im Angesicht einer so furchterregenden Armee von Widersachern war der Klerus unter sich hoffnungslos uneins. Viele von den Pfarrern hingen dem Richerismus an, einer Art Gewerkschaftsbewegung der Pfarrer für eine Demokratisierung der Kirche. Diese hatte soviel Zulauf, daß der König es 1782 für angebracht hielt, den *curés* zu untersagen, ohne königliche Erlaubnis Zusammenschlüsse zu bilden oder Beratungen abzuhalten. In einigen Wahlbezirken waren die Wahlen der Kleriker zu den Generalständen der Offensive des Dritten Standes gegen die „privilegierten Stände" gleichgekommen. Die religiösen Spaltungen innerhalb des

Klerus blieben nicht auf diese Art des Klassenkonflikts beschränkt. Der Konflikt zwischen den Mönchsorden und der Weltgeistlichkeit war Jahrhunderte alt und, was die Sache für die Ordensleute noch verschlimmerte, einige ihrer Gegner hatten sich die Ansichten der Laien über die Nutzlosigkeit eines Lebens in Meditation zu eigen gemacht. Einer der Deputierten, der *curé* Thomas Lindet, erklärte, er sei „gleichermaßen Priester und Bürger". Aus seiner Korrespondenz geht hervor, daß er letzteres mehr war. Er glaubte, es gehöre „zur Wesensbestimmung des Klerus, sich nützlich zu machen"; die Priesterschaft sei „eine Art von Amt"; der Staat solle ihre Tätigkeit überwachen, die Kosten dafür reduzieren und ihre Jurisdiktion einschränken. Er war für Wahlen auf kirchliche Stellen, lehnte jene ab, die den römischen Katholizismus zur Staatsreligion erklären wollten, und beschwerte sich, daß seine Mitkleriker es vorziehen würden, lieber alles durch Fanatismus zu verlieren als sich mit der Nation zu identifizieren.[64] Noch vor Ende der Sitzung wurde er zum Bischof ernannt.

Eine noch ernsthaftere Bedrohung des kirchlichen Status quo kam von jenen, die die Kirche zu deren eigenem Besten reformieren wollten. Sie sollten den Angriff anführen, und ihre Schläge trafen um so empfindlicher, als ihre Motive nicht in Zweifel gezogen werden konnten. Die gesamte französische Kirche war beeinflußt von einem gallikanischen Beharren auf ihrer Eigenständigkeit als Körperschaft und auf relativer Unabhängigkeit von Rom. Laut Duquesnoy schloß sich der Abbé de Montesquiou, der *Agent-Général* des Klerus, dem Votum für die Einstellung der Annatenzahlungen an Rom an. Gallikanismus war ein vager Begriff, der alles mögliche umfassen konnte, vom Verlangen nach ein wenig mehr Bewegungsfreiheit bis hin zu Ansätzen für eine protestantische Reformation. Er überschnitt sich mit dem Jansenismus, der ebenso unpräzise war. Sowohl Zeitgenossen als auch Historiker neigten dazu, beide Begriffe ziemlich unterschiedslos zu verwenden.[65] Jansenismus konnte von einer theologischen Einstellung bis zu einem politischen Programm alles bedeuten. Er hatte als erstere begonnen, doch in der zweiten Hälfte des achtzehnten Jahrhunderts wurde der Begriff auf jedermann angewandt, der die Kirche durch die Wiederherstellung dessen reformieren wollte, was man für ihre frühere apostolische Reinheit hielt. Solche Motive, zusammen mit ihren theologischen Anschauungen über die Gnade, ließen die Jansenisten entfernt wie Protestanten aussehen. Die Angriffe gegen den Reichtum der Kirche, der Männern von adeliger Herkunft vorbehalten blieb, bedeuteten, daß die Jansenisten einiges mit den Richeristen gemeinsam hatten, während die Feindschaft des Papstes ihnen einige Sympathien von den Gallikanern sicherte. Was immer er auch genau bedeutete, jedenfalls ging mit dem Jansenismus die Mißbilligung des kirchlichen Status quo einher. Die Motive der Läuterer unterschieden sich gänzlich von denen der säkular Gesinnten, die im Klerus lediglich *officiers de morale* sahen, aber in ihrer gemeinsamen Abneigung gegen die bestehenden Zustände konnten sie ein langes Stück des Weges gemeinsam gehen.

Die Deputierten, die am häufigsten – zu Recht oder Unrecht – als „Jansenisten" bezeichnet wurden, waren die Anwälte Camus, Fréteau, Treilhard und

Martineau, die alle dem Pariser *Parlement* angehörten, Lanjuinais aus der Bretagne, Durand de Maillane aus der Provence sowie die *curés* Grégoire und Expilly. Einige von ihnen waren Mitglieder des Kirchenausschusses. Lanjuinais, der mit einundzwanzig Jahren zum Professor für Kirchenrecht an der Universität von Rennes ernannt worden war, hatte sich vor der Revolution als einer der führenden Gegner des bretonischen Adels hervorgetan. Nach 1789 fuhr er fort, radikale Politik mit der energischen Verteidigung der wahren Interessen der Kirche, wie er sie sah, zu verbinden. Grégoires Karriere hatte auch gezeigt, daß er ein mutiger und frommer Mann war, doch daraus erwuchs der Kirche in diesem Moment wenig Trost. Er hielt die Religion für die notwendige Grundlage der bürgerlichen Gesellschaft und den Mangel an religiösen Grundsätzen für die größte unmittelbare Gefahr für die politische Freiheit. Da sich jedoch der Klerus als unfähig erwiesen hatte, sich selbst zu reformieren, war es am Staat, ihn wieder zu einem Leben in Uneigennützigkeit und Enthaltsamkeit zurückzubringen.[66] Angesichts solcher Argumente, die von den fähigeren und altruistischeren ihrer Mitglieder kamen, fiel es den Vertretern der Kirchenhierarchie schwer, überzeugend zu wirken mit ihrer Behauptung, man könne es getrost ihnen überlassen, Reformen durchzuführen, die außerhalb der Zuständigkeit der weltlichen Macht lagen. Für eine skeptische und säkular gesinnte Versammlung klang das nach Verteidigung eines Lebens im Überfluß. Die Ereignisse sollten zeigen, daß dies keineswegs der Fall war, jedoch erst, als es zu spät war, den Schaden zu reparieren. Von allen Gruppen der französischen Gesellschaft von 1789 war der Klerus am verwundbarsten und hatte am meisten zu verlieren.

Als die Generalstände zusammentraten, wurde der Antiklerikalismus des Dritten Standes vorerst hintangehalten durch seine Hoffnungen, den Klerus dazu zu bewegen, sich ihm anzuschließen. Die latente Feindseligkeit dem Klerus gegenüber trat in der Nacht des 4. August offen zutage, trotz der Angebote einiger *curés,* auf ihr *casuel* (gelegentliche Zahlungen für bestimmte Dienste) und den Besitz von mehr als einer Pfründe zu verzichten. Das hielt den radikalen Deputierten Buzot nicht davon ab, die Großzügigkeit des Adels und des Dritten Standes in Gegensatz zur Selbstsucht des Klerus zu stellen, dessen gesamter Reichtum, wie er behauptete, der Nation gehörte. Die Führungsrolle beim Angriff auf den Klerus wurde nicht von der Linken, sondern vom Adel übernommen. Als am 10. August die Frage des Zehnten ausgefochten wurde, zeigten die Kleriker ihre Besorgnis angesichts der Aussicht, zu besoldeten Staatsbeamten herabgesetzt zu werden: Mirabeau bezeichnete sie als *officiers d'instruction* (Unterweisungsbeamte). Lanjuinais erklärte den Zehnten für heilig, und Grégoire und der Abbé Gouttes, beide keine Freunde des kirchlichen Establishment, schlugen vor, ihn, wenn er abgeschafft werden sollte, durch eine Landzuweisung zu ersetzen, die den Fortbestand der Unabhängigkeit des Klerus sicherstellen würde. Sieyès, der sich sonst lieber als Bürger denn als Priester sah, meinte, daß die Abschaffung des Zehnten ein Geschenk von siebzig Millionen Livres an die Landbesitzer bedeuten würde und daß der Antiklerikalismus nur mobilisiert werde, um die Habgier ehrbar erscheinen zu lassen. Der Deputierte aus dem Süden, Ricard, antwortete, der Klerus sei nur für Opfer, solange sie von anderen dargebracht würden. Da Privilegien als eine Form von Besitz galten, konnten sie nur abgeschafft werden, wenn ihre Nutznießer bereit waren, darauf zu verzichten; was bedeutete, daß nichts unternommen werden konnte, ehe der Klerus sich bereit fand nachzugeben. Schließlich tat er es, und der Erzbischof von Paris und Kardinal de La Rochefoucauld verzichteten auf den Zehnten, ohne jede Zusicherung einer anderen Einkunftsquelle, die die Unabhängigkeit der Kirche garantieren würde.

Die Aufmerksamkeit verlagerte sich in der Folge auf den Entwurf der Menschenrechtserklärung und die ersten größeren Verfassungsdebatten. Damit erhob sich die Frage nach der Stellung der Religion in der französischen Gesellschaft. Bereits am 4. August war es Grégoire und Camus nicht gelungen, die Versammlung dazu zu bewegen, des Menschen Pflichten in die Erklärung seiner Rechte mit aufzunehmen. Grégoire wollte, daß die Erklärung einen Verweis auf Gott enthielt, „den Quell aller Rechte und Pflichten“, mußte sich jedoch mit einer Berufung auf das Höchste Wesen zufriedengeben, was nicht ganz dasselbe war. Die Debatten über die Verfassung selbst begannen am 27. August mit der Ablehnung des Antrags, den römischen Katholizismus zur Staatsreligion zu erklären. Was an diesen frühen Debatten am meisten auffällt, ist die Tendenz einiger der künftigen Führer der Reformbewegung, besonders Grégoires und Camus', sich zur Verteidigung der Kirche zu Wort zu melden. Das mag zum Teil auf die Feindseligkeit zurückgegangen sein, die dem Klerus allgemein außerhalb der Versammlung entgegenschlug. Grégoire zögerte, dem König im Oktober nach Paris zu folgen, wegen der „furchtbaren Drohungen“, denen sich die Kleriker in den Straßen der Hauptstadt ausgesetzt sahen. Er war nicht der Mann, sich leicht schrecken zu lassen.

Die Unabhängigkeit des Klerus stand und fiel mit seiner Fähigkeit, sich selbst zu finanzieren. Es war bereits klar, daß er, wenn er vom Wohlwollen der Versammlung abhängen sollte, mit mageren Rationen und reichlicher Gängelung rechnen konnte. Seine Unabhängigkeit war durch den Verlust des Zehnten bereits schwer beeinträchtigt worden. Sie wurde darüber hinaus noch bedroht durch die Tendenz der Bevölkerung, die Revolution als Vorwand dafür zu nehmen, keine Steuern zu bezahlen, was Necker dazu brachte, sich mit verzweifelten Appellen um Hilfsgelder an die Versammlung zu wenden. Am 29. September, als der Finanzausschuß seine Forderung nach mehr Geld befürwortete, wies irgend jemand entgegenkommenderweise darauf hin, daß die Kirche Gold- und Silbergeschirr im Wert von hundertvierzig Millionen Livres besaß, und der Erzbischof von Paris erklärte sich bereit, soviel davon herauszugeben, wie mit der liturgischen Schicklichkeit vereinbar war. Zwei Tage später – in einer Abendsitzung, als viele aus dem Dritten Stand abwesend waren und der Klerus sich stark fühlte –, wurde dieses Angebot zurückgezogen. Es waren nicht immer die höheren Kleriker, die sich am meisten dagegen sträubten, Opfer zu bringen. Bisher war der Klerus aufgefordert worden, herauszugeben, was anerkanntermaßen ihm gehörte. Der nächste Zug war bedrohlicher.

Es war Talleyrand, nominell ein Bischof, der am 10. Oktober vorbrachte, daß der Kirche die meisten ihrer Vermögenswerte gestiftet worden waren, um den Armen zu helfen, um die sich fortan der Staat kümmern würde. Der Reichtum des Klerus sei nicht Besitz im üblichen Sinn und solle daher der Nation rückerstattet werden, die zwei Drittel davon benützen würde, um Gehälter für Kleriker zu bezahlen. Connaisseurs in Sachen Ironie werden einer Debatte einiges abgewinnen können, bei der Talleyrand sich als die Stimme der uneigennützigen Geistlichkeit präsentierte und Grégoire erfolglos versuchte, eine Vertagung seines Antrags zu erreichen. In dem darauffolgenden Streit wandte der Abbé Maury außerordentlich säkulare Taktiken an, indem er die Deputierten davor warnte, daß die Wohlhabenderen unter ihnen es eines Tages noch bereuen könnten, Spekulationen über den Ursprung von Eigentumsrechten begünstigt zu haben. Malouet beschwerte sich, es sei niederträchtig vom Dritten Stand, den Klerus auszuplündern, nachdem er noch vor wenigen Monaten um dessen Unterstützung gebettelt hatte. Er bestritt, daß der Gemeinwille den Verkauf des Kirchenbesitzes befürworte, und warnte die Versammlung davor, das bestehende System der Armenhilfe zu demontieren, ehe sie die Mittel für ein anderes bereitgestellt hatte. Selbst er schlug vor, etwa ein Viertel des Landbesitzes der Kirche zu verkaufen und einige Orden aufzulösen. Pétion wurde von der Versammlung zurechtgewiesen – von Camus jedoch verteidigt – weil er sagte, der Reichtum der Kirche habe ihre Moral verdorben. Es blieb Mirabeau überlassen, das Resümee zu ziehen: Jedermann stimme darin überein, daß der Staat sich aus Einzelmenschen zusammensetze und darin kein Platz für „große politische Körperschaften" sei. Niemand würde solche Körperschaften gutheißen, wenn er gerade dabei sei, eine neue Gesellschaft zu begründen. Das genau sei die Versammlung in Wirklichkeit im Begriff zu tun, da „es keinen legislativen Akt gibt, den eine Nation nicht widerrufen und ändern könnte, wenn sie dies wünscht". Da die Versammlung ihrem Status nach eine verfassunggebende sei, sei sie im Besitz „aller Rechte, die die ersten Menschen ausüben konnten, die die französische Nation schufen". Seine Conclusio war ein ganzes Stück weniger radikal als seine Prämissen, und die Versammlung folgte seinem Antrag, keinen Kirchenbesitz zu verkaufen, jedoch vierhundert Millionen Livres daraus „zur Verfügung der Nation" zu halten.

Wenn die Kleriker dachten, sie seien billig davongekommen, irrten sie sich gewaltig. Fünf Wochen später, als die Versammlung der unwiderstehlichen Versuchung nachgegeben hatte, dem Druck ihrer Schwierigkeiten durch den Druck von Papiergeld entgegenzuwirken, beschlossen die Deputierten, Besitz im Wert der vierhundert Millionen Livres als Deckung für die neuen *assignats* zu verkaufen. Im April 1790 traten die „Jansenisten" auf den Plan: Martineau beantragte die Verdoppelung der Menge an Kirchenbesitz, die zum Verkauf angeboten werden sollte, während Treilhard vorschlug, gleich alles zu verkaufen. Am 25. Juni bekam er seinen Willen. Die Kleriker sollten fortan vollständig abhängig von den Gehältern sein, die ihnen die Versammlung bewilligte, sowie von den Bedingungen, die sie ihnen aufzuerlegen beschloß.

Bei der Einziehung des Kirchenbesitzes konnte die Versammlung notfalls behaupten, sie würde lediglich Rechte wahrnehmen, die die Monarchie seit jeher für sich beansprucht, wenn auch nicht durchgesetzt hatte. Dadurch, daß sie die Besoldung der Kleriker übernommen hatte, mußte sie nun entscheiden, wieviel jeder bekommen sollte. Da ihr unmittelbares Motiv gewesen war, den Erfordernissen einer verzweifelten fiskalischen Lage gerecht zu werden, mußte sie einsparen, soviel sie konnte, indem sie die Zahlungen reduzierte und kirchliche Ämter abschaffte. Früher oder später mußte das dazu führen, daß sie in – nach Ansicht des Klerus – geistliche Angelegenheiten eingriff. Besonders ernst wurde die Sache durch den Umstand, daß der Angriff nicht von anrüchigen *Roués* wie Mirabeau oder rabiaten Antiklerikalen angeführt wurde, sondern von „Jansenisten", von denen einige selbst dem Klerus angehörten und dabei häufig zu den eindrucksvolleren seiner Priestergestalten zählten.

Als erste fiel jene Bastion, die Mönche und Nonnen besetzt hielten. Im November sprach sich Martineau, ein Mitglied im Kirchenausschuß, für die Abschaffung aller Pfründen ohne seelsorgerische Pflichten aus, für die tatsächliche Beseitigung des Pluralismus und für die Schließung aller Ordenshäuser mit weniger als zwanzig Konventualen. Einen Monat später schlug Treilhard im Namen des Ausschusses vor, der Staat solle aufhören, Ordensgelübde anzuerkennen und Mönchen und Nonnen, die ihre Konvente verlassen wollten, eine Pension aussetzen. Der Bischof von Clermont verurteilte das als Überschreitung der Grenzen weltlicher Gewalt und bezeichnete die mönchische Daseinsform als „die angemessenste, um der Nation Beistand zu leisten, aufgrund des Einflusses von Gebeten auf das Gedeihen menschlicher Angelegenheiten". Es gab, außerhalb des Klerus, vermutlich nur wenige Deputierte, die an die zweite Hälfte dieser Feststellung glaubten, und noch weniger, selbst unter Einschluß des Klerus, die von der ersten Hälfte überzeugt waren. In einer Entscheidung, die weiter ging, als einige von den „Jansenisten" sich gewünscht hätten, verfügte die Versammlung am 13. Februar 1790, daß religiöse Orden abgeschafft seien und lebenslängliche Gelübde keine Geltung mehr vor dem Gesetz haben würden. Diejenigen in Klöstern oder Konventen, die nicht mit Fürsorge- oder Erziehungsarbeit befaßt waren, hatten das Recht, auszutreten oder sich, sofern es sich um Männer handelte, auf eine kleine Anzahl von Ordenshäusern aufteilen zu lassen, wo sie weiterhin ein Leben in Gemeinschaft führen konnten. Alarmiert von den „philosophischen Ideen", die im Verlauf der Debatte geäußert worden waren, verlangte der Bischof von Nancy eine Erklärung, wonach der Katholizismus die Staatsreligion sei. Er bekam sie nicht.

Die Deputierten glaubten, es falle in ihre Verantwortung, „Konstitutionen" für jeden Bereich des französischen Staates zu erstellen: für die Lokalverwaltung, die Beamtenschaft, die Streitkräfte. Da für sie feststand, daß die Kirche ein integraler Bestandteil des Staates war, gingen sie von der Annahme aus, sie hätten in dieser Sphäre dieselbe Autorität wie in allen anderen. Der Kirchenausschuß machte sich daher an die Arbeit, eine „Zivilkonstitution" für jene Bereiche der Kirche auszuarbeiten, von denen er glaubte, sie würden in die Zuständigkeit der weltlichen Gewalt fallen.[67] Im November 1789 verfaßte Durand de Maillane ein relativ maßvolles Papier zur Erörterung durch die Versammlung und, letztendlich, zur Vorlage beim Papst. Die zwei Bischöfe im Ausschuß legten, überaus unklug, dagegen ihr Veto ein. Angesichts der Uneinigkeit innerhalb des Ausschusses erweiterte die Versammlung im Februar 1790 die Zahl seiner Mitglieder, als der Abbé Expilly zu den darin sitzenden „Jansenisten" – Martineau, Treilhard, Camus, Durand de Maillane und dem Abbé Gouttes – dazustieß. Bald danach traten die beiden Bischöfe und sieben andere Mitglieder zurück. Die „Jansenisten" waren immer noch in der Minderheit, aber von da an scheinen sie weitgehend den Gang der Dinge bestimmt zu haben.

Alarmiert über die offenkundigen Absichten des Ausschusses versuchte eines seiner Mitglieder, der Kartäuserpater Gerle, von neuem, den Katholizismus zur Staatsreligion erklären zu lassen. Das scheint der Linken Unannehmlichkeiten bereitet zu haben, weil sie nicht offen feindselig erscheinen wollte, ihr die Implikationen des Antrags aber mißfielen. Zu diesem Zeitpunkt begann die Polarisierung in Linke und Rechte den Klerikern mehr Unterstützung von seiten der Laien zu verschaffen als in der Vergangenheit, jedoch um den Preis, daß es einen neuen Grund zur Abneigung gegen sie gab, und ohne daß sie eine Mehrheit erlangt hätten. Als die Rechte eine sofortige Abstimmung forderte, vertagte der Vorsitzende die Sitzung. Tags darauf ließ sich Gerle dazu bringen, seinen Antrag zurückzuziehen, und die Versammlung verabschiedete eine vage Resolution des Inhalts, daß sie keine Macht über das Gewissen habe und die Religion eine zu ehrfurchtgebietende Sache sei, um den Gegenstand für politische Debatten abzugeben. Daraus sollte niemandem viel Sicherheit erwachsen.

Am 29. Mai 1790 legte der Ausschuß seinen Bericht vor. Darin wurde im wesentlichen eine „Rationalisierung" der Kirche vorgeschlagen, durch Verkleinerung des Episkopats von hundertfünfunddreißig auf fünfundachtzig (ein Bischof pro Département) und die Zuweisung eines *curé* für je sechstausend Einwohner in den Städten. Alle kirchlichen Würden, ausgenommen die des Bischofs, Pfarrers und des Kuraten, wurden abgeschafft. Alle Kleriker sollten von denselben Wahlausschüssen bestellt werden wie die Beamten der Lokalverwaltung, und der Papst sollte von der Wahl von Bischöfen lediglich in Kenntnis gesetzt werden, ohne daß man ihn einladen wollte, die kanonische Amtseinsetzung vorzunehmen. An diesem Punkt stieß die unwiderstehliche Kraft der Volkssouveränität, verkörpert durch die Versammlung, auf das unerschütterliche Hindernis des Kirchenrechts. Die Bischöfe waren sehr auf einen Kompromiß aus und bereit, die Zivilkonstitution zu akzeptieren, vorausgesetzt, daß das, was sie als geistliche Fragen ansahen, an kirchliche Instanzen verwiesen wurde, entweder an ein Konzil des französischen Klerus oder an den Papst. Den Anspruch der Versammlung auf völlige Souveränität in allem akzeptieren, das konnten sie hingegen nicht. In weltlichen Angelegenheiten stellten sie die Volkssouveränität nicht in Frage, und sie hofften, der Papst würde es ihnen möglich machen, die Zivilkonstitution zu akzeptieren; wenn er es aber nicht tat, waren sie dazu außerstande. Obwohl sie an dieser Parallele wohl kaum Gefallen gefunden hätten, war ihre Reaktion doch ein Echo von Luthers „Hier steh' ich, ich kann nicht anders, Gott helfe mir". Die Deputierten ihrerseits beharrten darauf, daß die Zivilkonstitution nicht auf Glaubensfragen übergreife. Ihrer Ansicht nach bezog sie sich lediglich auf die Organisation der Kirche und fiel mithin in ihre Kompetenz. Einige von ihnen gingen weiter und beharrten darauf, daß der Gemeinwille in allen Dingen souverän sei, einschließlich Fragen des Glaubens. In Wahrheit handelte es sich um einen Frontalzusammenstoß zwischen zwei verschiedenen Arten von Glauben. Der Antiklerikalismus vieler Deputierter und die Begeisterung der „Jansenisten" für eine Rückkehr zu den Zuständen der Urkirche komplizierten und verwirrten die Dinge und ließen in der an und für sich ausweglosen Lage zusätzlich Argwohn und Bitterkeit aufkommen.

Als der Ausschuß seine Vorschläge eingebracht hatte, antwortete der Erzbischof von Aix mit einer Rede über die „geheiligten Grundsätze der kirchlichen Gewalt". „Worum es hier geht, ist eine Ordnung der Dinge, der Beamte und Könige gehorchen müssen." Keine menschliche Macht habe das Recht, in die Organisation der Kirche einzugreifen. Als ihr Verlangen nach einem Konzil zurückgewiesen wurde, weil das die Wiederbelebung einer jener körperschaftlichen Versammlungen mit sich gebracht hätte, die zu verabscheuen die Deputierten von Rousseau gelernt hatten, nahmen die Bischöfe nicht weiter an der Debatte teil. Die Versammlung machte sich nicht viel Gedanken über Könige oder auch Beamte, aber sie konnte keinerlei Einschränkung der Allzuständigkeit des souveränen Volkes hinnehmen, das sie zu vertreten behauptete. Camus erteilte, sekundiert von Treilhard, dem Erzbischof von Aix eine Lektion in politischer Theorie. „Die Kirche ist ein Teil des Staates und nicht der Staat ein Teil der Kirche." Daran schloß er die Feststellung, die Versammlung habe als Volksversammlung das Recht, die Religion der Nation zu ändern, wenn sie es wünsche. Das ging um einiges über den „Jansenismus", als was auch immer er aufgefaßt werden mochte, hinaus, indem es behauptete, die nationale Religion beruhe nicht auf offenbarter Wahrheit, sondern auf einer politischen Entscheidung.

Ohne die Teilnahme der klerikalen Partei war das Ergebnis der Debatte eine beschlossene Sache, und alles, wozu es kam, war ein unbedeutendes Geplänkel, bei dem ein paar Meinungsnuancen innerhalb der Mehrheit zutage traten. Roederer meinte, ein Bischof für jeweils zwei Départements sei genug, da „staatliche Funktionäre kein müßiges Dasein führen dürfen". Eine Gruppe von staatstragend gesinnten *curés* sagte im voraus ihre Unterstützung für alle Entscheidungen der Versammlung zu. In seinem Eifer für eine Rückkehr zu den Gepflogenheiten der Urkirche klang Martineau wie ein Antiklerikaler. Er überredete die Versammlung, die vorgeschlagene Anzahl von Priesterseminaren herabzusetzen, brachte einen Antrag von Grégoire und Camus für die Beibehaltung von Dechanten zu Fall und setzte, gegen den Widerstand von Lanjuinais, jedem Bischof ein Ratsgremium vor, das dieser verpflichtet war in allen politischen Fragen zu Rate zu ziehen. Die Versammlung ging ihren eigenen Weg, voll Zuversicht, daß die klerikalen Deputierten sich am Ende dem Gemeinwillen beugen und die Bevölkerung im Ganzen begrüßen würde, was immer in ihrem Namen und angeblichen Interesse beschlossen wurde. Ein- oder zweimal kam die Realität zum Durchbruch: Die Deputierten hörten auf Camus' Warnung, Landpfarren nicht aufzulassen, die er damit begründete, daß die Leute auf dem Land an ihren vertrauten Kirchen hingen, aber größtenteils hatten die Intellektuellen aus der Stadt wenig Ahnung davon, was ihren Wählern die Religion bedeutete.

Die Debatte darüber, wie die Kleriker gewählt werden sollten, ließ bei einigen die geistige Einstellung erkennbar werden. Martineau empfahl namens des Kirchenausschusses eine Wahl durch Laien, mit der Begründung, dies sei die Praxis der Urkirche gewesen. Das war zuviel für den Abbé Jacquemard, der meinte, im Gegensatz zu jenen längst vergangenen Tagen sei das achtzehnte Jahrhundert ein Zeitalter des sittlichen Verfalls und Laien würden eine schlechte Wahl treffen, vielleicht sogar mit Absicht, wenn es sich um Protestanten handelte. Für Robespierre war das ein gefundenes Fressen. Nachdem er darauf hingewiesen hatte, daß Jacquemards Einwand auf alle Wahlen zutreffen würde, fuhr er fort: „Das Wahlrecht kann nicht der Lokalverwaltung zukommen (das war ein Kompromißvorschlag gewesen); nur die Versammlung, bei der die Souveränität liegt, ist berechtigt, ... jene Gruppe von Staatsbeamten auszuwählen, die als Bischöfe bekannt sind." Als sich die Frage erhob, ob ein Bischof gegen die Wahl eines *curé*, den er für ungeeignet hielt, sein Veto einlegen können sollte, war es ein Priester, der einwandte, dadurch würde die Volkswahl aufgehoben, und ein Laie – Lanjuinais – der die Versammlung beschuldigte, Weltliches und Geistliches durcheinanderzubringen: „Entweder die Versammlung beabsichtigt, Gesetze für die katholische Religion zu erlassen, die die Staatsreligion ist, oder für sonst irgendeine Religion, die zu schaffen ihr beliebt." Schließlich stellte Camus einen Kompromiß sicher, der den Bischöfen ein Vetorecht aus Gründen der Doktrin und der Moral zugestand, wobei dem *curé* das Recht vorbehalten blieb, dagegen Berufung einzulegen.

Als die Deputierten darüber berieten, wieviel die neuen „Staatsbeamten, die als Bischöfe bekannt sind" als Bezahlung erhalten sollten, herrschte nicht viel Uneinigkeit, obwohl Robespierre versuchte, eine Herabsetzung ihrer Bezüge zu erreichen. Als es um die Gehälter für die *curés* ging, wurde der Ton rauher aufgrund des Umstands, daß einige von ihnen weniger Hemmungen hatten als die Bischöfe, ihre Interessen zu verteidigen. Insbesondere Jacquemard beschuldigte die Versammlung mehr oder weniger, eine gute Karrieremöglichkeit zuschanden zu machen: „In den Dörfern ist das Haus des *curé* das einzige, in dem ein Mann von Stand absteigen kann." Seine Lamentationen wurden von Grégoire und Gouttes entrüstet zurückgewiesen, obwohl sie beide die vorgeschlagenen Gehälter für zu niedrig hielten. Das veranlaßte einen Gutsbesitzer zu der Antwort, der vorgeschlagene Betrag würde, da die meisten *curés* aus „kleinbürgerlichen" Verhältnissen stammten, ihnen ohnedies wie ein Vermögen vorkommen.

Noch ehe die Debatten über die Zivilkonstitution sich einem Ende entgegengeschleppt hatten, erhielt die Versammlung Nachricht von der *bagarre de Nîmes*, einem Ausbruch von Straßenkämpfen zwischen Protestanten und Katholiken, bei denen rund dreihundert von den letzteren niedergemetzelt wurden.[68] Das war das Ergebnis verwickelter lokaler Zwistigkeiten, die sowohl die Politik als auch die Religion umfaßten, aber nicht in einem direkten Zusammenhang mit der Reorganisation der Kirche standen. Es war nichtsdestoweniger eine Warnung, daß die Versammlung sich auf ein gewagtes Spiel einließ, wenn sie annahm, ihre religiösen Regelungen würden von einem gehorsamen Klerus und einer dankbaren Bevölkerung widerspruchslos hingenommen werden. Zu diesem Zeitpunkt war niemand auf einen Kampf aus. Ferrières meinte, die Zivilkonstitution greife nicht in geistliche Belange ein und werde nur von Feinden der Revolution ausgeschlachtet. Selbst er jedoch hielt ihre führenden Befürworter, Camus, Fréteau, Martineau und Treilhard, für „extreme Jansenisten". Er hielt die neuen Klerikergehälter bei weitem für zu niedrig und unterzeichnete die Protestnote gegen die Nichtanerkennung des Katholizismus als Staatsreligion. Die Art, wie er mit seiner eigenen Kapelle verfuhr, war typisch für Ferrières: Er wollte sie nicht mit einem gewählten *curé* zur Pfarrkirche erhoben sehen, da „es mehr als wahrscheinlich ist, daß nur die verrücktesten, intrigantesten und aufrührerischsten Leute gewählt werden". Wenn sie zum Verkauf stünde, habe er keine Absicht, mitzubieten und dadurch „ein Beispiel für eine derart offene Verletzung von Eigentumsrechten zu geben". Er erkläre sich jedoch im voraus bereit, mehr als das Höchstgebot zu zahlen, und die Kapelle einem Priester zu übertragen, den er mochte und von dem er erwartete, daß seine Pfarre aufgelassen werden würde. Daß der fragliche Priester sich weigern könnte, die Zivilkonstitution zu akzeptieren, scheint ihm dabei nicht in den Sinn gekommen zu sein.[69] Das vielleicht Überraschendste an den neuen Vorschlägen war – angesichts der Opfer, die sie den Bischöfen auferlegten, die bisher nicht gerade durch ihre Gleichgültigkeit gegenüber weltlichem Besitz aufgefallen waren –, daß die große Mehrzahl von ihnen nach Wegen suchte, um die Zivilkonstitution mit ihrem eigenen Gewissen in Einklang zu bringen. Selbst der Abbé Barruel, der später noch unrühmliche Berühmtheit erlangen sollte für seine Theorie, wonach die gesamte Revolution Teil eines internationalen Freimaurerkomplotts war, schrieb damals, die Zivilkonstitution sei rechtmäßig, sofern sie von der Kirche bestätigt werde. Der Streit, der das Land schließlich auseinanderreißen sollte, begann eher als Konflikt über die Mittel als über den Zweck. Wäre dem französischen Klerus gestattet worden, ein Konzil einzuberufen, hätte dieses vermutlich die Annahme empfohlen, und der Papst hätte sich entweder der vollendeten Tatsache beugen oder eine Revolte des französischen Klerus in Kauf nehmen müssen. Als er die Debatte eröffnete, hatte der Erzbischof von Aix diese Lösung vorgeschlagen, doch war sie tabu für eine Versammlung, für die die eigene Souveränität eine fixe Idee war, und die dahingehend indoktriniert war, daß körperschaftliche Versammlungen von Übel seien. Indem sie ein Konzil ablehnten, waren die Deputierten allein auf den Papst angewiesen.

Pius VI. hatte keine Sympathie für die Aspirationen der Revolutionäre, konnte jedoch nicht über die Tatsache hinwegsehen, daß sie sowohl die französische Kirche als auch Avignon als Geiseln in der Hand hatten. Im März 1790, noch bevor die Debatte über die Zivilkonstitution begann, hatte er die Menschenrechtserklärung wegen ihres Engagements für die Volkssouveränität und religiöse Toleranz verurteilt, jedoch nur in einem vertraulichen Konsistorium, was ihm diplomatisch freie Hand ließ. Im Sommer 1790 hatte es niemand besonders eilig. Die Versammlung sah ein, daß die päpstliche Zustimmung sie ihrer Probleme entheben würde; Pius hoffte, die Deputierten würden sich in bezug auf Avignon entgegenkommend zeigen, solange sie auf Antwort von ihm warteten, und er glaubte möglicherweise, die Schwierigkeiten bei der Durchführung der Zivilkonstitution würden die Deputierten kompromißwilliger machen. In der Zwischenzeit ging das religiöse Leben im Lande weiter wie vorher. Bei den großen Feiern, die in Paris und in den Provinzen abgehalten wurden, um des ersten Jahrestags der Julirevolte zu gedenken, präsidierten Geistliche, und es wurden Tedeums gesungen. Es war die letzte Gelegenheit im Verlauf der Revolution, bei der sich Thron, Altar und Volk zu einem gemeinsamen Engagement für die Erneuerung zusammenfanden. Die vorherrschende Stimmung war eine der Freude, sosehr, daß einigen von den eher mißtrauischen Radikalen nicht recht wohl war angesichts all der verfrühten Verbrüderung. Sie hätten sich keine Sorgen zu machen brauchen: Die religiöse Zeitbombe hatte eine lange Zündschnur, aber nichts würde sie ausmachen können.

Im Juli schrieb der Papst an den König und die Minister und drohte ihnen mit einem Schisma. Später im selben Monat akzeptierte Ludwig, der in religiösen Belangen nichts ohne geistlichen Rat unternahm, die Zivilkonstitution, lehnte es jedoch ab, sie öffentlich bekanntzumachen, ehe „notwendige Maßnahmen" getroffen waren, worunter die Erlangung der päpstlichen Zustimmung zu verstehen war. Selbst der päpstliche Nuntius drängte Pius, sie zu akzeptieren; andernfalls würde sich der französische Episkopat von ihm lossagen. Die Versammlung war geduldig, aber auf unbestimmte Zeit zu warten, hätte bedeutet, dem Papst ein Veto einzuräumen. Im August fingen einige Deputierte an, sich zu beschweren, und am 24. fand sich Ludwig zur öffentlichen Bekanntgabe bereit. Von nun an war ein Konflikt unvermeidlich, und die Einstellungen mußten sich zwangsläufig verhärten, als die Erklärung der Bischöfe, wonach sie außerstande seien, die Zivilkonstitution zu akzeptieren, vom Konjunktiv ins Präsens übertragen wurde. Als Expilly, einer der führenden Reformer in der Versammlung, auf den vakanten Bischofssitz von Quimper gewählt wurde, verweigerte der Bischof von Rouen ihm die kanonische Einsetzung. Der Versammlung blieb kaum eine andere Möglichkeit als ein Erlaß, wonach in solchen Fällen die lokalen Behörden ermächtigt waren, sich anstatt an den Erzbischof an irgendeinen anderen Bischof zu wenden. Mancherorts ließ das zufällige Auftreten von Vakanzen aufgrund von Tod oder Ruhestand das Problem zutage treten, anderswo trieb der Antiklerikalismus der lokalen Behörden es hervor. Die Beamten des Département Puy-de-Dôme führten Klage darüber, daß „die Souveränität der Nation mißachtet wird; ein Teil ihrer Beamten maßt sich an, den Gemeinwillen in Fesseln zu halten". Innerhalb der Versammlung wuchs der Druck auf den Klerus, sich durch Eid an die Zivilkonstitution zu binden. Laut Durand-Maillane, der selbst zu den Reformern gehört hatte, kam dieser nicht aus seinem eigenen, dem Kirchenausschuß, sondern aus dem Polizeiausschuß. Selbst Grégoire verurteilte „die Tyrannen, oder besser gesagt, die städtischen Henkersknechte *(bourreaux en écharpe)*, denen die Nöte, die Leiden und der Kummer der Geistlichen Vergnügen bereiteten". Am 30. Oktober entwarfen die Bischöfe in der Versammlung eine *exposition de principes* (Grundsatzerklärung), die von dreißig von ihnen sowie von achtundneunzig anderen klerikalen Deputierten unterzeichnet wurde. Diese entsprach ihrer bisherigen Einstellung, sie wiederholte die Notwendigkeit der päpstlichen Zustimmung und drängte den Klerus, sich der Durchführung der Zivilkonstitution durch die mildesten Formen des passiven Widerstands zu widersetzen. Die Erklärung wurde an den Papst geschickt, den man drängte, der Zivilkonstitution zumindest im Prinzip die provisorische Zustimmung zu erteilen. Die Bischöfe hätten kaum weniger tun oder auf eine versöhnlichere Weise vorgehen können. Es war ein Zeichen sowohl für den Fanatismus der radikaleren Deputierten als auch für die Verhärtung in den Einstellungen, daß ihre Erklärung als Kriegserklärung aufgefaßt wurde. Am 26. November präsentierte Voidel vom Polizeiausschuß einen Antrag im gemeinsamen Namen des Kirchen-, des Nachrichten-, des Veräußerungs- und des Polizeiausschusses. Durand-Maillane zufolge hatten er und die Mehrheit des Kirchenausschusses sich dagegen ausgesprochen. Die Religion sollte in Hinkunft als Frage der staatlichen Ordnung behandelt werden. In dem Antrag wurde vorgeschlagen, allen Priestern, die öffentliche Funktionen ausübten, einen Unterwerfungseid unter die Zivilkonstitution vorzuschreiben. Jene, die den Eid verweigerten, sollten entlassen werden, den Anspruch auf eine Pension verlieren und ihrer bürgerlichen Rechte verlustig gehen. Jedermann, der zur Opposition gegen das Gesetz aufwiegelte oder nach seiner Entlassung weiterhin seines Amtes waltete, würde strafrechtlich verfolgt werden. Voidels Vorschlag wurde mit lautem Applaus begrüßt. Weniger Sympathie fand Cazalès, als er vor der Gefahr warnte, eine Bedrohung der staatlichen Ordnung zu schaffen, und ein weiteres Ersuchen des Bischofs von Clermont um die Erlaubnis zur Einberufung eines Kirchenkonzils stieß auf *grands murmures* (lautes Gemurmel). Maury warnte die Deputierten in einer für ihn ganz untypisch maßvollen Rede davor, Märtyrer zu schaffen. Alles, was die Gegner der Zivilkonstitution vorschlagen konnten, war, dem Papst mehr Zeit zu geben, was angesichts der Zeit, die er bereits gehabt hatte, nicht sehr überzeugend war. Das Auffälligste an der Debatte war eine außergewöhnlich heftige Brandrede Mirabeaus gegen den Klerus, den er beschuldigte, er sei bereit, die Religion zu gefährden, wenn er dadurch nur Widerstand gegen die Revolution mobilisieren konnte. Er verurteilte das Beichtgeheimnis, führte Klage darüber, daß es zu viele Kleriker gebe, und drohte ihnen allen mit der Entlassung. Er empfahl der Versammlung, all jene zu entlassen, die den Eid verweigerten, jene zu verfolgen, die dagegen protestierten, und alle Priesterweihen auszusetzen.

Mirabeau, der in seiner Vergangenheit vielleicht mehr Predigten zu hören bekommen hatte, als er sich in Erinnerung rufen mochte, war konsequent antiklerikal gewesen, aber diese Rede war derart ausfallend, daß sich vermuten läßt, das wirkliche Motiv dieses verschlagenen und undurchschaubaren Mannes habe darin bestanden, genau das zu tun, dessen er den Klerus bezichtigte: Das Volk zur Opposition gegen die Revolution aufzuhetzen und die Versammlung in Mißkredit zu bringen.[70] Einige seiner Kollegen scheinen derlei auch geargwöhnt zu haben. Selbst Pétion glaubte, Mirabeau sei zu weit gegangen mit seinem Vorschlag, Priesterweihen zu verbieten, was als Hinweis darauf genommen werden konnte, daß das langfristige Ziel der Versammlung die vollständige Abschaffung der Religion sei. Camus war kein Freund des Klerus: Er ergiff die Gelegenheit, sein altes Argument zu wiederholen, daß es der „Nation“ freistehe, sich ihre Religion zu wählen; Gesetze über religiöse Belange hätten in der Vergangenheit der päpstlichen Billigung bedurft, doch sei dies nicht mehr erforderlich, nun da die „Nation“ versammelt war. Sogar Camus jedoch griff Mirabeau an, weil dieser Dinge gesagt habe, die „unentschuldbar und ungerecht“ gewesen seien. Ohne auf Mirabeau zu hören, beschloß die Versammlung den von ihren Ausschüssen vorgeschlagenen Antrag, was Strafe genug war, ohne deswegen auch noch beleidigend zu sein.

Einmal mehr ließ sich der König Zeit, und die Deputierten legten eine Pause ein auf ihrem zögerlichen Vormarsch auf dem Weg, den sie eingeschlagen hatten. Fast einen Monat lang passierte nichts, außer einem entrüsteten Protest eines Deputierten gegen die *exposition des principes,* die er als Verbrechen gegen die Nation denunzierte; die Milde habe lediglich Undankbarkeit hervorgebracht, und das Vaterland verlange nun nach Rache. Es mußte noch ein Weilchen warten, aber was immer sie auch für Bedenken haben mochten, schließlich mußten die Deputierten ernten, was sie gesät hatten. Am 23. September fragte Camus an, warum der König den Erlaß, in dem die Ablegung des Eides verlangt wurde, noch nicht kundgemacht habe. Ludwig antwortete noch am selben Tag, er greife bei der Durchführung der Zivilkonstitution zu den am wenigsten konfliktträchtigen Mitteln – was Camus als eine Art königlichen Streik auffaßte. Er warnte den König, daß es schlecht für die königliche Autorität wäre, wenn sich die Versammlung gezwungen sehen sollte, sich über das Schweigen des Königs hinwegzusetzen. Als er im weiteren behauptete, Christus sei das einzig souveräne Oberhaupt der Kirche und die päpstliche Autorität widerspreche dem Geist des Evangeliums, äußerte sich ein Deputierter der Rechten verständlicherweise skeptisch über Camus' Privatreligion. Die Versammlung forderte die unverzügliche Verlautbarung, und wie üblich gab der König nach.

Am 27. Dezember leisteten die ersten geistlichen Deputierten den Eid. Man hatte allgemein als sicher angenommen, daß sich die große Mehrheit des Klerus, in der Versammlung und im Land, in das Unvermeidliche schicken werde. Thomas Lindet meinte sogar, es werde der Kirche den Frieden wiedergeben und den Papst zur Kapitulation zwingen. Er ließ eine Petition zur Unterstützung der Zivilkonstitution herumgehen, gab das jedoch auf, als er nicht mehr als dreißig oder vierzig Unterschriften erhielt. Als zusehends klarer wurde, daß es erheblichen Widerstand gegen den Eid geben würde, kam es am 3. Jänner 1791 zu einer kuriosen Debatte. Cazalès wiederholte Montesquieus altes Argument, daß Religion und Ehre die stärksten Bollwerke gegen den Despotismus seien, und verlangte, die Versammlung solle nur anordnen, was *faisable* (machbar) sei.[71] Sofern sie für sich nicht Unfehlbarkeit in Anspruch nehme (was sie natürlich tat, da sie sich als Verkörperung des Gemeinwillens sah), müsse sie das Recht des einzelnen respektieren – selbst wenn er sich im Irrtum befand – zu verweigern, was seiner Meinung nach gegen seine Ehre und sein Gewissen verstieß. Charles Lameth gab ihm die Rousseauistische Antwort, es obliege nicht dem einzelnen, über Gewissensfragen zu entscheiden, aber die Deputierten reagierten stets empfindlich bei Appellen an die Ehre, und sie lehnten es ab, Cazalès zur Ordnung zu rufen. Einen Moment lang scheint er ihre Sympathie, wenn nicht Unterstützung gehabt zu haben, aber wie alle anderen war er ein Gefangener der Situation, und der einzige Vorschlag, den er zu machen hatte, war, man möge den Klerikern länger Zeit geben, sich zu entschließen. Die Versammlung gab ihnen bis ein Uhr mittag des folgenden Tages Zeit.

Ursprünglich war es die Absicht der Deputierten gewesen, die Ablegung des Eides möglichst öffentlichkeitswirksam zu gestalten, indem sie daraus einen *appel nominal* machten, bei dem jeder Angehörige des Klerus der Reihe nach drankam. Das ging ziemlich böse daneben. Als die ersten drei den Eid verweigerten, wurde der *appel nominal* hastig abgebrochen. Weniger als ein Drittel der Deputierten unterschrieb, wobei Talleyrand als einziger Bischof in der Versammlung saß. Im Land insgesamt teilte sich der Klerus mehr oder weniger gleichmäßig auf, obwohl es große regionale Unterschiede gab. Nur vier Bischöfe, ausgenommen jene *in partibus infidelium,* leisteten den Eid, und Talleyrand, der drauf und dran war, seinen Bischofssitz aufzugeben, war als einziger bereit, neue Bischöfe zu weihen. Als die geistlichen Deputierten jeweils ihre Entscheidung bekanntgegeben hatten, brachte Barnave den unvermeidlichen Antrag ein, alle Kleriker, die den Eid verweigerten, abzulösen. Laut dem *Moniteur* war den Deputierten durchaus bewußt, daß die Dinge nicht so abliefen, wie sie sich das vorgestellt hatten; es gab lange Pausen des Schweigens, und es wurden Vorhersagen gemacht, daß es Schwierigkeiten geben werde.

Mirabeau wenigstens scheint in seinem Element gewesen zu sein. Am 7. Jänner bewog er die Versammlung, auf die Anforderung zu verzichten, wonach die neuen Bischöfe und Pfarrer Männer mit beträchtlicher lokaler Erfahrung sein mußten. Angesichts der großen Anzahl, die es zu rekrutieren galt, war das zwar unvermeidlich, aber die Tatsache, daß so viele von den neuen Männern Außenseiter waren, war einer der Hauptgründe für ihre Unbeliebtheit, besonders in einigen von den abgelegeneren Gegenden auf dem Land. Eine Woche später wartete er mit einer weiteren Schmähschrift auf, die derart ausfällig war, daß seine boshaften Absichten nur zu deutlich zum Vorschein kamen. Er unterstellte den Bischöfen, ihr wahres Motiv sei, „in ihre Paläste das Gold zurückzuholen, das ihnen zu Schmach und Schande gereichte". Im folgenden versuchte er, sie zur Zielscheibe des revolutionären Hasses zu machen, indem er sie beschuldigte, sie würden im Lande den Widerstand gegen das Gesetz organisieren, in der Hoffnung, dadurch die zweifache Despotie von Thron und Altar wiederherstellen zu können. Ihre Heuchelei werde zum Ergebnis haben, daß die Laien dem Deismus zugetrieben würden. „Sie werden ihre Opfer nur auf dem Altar des Vaterlandes darbringen wollen und anfangen zu glauben, daß sie die Marionetten von Betrügern und die Opfer von Lügen gewesen sind." Die Katholiken würden sagen, daß Freiheit und Religion unvereinbar seien, doch habe niemand das Recht, seinem Gewissen falsche und willkürliche Prinzipien zugrunde zu legen. „Die Pflicht, sich ein Gewissen zu bilden, kommt vor der Pflicht, ihm zu folgen." Es war vermutlich Mirabeaus Absicht, der Öffentlichkeit die Überzeugung zu geben, daß die Versammlung dem Katholizismus in jeder Form feindselig gegenüberstand, in der Hoffnung, dadurch auf der einen Seite den Fanatismus und auf der anderen die Intoleranz anzustacheln. Auf irgendeine Art und Weise hatte er den Religionsausschuß dazu gebracht, sich hinter seine Aussagen zu stellen, doch riefen diese einen Aufschrei in der Versammlung hervor. Viele aus dem Klerus verließen das Plenum, Camus verurteilte die darin enthaltenen „Abscheulichkeiten" und die Deputierten wiesen sie zurück. Als der Ausschuß einen eigenen Entwurf vorlegte, war der ganz anders im Ton. Der Katholizismus wurde für von Gott begründet erklärt, was den Protestanten einiges Unbehagen bereitet haben muß; die Versammlung greife nicht in geistliche Belange ein, und ihr einziges Anliegen sei das Gemeinwohl. Jene, denen es unmöglich war, den Eid zu akzeptieren, sollten nicht bestraft werden, obwohl es als ein kriminelles Vorgehen gelten sollte, Widerstand gegen die Zivilkonstitution zu organisieren. Die Deputierten hatten vermutlich das Gefühl, sie hätten sich kaum versöhnlicher zeigen können, was von ihrem Standpunkt aus auch stimmte. Gebildete Männer der Aufklärung, deren eigene Glaubensansichten dem „Jansenismus" zuneigten, oder einer religiösen Toleranz, die unmerklich in einen Deismus überging – nur wenige von ihnen hatten eine Ahnung davon, was Religion für die Mehrheit der Bevölkerung bedeutete. Der Rechten – ob ihr die Tatsache nun willkommen war oder nicht – war vielleicht stärker bewußt als der Linken, daß das Land sich gerade in zwei Lager spaltete.

Am 26. Jänner stellte der Kirchenausschuß den Antrag, die Kleriker, die den Eid verweigerten, abzulösen, und Cazalès machte einen letzten Versuch, das Unabwendbare abzuwenden. Er meinte, der Katholizismus verlange, anders als der Protestantismus mit seinen „monströsen" Anschauungen, Gehorsam gegenüber der Gesamtkirche. Wenn der Papst die Zivilkonstitution verwerfen sollte, würden Katholiken gehorchen müssen, und die Prinzipien der Eidverweigerer stünden „über euren Gesetzen". Sie aus ihren Ämtern zu vertreiben wäre der erste Schritt auf dem Weg in ein illusionäres Goldenes Zeitalter. Die Ausgeschlossenen würden ihre Nachfolger exkommunizieren, ein Teil ihrer Gemeinde würde ihnen folgen, es würde zu einem Religionskrieg kommen, in dem die Sache des Glaubens jedem Unruhestifter einen bequemen Vorwand liefern würde. „Wenn ihr weise und humane Gesetzgeber seid ... werdet ihr eurem verrückten Stolz nicht all diese Opfer bringen." Selbst wenn die Kirche im Unrecht sei, sei das Vorgehen der Versammlung doch töricht: „Wenn eure Gesetze sich nur mit Gewalt durchsetzen lassen, hütet euch vor den Erschütterungen, durch die Frankreich in Blut getränkt würde." Für solche Worte war es zu spät. Ein Deputierter der Linken beschuldigte Cazalès, den Bürgerkrieg zu predigen, und Maury tadelte ihn dafür, daß er versuche, der Rechten den Beschwerdegrund zu nehmen, den sie haben wollte: „Laßt den Erlaß durchgehen, wir brauchen ihn. Noch zwei oder drei von dieser Art und alles wird vorbei sein." Als die Versammlung darüber diskutierte, wieviel Pension die Eidverweigerer erhalten sollten – ungeachtet ihres gerade erst gefaßten Beschlusses, ihnen überhaupt keine zu geben – trat die neue Polarisierung in den Meinungen zutage. Die alten Reformer, deren Anliegen durchwegs ein primär religiöses gewesen war – Camus, Treilhard, Martineau und Lanjuinais – mußten die Eidverweigerer gegen eine neue Linke in Schutz nehmen, die der Moniteur anfing als „die Linke der Linken" zu bezeichnen. Einige von der Rechten betrieben unverhohlen eine *politique du pire:* Einer von ihnen brachte einen ironischen Antrag auf Tolerierung der privaten Ausübung der katholischen Religion ein.

Es dauerte nicht lange, bis die von der Versammlung gelegte Saat aufging. Am 25. Jänner gingen Nachrichten über religiöse Unruhen in Amiens ein. Mitte Februar berichteten ins Elsaß entsandte Regierungskommissäre über eine allgemeine religiöse Unzufriedenheit, die bereits die Position der politischen Gegner der Revolution stärke. Die Nationalgarde in Colmar, in der eine Kompanie die Farben des Comte d'Artois und die weiße Kokarde der Bourbonen führte, weigerte sich, die Kommissäre zu empfangen, denen sich auch die lokalen Behörden widersetzten. Die Dinge verschlimmerten sich im März, als es in Straßburg zu einem Aufruhr kam, als ein Priester, der den Eid verweigerte, die Kathedrale nicht räumen wollte und den neuen Bischof schlug. Rohan, der bisherige Amtsinhaber, der klugerweise auf der gegenüberliegenden Seite des Rheins wohnte, exkommunizierte seinen Nachfolger und verdammte jeden, den dieser in ein Amt einsetzte, als Kirchenspalter. Er verbot den wahren Gläubigen das Betreten der Kathedrale, und es hieß, er werbe Leute für die Befreiungsarmee an, die die französischen Fürsten in Deutschland aufstellten.

An anderen Ende von Frankreich kam es zu Unruhen in der Bretagne, wo die überwältigende Mehrheit des Klerus den Eid verweigert hatte. Die Leute auf dem Land sagten, man sei der Religion abtrünnig geworden, und zogen gegen die Städte in der Hoffnung, die Büros der Lokalverwaltung zu plündern. In ihren Petitionen behaupteten sie, daß die Zivilkonstitution dem Glauben widerspreche und daß „der Besitz, den der Klerus dem Volk erhalten hat, ihm ohne die Zustimmung des Volkes entzogen wurde". „Wir wollen Frieden, wir wollen in Frieden leben und nicht in den Widerstand getrieben werden." Die Stadt Vannes wurde von einer Bauernarmee von eintausendzweihundert bis eintausendfünfhundert Mann angegriffen und nur durch die Nationalgarde aus dem Marinestützpunkt in Lorient gerettet.

Im März kam es zu Unruhen in Douai, wo die Stadtverwaltung sich weigerte, das Kriegsrecht zu verhängen, selbst nachdem zwei Männer gelyncht worden waren. Scheinbar handelte es sich um Unruhen wegen der Lebensmittelversorgung, aber die örtlichen Getreidepreise waren ausnehmend niedrig, und die Deputierten aus dem Norden glaubten, der wirkliche Grund für die Unruhen sei die Wahl eines neuen Bischofs. Was auch immer sie bedauern oder befürchten mochten, angesichts derartiger gewalttätiger Ausbrüche blieb der Versammlung keine andere Wahl, als Truppen zu entsenden, die lokalen Behörden zu suspendieren und auf die Gewalt zu vertrauen.

Die religiöse Geschichte der Verfassunggebenden Versammlung nimmt eine besondere Stellung ein. Die Gegner des Status quo kamen aus entgegengesetzten Richtungen: säkularistische Antiklerikale und jene, die danach trachteten, eine spirituellere Kirche zu schaffen. Darin verwickelt war die Kampagne der Richeristen gegen die Kirchenhierarchie und die Feindseligkeit der Gallikaner, der Kleriker wie der Laien, gegen Rom. Das führte zu dem Ergebnis, daß die Kirche Angriffen aus einer Vielzahl von Richtungen ausgesetzt und dabei außerstande war, sich auf die Unterstützung von vielen ihrer Priester zu verlassen. Als es über die Zivilkonstitution schließlich zum Kampf kam, wurde die Streitfrage zu einem Konflikt zwischen dem Kirchenrecht und der Volkssouveränität. Dadurch wurden die Dinge noch verworrener, da viele von denen, die 1789 zum Dritten Stand übergegangen waren, sich weigerten, den Eid zu leisten. Einige Kleriker behaupteten, imstande zu sein, die Rollen des Priesters und des Bürgers miteinander in Einklang zu bringen, wodurch sie sich *nolens volens* in die Armee derer einschrieben, die im Klerus Beamte sahen, besoldet vom Staat, der berechtigt war, ihnen Rechte und Pflichten vorzuschreiben. Ähnliche Loyalitätskonflikte sind auch zu anderen Zeiten in anderen Ländern entstanden. Was diesem seinen besonderen Charakter gab und jede Kompromißmöglichkeit ausschloß, war die Fixierung vieler Deputierter auf eine Volkssouveränität Rousseauistischer Prägung, durch die der Gemeinwille zu einer unfehlbaren Quelle der Moral wie der politischen Autorität wurde. Das zeigte sich ganz deutlich, als Charles Lameth Cazalès belehrte, es obliege nicht dem einzelnen, die Grenzen seines Gewissens festzulegen. Rousseaus Einfluß trug auch dazu bei, die Möglichkeit der Einberufung eines Kirchenkonzils auszuschließen. Die französischen Bischöfe waren sehr auf einen Kompromiß bedacht. Wenn die Versammlung die schlechteste aller möglichen Welten schuf und ihren Feinden in die Hände spielte, so lag ein Gutteil der Verantwortung dafür in ihrer eigenen Arroganz und Indolenz.

Das Entstehen des religiösen Konflikts ging teilweise auch auf das Unverständnis zwischen den Klassen zurück, wenn auch nicht auf einen Klassenkonflikt im ökonomischen Sinn. In der geschlossenen Welt der Versammlung war Religion für eine Minderheit eine Frage der Theologie und für die übrigen eine der Moral. Die Angst vor der Verdammnis wäre, wenn sie je als Argument ins Spiel gebracht worden wäre, mit allgemeiner Belustigung aufgenommen worden. Die Reformer waren darauf aus, in der Kirche das unterste zuoberst zu kehren, und die Säkularisten suchten nach Erziehern zur Moral, die die Revolution glorifizieren und gleichzeitig die Zehn Gebote predigen würden. Für die Masse der Bevölkerung war die Religion etwas vollständig anderes, selbst wenn es einem Beobachter im zwanzigsten Jahrhundert schwerfällt, genau zu wissen, was. Sie war dunkler, mehr auf den eigenen Kirchturm fixiert, stärker mit traditionellen Gebräuchen verbunden, sowie mit dem Vertrauen auf die rettende Autorität des Priesters, eine Autorität, die sich letztendlich von Gott und nicht vom Menschen herleitete. Die beiden Frankreichs sprachen verschiedene Sprachen – füreinander oft buchstäblich unverständlich – und lebten in manchen Gegenden in wechselseitiger Furcht und Argwohn. Die Städter mögen die Bauern verachtet haben, aber sie machten sich keine falschen Vorstellungen über die gewaltige Kraft des ländlichen Ozeans, der sie umgab. Ein paar Deputierte hatten eine dunkle Ahnung davon, doch ihre Warnungen wurden mißachtet, und die Revolte auf dem Land war um so heftiger, als die Bauern sich als Kämpfer für die Erhaltung ihrer Lebensweise sahen.

Die Zivilkonstitution war aber auch ein politischer Akt und würde unverständlich, wenn man ihre politische Dimension außer acht ließe. Im Sommer 1789 suchte die Versammlung, die einberufen worden war, weil die Regierung vor dem Bankrott stand, verzweifelt nach neuen Einnahmequellen für den Staat. Es war die Notwendigkeit, schnell und in großen Mengen Geld aufzutreiben, die sie dazu brachte, sich des Kirchengutes zu bemächtigen, was eine Reorganisation der Kirche von Grund auf nach sich zog, um die nötigen Einsparungen zu erreichen. Anfänglich war die Rechte womöglich noch antiklerikaler als die Linke gewesen. Es war die Entwicklung der politischen Lage im allgemeinen, durch die Monarchisten und der Klerus zusammenkamen. Lange Zeit hindurch verfolgte die Rechte eine hartnäckige Verzögerungstaktik, aber Ende 1790 erlag sie zunehmend der *politique du pire,* wie sowohl Maury als auch, in verschleierter Form, Mirabeau sie betrieben. Was immer auch für andere Faktoren im Spiel waren, die Revolution hatte stets auch eine politische Dimension. Kalkulationen und Fehlkalkulationen spielten eine wichtige Rolle bei der Entscheidung darüber, ob Ideologie- oder Interessenkonflikte im Rahmen eines funktionierenden Kompromisses zu einem Ausgleich kommen konnten.

10 DIE WASSERSCHEIDE

Als das Jahr 1790 seinem Ende zuging, wandten sich die Gedanken der Deputierten mehr und mehr der Zukunft zu. Die Versammlung näherte sich dem Ende ihrer gewaltigen Tagesordnung; sie würde ihre Arbeit im Laufe des folgenden Jahres abschließen und Frankreich mit einer geschriebenen Verfassung und ohne ein souveränes Verfassungsorgan zurücklassen. Die Befugnisse der nächsten Versammlung würden durch einen Text vorgegeben sein, den sie nicht abändern durfte, und die politische Zukunft sollte sich nach Regeln ausrichten, die aufzustellen allein die Verfassunggebende Versammlung ermächtigt war. Das befeuerte jedermanns Sinnen und Trachten. Bei der Aufgabe, alles zu Ende zu bringen, was an der Arbeit der Versammlung bisher nur Stückwerk war, würden sich eine Menge Gelegenheiten für eine mehr oder weniger diskrete Revision ergeben, entweder in eine radikale oder in eine konservative Richtung. Es nahte, mit anderen Worten, der Zeitpunkt, da jene, die es für notwendig gehalten hatten, den König zur Unterwerfung zu nötigen, ehe man das Ende der Revolution proklamierte und ihm die Macht zurückgab, die er brauchte, damit die Verfassung funktionieren konnte, mit der „exekutiven Gewalt" zu einem Kompromiß würden gelangen müssen. Wenn die Verfassung fertiggestellt war, würde Ludwig einen Entschluß fassen müssen oder, wenn das zuviel verlangt war, sich zumindest entscheiden müssen, ob er sich auf sie vereidigen lassen wollte. Es ging darum, wie man die Revolution zu einem befriedigenden Ende bringen konnte, oder, was die extreme Rechte anging, wie man die übrigen Deputierten an diesem Unterfangen hindern konnte. Das strategische Ziel mochte recht klar scheinen und dazu angetan, die Unterstützung der großen Mehrheit zu finden, aber die konkrete Politik war so verwickelt geworden und derart von Argwohn auf allen Seiten geplagt, daß es keine leichte Sache sein würde, es zu erreichen.

Der augenfälligste politische Führer, der eine klare Sicht des Problems mit dem parlamentarischen Einfluß verband, der ihn dazu befähigen konnte, es zu lösen, war Mirabeau. Eine Untersuchung von Mirabeaus Position läßt einige der Schwierigkeiten erkennen. Er war von seinem „Freund" La Marck, der als Vertreter dessen, was ursprünglich der Zweite Stand gewesen war, in der Versammlung saß, als geheimer Ratgeber des Königs und der Königin angeworben worden. La Marck hatte, ungeachtet seiner Bekundungen von Wertschätzung und Bewunderung für Mirabeau, *seinem* „Freund", dem österreichischen Botschafter Mercy Argenteau, erzählt, er halte Kontakt mit Mirabeau nur in der Hoffnung, damit der Königin zu dienen. Marie Antoinette selbst hatte Mercy erzählt, daß sie La Marck in nichts vertraue. Sie hatte auch kein Vertrauen zu irgendeinem von den Ministern und noch weniger zu den „faktiösen Intriganten, mit denen wir im Bunde zu sein scheinen". Das Geld, um Mirabeau zu bezahlen, kam vermutlich vom König, aber das fünfundvierzigste von den Billets, mit denen er seine königlichen Zahlmeister bombardierte, deutet darauf hin, daß sie allein der Königin galten.[72] Man verweigerte ihm jeden Kontakt mit den Ministern, die – wenigstens offiziell – nichts von seinen Kontakten zum Hof wußten. Wer immer es war, der die Billets las oder nicht las, dachte vermutlich, Mirabeaus Pension sei der Preis für seine Dienste, und wann immer er etwas hielt, was nach einer radikalen Rede klang, wurde er des Vertragsbruches bezichtigt. Mirabeau, was immer er tatsächlich gedacht haben mag, protestierte, er diene dem König und der Königin aus Gründen des Verfassungsprinzips als politischer Berater. Wenn ihre gewohnheitsmäßige Mißachtung seiner Ratschläge ihn entmutige, drohe er von Zeit zu Zeit damit, aus ihren Diensten auszutreten. Er nahm auch Anstoß daran, daß sie von irgend jemand anders Ratschläge annahmen, und als er hörte, daß sie es taten, beklagte er sich bei La Marck über das Benehmen des königlichen „Viehs".

Im Herbst 1790 wurden die Minister, die seit dem Sommer 1789 im Amt waren, in der Versammlung heftig angegriffen. Ein Mißtrauensvotum wurde knapp abgewehrt – das war einer der wenigen Siege der Rechten –, aber ein Minister nach dem anderen trat zurück, ausgenommen Montmorin, der relativ populäre Außenminister. Mirabeau sah darin seine Gelegenheit. Er hoffte, die Versammlung überreden zu können, ihren Beschluß vom 7. November 1789, durch den Deputierte von Ministerämtern ausgeschlossen wurden, rückgängig zu machen und selbst erster Minister zu werden. Vermutlich in dieser Absicht drängte er den König, seine neuen Minister aus der Mehrheit in der Versammlung und sogar aus den Reihen des Jakobinerklubs auszuwählen. Wie immer sah er in Lafayette seinen Hauptrivalen und drängte Ludwig, keinen von Lafayettes Protegés zu ernennen. Er wollte, daß Montmorin entlassen wurde, weil er ihn verdächtigte, zu ihnen zu gehören. Ludwig, wenn er tatsächlich für die Auswahl verantwortlich war, stimmte – allerdings aus seinen eigenen Gründen – mit Mirabeau darin überein, daß Lafayette kein wünschenswerter Kandidat war. Andererseits arbeitete La Marck, den Mirabeau für seinen Fürsprecher in den Tuilerien hielt, heftig für eine Ernennung von Lafayettes Gefolgsleuten.

Gegen Ende November änderte Mirabeau plötzlich seine Politik, aus zwei Gründen. Als der Ministeraustausch abgeschlossen wurde, machte das seinen Hoffnungen auf ein Amt ein Ende, und zudem trat Montmorin an ihn heran, mit der Mitteilung, er habe den Kontakt mit Lafayette abgebrochen, und der Bitte, Mirabeau möge ihm dabei behilflich sein, das Vertrauen der Königin zu gewinnen, die er im Verdacht hatte, sie würde den König gegen ihn aufhetzen. Damit war jedem gedient. La Marck erzählte Mercy – das mußte nicht notwendigerweise stimmen –, der König höre mehr auf die Minister als auf die Königin, und es sei daher notwendig, einen Minister zu finden, der sich dazu überreden ließ, als Vertrauensmann der Königin zu agieren. Montmorin würde diese Rolle sehr gut erfüllen können, insbesondere da er in der Versammlung in einigem Ansehen stand. Wenn er schon nicht selbst Minister wurde, konnte Mirabeau doch hoffen, einen zur Verfügung zu haben, der für ihn sprechen und ihn ständig darüber informieren würde, was im königlichen Rat vor sich ging. Er benutzte auch gleich die Gelegenheit, sich bei der Königin anzubiedern, indem er Montmorins Vertrauen verriet und Marie Antoinette versprach, sie über alle Aktivitäten Montmorins auf dem laufenden zu halten. Er ersuchte sie, dem König nichts über die Beziehung zwischen Ludwigs Außenminister und ihm zu erzählen, dem Mann, der angeblich sein vertrauter Berater war! Das war ein Spiel für mehr als einen Mitspieler: La Marck berichtete Mercy, er habe der Königin versprochen, das Bündnis zwischen Mirabeau und Montmorin im Auge zu behalten. Wenn es für uns ein wenig schwierig wird, den Implikationen von alledem zu folgen, so waren die Dinge für keinen der Beteiligten vermutlich viel klarer.

Vielleicht weil seine Aussichten, einflußreich zu werden wie ein Minister, sich zu verbessern schienen – nachdem seine Chancen, selbst Minister zu werden, zunichte gemacht worden waren und er nicht in der Versammlung die Politik würde verteidigen müssen, für die er im Namen des Königs eintrat –, schaltete Mirabeau abrupt auf die *politique du pire* um. Sie war das Thema seines siebenundvierzigsten Billets, das kein Datum trägt, aber anscheinend Mitte Dezember geschrieben wurde.[73] Er vertrat immer noch die Ansicht, eine Restauration des *Ancien Régime* komme nicht in Frage. Das sei selbst durch Bürgerkrieg und eine erfolgreiche Invasion nicht zu erreichen. Die Verfassung allerdings könne geändert werden. Da die Verfassunggebende Versammlung sich niemals bereitfinden würde, ihr eigenes Werk zu zerstören, müsse dies von ihrer Nachfolgerin besorgt werden, der man auf irgendeinem Weg die gleichen Verfassungsbefugnisse verleihen müsse. In der Zwischenzeit müsse man die bestehende Versammlung dazu verleiten, sich um ihre Popularität im Lande insgesamt zu bringen, indem man sie darin bestärkte, sich selbst durch Extremismus zu diskreditieren, sowie dadurch, daß sie Paris Privilegien zuschanzte, mehr und mehr Macht an sich riß und den Provinzen unpopuläre Maßnahmen aufzwang. Die Deputierten der Rechten müßten aufhören zu versuchen, radikale und unrealistische politische Pläne zu mäßigen, und die Extremisten ihren Kopf durchsetzen lassen. In der Zwischenzeit müsse alles unternommen werden, um die Öffentlichkeit auf die nächsten Wahlen vorzubereiten. Montmorin könne die Aktivitäten sympathisierender Deputierter koordinieren, die jedoch über die Gesamtstrategie in Unwissenheit gelassen werden sollten. Eine Agentur in Paris würde durch Überredung und Bestechung die Unterstützung der Presse und populärer Agitatoren gewinnen. Zwei weitere sollten die öffentliche Meinung in den Provinzen organisieren, ohne über den wahren Zweck dessen, was sie taten, Bescheid zu wissen. Nur Mirabeau und seine königlichen Klienten würden den ganzen Plan kennen. Selbst er gab zu, daß seine Taktik auf „finsteren Intrigen und schlauer Verstellung“ basierte. Auch setzte sie voraus, daß er allein das völlige Vertrauen des Königs und der Königin hatte und daß man ihm erlaubte, selbständig die Aufsicht über alles zu führen.

Es war vermutlich ein erster Schritt zur Umsetzung seiner neuen Politik, daß er am 27. November und am 14. Jänner seine wilden Attacken gegen den Klerus ritt. Diese legten sofort eine seiner Schwierigkeiten offen. Seine Sprache war so extrem und seine Redlichkeit so zweifelhaft, daß einige der Deputierten seine wahren Absichten richtig erahnten. Prompt zog Mirabeau die Krallen ein und gab den Versuch auf, die Versammlung durch seine Reden zum Erlaß unpopulärer Gesetze zu verleiten. Seine Sorge um seine Beliebtheit in der Versammlung erregte bei Mercy sofort den Verdacht, daß er auf Nummer Sicher ging und sich letztendlich für eine Karriere als Revolutionär entscheiden könnte. Malouet, an den er sich heranmachte, lehnte die *politique du pire* ab und verurteilte seine Pläne als konterrevolutionär. Optimistische Behauptungen von Mirabeau und Montmorin, wonach sie über einflußreiche Deputierte „verfügen" könnten, scheinen wenig Grundlage gehabt zu haben: Jedermann war sich sicher, daß er jedermann sonst manipulieren konnte. Die Pariser Agentur scheint zustandegekommen zu sein, auch wenn sie nicht sehr viel tat, aber Mirabeau war nicht der Mann dazu, sich mit der mühseligen Verwaltungsarbeit abzugeben, die die Einrichtung der Provinzagenturen mit sich gebracht hätte – oder irgend jemand anderen damit zu betrauen. Sein ganzer grandioser Plan lief auf nicht viel mehr hinaus als einen ausgeklügelten Tagtraum.

Die Situation am Hof war ebenso kompliziert und verworren, obwohl der König und die Königin sich zumindest im Hinblick auf eines entschlossen zeigten: Sie wollten nichts mit Artois zu tun haben, der sich in sicherer Zuflucht im Ausland mit seinen Plänen brüstete, einen Bürgerkrieg zu beginnen und an der Spitze einer Armee von *emigrés* in Frankreich einzumarschieren. Artois hatte selbst nicht viel Aussicht, den Thron zu erben, und er gefiel sich darin, als Kopf der aristokratischen Partei zu posieren, die all die Schwierigkeiten 1787 ausgelöst hatte. Mit seinem unverantwortlichen Gehabe brachte er allenfalls die Politik des Königs, sich zumindest den Anschein zu geben, als wollte er mit der Versammlung zusammenarbeiten, in Gefahr und konnte sogar seine persönliche Sicherheit gefährden. Im April 1791 drohte Artois faktisch damit, einen Aufstand auszulösen, sofern sein Bruder nicht alle Kontakte zu Revolutionären abbrach und einen Aktionsplan vorlegte, den Artois für zufriedenstellend ansah. Zum Glück für Ludwig hatte Marie Antoinettes Bruder, der Habsburgerkaiser, mit seinen Problemen in Belgien und Ungarn genug zu tun und sträubte sich aufs äußerste dagegen, in Frankreich zu intervenieren. Sein Einfluß hielt die kleineren deutschen Fürsten und Artois' Schwiegervater, den König von Savoyen, davon ab, den *emigrés* aktive Unterstützung zu geben. Angesichts dessen war das konterrevolutionäre Komplott mehr ein Ärgernis als eine ernsthafte Bedrohung, obwohl das damals weniger klar war als heute.

Als Marie Antoinette den französischen Thronerben geheiratet hatte, hatte sie sich mit dem französischen König, nicht aber mit seinem Land vermählt. Ihre Mutter, die eindrucksvolle Maria Theresia, sah in ihrer Tochter das Werkzeug, durch das österreichischer Politik in Versailles zur Durchsetzung verholfen werden konnte, besonders da es, wie Mercy ihr bereits 1772 berichtet hatte, aufgrund des Charakters des künftigen Königs unausweichlich schien, daß Marie Antoinette schließlich zur wahren Herrscherin von Frankreich werden würde.

Daß das bis 1789 noch nicht geschehen war, hatte zum Teil mit der Frivolität der Königin zu tun, für die Politik im wesentlichen darin bestand, die Karrieren ihrer Freunde und Günstlinge zu fördern. Auch war Ludwig, der über die Allianz mit Österreich nicht begeistert gewesen zu sein scheint, durchaus imstande, ihren Versuchen, ihn zu beeinflussen, mit mildem Widerstand zu begegnen. Wie groß ihr Einfluß auch immer war, sie war, unter der Anleitung Mercys, eine selbständige politische Größe gewesen. Mercy war immer noch ihre graue Eminenz, und La Marck betrachtete sich als ihren Gefolgsmann. Inwieweit sie dazu fähig war, Ludwig dazu zu bringen, daß er tat, was sie wollte, ist unmöglich zu sagen. Sie selbst schrieb im Oktober 1791 an ihren Bruder, daß die Leute die Größe ihres Einflusses erheblich übertrieben und sie nichts dazu tue, ihnen die Augen zu öffnen, da, wenn sie wüßten, wie gering er in Wirklichkeit war, sie noch weniger haben würde. Andererseits schrieb Mercy, er sei in seiner offiziellen Eigenschaft als Botschafter niemals vom König empfangen worden, ohne daß auch die Königin anwesend gewesen wäre. Er meinte zu Montmorin, der König sei zu nichts zu gebrauchen. Auch der Außenminister bestand darauf, daß Marie Antoinette bei seinen Audienzen beim König anwesend war, aber das mag mit seinem eigenen Anliegen zu tun gehabt haben, sie davon zu überzeugen, daß er auf ihrer Seite war. Marie Antoinette hatte mit Sicherheit ihre eigenen Berater und Vertrauten, und sie war entschlossener als ihr Gemahl, sich nicht einzulassen auf „diese monströse Verfassung. Jede Verständigung mit diesen Leuten ist unmögich, aber wir müssen uns bis zur letzten Minute den Anschein geben." Gleichzeitig war sie nach ihrer Weigerung, eine „Befreiung" durch Artois und seine Chevaliers in Erwägung zu ziehen, gegen die Idee eines bewaffneten Aufstands, und ihr Gefühl sagte ihr, man müsse Zeit gewinnen und hoffen, daß etwas geschehen würde, das es ihr ermöglichte, einer Lage zu entrinnen, die zu akzeptieren sie nicht die Absicht hatte.

Nichts zu tun war eine Politik, an der Ludwig immer Gefallen fand. Andererseits war er es, und nicht die Königin, der Dinge unterzeichnen und sich verpflichten mußte. Daß er die Zivilkonstitution für den Klerus akzeptiert hatte, lastete ihm schwer auf dem Gewissen, und seit Ende 1790 erwog er wieder ernsthafter die Idee einer Flucht aus Paris, die er seit Oktober 1789 im Hinterkopf gehabt hatte. Wie üblich gab es viele widersprüchliche Pläne und für jeden davon eine eigene Gruppe von Beratern. Mirabeau wollte, daß der König die Hauptstadt in aller Öffentlichkeit verließ und in die Normandie reiste, weg von den Grenzgarnisonen, die die Vermutung nahelegten, daß er zur Waffengewalt greifen wollte. Montmorin stimmte der Idee einer öffentlichen Abreise zu, doch war er für die Garnisonsstädte in Ostfrankreich. Ludwig neigte dazu, eine heimliche Flucht zur Armee von Bouillé, die als verläßlich royalistisch galt, vorzuziehen. Marie Antoinette teilte ihrem Bruder im April mit, daß nur vier Leute von dem Plan wußten: Bouillé, Breteuil (den der König ermächtigt hatte, in seinem Namen zu handeln), der Verehrer der Königin, der schwedische Graf Fersen, und Bombelles, der Bevollmächtigte der königlichen Familie in Wien. Ludwigs Vorstellung war, daß der österreichische Kaiser Truppen an der Ostgrenze Frankreichs zusammenziehen sollte, wodurch ein Vorwand für den König geschaffen würde, sich zu seiner Armee zu begeben und anzubieten, zwischen der Versammlung und den bedrohlichen Invasoren zu vermitteln. Der Kaiser erklärte sich zwar bereit, seine Rolle zu spielen, wollte jedoch seine Truppen nicht in Marsch setzen, ehe der König sicher aus Paris heraus war. Vielleicht waren beide Monarchen einigermaßen erleichtert darüber, daß sie jeweils Gründe fanden, nicht den ersten Zug machen zu müssen.

Alle seine Berater scheinen Ludwig gesagt zu haben, daß keine Aussicht auf eine Wiederherstellung der alten Ordnung bestand. Darüber waren Mirabeau, La Marck und Bouillé selbst sich alle einig. Inwieweit Ludwig ihre Meinung teilte, was er selbst tatsächlich gewollt hätte und was er nötigenfalls zu akzeptieren bereit gewesen wäre, wußte er vermutlich selbst nicht. Die Berater des Königs waren einander gegenüber so mißtrauisch wie die der Königin. Lafayette schrieb wiederholte Male an Bouillé, der sein Cousin war, in der Hoffnung, irgendeine Art von Verständigung zu erzielen zwischen dem kommandierenden Offizier der Pariser Nationalgarde und dem Gereral, der die letzten angeblich royalistischen Truppen an der Grenze befehligte. Bouillé ließ ihn abblitzen, was er später als einen Fehler ansah. Der geistliche Berater des Königs, der Erzbischof von Toulouse, mißbilligte, daß dieser Mirabeau beschäftigte, und versuchte, dem ein Ende zu machen. Der König hatte kein Vertrauen zu seinen neuen Ministern und hielt seine Pläne vor ihnen geheim. Ausgenommen seine Minister, ging seine Neigung dahin, möglichst viele Leute um Rat zu fragen und keinem zu vertrauen. Was die Deputierten anlangte, scheint er sie auf der Basis dessen beurteilt zu haben, was er für ihre persönliche Loyalität ihm gegenüber hielt. Früher oder später würde er Stellung beziehen müssen, und, um das zu tun, Paris vielleicht verlassen, aber er sah nie eine Notwendigkeit für sofortiges Handeln, und ein Tag war ebensogut wie der nächste.

Was Ludwig anbetraf, war an alldem nichts besonders Neues. Immer schon, seit er den Thron bestiegen hatte, war er von Problemen umgeben gewesen, die er nicht lösen konnte, und Ministern, denen er nicht völlig vertraute. Das war es, was er als Politik kannte, und er hatte seine Regierungszeit damit zugebracht, sich zu fragen, was als nächstes zu tun sei, und sich von eigensinnigen Ministern zu trennen, deren brilliante Pläne die Dinge nur noch schlimmer gemacht zu haben schienen. Er war es gewöhnt, daß rivalisierende Klüngel gegeneinander intrigierten und ihre Ränke als nützlich für das Gemeinwohl ausgaben. Seit 1789 hatten die Dinge sich um einiges verändert; er vermißte die Jagd, und sogar Ludwig muß erkannt haben, daß er in einer gewalttätigeren und gefährlicheren Welt lebte. Unwahrscheinlich, daß er die Nacht vom 5. zum 6. Oktober vergessen hatte, und er erinnerte sich daran, wie es Charles I. von England ergangen war. Er war nicht der Dummkopf, als der er durch seine Unsicherheit in der Öffentlichkeit erschien, aber er kannte das Leben außerhalb des Hofes nicht. Er war ein konventioneller Mann mit altmodischen Vorstellungen über seine Rechte und Pflichten, hilflos in einer neuen Welt, die er nicht verstand. Wie viele andere Leute wußte auch er nicht, wie man der Tendenz zu extremistischen Ansichten innerhalb der Versammlung und organisierter Gewalt außerhalb Einhalt gebieten konnte. Man verlangte von ihm, mehr aufzugeben als jedermann sonst, und die Tatsache, daß man ihm beständig versicherte, es geschehe nur zu seinem Besten, machte ihm die Sache auch nicht schmackhafter. Er muß das alles intolerabel gefunden haben, auch wenn er jeder anderen Möglichkeit, als es zu tolerieren, nicht gewachsen war.

Alle politischen Handlungen des Königs mußten von Ministern gegengezeichnet werden, die theoretisch dafür verantwortlich waren, das Land zu regieren, während die Versammlung seine Institutionen reformierte. In Wahrheit griffen die Deputierten so weit in den Bereich der „ausführenden Gewalt", wie sie sie zu denunzieren liebten, ein, daß diese praktisch nichts mehr ausführte. Die meisten Fragen von Bedeutung wurden von der Versammlung entschieden, und lokale Behörden wandten sich, wenn sie mit irgendwelchen strittigen Problemen zu tun hatten, um Rat und Hilfe an die Versammlung. Die Ohnmacht der Minister und ihre furchtsamen Versuche, durch Nichtstun jeder Kritik zu entgehen, schützte sie freilich nicht vor Mißtrauen und Schmähungen von seiten der radikaleren Deputierten, für die ihr Titel allein schon eine Provokation war. Die „Ministerialdespotie" war ein derartiger Kassenschlager gewesen, daß Deputierte wie Robespierre und die mehr der politischen Hetze zugetanen Zeitungen sich unmöglich einen Minister vorstellen konnten, der kein Despot war oder nicht danach trachtete, einer zu werden. Die Männer, die im Herbst 1790 ernannt worden waren, waren ein farbloser Haufen, deren Hauptsorge die war, sich nicht in Schwierigkeiten zu bringen. Einige von ihnen galten als Gefolgsleute von Lafayette, aber das nützte ihm auch nicht viel. In seinen Memoiren behauptete er, für die Berufung von Duportail ins Kriegsministerium verantwortlich gewesen zu sein, aber der neue Minister hatte solche Angst vor dem Jakobinerklub, daß er seine Loyalität sofort auf die Lameths verlagerte. Was auch immer bei den politischen Verwicklungen herauskommen würde, es würde jedenfalls nicht das Ergebnis irgendeiner Initiative der Minister sein.

Innerhalb der Versammlung selbst, waren einige Deputierte so weit nach Rechts gerückt, daß sie buchstäblich außer Sichtweite gerieten. Im Februar teilte La Marck Mercy mit, daß zweihundert Leute aus Klerus und Adel den Sitzungen gewohnheitsmäßig fernblieben. Da die Stimmenmehrheit für die Linke schmal und schwankend war, hätten die Stimmen der Abwesenden oft den Ausschlag geben können. Man kann freilich Verständnis aufbringen für die Gründe, weshalb sie sich lieber anderswo aufhielten: Wenn sie sich zu Wort meldeten, wurden sie in der Versammlung denunziert, in der Presse beleidigt und mit großer Wahrscheinlichkeit auf der Straße angepöbelt. Durch ihr Fernbleiben gaben sie allerdings den Versuch auf, die Zukunft auf dem Debattenwege zu regeln, und optierten, als logische Folgerung, für einen unterschwelligen oder offenen Bürgerkrieg. Einige von ihnen waren sich dessen bewußt. Maury hatte Cazalès den Rat gegeben, die Versammlung ruhig extremistische Maßnahmen von der Art beschließen zu lassen, die ihre Reputation zunichte machen würden, aber er war zu sehr Gladiator, als daß er dem Ruf der Arena hätte widerstehen können. Er griff noch immer von Zeit zu Zeit in die Debatte ein, um die Linke mit seinem bitteren und beißenden Witz zu geißeln. Das brachte ihn und viele von der Rechten in eine schiefe Lage, da sie klargestellt hatten, daß sie sich nicht moralisch verpflichtet fühlten, die politischen Maßnahmen zu akzeptieren, die zu verhindern ihnen nicht gelungen war.

Für die Gemäßigten hatte das Problem seit jeher darin bestanden zu begreifen, daß die Gemeinsamkeiten zwischen ihnen größer waren als die Differenzen. Als die Mehrheit sich zunehmend radikalisierte, kam es zu einer stetigen Abwanderung von Deputierten auf die Rechte, aber jene, die schon die längste Zeit auf diesen unpopulären Bänken saßen, verhielten sich recht kühl gegenüber den Neuzugängen, die sie noch vor kurzem angegriffen hatten. Auch war es, außerhalb des Jakobinerklubs, schwierig für Männer mit ähnlichen Überzeugungen, ihre politischen Vorgangsweisen zu koordinieren. Es wurde viel darüber geredet, wer über wen verfügen könne. Montmorin prahlte gegenüber Mirabeau, er könne sich Le Chapeliers, Talleyrands und vielleicht auch Barnaves sicher sein. Mirabeau fügte seinerseits ein halbes Dutzend Namen hinzu. In einer optimistischen Einschätzung der Stärke der Konservativen meinte Malouet, daß er über fünfzig Gefolgsleute verfügen könne, Mirabeau über doppelt so viele, und daß der König dazu in der Lage sein sollte, eine beträchtliche Anzahl aus Adel und Klerus dazu zu bewegen, zu erscheinen, den Mund zu halten und ihre Stimmen abzugeben. Er machte sich Hoffnungen darauf, Barère auf seine Seite zu bringen, obwohl ihm klar war, daß der König weder mit Barère noch mit Lafayette irgend etwas zu tun haben wollte. Das waren zu einem guten Teil müßige Spekulationen oder Versuche, sich selber Mut zu machen. Tatsache aber ist, daß einige der früheren Radikalen – Männer wie Le Chapelier und Sieyès – sich wegen der fortgesetzten Instabilität und der extremistischen Tendenzen der Versammlung Sorgen machten. Sie glaubten, die Zeit sei gekommen, die Revolution zu einem Ende zu bringen und die Ordnung wiederherzustellen. Lafayette war schon im Sommer 1790 zu diesem Schluß gelangt, was ihn von seinen früheren Verbündeten auf der Linken isoliert hatte. Im Frühjahr 1790 wurde Barnaves Name immer wieder als der eines möglichen Überläufers zum Konservativismus genannt, obwohl seine Kampfgenossen, die Lameths und Duport (die als frühere Angehörige des Hofadels und des Pariser *Parlement* in den Tuilerien besonders verhaßt waren) noch immer auf die Revolution eingeschworen waren.

Immer stärker zu sehen – und zu hören – war auf der extremen Linken eine Gruppe von Deputierten um Robespierre, Pétion und Buzot, die Mirabeau, als er ihnen Schweigen gebot, als die „dreißig Stimmen" denunziert hatte. Wie groß ihre tatsächliche Zahl auch immer war, ihr Einfluß war vor allem darauf zurückzuführen, daß sie unnachgiebig an den im Sommer 1789 aufgestellten Grundsätzen festhielten, als die Versammlung darum gekämpft hatte, sich gegen eine Regierung zu schützen, die zumindest noch einen Anschein von Macht hatte. Diese Prinzipien zielten im wesentlichen auf den Schutz der Legislative ab. Zu gebotener Zeit hatten sie sich als überaus nützlich erwiesen, aber sie buchstabengetreu in die Tat umzusetzen mußte zwangsläufig die Exekutive lähmen und die öffentliche Ordnung gefährden. Das Problem bestand jetzt darin, Institutionen zu schaffen, die funktionieren würden. Das verlangte nach Kompromissen, in Grundsatzfragen ebenso wie hinsichtlich der Verfassungsmechanismen. Gemäßigte wie Radikale waren sich darin einig, daß Revolutionen in der Geschichte von Staaten Ausnahmesituationen darstellten, in denen die normalen Regeln aufgehoben waren. Von einer Warte aus war die Frage, ob eine Rückkehr zu einer konstitutionellen Regierung nunmehr unbedenklich sei. Das war eine Frage der politischen Beurteilung, über die man unterschiedliche Meinungen hätte zulassen können, wenn nicht jede Seite die Motive der anderen beargwöhnt und sie bezichtigt hätte, sich an den Hof zu verkaufen oder sich insgeheim nach einer Republik zu sehnen. Diejenigen, die für einen Kompromiß eintraten, anerkannten, daß man der königlichen Regierung einen Teil jener Autorität wiedergeben mußte, die man ihr in den gefahrvollen Tagen von 1789 genommen hatte – womit sie sich dem einleuchtend wirkenden Vorwurf des Prinzipienverrats aussetzten. Das war das permanente Dilemma, wenn Männer aus der Opposition an die Regierung kamen: Auch Pétion, Buzot und Robespierre sollten einige ihrer Grundsätze über Bord gehen lassen, als ihre Stunde kam. Wenn man der Logik der extremen Linken folgte, würde die Revolution für immer weitergehen. Darauf gaben sie zur Antwort, daß jene, die sich von der Linken auf die Mitte zubewegten, bereit seien, das Erreichte für eine Illusion von Macht in Gefahr zu bringen, in der Hoffnung, Partner eines Königs zu werden, der ihre Sicht der Revolution auch in abgeschwächter Form niemals akzeptieren würde und die Absicht habe, sie lediglich dazu zu benützen, eine Sache zu Fall zu bringen, an die sie immer noch vorgaben zu glauben.

Wie üblich hatte jeder Gesichtspunkt einiges für sich, aber die extreme Linke bewegte sich auf dem verteidigungsfähigeren Gelände. Ihre Gegner versuchten ja tatsächlich, hinter die in radikaleren Tagen gefällten Entscheidungen zurückzugehen; sie versuchten tatsächlich, die Fähigkeit der Regierung zur Aufrechterhaltung der Ordnung wiederherzustellen und einigen von den eher unangenehmen Konsequenzen zu entgehen, die der vorbehaltlose Glaube an die Vorzüge der Volkssouveränität mit sich brachte. Der Verlauf der Revolution und die Hysterie in einigen der Zeitungen hatten einen außerordentlich großen Argwohn entstehen lassen, gegen den König, den Klerus, den Adel, die Minister, eigentlich gegen jeden, mit dem man nicht einer Meinung war. Das machte es nur zu wahrscheinlich, daß Hinterbänkler, deren politische Jungfräulichkeit nicht durch irgendwelche Machtangebote kompromittiert wurde, glaubten, jeder, dessen Politik sich in eine konservativere Richtung entwickelte, müsse sich an irgend jemand anderen verkauft haben. Angesichts eines in sich gespaltenen Zentrums und einer entfremdeten und häufig abwesenden Rechten war der Einfluß der extremen Linken deshalb viel größer, als man ihrer geringen Zahl nach erwartet hätte.

Bei so viel Verwirrung, Unentschlossenheit und Argwohn ist man versucht, das ganze undurchschaubare Durcheinander unter den Teppich zu kehren und sich für eine bequeme Theorie zu entscheiden, bei der sich das Ergebnis als unvermeidlich darstellt. Das begünstigt sicherlich die Produktion weniger komplizierter Bücher und macht alles angenehmer für jene, die es gern haben, wenn man für sie denkt. Wenn man sich den Aufstieg und Niedergang von derlei Pauschalerklärungen tatsächlich ansieht, kann man allerdings nur schwer der Versuchung widerstehen, in ihnen das Credo der Zeit, in der sie entstanden sind, oder intellektuelle Spielerein zu sehen. Über Credos zu streiten – die ja tendentiell dem Determinismus großzügig Raum geben – hat keinen Zweck, und die Geschichte sollte mehr sein als ein Eislaufplatz für elegante Pirouettendreher. Wenn man sich der Geschichte der Revolution unter dem Blickwinkel einer bestimmten Teleologie annähert, hängt, ob das ganze Unternehmen Sinn ergibt, davon ab, daß jeder ihrer Aspekte sich als eine logische Entwicklung aus dem Vorangegangenen darstellen läßt. Niemand geht bei der Beurteilung heutiger Politik mit einem solchen Determinismus zu Werke, und es scheint ein wenig hart, ihn unseren Vorläufern unterzujubeln. Die politischen Verwicklungen von 1791 sollten ein bestimmtes Ergebnis haben. Wenn man dieses untersucht, kann man erkennen, wie die verschiedenen daran beteiligten Faktoren zu diesem Ergebnis beitrugen. Das heißt nicht, daß andere Kombinationen nicht auch möglich gewesen wären. Wenn es Artois gelungen wäre, seinen Aufstand auszulösen und seine Lumpenarmee nach Frankreich zu führen, hätte sich alles ganz anders entwickeln können. Was tatsächlich passierte, läßt sich – schlecht und recht – erklären, aber man hätte es nicht vorhersagen können, und es hätte auch nicht so passieren müssen. Das ist vielleicht schade. Der Leser und ich hätten vielleicht mehr Freude mit einem properen Ballett gehabt, bei dem sich alle Tänzer an die Rollen halten, die irgendein übernatürlicher Choreograph ihnen zugeteilt hat. Alles, was ich anzubieten habe, ist ein Haufen intelligenter, aber verwirrter Männer, die im Nebel gegeneinander rennen, während sie versuchen, jedermann sonst dazu zu bringen, in ihre Richtung mitzugehen. Das ist ein schwacher Ersatz für ein Ballett, aber es hat zumindest den Vorzug, daß es ihre Individualität respektiert und aus ihnen nicht Darsteller in irgend jemandes Marionettentheater macht.

Im ersten Halbjahr 1791 war die Stimmung in der Versammlung unbeständig, wobei Extremisten der Linken wie der Rechten dazu neigten, ihre Legitimität in Frage zu stellen, und die Mehrheit zwischen ihrem automatischen Argwohn gegen ministerielle Autorität und der Erkenntnis schwankte, daß die Versammlung, ehe sie auseinanderging, eine funktionierende Regierung würde einrichten müssen. Was die Religion betraf, gab es immer noch Antiklerikale, die bereit waren, Priester, die den Eid verweigerten, als faktiöse und aufrührerische Rebellen anzuprangern, aber die Berichte über Aufruhr und Unmut in den Provinzen waren eine ernüchternde Warnung, daß die Regelung, die den meisten Deputierten so vernünftig und fortschrittlich erschienen war, den Feinden der Revolution erstmals massenweise Unterstützer brachte. Alles, was den Deputierten nun zu tun blieb, war, den Schaden nach Möglichkeit in Grenzen zu halten. Als sie beschlossen, Eidverweigerer ihrer Ämter zu entheben, sprachen sie ihnen Pensionen zu. Wo Extremisten in der Verweigerung des Eides ein politisches Engagement gegen die Revolution sahen, behandelte die Mehrheit das als eine religiöse Entscheidung, die jedem Priester freistand und ihn lediglich von jeder weiteren Tätigkeit als öffentlicher Beamter ausschloß. Im April beschloß das Département von Paris, für die Kirchen der Stadt nur verfassungstreue Kleriker zuzulassen, öffentliche Gottesdienste in privaten Kapellen zu untersagen und Vorschriften für religiöse Zeremonien in Privathäusern zu erlassen. In Wirklichkeit war dies der Anfang einer Proskription der nicht vereidigten Kleriker und ihrer Anhänger. Das wurde in der Versammlung schlecht aufgenommen. Treilhard erhielt Applaus, als er Freiheit der Religionsausübung forderte, und die Befürworter religiöser Toleranz fanden unerwartet Unterstützung bei der Linken, die Anstoß daran nahm, daß eine lokale Behörde in Belange eingriff, die von der Versammlung hätten entschieden werden sollen. Talleyrand hatte wenig Schwierigkeiten, seine Kollegen dazu zu bewegen, jeder religiösen Gruppe zu gestatten, eigene Gebäude (worunter auch leerstehende Kirchen fallen konnten) für ihre Gottesdienste anzumieten. Das rief den empörten Protest eines nicht vereidigten geistlichen Deputierten hervor, daß katholische Kirchen zu Tempeln des Baal umfunktioniert werden könnten, was in der Versammlung für ein wenig Unterhaltung sorgte. Als der achtzigjährige Kardinal de La Rochefoucauld zwei auf die Konstitution vereidigten Klerikern verbot, zu predigen und die Beichte abzunehmen, beschloß die Versammlung, nichts gegen ihn zu unternehmen. Ihre Absichten waren versöhnlich genug, doch war sie eine Gefangene ihrer früheren Entscheidungen. Wie Cazalès sie gewarnt hatte, sollte der Widerstand gegen die Zivilkonstitution einfache Menschen gegen die Revolution aufbringen; der Versammlung würde keine andere Möglichkeit bleiben, als das Ihre zu verteidigen, und was immer sie den lokalen Behörden an Mäßigungsvorschlägen anbot, würde keine Beachtung finden in Gegenden, wo die religiöse Spaltung den Kräften der Gegenrevolution Nahrung gab.

Die Religion war es, was die frommen Tanten des Königs im Februar 1791 veranlaßte, Paris in Richtung Rom zu verlassen. Die Tanten waren politische Nullen, aber die fixe Idee der Versammlung, hinter jedem Einzelereignis eine Prinzipfrage zu sehen, löste eine Debatte über das Recht von Staatsdienern – und im besonderen von Mitgliedern der königlichen Familie – aus, das Land zu verlassen. Dabei ergab sich eine überraschende Wendung, als eine Menge in Arnay-le-Duc sich weigerte, die Tanten ihre Reise fortsetzen zu lassen, und die örtliche Stadtverwaltung dem beipflichtete. Die Linke forderte ein Gesetz gegen Emigration und die Rechte erwiderte, daß jedes derartige Gesetz gegen die Menschenrechtserklärung verstoßen würde. Als Antwort auf das Argument, daß es die

Furcht um ihre Sicherheit sei, weshalb Leute auswandern wollten, sagte Pétion, die Unruhen seien auf eine „Revolte der Minderheit gegen die Mehrheit" zurückzuführen. Damit handelte er sich eine Lektion von Malouet über die Bedeutung des Gemeinwillens ein. Mit Worten, die Rousseau durchaus hätten gefallen können, sagte Malouet, daß der Gemeinwille im Sinne eines Volkskonsenses zwar sehr wohl in der Lage sei, über die Grundprinzipien eines Regimes zu entscheiden, daß deren Ausführung aber nach der „Heranziehung der Intelligenz der aufrechtesten und aufgeklärtesten Männer" verlange. Mit Rousseau waren sie immer schnell zur Hand. Ein Deputierter erinnerte seine Kollegen daran, daß Rousseau die Verweigerung des Rechts auf Ausreise in Krisenzeiten gutgeheißen hatte, als ob damit die Sache hätte entschieden werden können.

Die Versammlung löste das Problem mit den Tanten auf die übliche Art, indem sie ihre Freilassung verfügte, ohne die zu tadeln, die sie festgehalten hatten. Damit blieb ihnen nur mehr die allgemeine Frage zur Behandlung, ob die königliche Familie, und der König selbst, das Recht hatten, das Land zu verlassen. Die Linke wollte eine Erklärung, wonach, wenn der König Frankreich ohne Zustimmung der Versammlung verließ, dies als Abdankung angesehen werden sollte. Ebenso vorhersehbar erwiderte Cazalès, daß jedes Gerede von Absetzung verfassungswidrig sei. Verdrossene Angehörige des Hofadels wie die Lameths und d'Aiguillon waren am meisten darauf bedacht, dem König Beschränkungen aufzuerlegen, dessen Interessen von niederen Adeligen wie Cazalès, d'Epremésnil und Montlosier verteidigt wurden. Durch abstrakte Grundsatzerwägungen war die Frage nicht zu lösen. Die Royalisten argumentierten, die Versammlung habe die Monarchie nicht geschaffen, sondern geerbt, und die Unantastbarkeit des Königs sei älter als die Verfassung. Als Le Chapelier erwiderte, die Monarchie sei ein Amt und kein Besitztum, antwortete die Rechte, daß, wenn die Definition der Machtbefugnisse des Königs vom Willen der Versammlung abhinge, Frankreich in Wahrheit eine Republik sei. Cazalès nahm den vernünftigen Standpunkt ein, daß es unmöglich sei, im voraus gesetzliche Vorkehrungen zu treffen für Fälle, in denen Rebellion gerechtfertigt wäre. „Wenn der König vor Gericht gestellt werden kann, ist er nicht unabhängig, und wenn er nicht unabhängig ist, ist die exekutive Gewalt versklavt." Er ruinierte den Effekt ziemlich, indem er hinzufügte, das wäre immer noch der Fall, selbst wenn der König eine Armee gegen sein Volk führen sollte. Die Linke machte gleichermaßen viel Wind in der Debatte. Pétion verhedderte sich bei dem Versuch zu beweisen, daß französische Bürger nur dem Gesetz unterstanden und die Nation als Körperschaft dem König keinen Gehorsam schuldete. Da er auch sagte, daß die Souveränität bei der Nation liege, womit die Versammlung gemeint war, machte dies den König zum Diener der Versammlung. In Worten, über die Rousseau entrüstet gewesen wäre, stellte er fest, daß der Gemeinwille die Summe aller Einzelwillen in einer Gemeinschaft sei. Jedermann sei demnach berechtigt, das Gesetz zu kritisieren, und Aufforderungen, es zu mißachten, könnten durchaus ihre Begründung haben. Damit sich niemand falsche Vorstellung machte, wies Rewbell darauf hin, daß die Umstände die Sachlage verändern konnten: Ein Ausreiseverbot wäre unter dem Ancien Régime tyrannisch gewesen, aber es sei legitim, wenn es notwendig sei, um die Revolution zu verteidigen. Le Chapelier berichtete namens des Verfassungsausschusses, es sei unmöglich, ein mehrheitsfähiges Gesetz zur Kontrolle der Emigration zu entwerfen. Als er nichtsdestoweniger damit beauftragt wurde, legte der Ausschuß einen derart extremen und willkürlichen Entwurf vor, daß dieser sofort zurückgewiesen wurde, was vermutlich genau das war, was er gewollt hatte. Was den König betraf, so wurde ein Gesetz, wonach er sich ständig in Frankreich aufzuhalten habe, von einer großen Mehrheit angenommen, nachdem die Rechte sich für außerstande erklärt hatte, an der Debatte teilzunehmen.

Als die Versammlung mit den Vorbereitungen begann, ihre Sitzung abzuschließen, sah sie sich der Frage gegenüber, ob ihre Mitglieder sich von der Wahl in die nächste Versammlung selbst ausschließen sollten. Jene, deren Hauptanliegen darin bestand, die Verfassung zum Funktionieren zu bringen, wollten, daß in der neuen gesetzgebenden Versammlung Männer mit einiger politischer Erfahrung säßen. Damit setzten sie sich dem Verdacht aus, es würde ihnen hauptsächlich um ihre eigene Karriere gehen. Mirabeau warnte den König vor einer Wiederwahl, weil das höchstwahrscheinlich zu einer Fortsetzung der Politik führen würde, die sie beide versuchten zum Scheitern zu bringen. Die Rechte insgesamt teilte seine Ansicht. Auch Robespierre tat es, entweder weil Rousseau, „ein Philosoph, dessen Grundsätze ihr in Ehren haltet", die Rolle des Gesetzgebers mehr als eine beratende denn als eine ausführende gesehen hatte, oder, prosaischer, um das Triumvirat Lameth, Duport und Barnave daran zu hindern, auch die nächste Versammlung zu dominieren. Eine selbstverleugnerische Verfügung war eine uneigennützige Geste von jener Art, wie sie dem Sinn der Deputierten fürs Theatralische entgegenkam. Jeder, der dagegen auftrat, sah aus, als sei er nur darauf aus, seine Schäfchen ins trockene zu bringen, und der Antrag ging nach vergleichsweise kurzer Debatte durch.

Als die Deputierten mit der Diskussion über die Organisation der künftigen Legislative begannen, stellte sich ihnen die ganz anders geartete Frage, ob es für ihre Nachfolger möglich sein sollte, mehrmals für eine Wiederwahl zu kandidieren. Es war eine Sache, wenn die gegenwärtigen Deputierten übereinkamen, für sich darauf zu verzichten; dem souveränen Volk vorzuschreiben, wen es zu seinen Repräsentanten wählen oder nicht wählen durfte, war etwas ganz anderes. Pétion trat dafür ein, den Wählern die freie Entscheidung zu überlassen, aber Robespierre widersprach – obwohl jemand darauf hinwies, daß unerfahrene Deputierte sich als besonders verwundbar für die Ränke der gefürchteten „exekutiven Gewalt" erweisen könnten. Robespierre rechtfertige, was nach einer selbstherrlichen Einschränkung der Rechte des souveränen Volkes aussehen mochte, mit der listigen Begründung, es stehe der „Nation" (die er mit der Versammlung gleichsetzte) frei, Regeln festzuschreiben, um sich vor eigenen Fehlern zu schützen. Das war, wie die Zukunft zeigen sollte, ein dehnbares Argument. Es war zuviel für Le Chapelier, der einwandte, jedes Gesetz, das gegen Vernunft, Gerechtigkeit und die Volkssouveränität verstoße, sei ein skandalöses Beispiel für Tyrannei, dem sich die lokalen Behörden mit Recht widersetzen durften. Taktische Überlegungen drängten jeden in die falsche Ecke. Extremisten aus beiden Lagern waren, aus unterschiedlichen Gründen, gegen die Möglichkeit einer Wiederwahl, während jene, deren Hauptsorge es war, eine funktionierende Verfassung zustandezubringen, dafür waren. Das einzige, worin sich alle einig waren, war, daß zwischen Legislative und Exekutive permanente Feindschaft herrschen würde. Schließlich entschieden sie sich für einen eher unbefriedigenden Kompromiß: Künftige Deputierte konnten für zwei Legislaturperioden nacheinander gewählt werden, mußten jedoch die nächstfolgende auslassen.

Inmitten all der Beschimpfungen und Gereiztheiten waren Anzeichen für einen wachsenden Konservativismus erkennbar, der sowohl die Royalisten als auch jene, deren Festhalten an dem, was sie für Prinzipien hielten, das Land unregierbar machen würde, hätte isolieren können. Cazalès gab sich alle Mühe, das Beste aus der Sache zu machen und suchte nach Kompromißlösungen, ausgenommen, es betraf die geheiligte Person des Königs. Es trennte ihn nicht viel von früheren Radikalen wie Le Chapelier. Am 28. Februar meinte dieser, die Freiheit hänge von der Herrschaft des Gesetzes ab. Dieses sei notwendigerweise „hinter den Wolken einer großen Revolution verborgen“ gewesen, es müsse sich nunmehr jedoch einer erschöpften Nation zeigen, als „Mittelpunkt einer gleichmäßigen und friedlichen Bewegung“. Das hätte von Malouet sein können. Le Chapelier schlug daher vor, die Versammlung solle anerkennen, daß die Souveränität der Nation als ganzer zustehe, und nicht einem ihrer Bestandteile, und daß jede Aufforderung zur Gesetzesmißachtung ein Verstoß gegen die Verfassung sei. Das empörte Pétion und Robespierre – die sich beschwerten, daß damit eine Einschränkung der Pressefreiheit einhergehen könne –, aber es scheint Anklang bei der Versammlung gefunden zu haben und erhielt sogar Applaus von der Zuschauergalerie. Im April geriet Le Chapelier neuerlich mit Pétion aneinander, der eine Beschränkung der Amtszeit von Ministern forderte, wobei die Legislative über eine Wiederbestellung entscheiden sollte. Was Pétion in Wirklichkeit wolle, meinte Le Chapelier, sei eine Republik. Es war vielleicht ein Zeichen der Zeit, daß einen Monat später der Konservative d'André bei der alle vierzehn Tage stattfindenden Wahl zum Vorsitzenden oder Sprecher der Versammlung gegen Charles Lameth siegreich blieb.

Le Chapelier machte mit seiner Kampagne weiterhin Druck. Am 9. Mai schlug er im Namen des Verfassungsausschusses ein Verbot von Gemeinschaftspetitionen von Klubs oder anderen lokalen Körperschaften vor. Die Sektionen, in die, als Wahlsprengel, die Städte unterteilt waren, sollten keine Verwaltungsaufgaben übernehmen dürfen und nur die besonderen Fragen erörtern, derentwegen Zusammenkünfte einberufen worden waren, da sie keine Verwaltungsorgane seien, eine Funktion, die ausschließlich den Stadträten zustehe. Le Chapelier ließ dann eine außerordentlich heftige Schimpfkanonade gegen Passivbürger los (jene, die nicht zumindest drei Tageslöhne im Jahr an direkten Steuern bezahlten), die er als Landstreicher bezeichnete. „Jemand, der niemand ist, ist nicht Teil der Gesellschaft; man kann nur an ihren Vorteilen teilhaben, wenn man auch ihre Lasten teilt.“ Passivbürgern sollte sogar das Recht verweigert werden, Petitionen einzureichen. Zumindest seinen Folgerungen nach widersprach dies der Menschenrechtserklärung. Das rief natürlich einen Aufschrei von Robespierre und Pétion hervor. Grégoire protestierte gegen die Bezeichnung Landstreicher für Passivbürger, aber Le Chapelier setzte seinen Antrag mit relativ geringfügigen Abänderungen durch.

Am 17. Mai, in der Debatte über die Wiederwahl, erhielt er unerwartete Unterstützung von Duport. In einer düsteren Rede klagte dieser, daß „ihr euch Schritt für Schritt zu einer vollständigen Desorganisierung der Gesellschaft habt verleiten lassen“. Die Revolution habe gesiegt, nunmehr bestehe die Gefahr eines neuen Despotismus, als Folge der Gewalt des Pöbels und eines Bürgerkriegs. „Wir mußten zerstören; nun müssen wir wieder aufbauen.“ Das war das Gegenteil von dem, was Duports Bundesgenosse Alexandre Lameth im Februar gesagt hatte, als er der Behauptung, daß die Revolution vorbei sei, die Absicht unterstellt hatte, die Leute in falscher Sicherheit zu wiegen und sie dazu zu ermuntern, in ihrer Wachsamkeit nachzulassen. Die Deputierten scheinen Duport mit Respekt zugehört zu haben, und sie beschlossen, seine Rede in Druck gehen zu lassen, was immer ein Zeichen der Billigung war. Zeitgenössische Gerüchte, wonach das Triumvirat dem Hof Avancen machte, werden durch die kürzliche Veröffentlichung eines Briefes von Marie Antoinette an Mercy erhärtet, in dem sie ihn vor ihrem Bankier Laborde warnt, der sie hatte wissen lassen, daß sein Sohn (ein Deputierter), Duport und insbesondere Barnave weniger übelwollend waren als allgemein angenommen. Sie teilte Mercy mit, sie habe wie üblich so getan, als stimme sie mit allem Gesagten überein.[74] Das läßt darauf schließen, daß alle Revolutionäre, die hofften, mit der Königin zu einem Einvernehmen zu gelangen, es schwer haben würden.

Einen Monat später brachte Le Chapelier jenes Gesetz ein, das fortan mit seinem Namen verbunden werden sollte und in dem Gemeinschaftsaktionen von Handwerksgesellen verboten wurden. Es wurde in der Folge dazu benutzt, Gewerkschaften für ungesetzlich zu erklären, und es ist natürlich verführerisch, darin ein Stück Klassengesetzgebung zu sehen – das um so mehr angesichts der lieblosen Bemerkungen Le Chapeliers über die Passivbürger. Erst vor kurzem war es in Paris zu Arbeitskonflikten gekommen, aber Le Chapeliers Ziel war primär politischer Natur. Was ihm Sorgen machte, war die Bedrohung der öffentlichen Ordnung. Es gab demnach im Frühjahr 1791 klare Anzeichen für eine Strömung in Richtung Mäßigung. Unter der Voraussetzung, daß die Rechte ein Minimum an Kooperationsbereitschaft zeigte, bestand die Aussicht, daß sich in der Versammlung eine konservative Mehrheit herausbildete, mit dem Ziel einer Stabilisierung der Revolution.

Dieser Prozeß wurde durch den Tod Mirabeaus am 2. April möglicherweise erleichtert. Er war ein unmöglicher Kollege gewesen, stets darauf aus, mögliche

Rivalen in Mißkredit zu bringen, und neuerdings ein Verfechter der *politique du pire*. Niemand traute ihm über den Weg, und solange er und Montmorin glaubten, das Vertrauen der Königin zu besitzen, würde es für jedermann sonst sehr schwer sein, einen Handel mit dem König abzuschließen. Das war die logische Folgerung aus der politischen Entwicklung von Le Chapelier und Duport. Wenn die Revolution vorbei war und die friedliche Herrschaft des Gesetzes an ihre Stelle treten sollte, mußte es irgendeine Art von Kompromiß mit Ludwig XVI. geben. Die Schwierigkeiten dabei waren gewaltig, da auch nur der leiseste Verdacht einer Komplizenschaft mit der „exekutiven Gewalt" die Beschuldigung hervorrufen würde, man habe sich an den Hof verkauft. Wenn man sich aber nicht tatsächlich festlegte – und vielleicht sogar, wenn man es tat –, gab es kein Mittel, um herauszufinden, ob der König bereit war zu kooperieren oder ob er nur Zeit gewinnen wollte, indem er ein Interesse vortäuschte. Am Ende hing alles an diesem unentschlossenen und wankelmütigen Mann.

Seit Anfang des Jahres hatte Ludwig an dem Manifest gearbeitet, das er zurücklassen wollte, wenn er aus Paris floh – falls er sich dazu aufraffen konnte.[75] Es war ein seltsames Dokument, in dem praktisch nichts über die Religion gesagt wurde und substantielle Verfassungsbeschwerden neben Klagen über Nichtigkeiten zu stehen kamen, etwa über den Mangel an Komfort in den Tuilerien, als man ihn im Oktober 1789 dorthin gebracht hatte. Aus der Sicht des Königs hatten alle Opfer, die er hingenommen hatte, lediglich die Aufrührer ermutigt, ihn zu verleumden. Sein Ton war der eines wohlwollenden und väterlichen Herrschers, allzeit bereit, sich für das Wohl seiner Untertanen aufzuopfern – aber zu seinen Bedingungen. Kein Zweifel, daß er seine Lage so sah, aber das ließ einen Kompromiß nicht eben aussichtsreich erscheinen. Eine seiner Beschwerden war, daß die Versammlung die Idee des Staates völlig von der Person des Königs losgelöst habe. Wenn er nicht bereit war, das zu akzeptieren, was, in gewissem Sinne, das war, worum es bei der Revolution ging, dann gab es vielleicht überhaupt keine Grundlage für irgendeine Verständigung.

Am 18. April traf die königliche Familie Vorbereitungen, um nach St. Cloud abzureisen, wo sie einen Teil des vergangenen Sommers zugebracht hatte. Eine Menge vor den Toren der Tuilerien hinderte sie an der Abreise. Lafayette erschien, aber seine Nationalgardisten weigerten sich, den Weg freizumachen. Lafayette wurde bedroht, der König und die Königin beschimpft, und die königliche Familie mußte dahin zurückkehren, was Ludwig als ihr Gefängnis bezeichnete. Diesmal hatte er genug. Am 21. Juni erfuhr die Versammlung, daß die königliche Familie in der Nacht zuvor aus Paris geflohen war.

11 „DIE REVOLUTION IST VORBEI"

Als sie erfuhren, daß der König abgereist war, konnten die Deputierten nur raten, in welche Richtung, und hoffen, ihn noch rechtzeitig wieder einzufangen.[76] Angesichts dieser neuen Herausforderung benahmen sie sich mit einem gelassenen Selbstvertrauen, das Ferrières an den römischen Senat zu seiner Blütezeit denken ließ. Obwohl er selbst keine Hemmungen hatte, von der „Flucht" des Königs zu sprechen, war die offizielle Version von Anfang an, er sei „entführt" worden, eine vernünftige, wenn auch keine plausible Art, es auszudrücken, die für die Zukunft alle Möglichkeiten offenließ. Barnave beeilte sich, Lafayette zu entlasten, der als der für die Bewachung der königlichen Familie Verantwortliche sofort von den Straßenpolitikern bezichtigt wurde, die Flucht begünstigt zu haben. Das führte zu einer Wiederannäherung zwischen Lafayette und dem Triumvirat, die seit dem Herbst 1789 getrennte Wege gegangen waren. Die Mehrheitsführer in der Versammlung konnten nun auf die Unterstützung der Pariser Nationalgarde zählen.

Die Deputierten erklärten sich für in permanenter Sitzung befindlich, beschlossen, daß die königliche Billigung für Gesetze nicht mehr erforderlich sei, und wiesen die Minister an, fortan ihnen Bericht zu erstatten. Diese fügten sich, und der Versuch des Königs, die Verwaltung lahmzulegen, indem er seinen Ministern verboten hatte, in seiner Abwesenheit Erlässe zu unterzeichnen, ließ lediglich erkennen, wie leicht das Regime in eine De-facto-Republik umgewandelt werden konnte. Allerdings war eine Republik nicht das, was die große Mehrheit wollte, und ein Antrag, einen aus fünf Deputierten bestehenden Exekutivausschuß einzusetzen, wurde abgelehnt. Armeeoffizieren wurde ein neuer Treueeid vorgeschrieben, und die Wahlen zur nächsten Gesetzgebenden Versammlung wurden ausgesetzt. Fünfzehn Deputierte wurden in die Provinzen entsandt, mit der Vollmacht, zivile und militärische Behördenvertreter, deren Loyalität zweifelhaft war, zu entlassen. Die Linke wies mit Nachdruck auf die Notwendigkeit hin, daß jedermann sich an Recht und Gesetz hielt, und ließ eine entsprechende Proklamation in Paris anschlagen, und die Rechte war – jedenfalls zum größten Teil – bereit, an Maßnahmen zur nationalen Verteidigung mitzuwirken, um Frankreich gegen eine mögliche Invasion aus dem Ausland zu schützen. Für den Moment schienen durch die Flucht des Königs die Deputierten zur Verteidigung der nationalen Unabhängigkeit, wenn auch nicht der Revolution zusammenzurücken. Montlosier schrieb in seinen Memoiren, daß, wenn der König entkommen wäre, er, Malouet und Cazalès gewillt gewesen wären, sich mit dem Triumvirat zu einigen. Ludwig schaffte es beinahe, aber am späten Abend des 22. Juni erfuhr die Versammlung, daß er in Varennes abgefangen worden war, nur wenige Kilometer entfernt von Boulliés Armee. Drei Deputierte wurden losgeschickt, um ihn zurückzugeleiten.

Ludwig hatte wie üblich alles verdorben. Wenn er entkommen wäre, wären zumindest er und seine Familie in Sicherheit gewesen, und es hätte ihm gelingen können, den Habsburgerkaiser zu jener militärischen Unterstützung zu überreden, die es ihm ermöglicht hätte, der Versammlung einen Kompromiß, gleich welcher Art, zu diktieren. Wenn er daheim geblieben wäre, hätten sich die ehemaligen Radikalen weiter um eine Verständigung mit ihm bemüht, und wenn er von seiner Autorität über die Deputierten der Rechten, die Royalisten zu sein behaupteten, Gebrauch gemacht hätte, wäre eine Mehrheit in der Versammlung zu finden gewesen, wenn man danach suchte. Was er tatsächlich getan hatte, war, auch den letzten Rest seiner Glaubwürdigkeit zu zerstören. Thomas Lindet berichtete, daß in ganz Paris Wirtshaus- und Straßenschilder mit dem Namen des Königs verschwanden. Ein beliebter Druck zeigte die königliche Familie in einen Wurf Ferkel verwandelt. Für Paris zumindest, war alles, was die Monarchie zu weit mehr als nur einer Verfassungsform unter mehreren möglichen gemacht hatte, auf dem Weg nach Varennes verlorengegangen. Das Manifest des Königs würde keinen Menschen umstimmen, und es bot einen wenig schmeichelhaften Kommentar zur Ernsthaftigkeit seiner früheren Unterstützungsbeteuerungen für die Verfassung. Niemand würde ihm mehr glauben, einschließlich der politischen Führer, die für ihre eigenen taktischen Zwecke so tun mußten als ob.

Die unmittelbaren Konsequenzen aus der Flucht waren weniger katastrophal als ihre Langzeitwirkung. Montesquieu und Rousseau hatten fast jedermann davon überzeugt, daß ein Land von der Größe Frankreichs als Monarchie regiert werden mußte. Wenn man Ludwig absetzte, mußte ein Regent für seinen sechsjährigen Sohn bestellt werden. In der von der Verfassung vorgeschriebenen Reihenfolge der Anwaltschaft auf die Regentschaft kam Provence (dem es gelungen war, sich gleichzeitig mit Ludwigs erfolglosem Fluchtversuch aus Frankreich abzusetzen) vor Artois (seit 1789 im Ausland) und Orléans. Die ersten beiden kamen offensichtlich nicht in Frage, und Orléans war unbeliebt und jeder Art von Intrigen verdächtig. Es gab daher zu einer Wiedereinsetzung Ludwigs XVI. keine Alternative, abgesehen von einer Republik. Das wurde von allen akzeptiert, ausgenommen einer Handvoll Deputierter der extremen Linken, die den König vor Gericht stellen lassen wollten, ohne daß sie eine klare Vorstellung davon hatten, was sie tun würden, wenn er verurteilt wurde. Ludwig auf dem Thron zu halten, würde außerordentlich hohe Dosen an Rabulistik (Vortäuschung) erforderlich machen, von denen die Fiktion, daß er entführt worden sei, nur die erste Rate war. Solche Finessen waren vergebliche Liebesmühe bei den Pariser Radikalen, die wenig Mühe hatten, lautstarke Unterstützer für ein Verfahren gegen den König zusammenzutrommeln.

Das Ergebnis von alldem war eine Entwicklung in den politischen Einstellungen innerhalb der Versammlung. Bisher hatte die Rechte, wenn sie sich auf die Souveränität der schweigenden Mehrheit berief, dabei an die Wünsche der Landbevölkerung gedacht, wie sie in den *cahiers* von 1789 zum Ausdruck kamen. Die Linke anerkannte zwar das Recht des souveränen Volkes, im rechten Moment einen Aufstand zu machen, bestand aber darauf, daß die Souveränität der Versammlung übertragen worden sei. Das wiederholte sie jetzt um so beharrlicher, da sie den Kontakt mit den Pariser Radikalen zunehmend verlor. Duport sagte seinen Kollegen am 29. Juni: „Eure Verantwortung ist es, für das Volk seinen Willen auszudrücken; sein Wille liegt hier." Die extreme Linke, die im großen und ganzen dazu beigetragen hatte, die Souveränität der Versammlung hervorzuheben, erinnerte sich einigermaßen verspätet daran, was Rousseau gegen die repräsentative Regierung geschrieben hatte, und neigte dazu, die Souveränität in den Straßen von Paris anzusiedeln. Das führte dazu, daß sie den alten Schlachtruf der Rechten aufnahmen, wonach die Mehrheit in der Versammlung die Öffentlichkeit tyrannisiere. Das wäre nicht allzusehr ins Gewicht gefallen, wenn die royalistische Rechte sich mit dem Zentrum und der alten Linken zusammengetan hätte, um die Monarchie zu retten. Da sie wie üblich dem, was sie vermutlich als ritterliche Tugenden ansahen, den Vorzug vor der politischen Vernunft gaben, taten sie das Gegenteil. Indigniert über die für den König vorgeschlagene Behandlung, half Montlosier, der es hätte besser wissen müssen, eine Art Sitzstreik zu organisieren. Eine Gruppe von mehr als zweihundertneunzig Deputierten ließ sich überreden, eine Erklärung zu unterzeichnen, wonach sie sich nicht an Abstimmungen beteiligen würden, außer in Fragen, die direkt die Interessen des Königs berührten. Ferrières nannte diese Proklamation sehr richtig einen „kapitalen Fehler" – und unterschrieb sie doch! Der Adel mochte abgeschafft worden sein, aber verpflichten, das tat er immer noch. Cazalès, der sich vielleicht in zu viele verschiedene Richtungen gezerrt sah, erklärte seinen Rücktritt aus der Versammlung und brachte damit die Rechte um einen ihrer intelligentesten und konstruktivsten Führer.

Nach diesem kollektiven Harakiri der Rechten blieb den Gemäßigten immer noch eine überwältigende Mehrheit für die erste Phase ihrer Strategie, als die unmittelbare Erfordernis die war, den König einmal mehr auf dem, was von seinem wackeligen Thron noch übrig war, in der Balance zu halten und der Wut, die das in Paris zur Folge haben würde, die Stirn zu bieten. Die Schwierigkeiten würden später kommen, wenn sie versuchen mußten, die Verfassung zu ändern, um die Monarchie überlebensfähig zu machen, und Ludwig dazu zu bringen, sie mit größerer Aufrichtigkeit zu akzeptieren, als er in der Vergangenheit bewiesen hatte. Die Sachzwänge trieben die Führer, besonders Barnave und Duport, immer weiter auf dem Kompromißweg. Die „dreißig Stimmen" beschuldigten sie daraufhin natürlich, sich an den Hof verkauft zu haben. Ohne dem unbedingt Glauben zu schenken, zögerten etliche Deputierte verständlicherweise, dem König Konzessionen zu machen, im Austausch für nichts mehr als Zusicherungen jener Art, die ihm schon in der Vergangenheit nicht viel bedeutet zu haben schienen. Typisch war vielleicht die Reaktion von Thomas Lindet: Er glaubte nicht, daß der König oder auch die Rechte wollten, daß die Verfassung funktionierte, aber er war besorgt über die Anzeichen von Republikanismus in Paris und sah keine Alternative zu einer bedingten Restauration, selbst wenn das bedeutete, daß man sich über die öffentliche Meinung hinwegsetzte.

Am 23. Juni gab die Versammlung eine Proklamation heraus, in der es hieß, des Königs Nichtanerkennung der Revolution sei „diesem irregeleiteten König vor seiner Abreise abgenötigt“ worden. Das erlaubte es den Deputierten, ihr Tun in der Vergangenheit zu rechtfertigen und weiterhin die Exekutive anzuprangern, ohne Ludwig im besonderen zu bezichtigen. Die Monarchie sei notwendig, jedoch nur zum Wohle des Volkes. Die Versammlung habe zugegebenermaßen in den Bereich der Exekutive eingegriffen, aber die Flucht des Königs habe bewiesen, daß sie das Recht dazu habe. Die Proklamation schloß mit einer Danksagung an die politischen Klubs, deren Freiheitsliebe die Revolution so viel verdanke. So sah die Mehrheit die Dinge, einen Tag, nachdem sie von der Gefangennahme des Königs erfahren hatte. Wenn sie es dahin bringen sollten, daß er auf seinem Thron verblieb, würden sie noch ein gutes Stück weiter gehen müssen. Was immer sie taten (außer sie gaben lediglich vor, daß nichts geschehen war), mußte zwangsläufig die Fiktion entlarven, daß die Versammlung und der König an der Souveränität Anteil hatten, als Bevollmächtigte des Gemeinwillens. Die Versammlung verhandelte nicht mehr mit dem König: Sie nannte ihm die Bedingungen, unter denen sie ihm gestatten würde zu regieren.

Um sicherzustellen, daß nicht Ludwig selbst die heiklen Manöver vereitelte, die man zu seinen Gunsten vollführte, wurde – gegen heftige Proteste der extremen Linken – beschlossen, daß er nicht einem öffentlichen Verhör über seine Flucht unterzogen werden sollte, sondern eine private Erklärung vor drei Deputierten (von denen einer Duport war) abgeben konnte, die demnach nichts daran hinderte, sie für ihn aufzusetzen. Sie wurde am 26. Juni vor der Versammlung verlesen und enthielt genau das Richtige: Die Flucht des Königs sei durch seine Befürchtungen für die Sicherheit der königlichen Familie veranlaßt gewesen, sowie durch sein Verlangen, den europäischen Mächten zu beweisen, daß er Herr seines Tuns sei. Die Protestnote, die er zurückgelassen hatte, habe nicht die Grundprinzipien der Verfassung attackiert, und seine Reise, die in Wirklichkeit eine Art Straßenbefragung zur öffentlichen Meinung gewesen sei, habe ihm erlaubt, sich davon zu überzeugen, daß das französische Volk für die Revolution sei. Das war nicht sehr überzeugend, aber es war das Beste, was sie tun konnten.

Während der ersten Julihälfte nahm in Paris der Druck zu, den König vor Gericht zu stellen oder seine Wiedereinsetzung vom Ausgang eines Referendums abhängig zu machen. Über diesen Konflikt kam es im Jakobinerklub zu einer Spaltung zwischen der Linken und der extremen Linken. Obwohl zu ihnen fast alle Deputierten gehörten, machten die Gemäßigten den taktischen Fehler, aus dem Klub auszuziehen, um einen neuen in den Feuillants zu gründen, und ließen Robespierre und Pétion als Vorsitzende der, wie es aussah, Trümmer der Jakobiner zurück. Die Kontrolle über das Klublokal und die Verwaltung des magischen Namens sollten es ihnen schließlich ermöglichen, über die Feuillants zu triumphieren, aber im Sommer 1791 sah es so aus, als hätten sich die Jakobiner selbst vernichtet.[77] Erst am 13. Juli debattierte die Versammlung über das Schicksal des Königs. Ein Bericht im Namen von nicht weniger als sieben Ausschüssen erinnerte die Deputierten daran, daß sie sich auf eine Monarchie festgelegt hatten. Der König habe kein Gesetz gebrochen – er beharrte darauf, er habe niemals die Absicht gehabt, das Land zu verlassen – und man könne ihm nicht vorhalten, gegen eine Verfassung verstoßen zu haben, die immer noch nicht vorlag. Er habe daher kein Verbrechen begangen – und selbst wenn, sei er durch seine Unantastbarkeit geschützt. Es kam nicht überraschend, daß die extreme Linke das nicht sehr überzeugend fand. Pétion, Buzot und Grégoire wollten ihn vor Gericht stellen lassen; Vadier meinte, man solle ihn als abgedankt betrachten, und Robespierre wollte eine Volksabstimmung über sein Schicksal. Das Triumvirat, das früher einmal wohl dieselben Argumente benutzt hätte, setzte nun alles daran, eine funktionierende konstitutionelle Monarchie zustandezubringen, auch wenn sie sich nicht sicher sein konnten, daß sie über einen konstitutionellen Monarchen verfügten. Sie konfrontierten die Versammlung mit den harten Tatsachen der Situation. Duport ließ die Deputierten unverblümt wissen, daß, wenn sie keine Republik wollten, sie sich mit einem unantastbaren Monarchen abfinden und den Mut haben müßten, der öffentlichen Meinung zu trotzen. Barnave sagte, es gebe nur die Alternative, die Revolution zu einem Ende zu bringen oder sie von neuem zu beginnen – und jeder weitere Schritt in eine radikale Richtung würde eine Bedrohung des Eigentums mit sich bringen. Das Zentrum und die Linke trugen den Sieg davon, und die Versammlung beschloß, daß der König suspendiert werden sollte, bis die Verfassung fertiggestellt war, und erst wieder auf seinen Thron erhoben, wenn er einen Eid auf sie abgelegt hatte.

Das war der entscheidende Beschluß. Es war die Suspendierung des Königs, die die zweihundertneunzig Deputierten der Rechten dazu veranlaßte, in Hinkunft nicht mehr an Abstimmungen teilzunehmen. Für jene, die den Gemeinwillen mit der Mehrheit in der Versammlung gleichsetzten, war die Sache erledigt. Vadier erklärte, er habe den Republikanismus seit jeher verabscheut, und Robespierre brachte jene, die immer noch den Jakobinerklub besuchten, davon ab, Petitionen für ein Verfahren gegen den König zu unterstützen, die nunmehr illegal waren. Das sollte der Agitation auf den Straßen kein Ende machen, wo radikale Aufwiegler von der Souveränität der Versammlung gar nicht so überzeugt waren, aber es einte mehr oder weniger die Deputierten. Die Pariser Kommune und die Minister wurden daran erinnert, daß sie für die Bewahrung der Ordnung verantwortlich waren, und als am 17. Juli berichtet wurde, daß eine Menge einige Männer gelyncht hatte (von denen es fälschlicherweise hieß, sie hätten zur Ruhe aufgerufen), forderte ein Deputierter die Verhängung des Kriegsrechtes über Paris.[78] Was dann geschah, war, wenn auch nicht unvermeidlich, so doch ziemlich vorhersehbar. Unter neuerlichem Druck der Versammlung verhängte die Kommune, als sie von den Lynchmorden erfuhr, das Kriegsrecht. Lafayette führte seine Nationalgardisten auf das Marsfeld, wo eine friedliche Menge eine illegale Petition über das Schicksal des Königs unterzeichnete. Als sie bei ihrem Herannahen mit einem Hagel von Erdbrocken und Steinen begrüßt wurde, eröffnete die Garde das Feuer, eine beträchtliche Anzahl von Leuten wurde getötet oder verwundet und die Menge ergriff die Flucht. Tags darauf lobten der Vorsitzende der Versammlung (Charles Lameth) und Barnave die Nationalgarde für ihr Vorgehen und forderten Strafverfolgung für die Anführer der Menge. Ein Gesetz wurde hastig verabschiedet, in dem die Anstiftung zum Gesetzesbruch, provokante Rufe bei Unruhen und Versuche, die Nationalgarde zur Illoyalität zu verleiten, zu kriminellen Vergehen erklärt wurden. Das Kriegsrecht blieb in Paris fast einen ganzen Monat in Kraft. Einige der Volksführer wurden festgenommen; andere flohen oder gingen in den Untergrund. Während der nächsten paar Tage gingen zuhauf Unterstützungsadressen für die Versammlung aus den Provinzen ein. Die Gemäßigten hatten die erste Runde gewonnen, um den Preis, daß sie sich von ihrer Basis im Volk abgeschnitten hatten. In einem Maße ungehindert, wie sie es nicht gewesen waren, seit sie im Oktober 1789 nach Paris gekommen waren, konnten die Deputierten nun die Bedingungen für einen Kompromiß mit dem Klerus und der Rechten ausarbeiten, ohne sich der Gewalt des Mobs in den Straßen gegenüberzusehen.

Eine Woche vor den Schüssen auf dem Marsfeld hatten die Lameths, Duport, Barnave und Lafayette Mercy Argenteau einen Brief an die Königin übermittelt. Darin wurde recht unverhohlen festgestellt, daß, wenn der Monarch und die Monarchin gerettet werden sollten, Ludwig das Vertrauen der Nation würde zurückgewinnen müssen. Diesmal würde ein bloßer Eid nicht reichen, und das französische Volk würde Beweise für die guten Absichten des Königs verlangen. Er müsse eine Rückkehr seiner Brüder und der anderen *emigrés* nach Frankreich erreichen und Frankreichs Verbündete, Österreich und Spanien, dazu bewegen, die Verfassung anzuerkennen. Wenn der König dem Folge leiste, würde er schrittweise all die Autorität wiedererlangen, die er benötigte. Wenn nicht, würde die Revolution weitergehen und sich unter Umständen zu einem Kreuzweg gegen Monarchien entwickeln, was etwas sei, an dessen Verhütung der König, die ausländischen Mächte und die Gemäßigten ein gemeinsames Interesse hätten.[79]

Mercy leitete das mit der hilfreichen Anmerkung an die Königin weiter, daß die Autoren offenkundig eine Intervention aus dem Ausland fürchteten und daß es keinen wie immer gearteten Grund gebe, an ihre guten Absichten zu glauben. Marie Antoinette bedurfte eines solchen Rates wohl kaum. Sie warnte Mercy ihrerseits, er möge sich vor Duport und besonders vor Barnave in acht nehmen. Das war kein vielversprechender Anfang. Es war möglicherweise etwas dran an dem, was Mercy schrieb: Barnave und sein Freund *waren* besorgt, daß Ludwig Unterstützung aus dem Ausland erhalten könnte, und wenn sie an die Königin herantraten, geschah dies vielleicht vor allem in der Hoffnung, daß sie ihren Einfluß auf ihren Bruder Leopold geltend machen würde. Sie sandte ihm pflichtschuldigst einen Brief, der mehr oder weniger von Barnave diktiert war, ein Umstand, den sie ihm überdeutlich zu verstehen gab: „Man hat mich ersucht, mein lieber Bruder, Euch zu schreiben ..." Sie teilte ihm die wesentlichen Punkte der Nachricht mit, die sie über Mercy erhalten hatte, und fügte hinzu, Varennes habe im Grunde zu einer Verbesserung der Lage beigetragen. Diejenigen, die die Versammlung kontrollierten, hätten sich der Erhaltung der Monarchie und der Wiederherstellung der Ordnung verschrieben. Die gemäßigteren Deputierten hätten ihren Widerstand aufgegeben und würden nun alles auf eine Zusammenarbeit mit der Monarchie setzen. Dadurch werde der Regierung eine Atempause und die Hoffnung gegeben, einiges von ihrer früheren Macht wiederzuerlangen.

In ihrer angreifbaren Lage nach Varennes war die Königin sicher aufrichtig in ihrer Abneigung gegen jedes überstürzte Vorgehen, sosehr, daß bei Mercy Zweifel über ihre Absichten aufkamen. Er teilte seinem Kanzler Kaunitz mit, er befürchte, es sei ihr ernst damit, mit den „Schurken" zu verhandeln, und er ließ Kaunitz wissen, daß er, wenn er an die Königin schrieb, so tue, als pflichte er dem bei, was er sich als ihre Ansichten über sie vorstellte. Da ihre Meinung in Wahrheit die gleiche war wie seine, kann das auf beiden Seiten nicht zur Klarheit beigetragen haben. Was Marie Antoinette tatsächlich fürchtete, war jene Art von unverantwortlichem Säbelrasseln, wie es Artois gefiel, dem nunmehr Provence zur Seite stand. Sie schrieben an Katharina II. von Rußland und luden sie dazu ein, das Geld für eine Landung der *émigrés* in der Normandie bereitzustellen, wobei sie über das gesamte Werk der Revolution und die „verrückte Hoffnung auf eine schändliche Schlichtung" herzogen. Katharina gab ihnen ihren Segen – und ließ sie wissen, es sei an Frankreichs Nachbarn, in dieser Situation etwas zu unternehmen.

Das war auch die Meinung von Marie Antoinette. Ihre Hoffnungen konzentrierten sich darauf, ihren Bruder dazu zu bewegen, mit einer bewaffneten Intervention zumindest zu drohen – was ihn schließlich dazu verpflichten konnte, sie auch tatsächlich zu unternehmen. Erst im September fand sie Gelegenheit, ihn wissen zu lassen, was sie wirklich dachte. Er solle dem, was sie im Juli geschrieben habe, keine Beachtung schenken: „Was es mich gekostet hat, einen derartigen Brief zu schreiben!" Unseligerweise für die Königin war Leopold kein Kreuzfahrer im Zeichen des Absolutismus – wenigstens für Frankreich – und hatte genug eigene Probleme. Er gab daher vor, den ersten Brief seiner Schwester beim Wort zu nehmen, und zog es, zu ihrem Zorn, vor, darin einen Hinweis auf ihre Bereitschaft zu sehen, mit dem Triumvirat zu verhandeln, während sie in Wahrheit ein Ultimatum wollte.

Die politische Lage war, mit anderen Worten, in einem Zustand außerordentlicher Verwirrung, in dem niemand irgendeinem von den Leuten traute, mit denen er oder sie eine Verständigung hätte erzielen sollen. Die Königin tat so, als würde sie den Feuillants, wie die Gemäßigten neuerdings genannt wurden, Gehör schenken, während sie in Wahrheit versuchte, das Gegenteil jener Politik zu betreiben, die sie ihr empfahlen. Einig war sie sich mit ihnen nur in ihrer Feindschaft gegen Provence und Artois, die ihre eigenen Interessen verfolgten, ohne die geringste Rücksicht auf die Sicherheit der königlichen Familie. Da ihre Entschlossenheit, die Revolution zu einem Ende zu bringen, zu einer blutigen Konfrontation mit den Pariser Radikalen geführt hatte, waren die Feuillants mehr als je zuvor darauf festgelegt, einen Handel mit Herrschern abzuschließen, denen sie nicht trauten. Vorläufig konnten sie hoffen, sowohl die Versammlung als auch Paris unter Kontrolle zu halten, aber auf längere Sicht hingen ihre Aussichten von der Kooperationsbereitschaft von Ludwig und Marie Antoinette ab, die nicht wagten, sich ihnen offen zu widersetzen, aber entschlossen waren, ihre Pläne zu durchkreuzen. Was immer Barnave und Duport auch über die wahren Absichten des Königs und der Königin argwöhnen mochten, sie mußten so tun, als würden sie ihre Versicherungen akzeptieren, und versuchen, ihre Kollegen dazu zu bewegen, die Verfassung soweit zu ändern, daß Ludwig sie akzeptabel fand. Jeder Schritt in diese Richtung würde von den dreißig Stimmen als Verrat an der Revolution angeprangert werden; ihre Apelle an die Deputierten, ihren Prinzipien treu zu bleiben, hatten noch immer Überzeugungskraft, auch wenn die Radikalen in dem Verfassungsdilemma selber keine Lösung anzubieten hatten. Die weniger kampfbereiten Deputierten ließen sich von ihren Argumenten beeindrucken und standen immer noch unter dem Einfluß des Argwohns gegen die „exekutive Gewalt", den hervorzurufen das Triumvirat selber sich sosehr bemüht hatte. Die überwältigende Mehrheit, die sich bereit gezeigt hatte, der Herausforderung durch die Pariser Radikalen standzuhalten, schmolz angesichts dieser neuen Zweifel dahin. Das hätte nicht entscheidend sein müssen, wenn die Rechte den Gemäßigten zu Hilfe gekommen wäre – die sie so lange beleidigt hatten. Ihre Deputierten gingen immer noch in die Versammlung, aber nur um die Konflikte innerhalb der Linken mit ironischer Distanz zu verfolgen. Der Verlust von dreihundert möglichen Stimmen und diese Demonstration, daß die Rechte die Revolution insgesamt nicht anerkannte, hinderten die Gemäßigten an irgendwelchen substantiellen Verfassungsänderungen.

Malouet wenigstens hatte etwas aus der harten politischen Lehrzeit der vergangenen beiden Jahre gelernt und war weit weniger wählerisch, als er es 1789 gewesen war. In seinen Memoiren schrieb er, es wäre klüger gewesen, Barnave und seinen Verbündeten die Tatsache anzurechnen, daß sie dabei waren, als ihnen die „gefährlichen Irrtümer und Irrlehren" vorzuwerfen, an denen sie immer noch festhielten. Er selbst suchte eine Annäherung an Barnave im Kolonialausschuß, wo beide die weißen Siedler unterstützten, und er trat auch in Kontakt mit Le Chapelier. Sie ließen ihn wissen, daß sie nunmehr seine Abscheu vor politischen Klubs und seine Verachtung für *la canaille révolutionnaire* teilten, es aber nicht riskieren könnten, ihre früheren Verbündeten im Stich zu lassen, solange die Rechte fest entschlossen war, sie zu vernichten.[80] Malouet gestand seinen Lesern ein, daß seine Antwort, wonach die Rechte bereit sei, mit ihren früheren Feinden zusammenzuarbeiten, mehr auf Hoffnung denn Überzeugung beruhte. Man kam überein, daß, wenn die Debatte über die Änderung der Verfassung begann, Malouet sie kritisieren solle, worauf Le Chapelier ihn angreifen und – indem er gleichzeitig sagte, er sei nicht auf Malouets Hilfe angewiesen, um zu erkennen, daß sie einer Revision bedürfe – die vorher von beiden Seiten abgesprochenen Änderungsvorschäge als seine eigenen präsentieren würde.

Am 8. August eröffnete Malouet daher die Debatte mit der Feststellung, daß er, wenn die Verfassung all das leisten könnte, was sie versprach, ihr eifrigster Befürworter wäre. Im folgenden verwarf er die intellektuelle Basis, auf der sie beruhte. „Durch einen Rückschritt um zweitausend Jahre habt ihr das Volk mit der Souveränität gleichgesetzt und es dieser fortwährenden Versuchung ausgesetzt, während ihr ihm gleichzeitig die tatsächliche Ausübung der Souveränität verweigert habt.“ Rousseaus Lehren seien irrig und zudem irrelevant, weil er darauf beharrt habe, daß der Gemeinwille nicht durch Repräsentanten zum Ausdruck kommen könne. Es sei besser, das Gesetz als Gerechtigkeit zu definieren, da es keine Garantie dafür geben könne, daß der Gemeinwille nicht ungerecht sein würde. Er fuhr gerade damit fort, die Wiedereinführung eines Oberhauses zu beantragen, die Stärkung der Exekutive, ein absolutes Veto für den König sowie das Recht, die Versammlung aufzulösen, als die Linke die Nerven verlor, vielleicht weil Malouet ein wenig zuviel Zustimmung von seinen Zuhörern erhielt. Es war Le Chapelier selbst, der den Antrag einbrachte, man möge es Malouet nicht gestatten fortzufahren. Die Szene war typisch für eine Situation, wie sie sich im Verlauf der Revolution immer wieder wiederholt hatte. Leute, deren Ziele nah genug beieinander lagen, um die Basis für eine Verständigung zu bilden, kamen nicht zusammen, weil sie einander mißtrauten, weil jeder die Motive des anderen mißverstand und es für nötig hielt, sich seine Verbündeten zu erhalten – so kompromittierend die auch sein mochten – für den Fall, daß er von denen angegriffen wurde, mit denen er es vorgezogen hätte zusammenzuarbeiten.

Die Feindseligkeit der Rechten und der Erfolg, den die extreme Linke damit hatte, die alten Ängste vor Korruption anzusprechen, sowie vor den Machinationen einer „exekutiven Gewalt“, die in Wahrheit kaum mehr existierte, bedeuteten, daß die Mehrheit eine Verfassung am Hals hatte, die ihre Führer nicht die Macht hatten in irgendeinem nennenswerten Umfang zu ändern. Die Reaktion von Thomas Lindet war vermutlich typisch für viele Deputierte. Er billigte die Wiedereinsetzung des Königs, war jedoch krankhaft mißtrauisch gegenüber Barnave, dessen einziges Motiv, wie er argwöhnte, darin bestand, sich selbst zum Minister zu machen. Selbst wenn die Feuillants in der Lage gewesen wären, dem König substantielle Zugeständnisse zu machen, war seine Sicht doch so sehr verschieden von der ihren, daß jede Verständigung mehr Zeit und Geduld verlangt hätte, als aller Wahrscheinlichkeit nach zur Verfügung standen. Jede Seite hatte plausible Gründe, an ihren übertriebenen Ängsten vor der anderen festzuhalten, und die einzigen Nutznießer davon waren, auf lange Sicht, jene, die schrankenloses Mißtrauen und eine Fortsetzung der Revolution predigten.

Die Feuillants konnten kleinere taktische Siege erringen, aber sie waren zu einem strategischen Rückzug verurteilt. Sie brachten einen Antrag von Roederer zu Fall, wonach die exekutive Gewalt von der Nation zu delegieren sei, und erreichten, daß der Status des Königs als eines der Organe des Gemeinwillens in der Verfassung festgeschrieben wurde, aber dadurch änderte sich nicht sehr viel. Robespierre und Pétion fanden wenig Unterstützung, als sie Einspruch gegen das Verbot direkter Maßnahmen durch das souveräne Volk erhoben; wie Pétion es formulierte: „Man will uns auf das System beschränken, das die Freiheit in England zerstört hat.“ Eine von den seltsameren Debatten betraf das Recht freier Bürger auf Beamtenbeleidigung. Das wurde abgelehnt, trotz heftiger Proteste von Pétion, daß der Tugendhafte nichts zu befürchten haben würde, von Roederer, der sagte, die Ablehnung sei ein ministerielles Komplott und der Todesstoß für die Freiheit, und von Robespierre, der, vielleicht an einige seiner eigenen Auftritte denkend, meinte, daß die Versammlung selbst die Gewohnheit gehabt habe, Leute ohne Beweise zu denunzieren. Wenn die Argumente der Gemäßigten die Logik und die Bereitschaft, ihnen zu glauben, auf eine harte Probe stellten, so waren die ihrer Gegner manchmal um nichts besser. Die Radikalen konnten es sich leisten, Debatten über Detailfragen zu verlieren, da die Furcht vor ihren Denunziationen die Feuillants von dem Versuch zurückschrecken ließ, substantielle Änderungen an der Verfassung vorzunehmen.

Ein oder zwei Änderungen gingen allerdings durch, insbesondere die Ausgliederung der Zivilkonstitution des Klerus aus der eigentlichen Verfassung, was bedeutete, daß sie von jeder späteren Legislative mit einer einfachen Abstimmung novelliert oder aufgehoben werden konnte. Die Qualifikation einer jährlichen Steuerleistung im Wert von einem *marc d'argent,* die bisher von Deputierten verlangt worden war, wurde auf die Wahlmänner übertragen, die sie bestellten. Wie die Radikalen erkannten, hatten die Konservativen durch eine Beschränkung der Zahl der Wahlmänner mehr zu gewinnen als dadurch, daß sie es ihnen unmöglich machten, verarmte Kandidaten auszuwählen. In der Debatte warteten beide Seiten mit einer beachtlichen Menge von Spitzfindigkeiten auf, wobei Robespierre das kuriose Argument entwickelte, daß ein Mann, der nur zehn Tageslöhne an Steuern bezahlte, unabhängiger sei als ein reicher Mann, weil seine Bedürfnisse noch geringer sein würden als sein Vermögen. Es gab einige Auseinandersetzungen darüber, ob Rousseau zum Deputierten wählbar gewesen wäre und welche Art von Wählerschaft ihn wohl am ehesten gewählt hätte. Die extreme Linke scheint für ihre Kritik an der Beschränkung des Stimmrechts einige Unterstützung erhalten zu haben, aber Barnave hatte nicht unrecht, als er entgegnete, ein relativ großzügiges Wahlrecht würde nicht zur Wahl von arbeitenden Männern, sondern von journalistischen Berufsagitatoren führen. Es wurde beschlossen, daß Deputierte in den Départements ihren Wohnsitz haben mußten, in denen sie als Kandidaten aufgestellt waren, was dazu gedacht war, den Pariser Radikalen einen weiteren Knüppel zwischen die Beine zu werfen.

Mehr Schwierigkeiten hatten die Feuillants, als sie versuchten, etwas zu unternehmen, um die Beziehung zwischen der Legislative und der Exekutive in Hinkunft zu verbessern. Der Sprecher des Verfassungsausschusses wollte die Bestimmung abschaffen, wonach ein ehemaliger Deputierter erst vier Jahre nach dem Auslaufen seines Mandats Minister werden konnte, mit der Begründung, daß dadurch die Exekutive als ein Quell der Korruption hingestellt werde, während es doch wünschenswert sei, wenn sich innerhalb der Versammlung ein Schattenkabinett herausbildete, wie es in England geschah. Die „Anglomanie" schien wieder in Mode zu kommen. Der Vorschlag ließ sofort den Verdacht entstehen, daß seine Befürworter dabei an ihre eigene Zukunft dachten, und es gab Gelächter bei der extremen Linken, als Duport sagte, daß die Versammlung keine unpopuläre Exekutive wolle. Daraus ließ sich entnehmen, daß die Radikalen nichts Besseres anzubieten hatten als eine Zukunft endloser Instabilität. Dieser spezielle Zweikampf endete unentschieden: Buzot bewog seine Kollegen, eine Frist von zwei Jahren zu beschließen, nach denen ein ehemaliger Deputierter Minister werden konnte, womit den Triumviren fürs erste der Weg zu einem Amt versperrt war. Eine Stärkung der Exekutive war das Leitmotiv aller gewesen, die versucht hatten, einen Wechsel von der Opposition in die Regierung zu vollziehen. Das war 1789 die Politik von Mounier und den *Monarchiens* gewesen; nun griffen es die Feuillants auf, und es sollte noch das Schlagwort von Buzot und Pétion werden, und schließlich von Robespierre selbst. Alle waren sich einig, daß die Revolution nicht auf ewig weitergehen konnte – und jedermann prangerte jeglichen Versuch, sie zu einem seiner Meinung nach vorzeitigen Abschluß zu bringen, als Verrat an.

Die Frage, wie die neue Verfassung in Zukunft zu ändern sein sollte, schuf die Gelegenheit für einen letzten Rousseauistischen Großkampftag und eine Demonstration der Absurditäten, die bei jedem Versuch aufkamen, auf der Basis der Volkssouveränität ein arbeitsfähiges politisches System zu errichten. Ein Deputierter gab sich Mühe, alles in die Reihe zu bringen: Wenn die Nation tatsächlich souverän sei, könne die Verfassunggebende Versammlung nicht, mittels einer nicht änderbaren Verfassung, ein Diktat für die Zukunft erlassen. Das souveräne Volk sei berechtigt zu tun, was immer es wolle – dürfe jedoch nur dann zum Mittel eines gewaltsamen Aufstands greifen, wenn es einhellig dafür war [in welchem Fall es vermutlich niemanden haben würde, um ihn zu bekämpfen]. Andererseits würde das blinde Vertrauen auf einen Aufstand jedem Spinner ein Ansporn sein, sein Glück zu versuchen, und daraus ergebe sich die interessante Frage nach der Bewertung eines erfolglosen Aufstands. Wenn ein freies Volk mit einer guten Verfassung gesegnet sei, könne ein Aufstand in keinem Fall legitim sein. Das Mandat der Verfassunggebenden Versammlung sei ihr aufgrund der Beratungen der *bailliages* 1789 erteilt worden, und daher müsse es den Wählern gestattet sein, in Zukunft vergleichbare souveräne Versammlungen einzusetzen, um die Verfassung zu ändern oder durch eine neue zu ersetzen. Da es jedoch recht ungelegen wäre, wenn sie das gleich taten, könne von diesem Recht erst nach einer geziemenden Frist Gebrauch gemacht werden. Das hieß die Widersprüchlichkeit der Theorie recht unverhohlen offenlegen. Die meisten Deputierten verpackten die Dinge in mehr Plausibilität, aber sie alle standen vor denselben unmöglichen Möglichkeiten. Da das Volk regierte, war es ein Mißbrauch ihrer Macht, wenn die Versammlung ihm über sein künftiges Verhalten Vorschriften machte – zum

Beispiel indem sie es anwies, an einem bestimmten Tag zur Wahl zu gehen, wenn es unter Umständen einen anderen vorzog. Andererseits konnte man damit argumentieren, daß es der Versammlung freistand, so viele Regeln aufzustellen, wie sie wollte, da es dem Volk ebenso freistand, sich durch einen Aufstand dagegen zu wehren. Wie immer stand hinter der theoretischen Spekulation die nüchterne Berechnung, durch welchen Reifen der politische Tiger wohl am ehesten springen würde, und aus allen Vorschlägen sprach ebensosehr die Taktik wie die Ideologie.

Malouet brachte ein Argument vor, das sich um so schwerer zurückweisen ließ, als viele von den Deputierten seine Prämissen akzeptierten und lediglich Einwände gegen deren wahrscheinliche Konsequenzen hatten. Eine revolutionäre und eine konstitutionelle Regierung seien unvereinbar, und es sei vordringlich notwendig, letztere an die Stelle von ersterer zu setzen. Das mache die Verkündigung einer Generalamnestie für alle politischen Missetäter erforderlich, sowie ein Ende der Verfolgung und die Entbindung von den verschiedenen Treueeiden (worunter auch der auf die Zivilkonstitution des Klerus fiel). Es dürfe keine Volksversammlungen mit souveränen Befugnissen geben, und künftige Gesetzgebende Versammlungen müßten daran gehindert werden, dem Beispiel der Verfassunggebenden Versammlung zu folgen und souveräne Macht für sich in Anspruch zu nehmen. Daher sollte über die Verfassung eine Volksabstimmung abgehalten werden, jedoch nicht vor dem Jänner 1793, um dem Land Zeit zu geben, um zur Ruhe zu kommen. Wenn sie einmal gebilligt sei, sollte eine Mehrheit von dreiundachtzig Départements Änderungen beantragen können, gegen die der König ein Vetorecht haben müßte. Jede zukünftige Legislative, die verfassunggebende Gewalt für sich beanspruche, wäre automatisch aufgelöst.

Unter den selbsternannten Kämpfern für die Volkssouveränität gab es nicht viel Unterstützung für ein Referendum. Le Chapelier sagte, daß die öffentliche Meinung fast einhellig für die Verfassung sei und daß Malouets Motive für den Vorschlag eines Referendums konterrevolutionär seien, was nicht so klang, als würde er ihm folgen wollen. Pétions Vorschlag, es sollten regelmäßig Volksversammlungen stattfinden, wurde als ein Rezept für ewige Revolten fast einstimmig zurückgewiesen. Nachdem sie eingeräumt hatte, daß es der Nation freistehe zu tun, was immer sie für richtig hielt, erteilte ihr die Versammlung den Rat, dreißig Jahre zuzuwarten, ehe sie die Verfassung ändere. Das befriedigte die Selbstliebe der Deputierten, ohne freilich ihre längerfristigen Probleme zu lösen. Ein Adeliger wies darauf hin, daß jene, die die Verfassunggebende Versammlung gewählt hatten, für den König ein Vetorecht gegen alle ihre Tätigkeiten gewollt hatten, den Verfassungsentwurf eingeschlossen. Das war zwar wahr, aber nicht sehr hilfreich, da das bedeutet hätte, alles von neuem zu beginnen. Robespierre war dafür, eine Totalrevision der Verfassung, im Unterschied zu ihrer Abänderung, der Entscheidung durch einen Volksaufstand zu überlassen. Das war zwar vielleicht logisch, aber auch nicht sehr hilfreich.

Nach und nach schafften es die Bewunderer Rousseaus, seine Argumente auf ihre politischen Bedürfnisse hinzutrimmen. Wie es einer von ihnen formulierte: Das Gebotene sei, dem Volk seine Verfassung zu garantieren, notfalls sogar gegen das Volk selbst. Sein Gemeinwille nehme in der Legislative Gestalt an, während jeder Bürger nicht mehr als einen Einzelwillen habe. Die Revision der Verfassung, die, wenn sie rechtmäßig sein solle, den Gemeinwillen umfassen müsse, könne daher nur von der Versammlung unternommen werden. Das war das alte Spiel der Linken, die Souveränität von den Wählern auf die Gewählten umzuleiten. Diesmal war Barnave soweit, Rousseau gleich ganz über Bord gehen zu lassen. Er sagte, ein repräsentatives Regierungssystem sei das beste, die direkte Demokratie dagegen das „widerlichste, staatsgefährdendste und für das Volk selbst schädlichste“. Sie sei in Stadtstaaten eine Plage gewesen und sei eine Absurdität für große Nationen. Er verstrickte sich in einen ziemlichen Wirrwarr über die Geschichte der Verfassunggebenden Versammlung, die nach einer Volkserhebung förmlich „gerufen“ habe. Das Volk habe dann die von ihr erlassenen Gesetze bestätigt (vermutlich indem es nicht allzu ausgiebig dagegen revoltierte), auch wenn sich ihre Politik sehr von jener unterschied, die das Volk gewollt hatte, als es sie wählte. Damit sei bewiesen, daß die Nation nicht wirklich wisse, was sie wolle, solange ihre Gesetzgeber nicht ihre Entschlüsse für sie faßten. „Das Volk ist souverän, aber nur seine Repräsentanten können für es handeln, weil seine eigenen Interessen fast immer an politische Wahrheiten geknüpft sind, zu deren klarem und tiefgehenden Verständnis es nicht fähig ist.“ Das kam einer Verwerfung jeder Art von repräsentativer Regierung gefährlich nahe.

Schließlich entschied die Versammlung, daß es kein Referendum und keine Volksversammlung geben würde. Dem Volk sein unbestrittenes, aber irgendwie nebuloses Recht auf Aufstand lassend, beschlossen die Deputierten, daß die Verfassung durch Abstimmungen in drei Nachfolgeversammlungen geändert werden würde und daß das ganze Unternehmen nicht vor 1797 beginnen könne. Sie konnten nicht wissen, daß die ganze Verfassung in weniger als zwölf Monaten verschwunden sein würde.

Die Verfassungsänderung lief mithin auf nicht allzuviel hinaus, und das Dokument, das dem König am 3. September vorgelegt wurde, entsprach im wesentlichen dem, das er vor seiner Abreise nach Varennes verurteilt hatte. Ludwig holte wie üblich weithin Ratschläge ein, ehe er sich für das entschied, was nach der einfachsten Lösung aussah. Maury und Cazalès rieten, unterstützt vom Chor der *émigrés,* zu einer Zurückweisung. Mercy übermittelte Burkes Ratschlag, der sinngemäß auf dasselbe hinauslief: Die Revolutionäre seien Verräter, die *émigrés* würden tun, was immer der König ihnen befahl, und die Großmächte würden der königlichen Familie zu Hilfe kommen. Als Prophet hatte Burke dabei nicht seinen besten Tag. Malouet war für einen Versuch zu feilschen, aber der König entschied sich für eine bedingungslose Annahme. Am 13. ließ er, in einer Rede, die klang, als hätte Barnave sie für ihn geschrieben, die Deputierten wissen, es sei ihm, als er geflohen sei, nicht möglich gewesen, eine Situation, in der die Gesetze keine Geltung hatten, als übereinstimmend mit dem Gemeinwillen anzusehen.

Seit damals allerdings habe die Versammlung beschlossen, Gesetz und Ordnung aufrechtzuerhalten und die militärische Disziplin durchzusetzen, und habe die Zivilkonstitution für den Klerus aus dem Verfassungstext entfernt, den er damit imstande sei zu akzeptieren. Das war zweifellos, worauf die Feuillants gehofft hatten; was Ludwig in Wirklichkeit glaubte, war vielleicht eine andere Sache. In einem letzten Anfall von Betriebsamkeit annektierte die Versammlung Avignon und Venaissin, verweigerte den freien Farbigen in den Kolonien politische Rechte, verlieh sie per Beschluß allen Juden, überließ die Verabschiedung eines Schulgesetzes ihrer Nachfolgerin und beschloß ein harmloses Gesetz gegen politische Klubs. Es war Le Chapelier – einst ein Gründungsmitglied des Bretonischen Klubs, aus dem die Jakobiner entstanden waren –, der den Angriff auf die Klubs begonnen hatte, indem er sagte, jedermann wolle die Revolution zu einem Ende bringen und ihre einzigen Feinde seien jene, die Mißtrauen predigten und die Autorität bekämpften. Er bekam seinen Antrag durch, mußte aber auf die Klausel verzichten, daß es den Klubs verboten sei, miteinander Verbindung aufzunehmen und sich zusammenzuschließen, womit nicht viel mehr übrig blieb als eine fromme Ermahnung. Am 30. September erklärte die Versammlung ihre Sitzung für geschlossen.

Marie Antoinette zumindest hatte keine Zweifel darüber, was sich für sie daraus ergab. Mitte August hatte sie eine Gelegenheit gefunden, Mercy wissen zu lassen, was sie wirklich dachte. Offener Widerstand gegen die Verfassung würde nur noch mehr Leute dazu ermutigen, sie zu unterstützen. Es gebe keine unmittelbare Aussicht auf eine militärische Intervention, weder von den Großmächten noch von den *émigrés* – wobei eine Rettung durch die letzteren eine noch schlimmere Sklaverei bedeuten würde. Der einzige Weg für den König sei daher, die Verfassung zu akzeptieren, wenn sie ihm vorgelegt wurde, sich an das Gesetz zu halten und zu warten, bis die öffentliche Meinung umschlug. Das würde mißverstanden werden, sowohl vom Hof als auch von den „Aristokraten", die immer noch dem eitlen Traum nachhingen, alles wiederzugewinnen, was sie verloren hatten. Es sei unmöglich zu wissen, was der König tatsächlich tun werde: „Eine Minute glaubt man, man hat ihn überzeugt, und dann stimmt ihn ein Wort oder ein Argument um, ohne daß er es überhaupt merkt." „Ihr wißt, mit welcher Art von Mensch ich es zu tun habe." Sie setzte ihre Hoffnungen auf ihren Sohn und hoffte, er werde sich, wenn er erwachsen sei, als würdig, nicht der Bourbonen, sondern Maria Theresias erweisen. Nicht umsonst nannten ihre Feinde sie „l'Autrichienne". Nicht gegen die Verfassung zu opponieren deute keinesfalls auf irgendeine Absicht hin, sich letztendlich mit ihr zu arrangieren. Sie sei „so ungeheuerlich, daß sie sich unmöglich lang halten kann", und ihre Absicht sei, sie bei der ersten Gelegenheit zu Fall zu bringen. Was die Feuillants betraf, „so geht es darum, ihren Argwohn einzulullen und ihr Vertrauen zu gewinnen, damit wir sie später um so wirkungsvoller zurückschlagen können". Drei Wochen später schrieb sie wieder an Mercy und beklagte sich über die schwache Rede Ludwigs anläßlich der Annahme der Verfassung. „Kann es sein, daß ich, die ich mit solchem Mut begabt bin und mir des Blutes, das in meinen Adern fließt, sosehr bewußt bin, dazu bestimmt sein soll, meine Tage in einem Land wie diesem zuzubringen, und mit Männern wie diesen!" Lafayette hatte sie richtig eingeschätzt, als er schrieb, es gehe ihr mehr darum, sich angesichts von Gefahr tapfer zu zeigen als darum, sie zu vermeiden.

Wo der König stand, oder genauer, ob man sagen konnte, daß er überhaupt irgendwo stand, war wie üblich problematisch. Als Moleville im Oktober zum Minister ernannt wurde, fragte er Ludwig, wie er zur Verfassung stehe, und erhielt die Antwort, der König habe geschworen, sich an sie zu halten, trotz allen ihren Fehlern, und habe die Absicht, sich an seinen Eid zu halten. Moleville, der, lange nach der Hinrichtung des Königs, royalistische Geschichte schrieb, brachte sich so ziemlich um seine Wirkung, indem er behauptete, das sei auch die Sicht von Marie Antoinette. Für den Moment sahen weder der König noch die Königin eine Möglichkeit, an der Verfassung zu rütteln, aber keiner von ihnen hielt sie auf lange Sicht für akzeptabel.

Die Prinzen machten die Position des Königs noch schwieriger, indem sie ihm einen offenen Brief schrieben, in dem sie meinten, daß er nicht Herr seiner Entscheidungen sei und man nur annehmen könne, er habe die Verfassung unter Zwang akzeptiert. Sie lehnten die gesamte Arbeit der Versammlung ab, mit der Begründung, daß sie dem Gemeinwillen zuwiderlaufe, wie er in den *cahiers* zum Ausdruck gekommen sei. Der König habe jedenfalls nicht das Recht, per Unterschrift die fundamentalen Rechte einer Monarchie aufzugeben, von denen er nur den Nießbrauch auf Lebenszeit habe. Wenn er ihnen befehlen sollte, ihre Opposition gegen die Revolution aufzugeben, würden sie seinen wahren Absichten ihren Respekt erweisen, indem sie dem keine Beachtung schenkten, was zu sagen man ihn gezwungen hatte. Man kann verstehen, warum Marie Antoinette sie so unerträglich fand.

Die Einschätzungen der Situation variierten natürlich mit dem Standpunkt des Betrachters. In seinem Buch, das er wenig später schrieb, machte Barnave sich Mut mit dem Gedanken, daß, wenn man der Verfassung eine Chance gegeben hätte, die Ordnung binnen drei Monaten hätte wiederhergestellt werden können. Durch das Wahlsystem wäre die tatsächliche Führung der Regierungsgeschäfte in die Hände von begüterten und aufgeklärten Männern gelegt worden, die, um gewählt zu werden, die Interessen der Bevölkerungsmehrheit hätten respektieren müssen. Gegen Ende der Sitzung der Versammlung hätten die Dinge bereits begonnen, sich in eine vielversprechende Richtung zu entwickeln, und jeder Schritt vorwärts würde den nächsten leichter machen.[81] Zwangsläufig mußte er zu einem optimistischen Urteil über die Aussichten einer Politik kommen, auf die er alles gesetzt hatte, unter anderem sein Leben, aber die Tatsache, daß es nicht sein sollte, heißt nicht, daß es nicht hätte sein können.

Montlosier war weniger optimistisch. Die Verfassung sei „Tyrannei, zu einer Kunst gemacht und Regeln unterworfen". Nichtsdestoweniger hätte der Adel dazu gebracht werden können, sie zu akzeptieren, wenn man ihn nicht beleidigt und zugleich von ihm erwartet hätte, für all die Veränderungen die Rechnung zu begleichen. Einige der Revolutionäre seien darauf aus, aus der Revolution eine Karriere zu machen, andere jedoch seien bereit, sich mit dem zufriedenzugeben, was sie hatten, und einigen der ursprünglichen Anführer sei es ernst mit ihrer Bekehrung zu monarchischen Grundsätzen – aber das veröffentlichte er in einer Broschüre mit dem kompromißlosen Titel *Über die Notwendigkeit einer Gegenrevolution in Frankreich.*

Robespierre setzte seinen Glauben auf die Bereitschaft der neugewählten Deputierten, „die Rechte der Nation gegen die Arglist falscher Männer zu verteidigen, die die Freiheit nur preisen, um sie ungestraft angreifen zu können". Das Land sei immer noch voll von Heuchlern, Intriganten und ehrgeizigen Männern, deren einziges Ziel persönliche Macht sei. Die Zukunft sei düster wie eh und je, und wenn die Freiheit erhalten bleiben solle, könne dies nur durch ewiges Mißtrauen geschehen.

La Marcks Sicht glich der Robespierres spiegelverkehrt. Der König sei unfähig zu regieren, und die Königin lasse sich jede Gelegenheit, das Heft in die Hand zu nehmen, entgehen. Ihre ganze Hoffnung hänge an einer Intervention aus dem Ausland und am Glück. „Wenn man sich ihr Verhalten in Verbindung mit der wahnwitzigen Aufregung von vierundzwanzig Millionen Verrückten ansieht, wie kann man da etwas anderem entgegensehen als der beklagenswertesten Zukunft?"[82]

Das letzte Wort sollte vielleicht der Herzog de Lévis haben: „Eine Revolution ist eine sehr interessante Sache, um darüber in der Geschichte nachzulesen und sogar um zuzusehen, vorausgesetzt, man hält sich auf Distanz; aus der Nähe wird man abgestoßen von all dem Unrecht, Unglück und Verbrechen, die sie beflecken." Davon hatte es eine Menge gegeben, aber auch eine Menge Altruismus und uneigennützige Begeisterung. Die strahlenden Hoffnungen von 1789 waren nicht genug gewesen, aber der Weg zur Hölle war trotzdem mit guten *und* mit schlechten Vorsätzen gepflastert.

12 ZUSAMMENFASSUNG

Dieses Buch war nicht als eine Geschichte der Verfassunggebenden Versammlung konzipiert. Indem es ein anderes Ziel verfolgte, mußte es unvermeidlich die Aufmerksamkeit des Lesers von den beinahe unglaublichen Leistungen dieser Versammlung ablenken, die praktisch alle Institutionen Frankreichs umformte und nicht nur eine neue Gesellschaft, sondern eine neue Sicht des Menschen als soziales Wesen und neue Vorstellungen über den Wirkungskreis politischen Handelns begründete. Als Burke seine Angriffe gegen die Französische Revolution führte, meinte er, es sei unmöglich, ein ganzes Land mit den Wurzeln auszureißen und einen neuen Anfang zu machen. Die Verfassunggebende Versammlung bewies, daß der Prozeß leicht außer Kontrolle geraten konnte und daß er am Ende einen höheren Preis verlangen mochte, als irgendwer zu zahlen bereit gewesen wäre, wenn er davon gewußt hätte, aber auch, daß es möglich war. Das Ziel der Revolutionäre war es, an die Stelle einer chaotischen Hinterlassenschaft von Provinzen, Privilegien und Vorurteilen eine neue Ordnung zu setzen, die national sein sollte, rational und gegründet auf das Prinzip, daß Macht nur Männern anvertraut werden sollte, die von ihren Mitbürgern dafür ausgewählt worden waren, ob es sich um Offiziere der Nationalgarde, um Richter oder um Bischöfe handelte. Der neue Begriff von Freiheit ging darüber noch hinaus. Basierend auf dem Glauben an allen Menschen gemeinsame Grundrechte, die über das gesetzte Recht hinausreichten, brachte er religiöse Toleranz mit sich, bürgerliche und politische Rechte für Juden, die Freiheit der Presse und Sicherheit für jeden, der nicht von einem unabhängigen Gericht für schuldig befunden worden war, ein bestehendes Gesetz gebrochen zu haben. Von einer bestimmten Warte aus war die Menschenrechtserklärung nur ein Katalog von Wunschvorstellungen, aber sie war auch der Entwurf für ein konkretes Maßnahmenprogramm, das in einem Zeitraum von zwei Jahren größtenteils verwirklicht wurde. Der britische Botschafter wußte, wovon er sprach, als er im Juli 1789 schrieb, die Franzosen seien ein freies Volk geworden. Trotz der furchtbaren Schwierigkeiten, diese Wunschvorstellungen in Taten umzusetzen, in einem Land, dessen Verbindungswege und Verwaltungsverfahren, dessen Alphabetisierungsgrad und Lebensstandard nicht über ihre für das achtzehnte Jahrhundert typischen Beschränkungen hinauskonnten, Frankreich *wurde* verändert, und zwar auf eine Weise, an die viele, möglicherweise die meisten seiner gebildeten Bürger leidenschaftlich als eine Wende zum Besseren glaubten. Die neuen Institutionen wurden zum Funktionieren gebracht, und zwar dank der hingebungsvollen Begeisterung Tausender namenloser Franzosen, die glaubten, sie seien im Begriff, eine bessere Gesellschaft zu begründen, als ihre Vorfahren je gekannt hatten. Diese Institutionen faßten Fuß; sie sollten alle politischen Veränderungen des neunzehnten Jahrhunderts überdauern und die Basis für Strukturen und Mentalität des heutigen Frankreich bilden. All das wurde binnen zwei Jahren erreicht. Kein anderes Parlament hat je etwas auch nur entfernt Vergleichbares zuwege gebracht.

Das muß der Ausgangspunkt für jede Untersuchung darüber sein, wie es kommen konnte, daß diese Umwandlung das Land entzweiriß und den Weg für einen Krieg im Inneren und nach außen bereitete, und für eine Terrorherrschaft, die so ungeheuer war wie die glänzenden Hoffnungen in jener Morgendämmerung, als Wordsworth es als Glück empfand zu leben. Es würde dem Tenor von allem, was ich im Rest des Buches geschrieben habe, widersprechen, wenn ich behaupten wollte, daß im Herbst 1791 diese grausige Folge unausweichlich war. Der ganze Lauf der Revolution wurde durch den Krieg verändert, der 1791 ausbrach und fast ohne Unterbrechung bis 1815 dauerte. Der Krieg war nicht die unvermeidliche Antwort der europäischen Großmächte auf eine Bedrohung, die ihre Herrscher nicht hinnehmen konnten; er wurde von Frankreich begonnen, aus Gründen der inneren Politik. Einige von den Revolutionären waren dagegen, und die Entscheidung hätte auch gegenteilig ausfallen können. Thomas Paine, der mit soviel Eifer wie nur irgendwer sonst die Revolution begrüßt und verteidigt hatte, verstand sehr wohl, daß die Gründe, weshalb daraus ein Alptraum wurde, in ihr selbst zu finden waren. Im Frühjahr 1793 schrieb er an Danton: „Meine Verzweiflung rührt nicht von den verbündeten ausländischen Mächten her, nicht von den Intrigen des Adels und der List der Pfaffen, sondern von der tumultuösen Mißwirtschaft, mit der die inneren Angelegenheiten der gegenwärtigen Revolution betrieben werden.“ Ob dieses blutige Nachspiel bereits unausweichlich war, als die Verfassunggebende Versammlung ihre Sitzung schloß, ist ein unlösbares Problem, und vielleicht ohne Bedeutung. Alles, was der Historiker tun kann, ist zu erkennen, daß die Saat des Terrors bereits gelegt war, und zu zeigen, wie sie austrieb. Wäre das Klima nach 1791 ein anderes gewesen, die Ernte wäre anders ausgefallen. Trotzdem, die französische Gesellschaft begann bereits zu dem Zeitpunkt auseinanderzubrechen, als die erschöpften Deputierten der Verfassunggebenden Versammlung sich auf den Heimweg machten. Viele Franzosen sahen in der Revolution bereits eine unerträgliche Bedrohung. In den späteren Tagen der Versammlung hatte es zwischen den beiden Lagern keine Gesprächsbasis mehr gegeben und jede hatte der anderen ihr Existenzrecht abgestritten. Zum Schlimmsten war es noch nicht gekommen, und es hätte vielleicht nie dazu kommen müssen, aber der beinahe einhellige Glaube an die nationale Erneuerung war einem gleichermaßen allgemeinen Haß und Argwohn gewichen. Selbst in der Begeisterung lag nun eine inquisitorische Schärfe. Damit kehren wir wieder zu der Frage zurück, die ich mir zu Anfang gestellt habe: Warum?

Es ist, glaube ich, klar geworden, daß die Antwort nicht in einer Erklärung jener Art zu finden ist, wie sie sich für den Bürgerkrieg im Gefolge der Russischen Revolution anbieten läßt. Was in Frankreich geschah, ging nicht darauf zurück, daß die Führer einer gesellschaftlichen Klasse entschlossen waren, eine andere zu enteignen und auszurotten. Anfänglich sahen sich die französischen Revolutionäre als Führer einer nationalen Bewegung, deren einzige Feinde eine Handvoll Handlanger der illegitimen und diskreditierten „Ministerialdespotie" waren. Selbst als der Zweite und der Dritte Stand einander im Frühjahr 1789 in den Haaren lagen, war dies ein Streit um politische Macht und verschiedene Auffassungen über die Organisation der Gesellschaft – hierarchisch oder egalitär –, in dem das Recht der Besitzenden, sich weiterhin ihres Besitzes zu erfreuen, nicht in Zweifel gezogen wurde, auch wenn sie einige ihrer traditionellen Einkunftsquellen, die sie geneigt waren, als Besitz zu betrachten, würden aufgeben müssen. Der Adel wurde schließlich abgeschafft, aber die Adeligen wurden niemals proskribiert, noch wurde ihr Besitz beschlagnahmt, außer sie flohen ins Ausland oder wurden als Verräter hingerichtet. Wenn etliche Adelige einiges an Reichtum und Ansehen einbüßten, so war das der Tendenz nach geringfügiger als die Einbußen der britischen Mittelklasse in der Generation nach dem Zweiten Weltkrieg – wodurch sich diese aber nicht zu einem bewaffneten Aufstand veranlaßt fühlte, auch wenn einige wenige in Steuerparadiese mit angenehmem Klima „emigrierten". Einige Bauern mögen, durch die erhöhte Besteuerung, mehr verloren haben als ihre Grundherren. Es waren nicht Proskription oder unerträgliche materielle Belastungen, die Adelige in die Emigration und Bauern in die Revolte trieben.

Die Religion war eine andere Sache. Obwohl es die Absicht der Versammlung gewesen war, die Kirche eher zu reformieren als zu zerstören, stolperten die Deputierten in einen Konflikt, der vielen Franzosen die Überzeugung gab, sie hätten keine andere Wahl, als zu den Waffen zu greifen gegen eine Regierung, die entschlossen schien, etwas zu zerstören, das ihnen ein vitales Anliegen war. Das war eher das Ergebnis eines tragischen Mißverständnisses als ein Aufeinanderprall unvereinbarer Interessen.

Es gab daher keinen offensichtlich unvermeidlichen Grund, weshalb die Mitglieder der Verfassunggebenden Versammlung das Gefühl hätten haben sollen, daß ihre Ziele unvereinbar seien. Die ursprünglichen Zielsetzungen der großen Mehrheit hatten viel Gemeinsames. Was sie zunächst entzweite, war die Uneinigkeit über die Mittel, vor allem darüber, welche Machtbefugnisse der König in einer konstitutionellen Monarchie erhalten sollte, die als zugleich notwendig und wünschenswert akzeptiert war. Dieser Konflikt über die Mittel verleitete Männer ohne Erfahrung in parlamentarischer Politik dazu, großartig zur Schau gestellte Grundsätze und wichtigtuerische Gesten für bare Münze zu nehmen und übereinander Mythen zu schaffen. Ein gewisses Maß an Mythenbildung gehört immer zur parlamentarischen Politik, aber normalerweise hält das diejenigen, die einander denunziert haben, nicht davon ab, nachher miteinander einen trinken zu gehen. 1789 lagen die Dinge anders. Die Bedeutung der betroffenen Fragen, die Julikrise, die beinahe zu einem Bürgerkrieg geführt hatte, und das Fehlen jeglicher Regeln und Präzedenzien machten es den Menschen schwerer, Sein und Schein auseinanderzuhalten, aber das war nicht das einzige.

Die eifernde Bereitschaft, seine Gegner nicht nur als ihrem Wesen nach böse zu denunzieren, sondern zu glauben, daß sie das auch tatsächlich waren, war eine der Konsequenzen einer spezifischen ideologischen Entscheidung. Im Sommer 1789 verwarf die Versammlung die Auffassung, wonach es in der Politik um die ausgewogene Vertretung notwendigerweise divergenter Interessen geht, zugunsten des Glaubens an die Volkssouveränität und die Errichtung der idealen Gesellschaft. Die erstere Sicht implizierte, daß Differenzen ehrenhaft und legitim waren und daß das Ziel politischen Handelns darin bestand, sie derart zu repräsentieren, daß kein Einzelinteresse und keine Interessenkoalition in der Lage sein würde, sich die Macht des Staates zunutze zu machen, um die Zwecke der eigenen Gruppe zu erreichen. Die andere Sicht implizierte, daß jede gesunde Gesellschaft eine einhellige sei: Politik bestand darin, die *vertu* zum Gesetz zu erheben. Das französische Volk bildete eine organische Einheit mit einem einzigen Gemeinwillen. Was diesem Willen entsprach, war nicht nur im Interesse des Volkes als ganzem, sondern für jeden einzelnen Bürger moralisch verbindlich. Sobald dieser Gemeinwille einmal feststand, war Opposition dagegen mithin unlogisch, unentschuldbar und unmoralisch.

Damit erhebt sich unmittelbar die Frage, warum die Verfassunggebende Versammlung ein Credo dem anderen vorzog. Zum Teil liegt die Antwort in dem außergewöhnlichen modischen Hang zu Rousseaus Ideen, der in der gesamten gebildeten Bevölkerung verbreitet war.[83] Bis zu einem gewissen Grad hing die Antwort auch mit der Politik zusammen. Eine Politik des konstitutionellen Gleichgewichts verlangte nach einem Parlament mit zwei Häusern, wie jene in England und Amerika. Die übertriebene Darstellung der angeblichen Vorzüge der britischen Verfassung war ein Ärgernis für Deputierte, denen es nicht am Gefühl für die eigene Wichtigkeit mangelte, noch am Bewußtsein für die Größe des Werkes der nationalen Erneuerung, der sie sich verschrieben hatten. Auch sah eine bikamerale Versammlung für den Dritten Stand aus wie die Rückkehr zum System getrennter Stände, dessen Beseitigung notwendig gewesen war, um den ganzen revolutionären Prozeß überhaupt in Gang zu bringen. Der Landadel sah darin die Schaffung eines Oberhauses zum Nutzen der Hofaristokratie. Die Politik des Ausgleichs verlangte auch, dem König ein Vetorecht gegen Gesetzesbeschlüsse und die Macht zur Auflösung der Versammlung zuzugestehen. Es war nicht unbillig, wenn man davor zurückschreckte, eine solche Autorität einem Mann anzuvertrauen, der gerade erst Necker entlassen hatte. Was immer die theoretischen Vorzüge der britischen Verfassung sein mochten, England und Frankreich waren zwei verschiedene Länder mit unterschiedlichen politischen Traditionen, und was in einem davon erträglich gut funktionierte, ließ sich nicht einfach in das andere exportieren. Das war etwas, das Burke, ebenso wie die *Monarchiens,* nicht begriff. Aus allen möglichen Gründen konnte man nicht erwarten, daß die britische Pflanze in französischem Boden Wurzeln schlug, wie Burke mit seiner Vorliebe für organische Metaphorik hätte begreifen müssen. Man konnte von den französischen Deputierten nicht erwarten, sich den Fortschritt als schrittweise Verbesserung aufgrund von Erfahrungswerten aus der Vergangenheit vorzustellen. Sie *hatten* keine Erfahrungswerte, oder zumindest keine, von denen sie nicht entschlossen gewesen wären, sie nicht gelten zu lassen. Ihre Mission war, eine Verfassung für ein Land zu entwerfen, das noch nie eine gehabt hatte.

Wenn ihre ideologische Entscheidung von den Bedürfnissen der Politik beeinflußt gewesen war, so wurde sie, einmal getroffen, zu einer eigenständigen politischen Kraft. Die Volkssouveränität hatte oberflächlich einen Klang von Modernität und sollte noch die politischen Theoretiker und revolutionären Aktivisten des neunzehnten Jahrhunderts inspirieren. In Wahrheit bedeutete sie eine Entscheidung für das Vergangene, für eine Sicht der Dinge, die über Rousseau und Machiavelli auf die klassischen Republiken Griechenlands und Roms zurückgriff. Wie Montesquieu erkannt hatte, war es die andere Anschauung, die, trotz ihres Anscheins von schäbigem Zweckdenken und der Verherrlichung des Status quo, den Bedürfnissen einer ausgeglichenen, aber vielfältigen und wirtschaftlich unabhängigen Gesellschaft entsprach. Die Volkssouveränität hatte auch noch einen anderen Nachteil: Sie führte unausweichlich in eine logische Sackgasse. Wenn, wie Rousseau gemeint hatte, die Souveränität unveräußerlich war, und nicht von einem Volk auf seine Vertreter übertragen werden konnte, ließ sie sich wirksam nur in einem Stadtstaat ausüben. Jede andere Regierungsform als eine direkte Demokratie würde stets Gefahr laufen, den Gemeinwillen zu mißdeuten. Man konnte Mittel ersinnen, das zu beheben, durch häufige Wahlen, das Recht von Wählern, ihre Deputierten abzuberufen, und Volksabstimmungen über Gesetze, aber nur in einem beschränkten Umfang. Die Volkssouveränität verlangte logischerweise nach imperativen Mandaten, was jede Art von repräsentativer Regierungsform funktionsunfähig gemacht hätte. Ihre Befürworter konnten, wenn sie sich einem Aufstand gegenübersahen, nur abwarten, ob er Erfolg hatte, ehe sie sich entschieden, ob er den Gemeinwillen widerspiegelte oder nicht. Bei ihrem Versuch, dem einen Horn des Bullen zu entgehen, rannten die Deputierten in das andere geradewegs hinein. Wenn man sich über Rousseau hinwegsetzte, wie sie es taten, und behauptete, daß der Gemeinwille sich nur in einer Versammlung erweisen könne, die die gesamte Nation repräsentierte, wurde die Souveränität von den Wählern auf die Gewählten übertragen. Wann immer die Versammlung entdeckte, daß sie sich nicht im Einklang mit der öffentlichen Meinung befand, würde diese es sein, die im Irrtum war, was die Deputierten verpflichtete, sie auf Linie zu bringen, durch Erziehung oder durch Zwang. Das wurde erst 1793 offizielles Dogma, aber es war in den Debatten der Verfassunggebenden Versammlung bereits mehr als nur angedeutet.

Es hat nicht viel Sinn, der Versammlung Vorwürfe zu machen, weil sie sich für die Möglichkeit entschied, für die sie sich entschied, außer man kann auf eine bessere verweisen, und es gab keine. Die Probleme der Zuweisung von Souveränität und der Legimitätsgrenzen in einem modernen Staat *sind* unlösbar. Die Dinge funktionieren, weil die, die sie am Funktionieren halten, einen Bogen machen um „tiefe Fragen, die an endlos Kummer rühren". Parteien kommen üblicherweise überein, sich bei ihrer Arbeit in einem Rahmen von Präzedenzien zu halten. Wenn sie sich über Grundsatzfragen streiten, so sind die Dinge, um die es dabei geht, meist kleinere Grenzkonflikte. Wenn es dabei um etwas Grundsätzlicheres geht, wird eine Wählerschaft, die mit ihrer Verfassung einigermaßen zufrieden ist – was immer sie auch von einer bestimmten Regierung halten mag – sich von einer Partei abwenden, die versucht, das Boot zum Kentern zu bringen. Wenn die Wähler das Gegenteil tun, dann kann weder Politik noch Ideologie verhindern, daß das Land auseinanderfällt. Hier stimmen Rousseau und Burke ganz überein.[84] Wenn der Gemeinwille die unausgesprochene Übereinkunft in sich schließt, daß die Politik sich bis auf weiteres in einem traditionell akzeptierten Rahmen hält, werden nur solche Veränderungen akzeptabel sein, die diesen Rahmen respektieren. Wenn die öffentliche Meinung dahin gelangt, ihn zu verwerfen, wird sie das System zum Einsturz bringen.

Im Frankreich des Sommers 1789 gab es keine Vergangenheit, auf die sich irgend jemand als Legitimitätsnachweis hätte berufen mögen. Hinter den Deputierten lagen die aufmunternden und fast unglaublichen Triumphe des Juli. Vor ihnen lag eine Zukunft, deren Möglichkeiten grenzenlos schienen. Wenn etwas verwunderlich ist, dann, daß einige der Helden der ersten Stunde, Mounier etwa, der den Eid auf dem Tennisplatz angeregt hatte, meinten, Frankreich wäre nicht schlecht bedient, wenn es aus diesem schwindelerregenden Abenteuer mit einer Verfassung hervorginge, die nicht schlechter sei als die englische. Von der Mehrheit der Versammlung zu erwarten, sie würde sich mit so wenig zufriedengeben, war zuviel verlangt. Es überrascht nicht, daß sie sich lieber an Sieyès Ermahnung hielt, nach „Idealbeispielen des Schönen und Guten" zu streben. Das war es, was der Revolution ihre einzigartige Resonanz verschaffte, in Frankreich und in der ganzen Welt.

Das hatte seinen Preis. Vielleicht war es die Möglichkeit einer Erneuerung, das Streben nach *vertu* und die Einhelligkeit der idealen Gesellschaft, was den Deputierten den Mut gab, soviel zu wagen – und zu erreichen. Ganz unvermeidbar ließen ihre hochfliegenden Bestrebungen, ihr Glaube an einen Gemeinwillen und ihr oftmals berechtigtes Gefühl, selbstlos der Sache zu dienen, keinen Raum für Opposition. Die Minderheit und jene, die gegen ihren Willen erneuert wurden, protestierten, die Versammlung habe die Macht an sich gebracht, indem sie sie dem Volk gestohlen habe, in dessen Namen sie behauptete, sie auszuüben. Es war die lichte Höhe ihrer Aspirationen, was Männer dazu brachte, in ihren Gegnern die Inkarnation des Bösen zu sehen, und damit der Revolution ihre tragische Dimension gab. Wenn die Versammlung an ihrer unmöglichen Aufgabe scheiterte, eine nationale Erneuerung durch Konsens herbeizuführen, so hatte das viel mehr mit dem zu tun, was ihre besten Tugenden, als mit dem, was ihre schlimmsten Fehler waren. Konterrevolutionäre sollten die Revolution zuletzt satanisch nennen, und sie hatten recht auf eine Weise, die sie wohl nicht im Sinn gehabt hatten, denn Satan war ein Engel, ehe er zum Rebellen wurde, und seine Sünde war, daß er die Grenzen nicht erkennen wollte, über die hinaus nicht einmal er gelangen konnte.

Anmerkungen

1 Correspondance inédite. Hg. v. H. Carré. – Paris 1932, S. 43.
2 Offrande à la patrie. In: *C. Vellay* (Hg.): Les Pamphlets de Marat. – Paris 1911, S. 21.
3 Plan de conduite pour les députés du peuple aux Etats-Généraux de 1789. o. O. 1789, S. I, VI.
4 Despatches from Paris. Hg. v. O. Browning. 2 Bde. – London 1910, Bd. II., S. 243.
5 Diese Information verdanke ich meinem Freund Dr. John Addy.
6 E. J. Sieyès: Politische Schriften 1788–1790, Übers. u. hg. v. E. Schmittl u. R. Reichhardt. 2. Aufl. – München 1981, S. 190.
7 Collection des écrits: édition à l'usage de l'Allemagne. – Paris o. J., S. 4.
8 Zu diesem Thema siehe *N. Hampson:* Will and Circumstance: Montesquieu, Rousseau and the French Revolution. – London 1983.
9 *E. S. Sieyès:* Politische Schriften 1788–1790, S. 169.
10 Siehe *W. Doyle:* Origins of the French Revolution. – Oxford 1980, Kap. 6, 7, 9 und 12, sowie *P. Goubert* u. *D. Roche*: Le Français et l'Ancien Régime. 2 Bde. – Paris 1984, Bd. II, S. 295–339.
11 Siehe *G. Chaussinand-Nogaret:* The Nobility in Eighteenth-century France (engl. Übers.). – London 1985, Kap. 5.
12 Für eine Untersuchung über die letztgenannte Gruppe siehe *R. Foster:* The Nobility of Toulouse in the Eighteenth Century. – Baltimore 1960.
13 Types of capitalism in eighteenth-century France. In: English Historical Review. 79 (1964); Non-capitalist wealth and the origins of the French Revolution. In: American Historical Review. 72 (1967).
14 *Anonymus:* Notice sur la vie de Sieyès. – Schweiz/London 1795, S. 15 f.
15 Très-humbles et très-respectueuses représentations de l'Ordre des Avocats au Parlement de Bretagne au Roi. – Rennes 1788.
16 Extrait des respectueuses représentations à Monseigneur le Garde des Sceaux des Officiers du Bailliage d'Orbec. – o. O., o. J.
17 *A. F. Bertrand de Moleville:* Histoire de la Révolution de France pendant les dernières années du Règne de Louis XVI. 10 Bde. – Paris 1801, Bd. I, S. 366–376.
18 Enthalten im: Recueil de diverses pièces concernant la révolution du 8 mai 1788. John Rylands Library, Manchester.
19 De la Révolution française. – Paris 1797, S. 19.
20 L'Esprit de la révolution de 1789. – Paris 1831, S. 4.
21 Für zusätzliche Informationen über diesen Konflikt ist *J. Droz:* Histoire du Règne de Louis XVI. – Brüssel 1839, immer noch lesenswert, ebenso *A. Chérest:* La Chute de l'Ancien Régime. 3 Bde. – Paris 1884. Für neuere Darstellungen siehe *J. Egret:* La Pré-Révolution française, 1787-8. – Paris 1962, und *A. Goodwin:* Calonne, the Assembly of the French Notables of 1787 and the origins of the „révolte nobilitaire". In: English Historical Review 61 (1946). Sehr viel Information habe ich auch aus dem: Recueil de pièces intéressantes pour servir à l'histoire de la révolution en France. John Rylands Library, Manchester, bezogen.
22 Siehe seine überaus interessante Untersuchung: Les Sociétés de pensée et la révolution en Bretagne. 2 Bde. – Paris 1925.
23 *Mounier:* Exposé de la conduite de M. Mounier dans l'Assemblée Nationale et des motifs de son retour en Dauphiné. – Paris 1789; Recherches sur les causes qui ont empêché les Français de devenir libres. – Genf 1792; De l'influence attribuée aux Philosophes, aux Francs-Maçons et aux Illuminés sur la Révolution de France. – Tübingen 1801.
24 A la nation Française. o. O. November 1788.
25 Les lois civiles et l'administration de la justice, ramenées à un ordre simple et uniforme; und: Essai sur le marriage. In: Œuvres. – Paris, an I (im Jahre I = 1793).
26 Die Informationen betreffend das Artois stammen aus den Archives Nationales, Serie B^{a}15, C 12,

C 14, H 38, und aus der Lokalzeitung: Annonces, Nouvelles et Avis divers pour la Province d'Artois, la Boulonnais et le Cambrésis.

27 Souvenirs sur Marie Antoinette. 4 Bde. – Paris 1836.

28 Zu diesen Verfassungsdebatten siehe nächstes Kapitel.

29 Der Historiker *Buchez* aus dem neunzehnten Jahrhundert zitiert in: Histoire de l'Assemblée Constituante. 3 Bde. – Paris 1846, Bd. I, S. 371, aus der Zeitung „L'Ami du Roi" und meint, der erste dieser Angriffe habe sich schon am 11. Juli ereignet, noch bevor die Nachricht von der Entlassung Neckers Paris erreichte. Das ist vermutlich ein Irrtum.

30 Dazu siehe *G. Lefebvre:* La Grande Peur. – Paris 1932.

31 *F. Freddi:* La Presse parisienne et la nuit du 4 Août. In: Annales Historiques de la Révolution française. 259 (1985), S. 46.

32 Für eine sehr scharfsichtige Beschreibung dieses Wertekonflikts, auch wenn sie sich auf einen späteren Zeitpunkt bezieht, siehe *C. Lucas:* Themes in southern violence after 9 thermidor. In: *G. Lewis* u. *C. Lucas:* Beyond the Terror. Cambridge University Press 1983.

33 Siehe *R. Lacour-Gayet:* Talleyrand, 1754–1838. 4 Bde. – Paris 1929.

34 Siehe *A. Mathiez:* Etude critique sur les Journées des 5 et 6 octobre, 1789: In: Revue Historique. 67 (1898), 68 (1899).

36 Für den genauen Text siehe: Œuvres de Maximilien Robespierre. Hg. v. M. Bouloiseau, G. Lefebvre u. A. Soboul. – Paris 1950, Bd. VI, S. 86–95.

36 Œuvres. Hg. v. Béranger de la Drôme. 4 Bde. – Paris 1843.

37 Siehe *R. L. Meek:* Social Science and the Ignoble Savage. Cambridge 1976.

38 Siehe *K. Margerison:* P. L. Roederer: the industrial capitalist as revolutionary. In: Eighteenth-century Studies. II (1978), und: P. L. Roederer: political thought and practice during the French Revolution. In: Transactions of the American Philosophical Society. 73 (1983), Teil I.

39 Zum Beispiel *G. V. Taylor* in: Types of capitalism in eighteenth-century France. In: English Historical Review. 79 (1964), und: Non-capitalist wealth and the origins of the French Revolution. In: American Historical Review, 72 (1967).

40 Siehe oben S. 83.

41 Siehe den aufschlußreichen Artikel von *Alison Patrick:* The approach of French revolutionary officials to social problems. In: Australian Journal of French Studies. 18 (1981), Nr. 1.

42 Siehe *D. M. G. Sutherland:* The Chouans. Oxford University Press 1982.

43 Über die Religionsregelung, die in Kapitel 9 ausführlich erörtert wird, siehe *T. Tackett*: Religion, Revolution and Regional Culture in eighteenth-century France. Princeton 1986.

44 Siehe die sehr scharfsichtige Untersuchung über die bäuerliche Mentalität von *C. Lucas:* Themes in southern violence after the 9 thermidor. In: *G. Lewis* u. *C. Lucas:* Beyond the Terror. – Cambridge 1983.

45 Siehe *A. Forrest:* The French Revolution and the Poor. – Oxford 1981, und: *C. Jones:* Charity and Bienfaisance: the treatment of the poor in the Montpellier region, 1740–1815. – Cambridge 1982.

46 Über die Sklaverei, den Sklavenhandel und Französisch-Westindien siehe die Arbeiten von *G. Debien,* besonders: Les Colons de Saint Domingue et la Révolution. Essai sur le Club Massiac. – Paris 1953.

47 Zur Erörterung des Einflusses der Ideologie, insbesondere der Rousseauistischen, auf die Revolution insgesamt siehe *F. Furet:* Understanding the French Revolution (engl. Übers.). – Cambridge 1981, und *N. Hampson:* Will and Circumstance: Montesquieu, Rousseau and the French Revolution. – London 1983.

48 Siehe oben S. 93–96.

49 *D. Wick:* The court nobility and the French Revolution. In: Eighteenth-century Studies. 10 (1980).

50 Essai sur l'art de constituer les peuples. – Paris 1790, S. 15 f.

51 Siehe *N. Hampson:* The French Revolution and the nationalization of honour. In: War and Society: historical essays in honour of the memory of J. R. Western, 1928–1971, hg. v. M. D. R. Foot. – London 1973.

52 Über Mounier siehe *J. Egret:* La Révolution des Notables: Mounier et les Monarchiens. – Paris 1950.
53 Die ausführlichste Darstellung der Aktivitäten Lafayettes findet sich in den Arbeiten von *L. Gottschalk,* alle erschienen in Chicago: Lafayette between the American and the French Revolutions. 1950; zusammen mit *M. Maddox:* Lafayette in the French Revolution, through the October Days. 1969; Lafayette in the French Revolution: from the October Days through the Federation. 1973.
54 Siehe *G. Michon:* Essai sur l'histoire du parti feuillant: Adrien Duport. – Paris 1924. Über den Versuch, zu einem Kompromiß mit dem König zu gelangen, siehe unter Kap. 10 und 11.
55 Da es keine wirklich gute Biographie gibt, ist die beste Quelle über Mirabeau immer noch: Correspondance entre le comte de Mirabeau et le comte de La Marck. Hg. v. A. de Bacourt. 3 Bde. – Paris 1851.
56 Über die Veröffentlichung der Schriften, die Mirabeau aus Berlin mitbrachte, siehe oben S. 65.
57 *P. und P. Guirault de Coursac* haben in: Enquête sur le procès du Roi Louis XVI. – Paris 1982, S. 202–205, behauptet, allein die Königin sei in Kontakt zu Mirabeau gewesen, obwohl sie ihn glauben gemacht habe, daß auch der König beteiligt sei. Das würde bedeuten, daß etliche Leute ohne ersichtlichen Grund über längere Zeit hinweg gelogen haben mußten, und es gibt auch keine Erklärung, wie Marie Antoinette das Geld auftrieb, um Mirabeau zu bezahlen.
58 Siehe *N. Hampson:* The French Revolution and the nationalization of honour. In: War and Society. Hg. v. M. D. R. Foot. – London 1973, und G. Best: Honour among Men and Nations. – Toronto 1982.
59 Despatches from Paris, 1784–1790. Hg. v. O. Browning. – London 1910.
60 Für eine Darstellung der Ereignisse in Avigon und Venaissin siehe A. Mathiez: Rome et le Clergé français sous la Constituante. – Paris 1911.
61 Siehe unten Kap. 9.
62 Journal d'Adrien Duquesnoy. Hg. v. R. de Crèvecœur. 2 Bde. – Paris 1894, Bd. I, S. 307, 426.
63 Essai sur l'art de constituer le peuples. – Paris 1790, Anhang.
64 Correspondance. Hg. v. A. Montier. – Paris 1899, S. 52, 127, 145, 147.
65 Siehe *J. McManners:* Jansenism and politics in the eighteenth century. In: Studies in Church History. Nr. 12/1975.
66 Légitimité du serment civique. – Paris 1791, S. 4, 5, 31.
67 Siehe *A. Mathiez:* Rome et le clergé français sous la Constituante. – Paris 1911.
68 Siehe *G. Lewis:* The Second Vendée. – Oxford 1978.
69 Correspondance inédite. Hg. v. H. Carré. – Paris 1932, S. 307 f.
70 Siehe unten S. 207.
71 Eine offensichtliche Anspielung auf eine eindrucksvolle Stelle im vierten Buch von „Vom Geist der Gesetze".
72 Correspondance entre le comte de Mirabeau et le comte de La Marck. Hg. v. A. de Bacourt. 3 Bde. – Paris 1851, Bd. II, S. 382–385.
73 Ebd. Bd. II, S. 414–504.
74 Zitiert in: *P. u. P. Girault de Coursac:* Enquête sur le procès du Roi Louis XVI. – Paris 1982, S. 258.
75 *J. Dreyfus:* Le manifeste royal du 20 juin 1791. In: *Revue Historique.* 77 (1908).
76 Obwohl sie immer wieder erzählt wird, ist die Geschichte von der Flucht des Königs nach wie vor umstritten. Die Darstellung von *P. und P. Girault de Coursac* in: Sur la route de Varennes. – Paris 1984, ist schwerlich glaubhaft, enthält jedoch genug dokumentarisches Beweismaterial, um erkennen zu lassen, daß noch nicht alles bekannt ist.
77 Siehe *G. Michon:* Essai sur l'histoire du Parti feuillant: Adrien Duport. – Paris 1924.
78 Für die beste Darstellung der extrem komplizierten Situation in Paris siehe *A. Mathiez*: Le Club des cordeliers pendant la crise de Varennes et le massacre du Champ de Mars. – Paris 1910, und *M. Reinhard:* La Chute de la Royauté. – Paris 1969, Teil 1.
79 Für diesen Briefwechsel siehe: Louis XVI, Marie Antoinette et Madame Elisabeth: Lettres et documents inédits. Hg. v. Feuillet de Conches. 4. Bde. – Paris 1864, Bd. II passim, und: Marie Antoi-

nette et Barnave: Correspondance secrète. Hg. v. A. Söderjhem. – Paris 1934. Einige der Dokumente, die Feuillet de Conches zitiert, stammen offenbar aus eigener Erzeugung.

80 Malouet: Mémoires. 2 Bde. – Paris 1874, Bd. II, Kap. 17.

81 Introduction à la Révolution française: In: Œuvres. Hg. v. Béranger de la Drôme. 4 Bde. – Paris 1843, Bd. I, S. 201–207.

82 Correspondance entre le comte de Mirabeau et le comte de La Marck. Hg. v. A. de Bacourt. 3 Bde. – Paris 1851, Bd. III, S. 247–249.

83 Für eine Untersuchung darüber siehe *R. Barny:* Rousseau dans la Révolution: le personnage de Jean-Jacques et les débuts du culte révolutionnaire (1787–1791). – Oxford 1986.

84 Siehe *D. Cameron:* The Social Thought of Rousseau and Burke. – London 1973.

Bibliographie

Was die Debatten in der Verfassunggebenden Versammlung anlangt, so habe ich mich in der Hauptsache auf die Berichte im *Moniteur* verlassen, ergänzt durch die Ausgaben der Reden einiger Deputierter sowie durch die Serie 8^0Lc^{29} in der *Bibliothèque Nationale*. Diese enthält die Texte der Reden, die von der Versammlung zur Veröffentlichung bestimmt wurden, zusammen mit anderen, die von den Deputierten privat herausgebracht wurden, zumeist wenn es ihnen nicht möglich war, sie im Plenum zu halten.

Primärliteratur

Adhémar, Comtesse d': Souvenirs sur Marie Antoinette. 4 Bde. – Paris 1836.

Bailly, J.-S.: Mémoires d'un témoin de la Révolution. 3 Bde. – Paris 1804.
Barère, B.: Le Point du Jour (Zeitung).
Barère, B.: Montesquieu peint d'après ses ouvrages. – Schweiz, Jahr V = 1797.
Barnave, A.: Œuvres. Hg. v. Béranger de la Drôme. 4 Bde. – Paris 1843.
Besenval, P.-J.-V.: Mémoires. 2 Bde. – Paris 1821.
Bouillé, F.-C.-A.: Memoirs Relating to the French Revolution. – London 1797.
Brissot, J.-P.: Plan de conduite pour les députés du peuple aux Etats-Généraux de 1789. – o. O. 1789.
Browning, O.: Despatches from Paris, 1784–1790. 2 Bde. – London 1910.

Camus, A.-G.: Mes pensées et ma Déclaration sur la religion. – Paris o. J.
Chastenay, Mme. de: Mémoires. 2 Bde. 3. Aufl. – Paris 1896.
Chevallier, P. (Hg.): Journal de l'Assemblée des Notables de 1787. – Paris 1960.
Creuzé-Latouche, J.-A.: Journal des Etats-Généraux. – Paris 1946.

Desmeuniers, J.-N.-D.: Avis aux députés qui doivent représenter la nation dans l'Assemblée des Etats-Généraux. – o. O. 1789.
Dubois-Crancé, E.-L.-A.: Le Véritable Portrait de nos législateurs. – Paris 1792.
Dumont, E.: Souvenirs sur Mirabeau. Hg. v. J. Bénétruy. – Paris 1951.
Duquesnoy, A.: Journal. Hg. v. R. de Crèvevœur. 2 Bde. – Paris 1984.

Ferrières, C.-E.: Correspondance inédite. Hg. v. H. Carré. – Paris 1932.
Ferrières, C.-E.: Mémoires. 3 Bde. – Paris 1821.

Gower, Earl: Despatches, Hg. v. O. Browning. – Cambridge 1885.
Grégoire, H.-B.: Avis aux citoyens des campagnes du département de Mont Blanc. – o. O., o. J.
Grégoire, H.-B.: Légitimité du serment civique. – Paris 1791.

Lafayette M.-J.-P.-Y.-R.-G.-M.: Mémoires, correspondance et manuscrits. 6 Bde. – Paris 1837–1838.
Lally-Tollendal, T.-G.: Notice historique sur la vie de M. Mounier. – o. O., o. J.
Lameth, Alexandre de: Histoire de l'Assemblée Constituante. 2 Bde. – Paris 1818–1819.
Lanjuinais, J.-D.: Examen du 8è chapitre du Contrat Social de J.-J. Rousseau. – Paris 1825.
Lanjuinais, J.-D.: Œuvres. Hg. v. V. Lanjuinais. 4 Bde. – Paris 1832.
Lindet, T.: Correspondance. Hg. v. A. Montier. – Paris 1899.
Louis XVI, Marie Antoinette et Mme Elisabeth. Lettres et documents inédits. Hg. v. Feuillet de Conches. 4 Bde. – Paris 1864.

Malouet, P.-V.: Collections des opinions de M. Malouet. 2 Bde. – Paris 1791.
Malouet, P.-V.: Mémoires. 2 Bde. – Paris 1874.
Marat, J.-P.: Les pamphlets de Marat. Hg. v. C. Vellay. – Paris 1911.
Marie Antoinette et Barnave. Correspondance secrète. Hg. v. A. Söderhjelm. – Paris 1934.
Maury, J.-S.: Opinion sur la souveraineté du peuple. – Avignon 1852.
Mirabeau, H.-G.-R.: Correspondance entre le comte de Mirabeau et le comte de La Marck. Hg. v. A. de Bacourt. 3 Bde. – Paris 1851.
Mirabeau, H.-G.-R.: Collection complète des travux de M. Mirabeau l'aine à l'Assemblée Nationale. 5 Bde. – Paris 1791–92.
Moleville, B. de: Histoire de la Révolution de France pendant les dernières années du Règne de Louis XVI. 10 Bde. – Paris 1801.
Montlosier, F.-D.-R.: De la nécessité d'une contre-révolution en France.
Montlosier, F.-D.-R.: Essai sur l'art de constituer les peuples. – Paris 1790.
Montlosier, F.-D.-R.: Mémoires. 2 Bde. – Paris 1830.
Mounier, J.-J.: De l'influence attribuée aux Philosophes, aux Franc-Maçons et aux Illuminés sur la Révolution de France. – Tübingen 1801.
Mounier, J.-J.: Exposé de la conduite de M. Mounier dans l'Assemblée Nationale et des motifs de son retour en Dauphiné. – Paris 1789.
Mounier, J.-J.: Recherches sur les causes qui ont empêché les Français de devenir libres. 2 Bde. Genf 1792.

Necker, J.: De la Révolution française. – Paris 1797.

Pétion, J.: Apperçu sur la situation politique actuelle de la France. – o. O. 1790.
Pétion, J.: Avis aux Français sur le salut de la patrie. – o. O. 1788.
Pétion, J.: Œuvres, 3 Bde. – Paris, Jahr I = 1793.

Rabaut Saint-Etienne: Précis historique de la Révolution française, 6. Aufl. – Paris 1813.
Rabaut Saint-Etienne: Considérations sur les intérêts du Tiers-Etat, adressées au peuple des provinces par un propriétaire foncier. o. O. 1788.
Recueil de pièces intéressantes. – Sens 1788.
Recueil de pièces interessantes pour servir de l'histoire de la Révolution de France. Bde. 1–9. John Rylands Library. Manchester.
Robespierre, M.: Œuvres, Bd. II. Hg. v. E. Lesueur. – Paris 1914; Bd. VI. Hg. v. M. Bouloiseau, G. Lefebvre u. A. Soboul. – Paris 1950.
Roederer, P.-L.: L'Esprit de la Révolution de 1789. – Paris 1831.

Sieyès, E.-J.: Collection des Ecrits. – Paris o. J.

Vaudreuil, J.-H. de R.: Correspondance entre le comte de Vaudreuil et le comte d'Artois pendant l'Emigration. Hg. v. L. Pingaud. 2 Bde. – Paris 1889.

Sekundärliteratur

Alexeev-Popov: Le Cercle Social 1790–91. In: Recherches Soviétiques. 1956.
Aulard, A.: La Société des Jacobins. Bde. 1–2. – Paris 1889.

Barny, R.: J. J. Rousseau dans la Révolution française, 1789–1801. – Paris 1977.
Barny, R.: Rousseau dans la Révolution: le personnage de Jean-Jacques et les débuts du culte révolutionnaire (1787–1791). – Oxford 1986.
Best, G.: Honour among Men and Nations. – Toronto 1982.
Blum, C.: Rousseau and the Republic of Virtue. – Ithaca, NY 1986.
Braesch, F.-R.: 1789, L'année cruciale. – Paris 1940.
Braesch, F.-R.: Les pétitions du Champ de Mars. In: Revue Historique. 1923.

Buchez, P.-J. B.: Histoire de la Constituante. 2. Aufl. – Paris 1846.
Bus, C. du: Stanislas de Clermont-Tonnerre et l'échec de la Révolution monarchique. – Paris 1931.

Cameron, D.: The Social Thought of Rousseau and Burke. – London 1973.
Caron, P.: La Tentative de contre-révolution de juin-juillet 1789. In: Revue d'Histoire Moderne. 1906–07.
Chaussinand-Nogaret, G.: Mirabeau. – Paris 1982. (dt. Stuttgart 1987)
Chaussinand-Nogaret, G.: The Nobility in Eighteenth-century France (engl. Übers.). – London 1985.
Chérest, A.: La Chute de l'Ancien Régime. 3 Bde. – Paris 1884.
Cochin, A.: Les Sociétés de pensée et la révolution en Bretagne. – Paris 1925.
Coursac, P. u. P. *Girault de:* Enquête sur le procès du Roi Louis XVI. – Paris 1982.
Coursac, P. u. P. *Girault de:* L'Education d'un Roi: Louis XVI. – Paris 1972.
Coursac, P. u. P. *Girault de:* Sur la route de Varennes. – Paris 1984.

Dansette, A.: Histoire religieuse de la France contemporaine. 3. Aufl. – Paris 1965.
Doyle, W.: Origins of the French Revolution. – Oxford 1980.
Doyle, W.: The Ancien Régime. – London 1986.
Doyle, W.: The Parlement of Bordeaux and the End of the Old Régime 1771–90. – London 1974.
Dreyfus, J.: Le manifeste royal du 20 juin 1791. In: Revue Historique. 77 (1908).
Droz, J.: Histoire du Règne de Louis XVI. – Brüssel 1839.

Egret, J.: La Pré-Révolution française, 1787–88. – Paris 1962.
Egret, J.: La Révolution des Notables: Mounier et les Monarchiens. – Paris 1950.
Egret, J.: Necker. – Paris 1975.

Flammermont, J.: Le Second Ministère de Necker. In: Revue Historique. 77 (1908).
Forrest, A.: The French Revolution and the Poor. – Oxford 1981.
Freddi, F.: La Presse parisienne et la nuit du 4 août. In: Annales Historiques de la Révolution française. 1985.
Furet, F.: Understanding the French Revolution (engl. Übers.). – Cambridge 1981.

Godechot, J.: La Prise de la Bastille. – Paris 1965.
Gooch, R. K.: Parliamentary Government in France: Revolutionary Origins 1789–91. – New York 1960.
Goodwin, A.: Calonne, the Assembly of the French Notables of 1787 and the origins of the „révolte nobilitaire". In: English Historical Review. 61 (1946).
Gottschalk, L.: Lafayette between the American and French Revolutions. – Chicago 1950.
Gottschalk L. u. M. *Maddox*: Lafayette in the French Revolution: through the October days. – Chicago 1969.
Gottschalk L. and M. *Maddox:* Lafayette in the French Revolution: from the October Days through the Federation. – Chicago 1973.
Goubert, P.: L'Ancien Régime. – Paris 1965.
Goubert, P. und D. *Roche:* Les Français et l'Ancien Régime. 2 Bde. – Paris 1984.
Gruder, V. R.: A mutation in elite political culture: the French Notables and the defence of property. In: Journal of Modern History. 1984.

Hampson, N.: The French Revolution and the nationalization of honour. In: War and Society: historical essays in honour of the memory of J. R. Western, 1928–1971. Hg. v. M. D. R. Foot. – London 1973.
Hampson, N.: Will and Circumstance: Montesquieu, Rousseau and the French Revolution. – London 1983.
Higonnet, P.: Class, Ideology and the Rights of the Nobles during the French Revolution. – Oxford 1981.
Higonnet, P. and J. *Murphy:* Notes sur la composition de l'Assemblée Constituante, In: Annales Historiques de la Révolution française. 1973.

Higonnet P. and J. *Murphy*: Les Députés de la noblesse aux Etats-Généraux de 1789. In: Revue d'Histoire Moderne et Contemporaine. 1973.
Hulliung, M.: Montesquieu and the Old Régime. – Berkeley 1976.
Hutt, M. E.: The curés of the Third Estate: Ideas of Reform in the Pamphlets of the French lower Clergy. In: Journal of Ecclesiastical History. 1957.
Hutt, M. E.: The role of the curés in the Estates General of 1789. In: Journal of Ecclesiastical History. 1955.

Kates, G.: The Cercle Social, the Girondins and the French Revolution. – Princeton, NY 1985.
Kennedy, M. L.: The Jacobin Clubs in the French Revolution. The First Years. – Princeton, NY 1982.

Latreille, A.: L'Eglise catholique et la Révolution française. Bd. 1. – Paris 1946.
Lefebvre, G.: La Grande Peur. – Paris 1932.
Le May, E.: La Composition de l'Assemblée Nationale Constituante: les hommes de la continuité. In: Revue d'Histoire Moderne et Contemporaine. 1977.
Lever, E.: Louis XVI. – Paris 1986.
Ligou, D.: A propos de la Révolution municipale. In: Revue d'Histoire Economique et Sociale. 1960.

McManners, J.: Jansenism and politics in the eighteenth century. In: Studies in Church History. 1975.
McManners, J.: The French Revolution and the Church. – London 1969.
Margerison, K.: P.-L. Roëderer: the industrial capitalist as revolutionary. In: Eighteenth-century Studies. 1978.
Margerison, K.: P.-L. Roederer: political thought and practice during the French Revolution. In: Transactions of the American Philosophical Society. 1983.
Mathiez, A.: Contributions à l'histoire religieuse de la Révolution française. – Paris 1907.
Mathiez, A.: Etude critique sur les journées des 5 et 6 octobre 1789. In: Revue Historique. 67 (1898), 68 (1899).
Mathiez, A.: Le Club des cordeliers pendant la crise de Varennes et le massacre du Champ de Mars. – Paris 1910.
Michon, G.: Essai sur l'histoire du parti feuillant: Adrien Duport. – Paris 1924.

Neckeles: The curés in the Estates General of 1789. In: Journal of Modern History. 1974.

Oelsner, C. E.: Notice sur la vie de Sieyès. – Schweiz, London 1795.

Patrick, A.: The approach of the French revolutionary officials to social problems. In: Australian Journal of French Studies. 18 (1981) Nr. 1.
Préclin, E.: Les Jansénistes du dix-huitième siècle et la Constitution Civile du Clergé. – Paris 1928.

Reinhard, M.: La Chute de La Royauté. – Paris 1969.
Roberts, J. M.: French Revolution Documents. Bd. 1. – Oxford 1966.
Rodmell, G. E.: Laclos, Brissot and the petition of the Champ de Mars. In: Studies on Voltaire and the Eighteenth Century. 1980.

Schmitt, E. u. R. *Reichard* (Hg.): Die Französische Revolution – zufälliges oder notwendiges Ereignis? – München 1983.
Söderhjelm, A.: Fersen et Marie Antoinette. – Paris 1930.
Stone, B.: The French Parlements and the Crisis of the Old Regime. – Chapel Hill 1986.
Sutherland, D. M. G.: France, 1789–1815. – London 1985.

Tackett, T.: Religion, Revolution and Regional Culture in Eighteenth-century France. – Princeton, NY 1986.
Talmon, J. L.: The Origins of Totalitarian Democracy. – London 1952.
Taylor, G. V.: Non-capitalist wealth and the origins of the French Revolution. In: American Historical Review. 72 (1967).
Taylor, G. V.: Revolutionary and non-revolutionary content in the cahiers of 1789, an interim report. In: French Historical Studies. 1972.

Taylor, G. V.: Types of capitalism in eighteenth-century France. In: English Historical Review. 73 (1964).

Thompson, E.: Popular Sovereignty and the French Constituent Assembly. – Manchester 1952.

Vingtrinier, E.: La Contre-Révolution, première période, 1789–91. 2 Bde. – Paris 1924.

Wick, D.: The Court Nobility and the French Revolution. In: Eighteenth-century Studies. 1980.

Bei Fertigstellung dieses Buches noch nicht erschienen waren: *Murray Forsyth:* Reason and Revolution: the political thought of the abbé Sieyès. – Leicester 1987; und die Berichte des Chicagoer Kolloquiums 1986 (The Political Culture of the Old Regime. Hg. v. K. M. Baker – Oxford 1987), von denen es profitiert hätte.

Register

In Großbuchstaben die Namen von Mitgliedern der Verfassunggebenden Versammlung.